我的情结

傅志寰 著

中国铁道出版社有限公司
CHINA RAILWAY PUBLISHING HOUSE CO., LTD.

图书在版编目（CIP）数据

我的情结 / 傅志寰著. -- 北京 : 中国铁道出版社, 2017.10（2019.5重印）
ISBN 978-7-113-23854-4

Ⅰ. ①我… Ⅱ. ①傅… Ⅲ. ①傅志寰一传记 Ⅳ. ①K826.16

中国版本图书馆CIP数据核字(2017)第242383号

书　　名：我的情结
作　　者：傅志寰　著
责任编辑：石建英　　　编辑部电话：010-63549510
编辑助理：邹一丹
封面设计：崔　欣
责任印制：郭向伟
出版发行：中国铁道出版社有限公司（100054，北京市西城区右安门西街8号）
网　　址：http://www.tdpress.com
印　　刷：中煤（北京）印务有限公司
版　　次：2017年10月第1版　2019年5月第6次印刷
开　　本：710mm×1 000 mm　1/16　印张：25.5　插页：16　字数：400千
书　　号：ISBN 978-7-113-23854-4
定　　价：88.00元

傅志寰

2002年，在国务院新闻办公室举行的新闻发布会上

1999年国庆节，在天安门留影

1957年在莫斯科，大学二年级

1958年，在莫斯科参加“五一”劳动节

1961年，在莫斯科与苏联同学在一起

1962年，在北京环形铁道参加韶山型电力机车试验

1983年，陪世界银行专家参观株洲电力机车研究所

1979年，与株洲电力机车研究所部分同事合影

1985年，在日本做学术报告

1991年，铁道部部长李森茂在临汾全路运输安全会议上讲话

1993年，屠由瑞和傅志寰副部长在大连厂检查工作

1991年，在株洲所半导体器件研究室了解科研项目进展情况

1993年，在张店电机厂了解牵引电动机生产情况

1994年，在株洲电力机车厂出席韶山8型机车试制成功庆祝仪式

1998年，在哈尔滨铁路局抗洪抢险现场指导工作

1998年，铁道部前任部长韩杼滨和新任部长傅志寰亲切握手

1999年，在铁路局资产经营责任书签字仪式上讲话

1999年，在戚墅堰工厂了解货车转向架疲劳问题

1999年，在广铁集团指导提速试验

2000年，在马克思墓前

2001年，部长办公会

2001年，在呼和局与工务大修段弹条厂工人交谈

2001年，在内昆铁路施工现场

秦沈客运专线——中国第一条高速铁路

2002年北京环形铁道，在“中华之星”动车组前合影

2002年，在秦沈客运专线铺通仪式上为钢轨铝热焊装置点火

2002年，在齐齐哈尔北车辆段检查货车修理状况

2001年，在拉萨与时任西藏自治区人大常委会主任的热地等同志为拉萨火车站确认地址

2001年，在青藏铁路勘测现场

2002年，在青藏铁路铺轨典礼上

2001年，在青藏铁路关角隧道口看望铁路职工

1991年，查看遭受水灾的戚墅堰研究所

2002年，在广梅汕铁路东莞东车站与农民工交谈

2009年，在中国工程院参加工程研讨会

2009年，在工程管理论坛上做学术报告

2016年，参加两列“中国标准动车组”交会试验，试验速度为421公里/小时

2017年，在“复兴号”动车组前留影

2017年，在世界交通大会上做学术报告

2017年，在为青少年做关于铁路的科普报告前合影

自　　序

这本以《我的情结》为名的自传，断断续续写了8年多，主要原因是无法潜心写作，得闲便寥寥疾书几笔，忙起来也就顾不上了。当然，为把经历过的事情写得尽量准确，尤其是还原未被确切表述或被曲解的事件，需要查阅大量资料与核对笔记，花费了许多功夫。我的愿望是力求客观描述自己的学习、工作和生活，表达内心的情感和思索。

全书共分四编，其中第一至三编叙述了我的过往经历，第四编汇集了10年来所写的一些文章、发言稿和心得体会。

对于书名《我的情结》，朋友们提出不少意见。有的认为不够响亮。不过，我倒觉得响亮不响亮关系不大，只想把所经历的事情写出来作为历史资料保存。还有人认为“我的情结”内涵模糊，改为“铁路情结”更好。不错，我的情结首先是对铁路的，因为他凝结着我大半生的追求、奋斗和付出，然而自己对于铁路以外的经历也难以忘怀。反复思量，也没能想出更好的名字，索性就用《我的情结》这一书名了。

回首往昔，这一路走来，虽说平淡无奇，却也不乏奋斗的酸甜苦辣和别样情怀。无论怎样，我的经历也多少算得上是我们这代人的缩影吧。

我出生于伪满时期东北的铁路工人家庭，自幼家境贫寒，是共产党培养了我，让我有机会读书并出国深造，一步步成长、成熟起来。大学毕业后，我到刚成立不久的株洲电力机车研究所(以下简称“株洲所”)工作。在株洲所的23年，工作和生活条件艰苦，我和伙伴们满怀激情地奉献着青春，为研制“韶山”型电力机车付出了许多心血。45岁那年，我被调离株洲所，先后担任过铁道部科技局、哈尔滨铁路局和铁道部的领导职务。长达40多年的铁路生涯，虽说兢兢业业，却也经历了碰壁的尴尬、失误的遗憾、被人误解的郁闷……可当看到铁路迅速发展、运输扭亏为盈、提速接连成功、高铁实现突破、改革不断深化、职工生活水平逐年提高的可喜局面，一切不悦便都化解了，取而代之的是发自内心的欣慰。65岁时，我离开铁路系统，到全国人大财经委员会工作。财经委员会这个平台给了我更为开阔的视野，可以说是，天外有天，峰外有峰。5 年间，我和委员们一起在经济立法和经济监督工作方面取得了丰硕成果。70 岁后，我从人大财经委退下来，在欧美同学会和中国节能协会从事公益活动，作为一个老年志愿者，也感到充实和快乐。

抚今追昔，我们这代人生于旧社会，长在红旗下，深知没有中国共产党，就没有国家的今天，也没有自己的今天，所以对党始终心怀感恩之情。我们亲历了多半个世纪的风雨洗礼，经受过时代大潮的磨炼，为祖国现代化事业奉献了自己人生最有活力的时光，虽然苦了点，累了点，但无怨无悔。

而今，祖国面貌发生了历史性变化，生机盎然地屹立于世界民族之林，炎黄子孙为此感到无比自豪。可是我们不能满足于已经取得的成就，要看到更宏伟的事业还在前头，任重道远。

2009 年我偶遇著名科学家师昌绪先生。他饶有兴趣地提了个问题：中国何时能从一个科技大国变成科技强国？像是问我，又像是问他自己，不由得令我浮想联翩。虽说中国国力已今非昔比，科技取得长足进步，但实现现代化，建成社会主义强国，依然是摆在我们面前的艰巨任务。

习近平总书记关于实现中华民族伟大复兴中国梦的论述，道出了包括我们老一代在内的亿万群众的心声，并已成为激励全国各族人民建设伟大祖国的强大精神力量。实现中国梦尚需长期奋斗，要披荆斩棘、攻难克险，这一重任必然落在年轻一代的肩上，我们这些人已力不从心。不过，作为祖国曾经的建设者和一个时代的见证人，我还想尽自己的一点绵薄之力，那就是把自己的经历、体验、感悟乃至遗憾书写出来，希冀对年轻人有所帮助和启迪。

苏东坡曾赋诗感叹："横看成岭侧成峰，远近高低各不同。不识庐山真面目，只缘身在此山中。"他的诗句点出了世事的复杂性和防止以偏概全的必要性。本书的回忆和感悟是从我主观的角度写下的文字，难免会有不妥之处，恳请读者朋友们不吝赐教。

2017 年 7 月

目　录

第一编　激情岁月

一　少年时光

1938年4月，中国东北仍旧春寒料峭之时，我出生于“三棵树”的一个铁路工人家庭。三棵树，这个偏居哈尔滨市郊一隅，名不见经传，甚至在中国版图上都很难找到的小地方，却有意思地印在了由北京开往哈尔滨的《列车时刻表》上。事实上，三棵树才是北京—哈尔滨列车的终点站。那里地方虽小，却是铁路基层站段集中的地区，除火车站外，还设有机务、车辆、工务、电务等众多与铁路有关的单位，因而形成了一个“铁路地区”，上万铁路职工和家属聚居于此。20多年前，为避免旅客误解，这里便改称为“哈尔滨东站”了。

我的父亲傅宝和是名火车司机，母亲宁玉珍是家庭妇女。听长辈说，在我之前还有哥哥和姐姐，由于家境贫困，医疗条件匮乏，他们出生不久便夭折了。而我却幸运地活了下来，加之是个男孩，父母疼爱有加，起个了“树生”小名，以此作为出生于三棵树的纪念。后来，又有了三个妹妹和一个弟弟，我成了家里的老大。

我的幼年正值日本占领东北的“伪满”时期，当地老百姓都成了“亡国奴”，过着郁郁寡欢的日子，生活十分艰苦。铁路工人住在简易房屋里，每家的面积只有十几平方米。进门就是一铺炕，全家人都睡在这铺炕上。一年中，吃的是高粱米饭、苞米面饼子、窝窝头之类，只有过年时才能偷偷地吃一两顿大米饭和白面。因为伪满洲国规定，细粮只供日本人，中国人只能吃粗粮。那时，日本人在中国领土上以“主子”自居，看见中国人不顺眼，轻则骂声“八格牙路”(混蛋)，重则拳打脚踢。老百姓对他们恨之入骨，背后称其为“小鬼子”。

对男孩而言，无论置身于多么艰难的生存环境，都无法改变他们调皮捣蛋、找寻快乐的天性。孩童时的我，没地方玩耍，就时常和邻居的小伙伴跑到火车站，在车厢间穿梭往来、上蹿下跳。实在没的可玩，捡个钉子摆在钢轨上，然后跑到一边等着，眼瞅着火车开过，赶紧跑上前去争抢自己的“战利品”——轧成薄片的钉子，再用这个薄片做成一把小刀，是那般的喜不自禁。儿时的我是个淘气包，打架是家常便饭，也为此时常“挂彩”。记得有一次打闹中，有个小伙伴拿消防用的铁钩子，一下就刨在了我的脑袋上，而我即使血流满面也不松手，非得一争高下。头上至今残留的伤疤便是当年留下的印记。

那个年代，日本侵略者为巩固其统治实行“奴化”教育，声称我们是“满洲国”人，父母也不敢告知真相，孩子们都不知自己是中国人。小学一年级，日语是必修课，不学就得挨板子。那时在同学间流传着一句顺口溜，“日本话不用学，过了三年用不着”。结果，这句话还真说中了，我进小学仅半年，东北就光复了。

1945 年 8 月 15 日，日本战败投降。往日里盛气凌人的小鬼子顿时失去了从前的嚣张气焰，一个个耷拉着脑袋，灰溜溜的，不久即被遣返回国。我们搬进了日本人住过的大房子，房间宽敞、豁亮，而且每户还都有一个小院子。不到一年，哈尔滨来了东北民主联军，老百姓管他们叫“八路”。有几个就住在我家。刚开始，家里人见到当兵的都心生畏惧，不敢与他们接触。不过，这些当兵的挺和气，还不时帮助劈柴、扫院子、挑水。日子一久，我们内心的紧张戒备逐渐消散，与他们相处融洽，逢人母亲必夸“八路”好。

1947 年，国民党军队进攻东北解放区，距离哈尔滨不足百公里。前线战事吃紧，解放区的重要工业装备向北转移，父亲被调往佳木斯，不久后母亲带着我们兄妹几个也随迁了过去。当地正在轰轰烈烈地搞“土改”，民兵到处设卡，抓逃亡地主。我参加了儿童团，拿着红缨枪，站岗放哨，还参加了宣传队，学会了扭秧歌。为支援前线，母亲日夜赶做军服。虽然我还只是个三年级的小学生，却也因为钢笔字写得还不错，也承担起给战士写慰问信的任务。当时生活很苦，父亲的月薪是以斤计算的高粱米，不少铁路工人因家里人口多，粮食不够吃，还得辅以米糠和野菜充饥，晚上要糊些火柴盒，挣点零钱贴补开销，我家也不例外。尽管如此，群众热情依然很高，只要前线需要，甘愿奉献。平日里，我们兄妹似乎很少能够看见父亲，他不分昼夜忙于工作。后来，我们才得知那时他加入了中国共产党。

我在佳木斯上的是铁路小学，由于成绩好，四年级即当选为学生会副主席，组织同学唱歌、扭秧歌，还代表同学们上台发言，一点都不发怵。当时，小学实施六年制，允许成绩好的学生跳级，我也跃跃欲试。五年级那年的寒假，我一个人坐火车去了哈尔滨，在太平区政府工作的一位亲戚帮忙开了封“同等学力”介绍信，去报考了中学。那次考试的部分内容我没学过，算术、历史的一些考题自然无从下手，自认为考砸了。回到佳木斯后，我对此事只字未提。六年级刚开学的一天，班主任通知我已被哈尔滨四中录取，并问及原委。至此，我才不得不“交代”实情。随后，我只身前往哈尔滨四中报到，当时我还不满 12 岁。由于不适应住校的生活，思家心切，考虑到父亲已调到当时距佳木斯 100 多公里的勃利机务折返段工作，于是我办了转学手续，到勃利县初中继续读书。

勃利是个农业县，基本没有工业。我们班里的大部分同学来自农村，家境贫苦，个个省吃俭用，他们都比我年长，把我当成小弟弟。学校经常组织学生到农村劳动，铲地、间苗、除虫。刚开始，我显得笨手笨脚，是他们教我学会了干些农活。同学们非常珍惜学习的机会，都很用功，我也不敢懈怠。家里地方小，摆不下桌子，学校离家不远，所以我早晚都在学校里上自习，常常起床后不吃饭就去学校，校工们因此都认识我。

1950 年 10 月，中国人民志愿军跨过鸭绿江，抗美援朝的浩大声势席卷全国。青年学生个个热血沸腾，踊跃要求参军参战，我们学校里几个年纪大的同学如愿加入了志愿军。那年冬天，有几百名负伤的志愿军战士被送进勃利县医院，同学们前往医院慰问。当得知很多志愿军战士不是被敌人的枪炮所伤，而是由于穿不上棉衣、棉鞋受了冻伤，大家都很难过。聆听了志愿军英模到学校所做的报告，我们被他们的英勇事迹所感染，深深体会到他们是“最可爱的人”。那几年，同学们经常走上街头，表演痛打“美国鬼子”的活报剧。1953 年，中朝人民军队在战场上取得决定性胜利，美国不得不在《朝鲜停战协定》上签字。

1952 年，我 14 岁时加入了共青团，并于同年秋天进入佳木斯一中高中部。佳木斯一中不仅校舍新，而且老师也个个不俗。语文老师许兴邦先生曾经当过《中国青年报》的编辑，讲课生动，旁征博引，妙趣横生，使同学们眼界大开。在他的悉心指导下，我在作文上长进不小，到高三那年居然还获得了学校征文一等奖。还有化学老师李浙潮先生，在课堂上，常常是一语解惑，在别人看来十分枯燥的元素从他嘴里讲出来，却变得十分有趣。大家在听得津津有味之时，也不知不觉掌握了知识要点。高考时，我的语文和化学得分都还不错，与老师们各具特色的教学方法不无关系。

由于营养不良，初中毕业时我的身高仅为 1.48 米。进高中的第一天，全班 50 多人按高矮排队，我个子最小，坐在教室的最前排，学号是 1 号。高中毕业时，我长到 1.61 米，尽管超过了一些女同学，但和男同学相比，显然还是个矮个子，只是在上了大学以后我的个头才长起来。记得在北京俄语学院读书时，我甚至一顿能吃 8 个大包子，去莫斯科的第一年，光午餐我就能吃半公斤面包。那两年，我的身体蹿得很快，最后定格到 1.72 米，成为家里的“大个子”。

从小学到高中，我的学习成绩大都是班上第一名。尽管如此，年少时的我并不是一个乖孩子，调皮捣蛋的事也没少干。记得小学时，跟着一帮大孩子到乡下玩，一块儿溜进瓜园里偷西瓜，结果都被逮了去。晚上，带枪的民兵把我们扣了下来，没让回家，急得父母四处寻找。第二天，回到学校，我和伙伴们受到了严厉的批评和记过处分。这样的“大事”，让我长了记性，由此开始，逐渐守起规矩来。

二 父母兄弟

我的父亲和母亲都来自农村。在我的档案里，籍贯那一栏填的是辽宁省海城县，那是我父母的原籍。儿时，父母曾带我回过乡下的老家，上小学后，我便再没去过那里，所以老家在我的印象中相当模糊。即便如此，大家仍然当我是海城人。

我父亲是由一位同乡带到哈尔滨三棵树机务段工作的，两年后母亲跟了过来。最初，父亲在机务段给蒸汽机车擦车，之后当过司炉和副司机，多年后升为司机。儿时的印象中，父亲每天下班回家时身上的衣服都是油污，脸上也沾满了煤灰。周边的邻居，凡是与火车头打交道的，几乎个个形貌如此。“远看像是要饭的，近看原来是机务段的。”当时这句顺口溜形容的正是他们这些人。

父亲“跑车”时总带个铁皮箱子，里面装着随身工具和生活用品。每次从外地回来他都会给我买几个烧饼，放在铁皮箱里。所以父亲一进家门，我便迫不及待地跑去翻他的铁皮箱子。到我七八岁光景，父亲偶尔也会带我到机车上去看看。他开着火车，而我就站在旁边看。父亲拉开气门，列车启动，越跑越快，我便会随着火车的飞跑欢呼雀跃起来。由于孩提生活的耳濡目染，我对铁路自然而然产生了难以言喻的情结。

父亲在乡下读过六年书，种过地，还在小学代过课，可给我起大名却着实费了他不少心思。在家谱中，我们这一辈泛“志”字，他反复翻阅字典，思前想后，最后选了个“寰”字，因而我的大名就叫傅志寰了。取这个字或许没有什么特殊意义，仅仅是他内心寄托的美好祈愿，希望儿子日后能有点出息吧。父亲平时甚少言辞，但凡事身体力行，对子女要求很严，我们兄妹几个都很怕他。

母亲不识字，幼时依旧俗缠过足。随着辛亥革命改变愚昧陋习，母亲的脚终获得解放，却已略显畸形。母亲生性好强，无论什么事都想尽量做好。家里大人孩子的衣服和鞋都是她一针一线亲手缝制出来的，周围邻居夸她缝衣服的针脚同缝纫机轧出来的差不多。母亲一辈子勤俭节约，心里装的全是家里人。印象中，我时常是一觉醒来，发现母亲还在昏黄的灯光下赶做针线活。家里孩子多，生活困难，好吃的首先留给父亲，其次是孩子们，最后才轮到她自己。母亲在生活上尽一切所能呵护着我们，可是在做人做事上，对孩子们要求却相当严格。她常教育我们说，“宁可多吃苦，不让脸发烧”“衣服是自己穿破的，不是别人戳破的”。她是个急性子，脾气不好，我们做错点什么，挨骂是少不了的，有时甚至还会挨打。在她管教下，我们兄弟姐妹谁都不敢偷懒，更别说逃学之类的事情了，学习成绩都还不错。为了养家糊口，父亲常年在外“跑车”，解放后提干，他又外调多年，很少回家。除了买煤这样的重活，一切家务和照顾子女的担子，基本就都压在了母亲一个人身上。

上高中后，我在离家100多公里的佳木斯一中住校。母亲牵挂着我，不时托人给我捎点东西，每逢假期回家，总是想方设法做些我喜欢吃的。由于长年过度劳累，母亲身体一直不好，以致积劳成疾，终于有一天开始呕吐且一直不见好转。辗转到千里之外的哈尔滨就医，才查出是患了结肠癌，于是很快实施了手术治疗。为了不让在外学习的孩子们牵挂分心，父母在相当长一段时间里，对我和在外读书的大妹妹都守口如瓶。

“儿行千里母担忧”。这句话用来形容天下母亲对孩子的疼爱之心，我觉得再贴切不过了。每当想到这句话，我对母亲的愧疚便涌上心头。我在莫斯科读大学期间，曾经有一次连续几个月未给家里写信。没有了儿子的音信，母亲焦急万分，那时根本没有打电话的条件，又想不出别的办法，情急之下的她只好去找算命先生，祈愿儿子平安无事。后来得知此事，我懊悔不已。大学毕业回国后，母亲的癌症已经转移到肝上，痛苦难忍。即便如此，她也从未停止操心家里的吃穿。“三年困难时期”，家里粮食紧缺，她更是省吃俭用。我去株洲电力机车研究所报到前，她硬是往我手里塞了几十斤全国粮票，怕我饿着。

远离黑龙江的家到了湖南，我最想念、最放不下的还是母亲，隔两天便追上一封书信。内心深处的不安会不时升腾起来，担心母亲随时可能出现危险，而信在路上要辗转一个星期。有时打电话到父亲单位，却因话音质量太差，喊破嗓子对方也听不清。无奈之下，我只好每星期发个电报，询问母亲病情。母亲的病日渐加重，医院拒绝收诊，只好将她接回家里静养，可疼痛却没日没夜地折磨着她。而千里之外的我却束手无策，偶尔有机会托医院的熟人买几支“杜冷丁”寄回去，希望以此缓解她的痛苦。父亲怕影响我的工作，始终宽慰我说母亲有他和二妹照顾，完全可以放心。二妹为照顾母亲，中学没毕业便辍学回家，作了自我牺牲，承担起家里的重担。而我作为长子，却对家庭无法分忧，每每想到这里，内心甚是愧疚。

我从苏联学成回国 10 个月后，母亲便永远地离开了人世。当时我正在北京环行铁道做电力机车试验，接到电报，我悲痛交加，急匆匆地往家赶。时值盛夏酷暑，乘火车从北京到勃利几乎要两天，父亲等不及我，只得忍痛将母亲匆忙下葬，我也因此痛失了见母亲最后一面的机会。我回到家后，弟弟、妹妹们陪我到母亲的坟前祭拜，眼看着他们个个悲切，而我作为大哥却只能选择强忍泪水。后来，我找个没人的地方痛哭了一场。次日，我又独自一个人到了母亲的坟前添添土，以此尽孝，并从坟旁枫树上摘下一片叶子，作为对母亲永久的纪念。

母亲去世那年还不满 50 岁，想来令人心酸，她一生没过过好日子。年轻时正值伪满时期，生活困顿，缺吃少穿。解放后生活条件有所改善，她却又被病痛所扰，仍然忘我地操持着我们这个家。除了对我们无尽的爱和眷恋，母亲直到临终什么也没有留下，甚至连一句话都没有。

时至今日，我的脑海中还不时浮现出我离家前往湖南株洲，与母亲分别的那一瞬间，久久挥之不去。母亲或许预料到那可能是最后的离别，泪水顺着她已然明显消瘦的面孔不住地流淌，眼神里饱含几多不舍，几多忧伤。而我迈出家门的时候，几乎是一步一回头。母亲的形象在我的脑海里刻成了永久的记忆。她的坚韧、自强、勤俭和无私，以及关于她一切的一切都永远深深地铭记在我的心里。

父亲比我大 24 岁，同属虎，且生日都是阴历三月十一日。我从小就和父亲一起过生日，比弟妹多吃两个鸡蛋。迄今，我的档案里生日还是阴历时间。

1950 年父亲调到勃利工作后，单位分配了住房。屋子面积不大，大约有 30 平方米。他在那里一住就是 40 年。刚开始，全家大人孩子七口挤在一块儿，感觉转不过身来。后来，我们几个小辈陆续离家前往外地读书，家里的人口减少，父母住得才宽绰了些。不过赶上我们兄妹几个同时放寒暑假，家里的空间便又顿时局促起来。几十年后，我就任哈尔滨铁路局局长时，偶尔会顺路回家看看，利用吃饭的工夫陪老父亲唠唠家常，之后便赶紧离开，因为屋里待不了几个人，甚至连秘书坐的地方都没有。父亲 70 多岁时行动开始不便，组织上给他换了一套带卫生间的房子，面积不过 50 多平方米。当时我已经在铁道部担任领导职务了。这套房子虽然宽敞些，却临近条件简陋的公共厕所。一到夏天，家里都能闻到厕所飘来的臭味，苍蝇也很多。铁道部和哈尔滨铁路局的许多领导同志都曾去过父亲的小屋，纷纷劝他换个地方住，而他考虑到当地职工住的条件不好，同时也担心会因此给我带来不良影响，婉拒了各方好意，始终坚持住在那里。直到 2006 年他 92 岁时，在那间小屋里去世。

我在家里是老大，出生后就颇受宠爱，相比之下，几个弟妹就没有那么幸运了。因家庭条件限制，有的没机会念大学，但他们却为照顾年迈的父母费尽心血，替我这个长子尽了孝心，多少减缓了我对父母疏于照料的愧疚之感，为此，我对弟弟妹妹们心怀感激。目前，我的四个兄弟姐妹傅树芳、傅树琴、傅志贤、傅树勃均已退休，各自在天南地北，与膝下儿孙们一起安享晚年生活。

三 苏联留学

新中国成立后，百废待兴，需要大量人才。在西方对我国实行封锁的情况下，国家从1951年开始向苏联和东欧国家派遣留学生。1955年我高中毕业，有幸成为留苏生候选人，这也许是我平时学习和家庭出身还不错吧，但是能否前往苏联，还是要看高考成绩。由于年轻，很多事情我相当懵懂，因而也没告诉父母。

高考时，我填报的第一志愿是蒸汽机车制造专业。这是因为我打小在铁路边长大，天长日久，对火车有着别样情感。

录取通知书下发期间，我不由得紧张起来，不少同学已于几天前拿到入学的信函。等了又等，来自北京俄语学院的一封信终于寄到了我的手上。我被录取为留苏预备生的消息让全家人兴奋不已。母亲当时正准备午饭，激动之下，她的手被刀划破了。像我这样家庭出生的孩子，若是在解放前，别说留学了，即使上大学也是异想天开。

那年8月底，我怀揣着录取通知书，乘火车到北京报到。历经40多个小时的辗转，第一次来到首都。在前门车站下车后，叫了一辆三轮车，走了近两个小时，才终于找到位于西郊万寿寺附近的俄语学院。一进校门，刚刚落成的新校舍即映入眼帘，大屋顶式民族风格的建筑对于当时我这个来自边远县城的“乡下人”来说，不仅十足新奇，也令我兴奋不已，心中充满无限憧憬。

俄语培训

1955年9月，我进入北京俄语学院后，开始了一年的俄语学习，为留学做准备。同学们来自全国各地。当时我17岁，是班里年龄最小的一个，加上个子不高，被大家唤作“小鬼”。班长美丽其格时年刚过 30，是著名的作曲家。其代表作即为世人所传唱的《草原上升起不落的太阳》。在他的带领下，我们班相当活跃，“蓝蓝的天上白云飘，白云下面马儿跑……”成为我们经常哼唱的歌曲。

学习以外，学校专门请来了裁缝为我们每个同学量尺寸，制作了西装、大衣，还发了衬衫、毛衣、内衣和皮鞋等。此前，我还从未穿过洋服，终于等到试穿的时候，我掩饰不住内心的兴奋，站在镜子前照来照去。

学院每周放两场电影，以苏联故事片居多，如《幸福生活》《金星英雄》等“大片”。每次，大操场都挤满了人，即使细雨蒙蒙，同学们也不在乎。“苏联的今天是我们的明天”，对于 20 世纪 50 年代的中国人来说，这是毋庸置疑的。自然而然，去苏联留学成了年轻人的梦想。除了电影，当时还热衷于唱苏联歌曲，看苏联文学作品。我也不例外，读过的苏联小说不在少数，如《卓娅和舒拉的故事》《古丽娅的道路》《青年近卫军》《日日夜夜》等脍炙人口的作品。当时，自己深受作品中“主人公”的鼓舞，《钢铁是怎样炼成的》中的保尔·柯察金更是我心目中的偶像。苏联，是那个年代年轻人的向往之地，因为那里有美好的生活，也是英雄的故乡。

对于到苏联学什么专业，留苏预备部征求过每个人的意见。对此，我从未有过犹豫，填报了蒸汽机车制造专业。原因很简单，我热爱火车。父亲是开火车的，作为儿子应该更上一层楼——造火车。不久，领导跟我说，蒸汽机车专业在苏联大学里已被淘汰，建议我选学技术先进的电力机车。于我而言，这自然是令人喜出望外的事了。之后，我被派往莫斯科铁道学院学习，从此与铁路结下不解之缘。

驶向莫斯科

那时，去苏联学习都要坐火车，我们乘坐的是为中国留学生开的专列。头几天，大家新鲜感十足，时间一长便心生乏味了，可我却成了例外，倚坐在车窗边，欣赏着窗外迷人风光。列车开出满洲里，进入异国他乡时，广袤的田野，深邃的密林，宽阔的河流，往返耕作的拖拉机，还有炊烟袅袅的俄罗斯木屋，这些过去只能在电影里看到的如画般美景，流转于眼前，十分惬意。联想到我即将要开始学习的电力机车正牵引着列车飞奔，心中顿时升腾起无限神往。列车只要一停站，我便迫不及待地跑到车头前，想把这个中国还不曾有过的神奇“家伙”看个究竟，甚至会萌生亲手触摸的冲动。整整一个星期，列车无休止地奔驰着，我非但不觉得疲惫，反而感到眼界大开。一到莫斯科，我便按捺不住内心的激动，给中学时的两位同学一口气写了长达10 页的书信，与他们一起分享我的见闻。

紧张学习

莫斯科铁道学院建立于1900 年，是一所享有盛名的老校，其占地面积相比我国的北京或唐山两所铁道学院略小些。教学楼由不同年代的建筑组合而成，风格各异，层高参差不一，有过去的老校舍，也有刚建成的教学楼。校园里仅有一座狭小的体育馆，没有操场。若是跑步，得乘电车去两站地外的公共体育场。教室里桌椅呈长条形，可同时并排坐三四个人，条件还不如当时我国大城市里的重点中学。先前的美好期望与不尽如人意的现实形成了强烈反差，同学们个个心里犯嘀咕：原来苏联大学也不过如此啊。高年级的中国同学看出了我们的心思，就鼓励大家正视现实，尽快适应新的环境。不过，令人感到宽慰的是，住宿条件比国内优越许多——四人一间、钢丝床、每层楼都有公共厨房和煤气灶，如果愿意，可以自己做饭。

为了给外国留学生创造良好的语言环境，校方不允许中国人住在一起。我和两个来自俄罗斯、一个来自乌克兰的同学分在一间宿舍里。尽管曾在国内学过一年的俄语，但那点底子终归有限，为此我时常会闹出笑话。有一次到商店买猪油，无论我怎么费尽口舌，甚至连说带比画，售货员也没听懂，最后才弄明白原来是我把单词记错了。

新的大学生活开始了。全班30名同学,除了我们三个中国学生,其余的来自苏联各加盟共和国。同学之间非常友好,相处融洽。

跟中国不同,苏联大学上课不发讲义,老师边讲边在黑板上或画图或推导公式,同学们一边听一边做笔记,下课后便去图书馆借阅参考书。刚开始,我们几个中国同学上课听不懂,因此脑袋感觉昏昏沉沉的,只能无奈地戏称这种状态为“坐飞机”。我们别无选择,不得不在课下找时间补笔记。热心的苏联同学纷纷主动将自己的笔记本借给我们,还耐心地帮助解答问题。画法几何是一年级的必修课,由于考试(口试)表达不佳,我才得了3分(及格)。正是这个原因,我最终只获得了蓝色封皮的毕业证。这不能不说是个遗憾。5年的学习生涯,上百次考试,也就这么一个3分,还有一个4分(良好),而其余的都是5分(优秀)。如果不是这个3分,我拿到的就是红皮优秀毕业生证书了。

经过一年的学习,到二年级,我的听、写能力都有了明显进步,学习也变得轻松不少。尽管如此,为及时完成作业,我们中国同学在学习上都下足功夫,每天不到凌晨一点是没有人上床休息的。

大学里,苏联同学的课余生活相当活跃。周末,举行舞会是常有的事,而我多是不去的,只是偶尔过去看看热闹。之前,我在国内上过交际舞“扫盲课”,但毕竟称不上熟练,唯恐会踩着舞伴的脚,出洋相。不下舞场的另一原因在于舍不得时间。多数中国同学都是如此,因此常常被苏联同学调侃为不会生活的“面包干”(干巴巴的意思)。我们也承认生活单调,可大家并未感到尴尬或遗憾。

中国学生的勤奋好学是出了名的,成绩优秀也确为众人所公认,多数人考试都是全5分,我的照片也几次上了系里的光荣榜。三年级后,一些苏联同学由于平时不用功,临到考试开始找中国人帮忙答疑了。他们有时会好奇地问及我们学习的动力。答案其实早已刻印在每个中国留学生的心底:那就是祖国的期望。大家知道,尽管国家还非常困难,却每月发给我们500卢布的生活费,这相当于国内六七个人的工资。如果我们不好好学习，对得起谁呢？

家庭多年的熏陶，使我养成了节俭的习惯，即使留学期间，自己也注意尽量减少吃穿上的消费。为便于掌握时间，我到苏联的第一年给自己买了块“莫斯科”牌手表，一戴就是20多年。后来虽然更新了，我仍将它收藏起来作为纪念。我的日常开销主要用于买书。至于照相机，虽说一直渴望拥有，却也自始至终没舍得花钱。因此，我在大学期间的照片不多，有限的几张多是同学们给拍的。不过，由于技术不佳，加上经年历久，这些照片现在都已泛黄了。

深厚友谊

中国人往往含蓄、内敛，与俄罗斯人奔放、直率的性格形成鲜明的对比。尽管疏于言情达意，我依然与一些苏联同学建立了深厚的友谊。

雷耶夫斯基就是其中之一。他是乌克兰人，从大一到大五，我们始终同住一间寝室。由于早年父母离异，母亲又没有工作，雷耶夫斯基家境困难，有几年甚至不得不依靠助学金勉强维持母子两人的生活。为应对不时之需，他偶尔也会硬着头皮向我借点钱，其清苦程度可想而知。雷耶夫斯基为人正直，热情外向，在同学中有威信，还曾当过班长，大家都亲切地叫他“沙沙”，我们在长期的交往中，因秉性相投而成了好朋友。沙沙时常跟我聊起苏联社会各方面的情况，同时他也十分关注中国的建设，还不时纠正我的俄语发音和语法错误。尽管他有着不错的记忆力，但理解力却不很强，因此遇到问题，便轮到我发挥自己的“一技之长”，帮他解析功课上的某些难题。沙沙常常会和我凑在一起就一些社会问题互相交换看法，也因此少不了发生争论，甚至争得面红耳赤，但事后又说说笑笑，和好如初。

沙沙痴迷足球，是苏联“火车头”足球队的铁杆球迷。那时，每间寝室里都装有喇叭，主要转播电台的节目。遇有重大赛事，沙沙总是边做功课边听解说。“火车头”队一进球，他常常会像弹簧一样从座位上蹦起来，大吼一声，或者沉迷其中，手舞足蹈。受其感染，我也开始对球赛产生兴趣，到后来居然也能叫出苏联著名球员的名字，甚至时至今日还记得其中的几个。大学毕业那年，他专门请我到莫斯科最大的列宁体育场，看“火车头”队的足球比赛，以此作为临别纪念。

大四那年，沙沙在莫斯科交了个女朋友，还经常领到宿舍来，有时他们在一起亲热对我也不避讳。我回国后，沙沙和我还有书信往来，怀念过去的时光。“文革”开始后，中苏关系更趋紧张，我们彼此的联系中断，从此杳无音讯。2000 年再访俄罗斯时，我曾打听过他的下落，仍是无所收获。关于他的种种疑问，始终萦绕在我心头：沙沙你在哪里？苏联解体后，你的工作和生活怎样？

班里还有一个个子不高、蓝眼睛、黄头发，名叫卓娅的女同学，与苏联卫国战争英雄卓娅同名。她来自莫斯科以南的布良斯克，中学毕业时成绩优异，得过金质奖章。大一时，我起初听不懂老师的授课，是她首先伸出援手，主动将自己的课堂笔记借给我。遇到问题时，她还耐心讲解，帮我度过学习中最困难的时期。大四以后，我们各自分到不同专业，不在一起上课，自此来往少了，大学毕业后也失去了联系。

大学期间，我与几位学习拔尖的高才生来往较多，有的成了好朋友。后来，他们大多留校当了老师，其中有两人还曾受邀到中国讲学。

高水平老师

留苏 5 年，受教于许多老师，无论教授还是副教授，个个水平都非同一般。

数学老师萨道夫斯基可谓是独树一帜，每次上课，他都不带讲义，总是空着两手走上讲台。课堂上，他会一边讲解，一边用粉笔推导公式。整堂课下来，其行云流水般的板书竟无差错。我惊异于他能记住那么多东西，居然能同一天先后给两个不同的年级上课。

电机课是大家最期待的，教室常常座无虚席。复杂的电机原理一经纳豪特金教授深入浅出的讲解，一个个疑问便都顺势而解了。我最佩服他信手在黑板上用粉笔画的原理图——非常规整，圆是圆，方是方。

纵然课堂上气氛活跃，可老师们严格起来却毫不含糊。记得刚入学时的一堂实验课，我与苏联同学史万金被分在一组做实验，可是实验结果与标准答案有出入，我们便要起了小聪明，私下更改了实验数据。结果，这点小伎俩没能躲过老师的眼睛。“东窗事发”后，我俩受到老师毫不留情的批评。他告诫我们：在科学上必须要有严谨的态度，容不得半点小动作；试验结果并不重要，关键是学会做试验的方法，数据不对，要找出问题所在，这样才能进步。老师的一席话令我面红耳赤，但却受益一生。

在众多老师中，对我影响至深、也最难忘的是指导我毕业设计的查哈尔钦科教授。他高高个子，满头白发，嗓门粗哑，是苏联铁路牵引电机领域的权威，我们上课所用的教科书就出自他的笔下。20世纪50年代，他曾作为特聘专家在唐山铁道学院任教，深知我国铁路电气化当时尚处空白，急需这方面的建设人才。为此，他在关心中国同学的同时，也多了一分严格要求，其良苦用心在于希望我们掌握更多的有用知识，报效自己的祖国。在他的鼓励下，我最终确定了毕业设计选题《中国型交流电力机车》。然而就在那年，中苏关系开始紧张，有些单位增加了对中国人的限制。令我感动至深的是，导师为了不影响我的毕业设计，不知花费了多少心血，还亲自出面为我收集最新资料。我无以回报，只能将感恩化作勤奋，力争通过毕业设计，将大学五年所学的课程加以系统化，为回国独立工作打下基础。

毕业答辩进行得十分顺利，评委会的几位教授都对我的毕业设计给予了很高评价，在场的查哈尔钦科老师备感欣慰。事后，他多次嘱咐我日后要做到学以致用。为了纪念师生情谊，我特地邀请老师在学校门口合影留念。可惜，岁月更迭，如今这张照片已泛黄，影像也变得有些模糊，但老师当年亲切的面容及教诲却已深深地镌刻在我的心里。

课余生活

紧张学习之余，学校的课外活动丰富多彩，不乏各种业余社团，有球队、体操队、拳击队、合唱队和乐队等，凡是爱好者都可参加。我们班上有个叫施巴耶夫的同学，是名拳击运动员，经常代表火车头体协参加国际比赛。他在比赛中不时挂彩，有时鼻青脸肿地走进教室，令人忍俊不禁。可大家不得不服气的是，他的学习成绩一直不错。

我自己没有什么特别的爱好，有时滑冰，偶尔也到莫斯科郊区去滑雪。面对着白雪皑皑的银色世界，呼吸着清新的空气，那时才能真正体会到什么叫"心旷神怡"了。

学校对留学生予以照顾，甚至允许我们假期用铁路免票到外地旅游。1957 年夏天，我们几个中国同学结伴去了外高加索的一家疗养院，大家每天去黑海边散步，有时还会下水泡泡，我就是在那里学会了游泳。只是初学时，没有养成好习惯，姿势不标准，所以直到现在，怎么也游不快。颇感汗颜的是，就我这水平居然还曾教会别人游泳，只是这些"学生"的水平后来都超过了我这个所谓的"师傅"。

那个暑期，我们还去了格鲁吉亚加盟共和国的首都第比利斯，那是个美丽的山城。当地的居民对中国人格外热情。记得我们曾在街上偶遇一些老人家，得知我们是中国人，他们纷纷竖起大拇指，还按照当地的习俗和我们贴面。尽管他们又粗又硬的胡子把我们的脸扎得生疼，大家还是愉快却又不免尴尬地笑脸相迎。格鲁吉亚是斯大林的故乡，中国对赫鲁晓夫批判斯大林持不同态度，估计这也是中国人在那里颇受欢迎的重要原因吧。第比利斯还有一种叫作"格瓦斯"的饮料，据说是用面包屑制作而成，那甜酸可口的味道，我至今难以忘怀。近来，北京也开始卖"格瓦斯"了，看见久违的"老相识"，多年前可口的滋味泛上心头，令人不禁要流口水。

大三暑假，我到铁路机务段实习，学开火车。苏联司机师傅非常友好，倘若当天拉的是货物列车，他会一边把机车控制手柄交给我，一边爽朗地说:“你大胆地开吧。”起初,我的操作相当笨拙,差点还闹出笑话。有一次由于起速太快,我慌不迭地急于打回控制手柄,以致列车速度几乎降到零。车站值班员是位老大嫂,见此情形顿觉莫名其妙,急忙跑来想看个究竟。结果发现原来是一名中国实习生在开车,她只是宽容地笑了笑,便举起手中的黄旗,示意列车继续前进。

新鲜事还不止于此。一天,我和班里一位叫柳达的女同学一起跟车实习。途中,一位工程师登上机车,他看上去与当班司机很熟,一见面两人就闲聊起来。聊到奖金发得少时,他发起牢骚,甚至毫无顾忌地臭骂一位叫高洛夫的分局长。快下车时,这位工程师随口问我那位女同学姓什么。“高洛娃”,女同学回答。工程师顿时愣住了,因为这个姓氏在俄罗斯极为少见。随后他似乎想起什么,马上紧张地追问道:“难道你与分局长是一家人?”不错,他之前大骂的分局长高洛夫正是眼前这女孩的父亲。工程师的脸色瞬间变得通红,唯恐被骂的分局长知道后会打击报复,赶紧给姑娘赔不是,拜托她回家后不要打“小报告”。下车后,他甚至诚惶诚恐地开着自己的摩托车把姑娘送回家。伴随着趣闻,愉快而辛苦的暑期实习很快就结束了。我幸运地通过考核,拿到了副司机证书。

毛主席接见

1957 年,是我人生中最为难忘的一年。那年 11 月初,毛泽东主席率中国代表团到苏联参加十月革命 40 周年庆典,并出席世界共产党首脑会议。

一天,我在一间空教室里埋头复习功课,突然喇叭里传来毛主席抵达莫斯科的消息。现场直播的机场欢迎仪式,令我兴奋不已。当天晚上,我把这个喜讯告知中国同学。可这帮家伙非但不惊奇,反而面露不屑之色,接着却沾沾自喜地说:“这有什么新鲜的,我们都已经去过机场迎接毛主席了。”这句话令我颇感意外,心情急转直下,不依不饶地埋怨他们没及时告诉我。大家连忙解释说,他们得知消息后马上到宿舍找过我，可是怎么找也找不到，他们担心错过机会，只好径直打车去了机场。为此，我懊恼得不行，却仍寄希望有机会见到毛主席。

11 月 16 日，终于等到去莫斯科大学开会的通知，大家纷纷猜测毛主席会不会会接见我们。第二天是个星期天，吃过早饭，我们便匆匆乘地铁赶往莫斯科大学。我自以为到得很早，可一到礼堂门口，放眼望去，早已座无虚席，只好悻悻地站在后面的廊台上。大会伊始，陆定一同志做形势报告。报告结束后，大家仍聚集在礼堂久久不愿离去，纷纷写条子表达想见到毛主席的迫切心情。晚上 6 点钟，大厅灯火通明，毛主席、邓小平、宋庆龄等领导同志出现在舞台上，台下顿时响起雷鸣般的掌声，“毛主席万岁”的呼声此起彼伏。毛主席站在舞台中央不断挥手致意，待会场安静下来，他开始讲话。毛主席谈笑风生，话语风趣而富有哲理，还不时与台下的同学展开互动。40 分钟里，他像与我们聊天一般漫谈国际、国内形势，平和而亲切。他的湖南口音很重，有的话我听不懂，无奈只得时不时地请身旁的同学当“翻译”。我记得最清楚的就是那句著名的话：“世界是你们的，也是我们的，但归根结底是你们的。你们青年人朝气蓬勃，正在兴旺时期，好像早晨八九点钟的太阳，希望寄托在你们身上。”

领袖的殷切希望对广大年轻留学生是个巨大的鼓舞，在场的同学们个个热血沸腾，久久不能平静。虽然我已连续在礼堂后面站了七八个小时，却丝毫没感到疲倦。第二天，有位名为龚德生的中国同学不无炫耀地说，那天为了近距离看中央领导同志，他专门在莫斯科大学的出口等了半个小时，总算如愿和毛主席握了手，我为此羡慕极了。

毛主席的讲话，激励着我们每一个在场的留学生。大家深知自己的学习机会来之不易，也更加真切地意识到自己肩负的责任，学习更加勤奋了。

毛主席的讲话，激励了一代又一代青年为祖国奉献自己的青春，也影响了我的一生。

光阴荏苒，弹指一挥间。2007年夏天，我去莫斯科开会，正值毛主席接见中国留学生50周年。脑子里忽然闪过一个念头，何不再返莫斯科大学，重温毛主席当年接见我们时的感觉呢？几个同行的年轻人听闻我的想法，立刻来了兴致，心怀好奇，陪同我一块儿前往。

不曾想，还没进莫斯科大学的校门就遇到了麻烦。传达室的老太太以学校不对外开放为由，坚决不同意我们进去。情急之下，我连忙向她解释说："50年前在这里聆听了毛泽东的讲话，今天以怀念之情，从中国来到这里，万里迢迢很不容易。"也许是我的话打动了她，老太太转眼变得热情起来，而且还表示自己也是那个年代的人，对中国人颇有好感。之后，她主动带路，还破例允许我们拍照留念。令我倍感意外的是大礼堂的一切都没有改变，连舞台的背景画，也依然是红旗和镰刀、斧头。

站在当年聆听毛主席讲话时曾驻足的地方，几十年前的一幕幕，顿时又浮现在我的眼前……

边疆收麦子

1958年暑假期间，我们几个中国留学生跟着同班苏联同学前往哈萨克斯坦的农场收麦子。说起收麦子，就不得不提赫鲁晓夫的垦荒政策。20世纪50年代，苏联粮食短缺，时任苏共总书记赫鲁晓夫为此提出在边疆垦荒，增加小麦种植。由于当地劳动力严重不足，于是不得不从全国抽调大批联合收割机手和大学生前往支援。

7月初，期末考试刚刚结束，我们一群年轻人历经几天的颠簸周折，终于到达目的地——哈萨克斯坦加盟共和国的一个国有农场。我和另外一个中国同学，以及20多名苏联同学随即被派往距离农场总部20多公里以外的生产队，住进了临时支起的大帐篷，睡在铺满麦秸的地铺上，吃在简易的活动板房里。除了外来的志愿打工者，实际上生产队只有正、副队长和一名卡车司机三人。

来到"荒地"，满眼都是随风飘荡的金色麦浪。大学生们有的学开拖拉机，有的当起了联合收割机手，各司其职，干得不亦乐乎，而我和张祖荣两个中国同学的任务则是负责晒麦子。那是我第一次穿上帆布做成的靴子，学会了使用裹脚布。刚开始，大家觉得新鲜，干劲十足，还拍了不少照片。

没过多久，问题便逐渐暴露出来。由于管理不善，加上人手不足，收下的麦子堆在地上，有的来不及摊开晒干，就开始发芽了。为了瞒过前来检查的农场领导，队长便指挥学生们把发芽的麦子埋起来。看到这种情形，我的心里很不是滋味，但也不便说什么。之后的情况就更糟糕了，不知什么原因，厨师莫名地出走了，没人做饭，大家只得挨饿。有那么几天，除了我们两个中国学生顾及影响坚持干活外，大家几乎都不出工了。没有办法，只好由女学生们轮流下厨。不得不感慨的是，在生活条件受限的情况下，人的适应能力便会被开发出来。原来我从不吃奶制品，但那时田间没干净水可喝，无奈之下只能以奶止渴。说也奇怪，自此我逐渐喝起了牛奶，到后来就连原来不敢碰的奶酪也吃得很香。

生产队没有澡堂，我们只好每半个月去场部所在的小镇上洗个澡。有一天洗浴过后，准备返回住地。当时天色已晚，却见那帮俄罗斯小伙子们凑在一块儿小声商量着什么，之后这些家伙二话没说，拉上我就往附近的农民菜地奔去，悄悄地钻进去偷黄瓜(俄罗斯人酷爱黄瓜，但在农场那里却买不到)，这次我汲取了儿时被逮的教训，没敢再贸然跟从。他们溜进菜地10分钟后，便在事先约定的地方，带着各自的“战利品”爬上了汽车。那天没有月亮，伸手不见五指，带队的小头目慌乱中又忘了清点人数，居然把留在原地的我忘得一干二净。他们回去后，在生产队值班的中国同学张祖荣才焦急地发现我没有回去，俄罗斯同学做“贼”心虚，不敢声张，更别提向上报告了。被甩下的我，左等右等也不见他们的身影，只好在镇上徘徊了个把小时，不知所措。本打算回生产队，可一想到要长途跋涉20公里，且听说草原上有狼群出没，心里直犯嘀咕。猛然间，我想起生产队长恰巧就住在镇里。几经打听，好不容易找到了她家门口。一阵敲门声后，门开了，女队长披着衣服，睡眼惺忪地看到我，立即露出惊讶的表情。我只好解释说没有赶上汽车。她迅速将我让进家门，叫醒已经睡下的儿子，并顺势从他身下抽出一条羊皮褥子，铺在木地板上，之后又给我找了件皮大衣当被子，一夜就这样对付了过去。第二天早饭后，她开上卡车把我带回了生产队。

这位生产队长，很令人敬佩，她大约40多岁。卫国战争期间，她丈夫牺牲了，自己一个人含辛茹苦地把儿子带大。这位满脸皱纹的女强人非常泼辣，办事风风火火，里里外外都是一把好手，不但会开汽车，也会开拖拉机。作为队长，她很是威严，有时急了还扯着嗓子骂人。尽管如此，我内心还是非常理解她的苦衷和无奈，孤儿寡母的，本已弱势，倘若没有这股霸气和强悍，要镇住手下几十号人，谈何容易？

多日营养不良，加上卫生条件恶劣，我的腰部生了两个大疖子，疼痛难忍，等到就医时，挤出的脓都发绿了。当年落下的疤痕至今还留在身上，权当作那段经历的纪念吧。疖子好不容易痊愈，我又开始拉肚子，可还是坚持“出工”，给当地留下了中国人“勤奋”的好印象。

参加劳动两个月后的9月，农场开始飘雪了，麦子仍未割完，而学校却已经开学，我们不得不返校上课。当地政府以最高苏维埃主席团的名义授予表现好的大学生“处女地开拓者”奖章，我们几个中国学生自然也在获奖者之列。

尽管先前期盼着早点回到莫斯科，可一旦打点行装准备离开之时，大家又难掩离别的不舍，毕竟我们在这片土地上挥洒过汗水，留下过劳动的足迹。不过，想到很快就能回到久违的校园，同学们又都兴高采烈地爬上了等候已久的卡车。汽车飞快奔驰着，大家不约而同地唱起歌来。我也混在同学们中间跟着哼哼，眼睛却始终盯着那渐行渐远的帐篷，直到变作模糊的小点，最终消失在视线里。

两个月的暑期劳动，大家还收获些“薪水”。回到莫斯科后，我们中国学生用这些钱买了书，邮寄捐赠给当地的小学。

“荒地”劳动虽然时间不长，却使我更多地感受到苏联不足的一面，比如物资匮乏、酗酒者众、官僚主义、管理不善、效率不高等。不仅如此，还引起我关于大学生信仰缺乏、党团组织凝聚力不强等问题的联想。这一切，都使我隐隐约约地感到苏联在制度上出了点什么问题，直到回国后，才开始明白一些道理。

临时返京

1960 年暑假，鉴于当时中苏关系日趋紧张，中国驻苏使馆组织大部分留苏学生回国，这是个特例。按照惯例，我们在 5 年学习期间是不能回国的。

坐火车回到北京后，我们唯一的任务就是政治学习。外交部部长陈毅同志专门为留学生做了中苏关系的报告，批判赫鲁晓夫修正主义路线。有关领导还介绍了国内形势，使我们这些单纯的青年懂得了许多事情。在京期间，大家还参观了工厂、人民公社和经济建设成就展览会，对国内情况有个大概了解。

不久，我们又回到莫斯科。由于苏联上层对中国的态度发生了明显变化，我们的学习环境发生变化。原来可以收集到的资料都不提供了，有的研究所以各种理由拒绝中国人接触最新成果。由于在北京参加政治学习后心里有了底，碰到这样的问题就不觉得奇怪了。不过，学校的老师和同学对我们仍然热情如故。

毕业回国

1961 年 7 月，我拿到毕业证书后就启程回国。当时，随身携带的东西不多，满满一大木箱的书籍事前托运了。临别时，几个苏联同学赶到莫斯科的雅罗斯拉夫火车站送行，彼此依依不舍。想到两国关系日渐紧张，何时再见恐怕遥遥无期，大家终是难以摆脱离别的伤感。列车缓缓启动，车上车下频频招手，久久不愿离去……

一个星期后回到北京。归国留学生们仍集中在出国前曾学习的地方——北京俄语学院。当时，国家正处于“三年困难时期”，粮食供应异常紧张，但学校还是想方设法确保让我们吃饱。大家一面翻译自己的毕业设计，以便存入档案馆里；一面参加政治学习，了解国家形势。

大家热情很高，都想把学到的知识报效给祖国。毕业分配前，为了了解每个人的意愿，组织上给我们都发了申请表。我只写了一句话：“坚决服从国家分配，愿意到最艰苦的地方去工作。”这也是大多数留苏同学的心声。国家培养了我们，理应回报。

当年从莫斯科铁道学院毕业的，除了我，还有袁维慈、殷琴芳、杨超、黄福倚、张祖荣、张圣琴、陈佩贤、何洪涛、张伯如、龚德生，总共 11 人，大家都表示要服从分配。后来，我接到了去铁道部报到的通知，铁道部干部部王乐新同志找我谈话，问我有什么要求，我又重复了服从分配这句话。他说：“组织希望你去株洲电力机车研究所工作。”我回答：“没有意见。”其他同学多数分在北京的院所和大学，也有的去了唐山、大连和青岛。后来有人问我：“你不想留在北京吗？”我说：“能分在北京，比如铁道科学研究院，当然好；分配到株洲也不错，那里有我所热爱的电力机车事业。”

中苏大学的差异

20 世纪五六十年代，我上过两所大学，一所是国内的俄语学院，一所是苏联的铁道学院。虽然解放后我国大学已按苏联模式进行过改造，但无论是管理还是教学，都存在不小的差别。

与当时的中国大学不同，苏联大学每个班级没有固定教室，从一年级开始，既没有班主任，也没有辅导员，主要靠学生自我管理。同学们每周必须自己抄课程表，找教室。学校不发教材，学生自己记笔记、找参考书。刚开始我们中国同学很不适应，后来才逐渐体会到这样做能够锻炼学生的自立能力。我从这种教学管理模式中受益匪浅，为日后工作打下了基础。刚到株洲电力机车研究所参加工作，我就能独立设计试验，可以说与这种教育管理理念的影响不无关系。然而，这种宽松的管理模式，对于自控能力较差的同学来说，却是一种放任。我们大一时的班长，在中学还曾是金质奖章获得者，可上了大学却经常旷课，几门功课不及格，最终被学校除名。此外，苏联大学党团组织战斗力不强。我们班上有个工人出身的学生党员，学习吃力，可周末却时常跑到校外面寻花问柳，大家对此很是不屑。团支部基本不做思想工作，主要工作就是组织游玩和联谊活动。不少同学逃课溜号，似乎无人问津；考试打“小抄”，舞弊现象严重。

虽然存在管理不善的问题，但不可否认的是，苏联大学的师资力量却令人不可忽视，我们的老师多是有名的教授、专家。有别于欧美其他国家，在苏联获取博士学位相当困难。我曾亲眼看见一位白发苍苍的老先生仍在进行博士论文答辩。期末考试，基本都是口试。老师把讲过的内容归纳成几十个考题。学生们进考场时，每人抽取一张卡片，上面有四五道题，准备30分钟后开始回答。这样做可防止学生押题，迫使学生全面复习所有课程。老师在口试中一般还要追问，以便进一步了解学生对知识掌握的程度。这种情况下，想要投机取巧非常困难。

苏联大学宽松式教育方式导致严重的两极分化，成绩好的，总是处于领先地位，令人钦佩；学习差的，最终遭到淘汰。中国学生，尽管成绩不俗，终归过于循规蹈矩，知识面较窄，仅限于老师讲课的内容。为了考取高分数，我们往往只在学习笔记上下功夫，无暇腾出精力参加课外科研小组、兴趣小组。至于解决问题的能力，相比尖子生还是有差距的。

重返母校

2001年8月，我任铁道部部长期间，曾利用去莫斯科开会的间隙重返母校。彼时，莫斯科铁道学院已更名为莫斯科交通大学。校长列文先生热情地接待了我。他十分真诚地说：“我们为您感到骄傲，虽然莫斯科交通大学知名度很高，但是除了您以外，还没有毕业生担任过部长职务。”他专程带我去参观了几个教研室、实验室、图书馆。期间，我还抽空约见了往日的俄罗斯同学，他们大都已是知名教授。尽管40年没见面，曾经的懵懂少年此时都已成为白发老者，但大家依旧一见如故，长时间相互热烈拥抱。

几十年沧桑变迁，尽管学校更名，但规模却没有多大的改变，实验室也就一般水平，有的设备落后于我国的重点大学。改变的，主要是意识形态。从前的列宁雕像不见了，取而代之的是末代沙皇——尼古拉二世的大幅画像。

当晚，我请几位老同学吃饭，大家不由地回忆起曾经共同度过的青春岁月，兴致勃勃地唱起《莫斯科郊外的晚上》等当年的流行歌曲。亲切热烈的气氛，甚至感染了进餐的日本游客，他们也情不自禁地跟着我们一起唱了起来。

尽管老同学聚会令人兴奋，但也不免流露出些许辛酸。苏联解体后，当时的整个社会经济尚未完全走出低谷，在俄罗斯，即使是受人尊重的教授，收入也相当有限。其中一位同学已经退休，生活拮据，就连来饭店参加聚会都舍不得坐出租车。交谈中，老同学们个个羡慕中国出了邓小平，引领中国走上富强之路，而那时他们对未来依旧感到迷茫。

我任部长后，与俄罗斯铁路的联系增多，我的母校莫斯科交通大学对我关注有加。2001年10月22日，列文校长借考察中国之机，授予我名誉博士证书。我在致辞时说:“这不仅是我个人的荣誉，而且也是对中国铁路长足进步的肯定，更是中俄两国友谊的象征。”

2007年，我又一次回到母校，此时校园建设已比前几年有了改观。校长还是列文先生，他把我带到图书馆，我在那里看到了自己上次回母校时的留影。离开学校时，一群刚下课的大学生正好迎面走来，列文热情地将我介绍给大家，一片掌声令我不由得心生感慨。欣慰之余，遗憾的是，这次一位老同学都没有看到，有几位甚至连消息都没有打听到。

世事变迁，不管过了多少年，不管发生什么变化，我的母校——莫斯科铁道学院是我毕生难忘的地方。那里，曾留下我青春的脚印，那里有我多年的同窗与严格而不失和善的老师。如今他们在哪里？他们的生活如何？每每念及于此，我的心情也如一首俄罗斯民歌里所唱的那样：“期盼远方的友人发来珍贵的消息……”

四 难忘株洲

我于1961年11月到株洲电力机车研究所参加工作。那时正是1958年“大跃进”后的国民经济调整时期，也是经济困难时期。

此前我从未去过株洲，带着年轻人的美好憧憬下了火车。发觉城市的老街窄窄的，像样的马路似乎仅有新城区的一条，且延伸距离不长。电力机车研究所位于离市中心5公里一个叫田心的小镇上，毗邻铁道部田心机车厂。机车厂初期只是修理蒸汽机车，1959年铁道部决定在此试制电力机车。我初到株洲时，研究所建立仅仅两年，员工多数是刚走出校门的大学生，即使有几位老工程师，也多为转行过来的。那时，别说实验室，就连办公室也是从机车厂设计科借来的。初来伊始，我被分到总体线路室，办公条件十分简陋，一间房子摆着十几张桌子，打电话得通过接线员，声音小又不清楚，常常要对着话筒嚷嚷，一人打电话弄得整屋不得安宁。

气候也是我面临的一大挑战。我从小生活在北方，冬天一片冰天雪地，满以为几千里之外的冬天湖南会温暖如春。可是到了才发觉当地的冬天常常是阴雨连绵，不但潮湿又非常冷，而且是从骨头里面往外冷。屋里没有火炉，更没有暖气。晚上睡觉的时候，被窝里凉飕飕的，只能蜷成一团，许久都不敢把腿伸直。到了早上，屋子里寒气更加逼人，又舍不得从焐热的被子里爬出来。遇到下雨天，洗过的衣服更是几天都干不了。熬到天色放晴，室外比在屋里暖和。于是，晴暖的冬日便会出现一道独特的风景——三三两两的老人们坐在街边的房檐下面晒太阳。

夏天同样令人不适，天气酷热。一到夜里，蚊子嗡嗡声不绝于耳，叮得人奇痒不止，无奈只好挂起蚊帐。这样一来，更感闷热难当。

睡到半夜，常常是大汗淋漓，浑身湿透醒了过来，摸过毛巾擦擦，迷迷糊糊又接着再睡。那个年代没有电扇，买把芭蕉扇在酷热时扇几下，就颇感知足了。

说来也怪，这样的气候，一年后，我竟然也慢慢适应了。

田心地方不大，虽算不上穷乡僻壤，可就当时的情况，比真正的穷乡僻壤好不到哪里去，可它却神奇地成了我国电力机车的福地。

我国第一台韶山1型电力机车是仿制苏联的产品，于1958年由湘潭电机厂和田心机车厂联合制造。随后，铁道部与当时的一机部商定，从1959年开始，电力机车改由田心机车厂总装。同时，铁道部还决定在株洲成立电力机车研究所，以加强技术研发力量。就这样，田心不但有了一个电力机车生产厂，又多了一个电力机车研究所，两者相互支撑，成为我国电力机车的摇篮，此后又一步步发展成为我国电力机车制造基地。

从蓄电池切入

我到株洲所的时候，韶山1型电力机车还处于攻关阶段，技术负责人是研究所总工程师蒋之骥。那时他50岁左右，曾到苏联诺沃切尔卡斯克电力机车制造厂进修一年，业务能力很强。大家都称他为蒋总。

一天，蒋总找到我说，机车蓄电池放电过快却查找不出原因，要我负责做些试验，找出症结所在。一接手任务，我便立即找来相关资料和产品说明书，制定出试验计划。

那时，做试验的蓄电池不但数量多且很重，还都得从机车上拆下来，我一个人搬不动，田心厂组装车间派来几名青工帮忙。正值困难时期，人们连饭都吃不饱，干活哪里会有劲头？来的几个人坐在一边，看我一个人干。我当时就火了："你们是干什么来的？"他们这才懒散地走过来帮了把手。或许是觉得我的试验没有意义，嘴里不满地嘟囔着："没事找事。"

做试验没有地方，只能挤在田心厂充电班组的有限空间里。蓄电池研究试验需要几十个循环，每个循环充电需要几个小时，放电又需几个小时。周而复始地进行这种操作，对班组师傅来说，这个额外任务简直就是没完没了，打乱了正常的生产秩序。他们产生了反感情绪，即使有所配合，也显得比较勉强。有一天，我接电压表不小心，碰出电火花引爆了蓄电池充电时释放的氢气，尽管没有造成损失，可当班的老师傅却为此大发雷霆，说什么也得把我轰走。事情闹大了，研究所领导这才意识到在生产班组里做试验的确不合适，于是给我换了地方，搬到工厂试验站，继续这项“未竟的事业”。这次试验让我深刻地体会到，研究试验不宜掺和到正常生产流程中，即使不得已这样做，也务必先向工人解释清楚，否则结果只能是事倍功半。

参加机车试验

1962 年初，我被派到北京环形铁道试验基地参加韶山 1 型电力机车研究试验。半年后，我又去了宝鸡—凤州电气化铁路线，为机车试运行服务。这些经历大大丰富了我的实践知识。

宝凤铁路是中国第一条电气化铁路，全长 90 公里，它穿过秦岭，坡道很陡，大多为 30‰，为全国铁路之最。由于宝凤铁路是宝鸡至成都铁路的咽喉，而宝成铁路又是沟通中国西北、西南的第一条铁路干线，运输压力很大。在那里，蒸汽机车只能牵引几百吨列车，速度很慢。突出的问题不在上坡，而是下坡。从秦岭到宝鸡 45 公里，连续长大下坡，列车只能靠闸瓦制动。制动时间一长，闸瓦发热，甚至熔化，就会失去制动力，列车速度有失控的危险。为此，下坡列车一般要在中间站“凉闸”停上半个小时，待发红的闸瓦冷却下来，才能继续前进。这样一来，下坡的列车平均速度比上坡还慢。

宝凤线是条单线，通过能力低，远远不能满足运输需要。为此，1960 年曾对其进行电气化改造。可是国产电力机车技术不过关，不得不从法国进口了 25 台，而这也不是长远之计。铁道部甚感焦虑，要求加紧研究试验国产机车。国产机车当时存在不少毛病，随时有可能出现故障，一旦中途“抛锚”，将会堵塞这条铁路。因此，每次试验都要由一台蒸汽机车在后面“保驾”。

试验暴露出大量问题，虽然不是好事，却也为改进设计打下了基础。在近一年的“跑车”过程中，通过排除故障，我学到不少书本上不曾教授的知识。如此边干边学，我对国产电力机车有了更为全面的了解，也提高了处理问题的能力。

承担责任

由于中苏关系紧张，1960 年指导电力机车研制的苏联专家从田心撤走，一堆技术难题一股脑儿甩给了我们这些刚出校门的毛头小伙子。不过，苏联开发交流电力机车也只有几年时间，缺乏经验。在此之前，他们使用的是直流电力机车。我们所遇到的问题实际上就是在重蹈他们的覆辙。机车“三大件”技术都不成熟，即牵引电机换向器环火、引燃管水银整流器逆弧、调压开关触头烧损。我们意识到：对原设计不动大手术是不行的，继续沿着苏联设计思路走，还不如自己另辟技术蹊径。

那时是激情燃烧的年代，初生牛犊不怕虎，大家憋了一口气，不相信离开外国人就一事无成。“矬子里拔将军”，我参加工作 3 年多就被任命为研究所总体室的负责人。全室 30 多人，没有别的“头”了，我是唯一的“官”，带领大家开展技术攻关。与此同时，研究所条件也在不断改善，建立了试验站，每年都增加几十个大学毕业生。我们这些年轻人一心一意扑在工作上，把整个机车分解为各个零部件，进行分析、研究、试验。那时的办公室、试验站晚上几乎灯火通明。研究所与田心机车厂一起，通过反复试验，找到了产生问题的原因。接着，先后成功研制出新型四极牵引电机，用半导体硅整流器取代水银引燃管，改进了调压开关设计，相应消除了恼人的环火、逆弧、触头焊死等惯性故障。值得庆幸的是，当时研究所下决心自己研制硅整流器，并取得成功。硅整流器是保证电力机车闯过技术关的核心装置。对于是否研制硅整流器争议很大，我是力主上马的主要代表人物之一，理由是市场产品跟不上电力机车的需要。事实证明，正是由于研制了新型硅整流器，才掌握了生产电力机车的主动权。今日的株洲所已成为全国大功率硅整流器的最主要制造基地，就是那时打下的基础。

整整苦战七八年，经历多次失败、多次反复。功夫不负有心人，1968年，韶山1型机车终于过了技术关，投入小批量生产，并成为我国电气化铁路的主型车。据了解，当时我们开发的某些技术已超过苏联。

不久，韶山2型电力机车也试制成功。这种新车是吸收进口法国车的优点而设计的，功率比韶山1型更大。说也奇怪，至今我还记得韶山2型机车总装时的情景。虽然那是“文革”时期的1969年，但是为了向国庆献礼，有关人员不分昼夜，干得热火朝天。

随后，又开发了韶山3型机车。如果说韶山1型机车还有苏联H60机车痕迹的话，韶山2型、韶山3型机车则完全是我们自主设计的。接着，又研发了双节8轴韶山4型电力机车大功率货运机车……

1979年，我开始牵头组织株洲所承担我国第一列KDZ1电动车组电气部分的试制工作，其中包括牵引电动机、电器和列车控制电路的设计和制造。转向架、车体以及总装由长春客车厂负责。牵引电动机虽然功率不大，要求却很高，加之是第一次，经验不足，在试制时，半夜里车间还是灯光通明。

我在株洲工作23年，到1984年1月我离开时，韶山型电力机车已经形成系列。我自己也得到了磨炼，先后担任了研究室和研究所负责人。

生活考验

我刚刚来研究所的时候，正是“三年困难时期”，吃不饱饭，粮、油、肉、糖全都凭票供应。按照当时规定，作为体力劳动者的工人，粮食“定量”高于技术人员，每月可多拿些粮票。为此，我们这些新来的大学毕业生都定为“见习钳工”。即便这样，挨饿也是常有的事儿。

很多人由于营养不良，全身浮肿。我们单身汉几乎个个都有电炉或煤油炉，买点萝卜，用酱油煮一煮充饥。印象深刻的是，有一次我坐火车被选为旅客代表，除了帮助列车员维持车厢秩序，还享受特殊待遇——敞开肚皮吃饭，中午一顿就吃了二两一个的大饼6个。

在单位，大家的眼睛都盯住了食堂，对粮食可以说是“两两计较”，常常为碗里的饭少了一点与窗口工作人员发生争吵。20世纪60年代的中国不流行说客气话，而我却保留在苏联养成的习惯，每次买完饭就道一声谢谢。有一次，卖饭的老太太拉着脸，生气地指着我：“以后不要再说谢谢了，别人还以为我多给你饭了。”这可是我始料未及的，一句“谢谢”居然给她惹了麻烦。

当时生活困难，领导干部也不例外，与群众同甘共苦，为此研究所职工的怨言并不算多。直到1963年国家经济形势明显好转，粮、肉、油供应增加，大家能吃饱饭，工作劲头更大了。

入　党

说实话，刚上大学时，我没有入党要求，一是学习紧张，无暇细想；二是觉得我国著名的科学家不一定都是党员，照样能做出很大贡献，而自己的抱负是搞科学技术。想着，还是先学好本领再说。

在莫斯科铁道学院学习时，中国留学生中设有党支部和团支部，我是团支部委员。由于工作关系，接触党员比较多。他们大部分是研究生，来自国内各部委和大学，思想水平很高，令人钦佩。耳濡目染之下，我意识到要作对祖国有用的人，仅有知识是不够的，要向大哥大姐们学习。大学快毕业时，我提出了入党请求，不过有人认为我不够成熟。党支部书记找我谈话，希望回国后继续努力。

去株洲电力机车研究所工作不久，我又写了入党申请书。当时正值“三年困难时期”，湖南省委决定对基层党组织进行整顿，暂不发展新党员。就这样，3 年后我担任总体研究室代理副主任时，还只是一名团员。

1965 年下半年，研究所开展了“四清”运动。我虽然只是个代副主任，但由于是研究室唯一的“官”，自然就成了“当权派”。上面派来了工作组，群众给我贴了满墙的大字报。面对从来没有经历过的场面，我还真有点不知所措。不过，由于我刚上任时间不长，大字报中实质性问题并不多，所以检查了几次，很快就“洗澡下楼”了，还被评价为好干部。到运动后期，1966 年 1 月，我举手向党旗庄严宣誓永远忠于共产主义事业。从申请到加入党组织，经历了 7 个年头，或许这也是一种考验吧。正是那一年，组织上决定拿掉我职务上的“代”字，成为研究室副主任。

我的家庭

在株洲，我不但从事着所钟爱的电力机车事业，也于 1966 年组成了自己的家庭。

妻子唐曾妍祖籍杭州，从小生活在上海，与我同岁。她 1961 年毕业于北京铁道学院，被分配到北京的铁道部专业设计院工作，所学的专业也是电力机车。我们相识于做电力机车试验的北京环形铁道试验基地。那时，她还梳着两条小辫，衣着朴素，性格活泼，积极好学，没有上海女孩子的娇气，给我留下了很好的印象。我们经常在一起讨论技术问题，她对我也有好感。后来，由于我在株洲工作，无法常去北京，彼此很难见上一面。几年间，通过上百封书信来往交流，我们最终确立了恋爱关系。

某天，我在书信中将出差上海一事告知唐曾妍，她回信时建议我找机会到她家做客。虽说我是个书呆子，可这句话言外之意我还是心领神会了。借用一个礼拜天，我特意穿了件西服上衣，带着礼品独自上门接受未来岳父岳母的考察。两位老人非常慈祥，还热情地留我吃了一顿丰盛的午餐。他们说上海普通话，有的听不懂，我只能以微笑答之。后来听说，两位老人对我这个未来的女婿还算满意。

另有一次，我因急事顾不上通知唐曾妍，便匆匆前往上海出差。第二天，她从父母那里得知我的行踪，也急忙从北京赶回上海。可是，由于工作之需，我却必须赶回株洲，结果两人只是在火车站匆忙见了一面。

1964年，按照单位安排，她离开北京前往成昆铁路线上的官村坝隧道建设工地劳动锻炼一年。她干的是电工，主要是为隧道接电源、换灯泡。一天，她在工作中不慎从3米多高的梯子上摔下来，连腰上别的钳子都摔断了，可见伤得不轻，卧床静养了数日。可她在书信中对此却只字未提。时至今日，她的腰伤还时有发作。

当时，我们研究所一位女同事的爱人也在铁道部专业设计院工作，为解决分居问题，她提出与唐曾妍对调要求。经双方单位领导同意，1966年唐曾妍在劳动锻炼结束后，调入株洲所。

一年后的9月，我们登记结婚。此时“文革”已经轰轰烈烈拉开阵势，全国各地的红卫兵们纷纷开始了大串联，火车上人满为患。因回我的东北老家路途遥远，辗转折腾不起，父亲对此十分理解，他特地从黑龙江寄来一床被褥，作为我们的结婚礼物。我们俩则利用国庆假期去了上海岳父岳母家。

那时正值“破四旧”，无法举行正常的婚礼，我们俩便去照相馆拍了一张合影，算是把终身大事办了。当时，我只穿了件平常的旧衣服，内弟见我过于寒酸，慷慨地拿出自己的一件半新夹克衫借给我。考虑到邻居和亲戚朋友大多遭遇批斗，彼此不敢随便往来，所以结婚也就没有设宴。正巧，一位株洲所出差的同事到家里做客，得知我们已经结婚，一起吃了顿饭，他便成为我们“婚礼”的唯一宾客。一星期后，假期结束，我们回到株洲，把从上海买的糖果挨个分给同事。大家也按当时习俗，给我们送来毛主席石膏像、笔记本，以示庆贺。“文革”时期的“革命化”婚礼大抵如此，倒也简单、省事。

由于条件有限，没有住房，我们还是各回各的单身宿舍。中午和晚上约好一起去食堂吃饭，说说话。像我们这样的夫妻，在研究所还有好几对，大家都差不多，也就无所谓什么怨言了。大约半年之后，我们终于分到一间房子。那时住房极度紧张，一些两间一套的平房改住了两户。我们分到这间的向阳面，面积约10平方米，没有厨房，也没有卫生间，平时得上30米开外的公厕去。我们住的这间和朝北的隔壁中间设有一道上了锁的木门，为便于通风，两家隔墙的顶部开了几个方孔。方孔高高在上，彼此看不见对方，却能实实在在听见隔壁的动静，甚至放屁这样的尴尬之声，因此有人把这种房型戏称为P(屁)型房。尽管住处简陋，能有个安身的“窝”，我们已经感到不错了。有了家，没有厨房，仍是无法做饭，便从上海岳父那里弄了个小煤油炉来，每到星期天，搬出煤油炉煎两个荷包蛋，改善一下生活，却也其乐融融。

又过了一年，妻子怀孕了，家里没有厨房很不方便。这时恰好有位刚离异的男职工主动提出要和我们换房。他住的地方位置较偏，不过房间较大，而且有厨房。那时已进入“文攻武卫”时期，他怕造反派武斗时受到伤害，想搬到人口较为密集的“安全区”。我考虑到妻子即将临产，能调到宽敞一点的房子自然是求之不得了。于是，双方一拍即合，第二天一大早，男职工便把家具一股脑拉到了我家门口。我们也丝毫不敢怠慢，连墙都没顾得上粉刷，就急急忙忙搬了过去。

随后几年，我们相继有了相差5岁的两个女儿，大女儿小宇，小女儿容容。坦率地说，由于在单位大小是个头头、工作忙，我在孩子身上没花过多少心思。从小到大，都是她们的妈妈一个人操心。两个女儿从出生到上幼儿园、小学、中学，直到大学，我都没怎么管过，家长会也一次没参加过，没有尽到多少做父亲的责任，直到现在想起来，对她们还是心怀愧疚。

记得大女儿一岁多的时候，我在研究所忙于拉硅单晶试验，几天没进家门。一天晚上，妻子找来说，她要值夜班，孩子已经独自在家睡了，希望我早点回去陪陪，我想都没想就答应了。可是实验进展得相当不顺利，一忙起来，我居然把回家的事忘得一干二净。第二天，妻子找到我，恼怒地责问我为什么不回家，我这才猛然想起还有这回事。回到家，邻居一见我便说：“半夜里听到孩子无助地哭着，可你们家里灯黑着，门又锁着，实在爱莫能助，只能听任孩子哭累又睡着了。”

几年后，妻子在上海生下小女儿，准备带着孩子回株洲，嘱咐我事先找个保姆。不巧所里正派我去宝鸡出差，事情没来得及办好我便匆匆走了，只是在临行前给她留了张纸条。可以想象，当时她千辛万苦抱着孩子，一路折腾回到空空荡荡的家里，心里有多么失落和委屈。为此，她伤心地哭了一场。好在有同事的大力相助，才帮着妻子度过了那一段困窘的日子。

对家人的亏欠还不止于此。1981 年前后，研究所的科技人员为弥补“文革”十年所造成的损失，纷纷抓紧机会进修。那时上级单位在青岛开设了为期一年的英语培训班，在各单位选拔学员。妻子在业务上始终要强，是个上进心十足的人，她兴致勃勃地报名参加了选拔笔试和口试，成绩很好，老师表示将会录取。为此她兴奋不已，并与我商量好，把我父母接到株洲帮着照顾孩子。正当她准备出发时，研究所却决定派我去联邦德国进修。怎么办？她不得不放弃了这次培训良机，再一次做了自我牺牲。

结婚 40 多年来，妻子为了支持我的工作，多次选择以我为重，甘居身后默默奉献。她偶尔会自嘲地说：干了一辈子，连个副处长都没当上。其实，她对当不当官根本没放在心上。尽管家里事无巨细，两个孩子的抚养教育主要靠妻子一个人操持，可她对工作却十分认真，业务上积极上进，被评为教授级高级工程师。妻子退休后不甘寂寞，想找个地方当义工，但是未能如愿。不过，她却一直关注着农村里的穷孩子。有一次，为资助一个家住广西百色山区的弱视儿童到北京治病，她毫不犹豫地拿出 8000 元。可平时她自己出门时却不舍得花 20 元打出租车，而去挤公共汽车。

大女儿出生在上海，上学前大部分时间留在我岳父母身边。两位老人尽心尽力带孩子，解除了我们的后顾之忧。他们还为女儿请了保姆，订了牛奶，奶里再加葡萄糖。岳母手巧，给孩子做不少漂亮的衣服。可没想到“文革”时女儿的生活条件却成了唐曾妍受批判的内容，说她在培养资产阶级小姐。为此，唐曾妍受了不少委屈。

虽然我对自己小家谈不上什么贡献，可对孩子们的成长，也并非漠不关心。有一年，为了给 3 岁的大女儿开开眼界，我和妻子利用星期天带她去长沙的“动物园”玩(那时株洲没有)。下了火车，路过一家食品店门口时，正好橱窗里放着刚出炉的面包，这在田心可是买不到的。孩子闻到香味就吵着要吃，可我们仅有的株洲市粮票在长沙不能用。尴尬之时，旁边一位中年妇女好心地掏出二两粮票递过来，这才解了我们之围。在公园玩了半天，孩子非常开心。准备离开时，公交车停运了。无奈之下我们只好改为徒步。可是女儿玩累了，不一会儿竟睡着了。我们只好轮流背着她步行几里路到火车站。折腾了一天，虽然很累，可是看到女儿接近动物时开心的样子，我们内心还是甜滋滋的，一切疲惫都值了。长沙之行虽说只看到猴子等有限的几种动物，却给女儿留下深刻的印象。回到家，她不厌其烦、绘声绘色地给周围小朋友一遍遍讲着猴子打架的故事。

还有一事，也记忆犹新。小女儿小学毕业后，打算报考株洲市二中。该校是省重点中学，除了数学和语文考试外，还要通过包括立定跳远、爬杆和 400 米跑等体育测试。运动不是她的强项，为了帮助她取得好成绩，我借了秒表，带上皮尺，每天清早陪孩子到附近的体育场练习。测试那天，我前往助威，不断给她加油。小女儿最终被录取，全家都很高兴。能为孩子尽到父亲的一点责任，我很是欣慰。

稀罕的自行车

如今人们出门不是驾车，就是“打的”，骑自行车的人已经越来越少，可是早年自行车却是稀罕之物。上初中时，父亲曾买过一辆脚闸式二手自行车，我和邻居家的孩子看着心里痒痒的，于是见缝插针地利用早晚时间将车推出家门疯玩一把。一个前面骑着，另一个在后面推，不知摔了多少跤。有一次，骑车骑到兴头上，我一时疏忽，连人带车栽进了排水沟里，前叉也给摔断了，回家挨了一顿骂。那时也不知怎么瘾头就那么大，每当我骑上车，后面便会有一群孩子一边兴奋地呼喊着，一边紧跟着穷追不舍，你追我赶的，好不热闹。

在株洲工作的时候，研究所有辆自行车可供办公事之用。有一次，我骑车外出，猛然发现眼前是一个又长又陡的大下坡。瞬间，连车带人不断加速。由于小时候骑车用的是脚闸，而当时骑的车是手闸，不会用，便立马慌了手脚，不知如何才能把车停下来。失控的自行车飞速下溜，我已惊得连呼带喊，又唯恐撞倒路上行人，最后重重地摔了下来。经历了此次惊险，我才学会了使用手闸。

“文革”期间，几乎所有物资都是短缺的，自行车更是紧俏商品。手表、收音机和自行车这“家庭三大件”均须凭票购买。1972 年，我有幸分到一张自行车票，就买了辆“永久牌”。我几乎天天精心保养，隔三岔五还要打打蜡。那些日子，早上出门骑上自行车，前面坐着女儿，后面驮上妻子，一家三口其乐融融。有了小女儿后，妻子就把她抱在怀里，一家四口都在一辆车上了。

后来我调到铁道部科技局工作，也把自行车从株洲带到了北京。每天上下班骑车，既便捷又可锻炼身体，只是车技不精，偶尔也会遇到麻烦。一个星期天早晨，天空飘着小雨，我骑车去铁道部加班，在钓鱼台附近的路口转弯时，不慎刮倒一位中年妇女。我急忙下车，怀着歉意将她扶起来一看，她的胳膊擦破了皮。随后赶紧赔着小心用自行车驮上她，送到附近的复兴医院检查，所幸没伤及筋骨。此后，我骑车便留心了许多，再不敢冒失了。

20 世纪 80 年代以来，汽车逐渐多了起来。我到哈尔滨铁路局工作期间，也开始有专车了。可我还是更愿意骑自行车，特别是下班后和节假日，会时常骑车到基层站段和家属区走走，这样也能了解平时看不到的真实情况。1991 年，我回铁道部任副部长，上下班都有汽车接送，骑车机会变少了。为锻炼身体，我上班基本坚持步行，每天走上半个小时，有时路上遇到熟人，还能闲聊几句。自此，自行车就隐退了。

下乡“双抢”

在株洲工作期间，每年夏末研究所都要组织人员下乡帮助乡亲们“双抢”。所谓“双抢”，就是一边抢收早稻，一边抢插晚稻。之所以要“抢”，是因为农时不等人。“双抢”仅半个月时间，劳动强度相当大。当时，知识分子是改造对象，下乡的主力理所当然便是他们。记得有一年“双抢”时节，科研任务十分繁重，作为研究所的负责人，我原本想把一位技术骨干留在所里抓紧搞试验，但“工宣队”队长却点名非要他下乡改造不可。为此，我与这位“工宣队长”争执起来，还气得拍了桌子，周围的同志从未见过我这样发火，个个目瞪口呆。

没亲历过“双抢”的人是无法想象其辛苦程度的。早上4点天没亮就得起床，简单洗漱后披星戴月下田，跟着当地乡亲们拔秧先干上两个小时，之后才吃早饭，接着继续下地插秧。正午酷暑难耐，大伙儿就可以在午饭后趁机补睡上一两个小时。再出工后，却要一直干到天黑。

干农活虽说主要凭体力，可插秧却是有窍门的。老乡们干起活来相当麻利，而我们这些“城里人”相比之下就显得笨手笨脚。不过，可别小瞧了这些平日里文质彬彬的书呆子，要真学起来上手也快，我们当中有几个人，在几天后居然能同当地的插秧能手一较高低了。

湖南的夏末烈日当空，是最难熬的酷热时期，抡起赤裸的两只胳膊下地干活，烈日暴晒下，不出半天，皮肤准晒得红肿生疼，之后还会蜕皮。穿着白色的上衣，在泥水里折腾一小会儿，白衣瞬间就会染成黄灰色，任你如何清洗，都很难再现本色。久而久之，人们总结出一条经验，白天必须穿长袖黑色上衣出工。大热天严实地捂着身子干活，不知要出几身大汗。待晚上收工回来，没有一个人的衣服不渗有白花花的一层结晶，那是汗水蒸发后留下的盐渍。

“双抢”期间，我们轮换到不同人家吃“百家饭”，如此既可均衡农户们的负担，又可调剂我们的口味，真是一举两得。事实上，在那个年代能有吃的就已然不错了,倘若有肉,特别是肥肉,那更是美上加美了。要是有幸遇上这等好事,个个吃得香不说,吃得多那也是可想而知的。湖南人吃辣椒早已享有盛名。民间对辣椒的耐受力素有“不怕辣、辣不怕、怕不辣”的对比之说,而湖南正是属于“怕不辣”的。我们在农民家里吃饭,顿顿离不开辣椒,可算是领教到什么是“怕不辣”的威名了。我这个北方人,本来对辣是有点畏惧心理的,可在那种情况下也只能入乡随俗,硬起头皮就着辣椒下饭了。

尽管下乡“双抢”的日子很苦,但对我们这些知识分子而言,也确有裨益,既受到历练,也增加了对农村的了解。

经历“文革”

1966 年 5 月,株洲研究所“四清”运动尚未结束,席卷全国的“文革”便开始了。那时候,全国都在批邓拓、吴晗和廖沫沙的“三家村”。研究所知识分子成堆,自然成为运动的重点,年纪大些的工程技术人员都挨了“整”。可没多久,风向却变了,矛头指向“走资本主义道路当权派”(简称“走资派”)。

我们研究所离机车厂不到 200 米,两个单位关系相当密切,连研究所党总支也归厂党委领导。“文革”初期,工厂很快冒出个叫“红铁军”的造反派,而且和湖南省极左组织“湘江风雷”挂上了钩。

那时,整个田心都笼罩在恐怖气氛中。设在家属区的高音喇叭成天叫个不停。体育场、电影院都变成了开批斗会的场所,造反派此起彼伏的口号声震耳欲聋。不少领导干部被打成“走资派”,戴着高帽到处游街,那情形简直和我记忆中的“斗地主”差不多。人们都去轰轰烈烈闹“革命”了,工厂停工几个月,研究所也中断了工作。群众分裂为两大派,研究所里造反派占了优势,科研大楼则顺理成章地变成田心地区造反派的大本营。大楼顶层也“因地制宜”地改造成“监狱”,关押着为数不少的厂、所级的“走资派”。当时我也无法幸免地被划为“走资派”,被夺了权,却因官级较低、“民愤”不大,侥幸没有成为斗争的重点对象，没戴高帽、没挨打，在经历 7 次批斗后，最终“下放”到车间劳动改造。

我到车间，开始干的是蒸汽机车修理工的活儿，后来又当上了电器钳工，一年多时间，倒也学了不少手艺活，还和一些工人师傅交上了朋友。

在诸事禁忌的年代，无视禁忌讲真话是要付出代价的。当时妻子是研究所电器室的工程师，她是个心直口快之人，对“早请示、晚汇报”和“三忠于、四无限”等形式主义做法有意见。一天，她在学习会上发言说：“我们每天都在祝林副主席身体健康，可是为什么他的身体还是不好?”在场的造反派一听这话，立马报告给“工宣队”，当晚她就被“隔离审查”了。一时间，“打倒现行反革命分子唐曾妍”的大标语铺天盖地。偏巧她在北京工作的二哥出差途经株洲，准备到我们家来看看，结果刚下公共汽车看到的却是满眼的大标语，一时间没反应过来，给弄得不知所措。为避免造反派突如其来的抄家和其他不必要的麻烦，我把结婚前写过的上百封书信都付之一炬。

同时，听说有些留苏同学已经被无端打成苏修特务，我心里也七上八下地直打鼓，百般无奈之下，只得中断与所有苏联同学的联系，早先彼此之间的来往信件和一些苏联同学的照片全部悄悄处理了事。

在那种近于疯狂的环境里，派性斗争更是不时令人失去理智。同事之间、家庭之间、亲人之间激烈争斗，甚至夫妻反目、父子决裂的情况也屡见不鲜。人人都成天捧着本《毛主席语录》，“老三篇”《为人民服务》《纪念白求恩》《愚公移山》更是个个脱口而出。派别之间，对毛主席的话则各取所需，各找各的说辞，一旦引发纷争，则会动刀动枪，毫不含糊。不了解当时的历史背景，如今的年轻人是无从理解那般情势的。

谁能想象那场浩劫造成的损失有多大？单就区区一个研究所就可窥豹一斑。所里的总工程师丁庆棠，早年曾是党的地下工作者，历史清白，可却被污蔑为叛徒，受尽凌辱，不得已跳楼，以死证明其忠诚。副所长张茂隆为人直爽，敢于管事得罪了人，却被借题发挥打成“恶霸”，惨遭折磨，最后被赶进“牛棚”。研究所党总支的上级领导人田心机车厂党委书记程志远，是位口碑不错又能干得好领导，却也莫名遭受迫害，被迫自杀。

在车间劳动一年后，时遇中央提出“解放干部”，我这才得以回到研究所，当上了“生产组”组长。按照当时要求，所里成立了革命委员会，下设政工组、生产组和后勤组。生产组主要负责科研试验，可自“文革”开始，研究工作已被迫停滞几年，相当多的实验设备已被挪用，部分人员已经失散，要恢复到先前水平并非易事。

“文革”中期，为加强知识分子改造，上级决定采用“掺砂子”的做法，派来一些工人出身的干部到研究所担任领导职务。这些同志对我们这些“臭老九”倒也颇为器重。那几年正值韶山2型电力机车研究试制的关键时期，我提出建议，以这一新产品来凝聚已然涣散的研究队伍。建议一经采纳，大部分科技人员立即投入到新型机车的试制会战中。我们这群虽不敢奢谈“君子谋道不谋食，忧道不忧贫”的知识分子，却也有自己的满腔抱负，大家都意欲抓住这样难得的机会，显显身手。经过一年的艰苦奋斗，试制终获成功。在工作中我也与一些人结下了友谊。几个曾经批斗过我的同事，当时情绪虽然过激，但那是特定时代所导致的过错，我谅解了他们。

在极“左”思潮影响下，我自己也不是没干过傻事。有一年，时任“中央文革领导小组”组长的陈伯达提出全国搞“电子化”，一位上级领导闻风而动，立即要求我们研究所拉出“硅单晶”，并点名由我负责，限期完成任务。“军令如山”，接领指示，所里即刻组织了一套会战班子，托关系找来图纸，终归也算试造出一台单晶炉。由于不懂“硅单晶”炉的制作技术，糟蹋了不少昂贵的不锈钢，真觉得可惜。炉子一造好，为赶时间，便马上指派一名刚刚培训过10天的技术员，不分昼夜地盲目试拉，搞得人困马乏，最终也没拉出合格的产品。无奈之下，不得不求助于专业工厂派师傅指导。谢天谢地，总算拿出样品，向上级交了差。接着，我们又上了多晶硅，盖了厂房，买了设备，培训了人员。说实话，也搞出一些多晶硅，但献礼后，就再也坚持不下去了。本来想搞成“多晶—单晶—条龙”，结果没有变成“龙”，却被戏称为“一条虫”，造成很大浪费。

“文革”期间，除遭到批斗以外，我没有想到，自己还背上了所谓“出身”的包袱。1969 年，国家批准铁道部从法国再次进口 40 台电力机车，我奉命参加引进谈判。作为中方谈判代表之一，我具体负责机车的电气部分，为此在北京一住就是半年。可是之后要去法国监造时，却没有我的份儿了。据说在审查干部时，发现我过世多年的祖父曾经是富农。其实，我生长于哈尔滨，老家的事知之甚少，而祖父在终老之前始终生活在辽宁海城。印象中曾听父亲说过，祖父在土改时曾被划为富农，后来经过纠偏又改为富裕中农。遇到这种事情，实在是有口难辩。

因出身问题而导致无法出国，给我带来很大压力。要知道，当时社会把出身看得极为重要。本来以为自己是“红五类”，突然变成了“另类”，心情十分郁闷。同时我也体验到，这种以出身划杠杠，不知挫伤了多少人的积极性。我们研究所很多人毕业于上海交大等名牌大学，不乏高才生，现实表现也很好，由于家庭出身问题，就是不能被重用，直到“文革”结束后这种影响仍然存在。1978 年，铁道部组织专家到联邦德国和瑞典考察电力机车，我和所里一位叫吴健牧的同志成为代表团的成员。吴健牧是一位业务造诣颇深的电气工程师，工作积极主动、任劳任怨，群众口碑也不错，可其父曾经在国民党政府当过高官，仅此一条便成为他出国审查时难以逾越的坎。当时借着研究所副所长身份，我向铁道部有关部门据理力争：“不是说‘重在表现’嘛，为什么一到关键时候又不兑现了呢？如果吴健牧这次政审通不过，还有谁会相信党的知识分子政策？”后来事情反映到郭维城部长那里，经他点头，吴健牧才得以出国。吴健牧也不枉此行，在考察中发挥了重要作用。经过这么个小插曲，科研人员看到了希望，觉得有奔头了。

随着“文革”远去，知识分子重新受到重视。落实政策后，许多技术骨干陆续走上了领导岗位。

欢畅的十月

1976 年 10 月，对于我们这一代人是一段难以忘怀的日子。恰巧我那会儿正在北京开会，其间一位姓孙的女同志私下里悄悄和我说，江青被抓起来了。惊闻这个消息，我几乎不敢相信自己的耳朵，心里直犯嘀咕，却也打心眼里希望她的话是真的。不久，各路消息传遍了大街小巷，北京万众欢腾，锣鼓声、鞭炮声响成一片。

几天后，党中央正式公布粉碎“四人帮”的决定，我也如期回到研究所。此时的株洲已然成为欢乐的海洋，抑制不住激动的人们纷纷从四面八方涌上街头，敲锣打鼓，热烈欢呼。由于我刚刚由京返湘，大家希望从我这儿了解更多的消息，因而我顿时成为簇拥的关注点。与此同时，人们也相互传递着各种不同的故事版本。我十分理解大家异常兴奋的心情，10 年之久的压抑，总算得到了释放的机会。

“文革”十年浩劫，给国家、党和人民造成的灾难无法估量。在那段倒行逆施、是非颠倒的日子里，国家陷入空前的混乱之中。曾经为革命出生入死的老同志不分青红皂白地被拉下台，甚至遭遇不测，无辜的知识分子受到诬陷迫害，下放劳动。人们不敢讲真话，今天你斗我，明天我斗你。生活在动荡之中的人民群众，对“阶级斗争”的实质早就看透了、厌倦了。

10 年间，很多工厂停产、学校停课。老百姓饱受内乱之苦，长期郁积的不满和对“四人帮”的愤恨如同不可抑制的火山熔岩迅速喷发了出来，哪有不快活之理!

自己动手

在株洲所工作多年，科技人员的动手能力之强至今仍令我记忆犹新。

“文革”后期，半导体器件研究室净化厂房工程进入设备安装阶段。由于承担任务的“安装公司”派性斗争严重，工人没有积极性，经常不出工，以致建设工期一拖再拖。作为项目负责人，我非常焦急，于是和研究所配合施工的技术人员讨论：“这样下去，不知要等到猴年马月，怎么办？”大家异口同声地说：“不能再等了，我们自己可以干。”

说干就干。十几个经过劳动锻炼的“臭老九”，虽说平日里从不张扬，可一旦干起活来却还有模有样。画图自是他们的基本功，而别的技能如车工、钳工、电工和电焊工，也都样样有人在行。风道、过滤器、电器柜制作，甚至高压电杆的架设等等，无一不是自己动手，至于设备调试更是不在话下。至今，这些伙伴们生龙活虎的样子我还记得，印象最深的是外号叫“小广东”的陈志棠，他像猴子一样灵活，一会爬上房顶焊接钢架，一会又回到地面安装设备。施工单位的人见我们这些技术人员居然开始自力更生，既能登高作业，也能钻进地沟干活，起初有些尴尬，随之便主动配合起我们。工程很快在半年内收尾完工。净化厂房的投产，对新器件的研制发挥了关键的作用，有力地支持了电力机车新产品的开发。

融洽关系

“文革”结束后，一些年轻科技人员陆续走上了株洲所的领导岗位，我有幸作为其中的一员，被任命为研究所副所长，主管科研工作。那时，全国已经呈现了科学春天的气息，但是十年动荡留下的问题成堆，有大量的事情要做。

首先是工资，十几年没有变过。1959 年参加工作的大学毕业生月工资一直停留在 56 元。我的月工资比他们高半级，为 59.5 元，还是因为我上了 6 年大学的缘故（在北京学习 1 年俄语，加上在苏联读了 5 年大学）。“文革”后，为了调动大家的积极性，研究所也试发奖金，职工为每人每月 4 元。我们几个刚上任的所领导商量，不给自己发奖金。这样一来，我们家里的收入状况就出现了变化，原来我的工资比妻子多3.5元，但是加上奖金后，我却比她少了0.5元。于是她笑言，家里她应该是户主。

研究所多年没评技术职称了，有的技术骨干当了近20年的技术员。我们这些留学生也不例外，虽然大学毕业时，已经拿到苏联工程师的称号，但是回国后却没有得到承认，仍然定为技术员。多年的积压、沉淀，使所里几百人都盼望尽早解决职称问题，但是按照上级要求，只能分期分批晋升，不能一下子解决。我们几个所领导商量决定，“先群众、后干部”，不与大家争名额。就这样，第一批晋升名单里没有我们；第二批依旧没有我们；到了第三批，有些同志提意见说，领导干部也都是技术骨干，不要再让了；我们这才按规定得以申报，获得了工程师的“头衔”。

1978年，被“文革”中断了的科技成果奖评定工作得以恢复。领导班子还是坚持既有的想法，把名额尽量让给一线科技人员。尽管我们几个所长都主持和参与过很多研究项目，但是都没有申请过奖励，这也正是2001年申报工程院院士时，在我名下几乎没有奖项的原因。对此，有人产生过质疑。

“文革”结束不久，株洲研究所一度划归铁道科学研究院领导，所级班子由院党委任命。由于老干部纷纷离休，株洲所所长位置空缺了一段时间，主要业务工作由包括我在内的两个年轻副所长承担。这时人们不断猜测，谁有可能接任所长职务。有一次，我去大连出差途经北京，意外地接到电话，要我去铁道科学研究院一趟。到了那里，才得知是政治部主任丁建成同志找我谈话。核心话题只有一个，即谁更合适当所长。我说：“我不合适。”并推荐了另一位副所长。他又追问理由，我的回答很坦白：“所长应擅长组织协调，我更喜欢搞科研项目。”并表示自己肯定能当好所长的副手。那个年代的株洲电力机车研究所是个不争名利的融洽集体。

专业考察

1978年9月，铁道部组团去联邦德国和瑞典考察电力机车，我是其中一员。那次考察是在“文革”结束不久进行的。作为科技人员当然渴望有这样的机会，毕竟中国与世隔绝了10年，大家都想看看外面的世界。

考察团的大部分成员没有出过国。虽然我在苏联学习过，但已经是17年前的事情了。出发前，考察团从国外的风俗和礼仪学起，直到买服装等小事，先后做了不少准备。那时，我们的月工资是70元左右，每人拿了国家发给的置装费之后，就带上介绍信到王府井百货大楼出国人员服务部去买“礼服”。由于尺码有限，我先后去试了几次也没找到合身的衣服。那次出国准备时间很紧，来不及量体裁衣，只好挑了大一号的中山装。后来翻出那次考察的照片，看见过于宽松的衣服穿在身上，自己都觉得好笑。

考察的首站是联邦德国，那时两德尚未统一。入境后，我们一路乘坐火车依次去了埃森、慕尼黑和卡塞尔等几个地方。联邦德国火车的快速、舒适和先进的机车制造技术给代表团成员留下极深的印象。相比中国铁路落后状况，我不免感到失落。

在联邦德国考察尚未结束，使馆向我们转达了来自铁道部的通知，要求代表团派人提前赶赴瑞典斯德哥尔摩，向正在那里访问的铁道部部长段君毅和老部长吕正操汇报考察情况。考察团团长决定让我和铁道部机务局的郑树选同志一同前往。因时间急促，德方公司专门派汽车把我们从卡塞尔送到远在几百公里外驻有我国使馆的波恩。路上车速最高达180公里/小时，我们欣赏着窗外的美景，也惊异于其高速公路的高品质和四通八达的便利，为此感叹不已。

在中国驻波恩大使馆借宿了一夜，第二天使馆派人把我们送到机场，绕经法兰克福，转机前往斯德哥尔摩。那时，我们两个人既不懂德语，也不会英语。法兰克福机场规模很大，凭一张机场平面图，我们没费多少周折就找到了登机口。可在汉堡却虚惊了一场。下机办理出境手续时，我却将登机牌遗忘在了飞机上，机场人员拒不放行，自己真是有口说不出。幸亏一位同行的瑞典女士出面帮忙解释说，这两个中国人是她的邻座，才让我回到机舱里。

飞机飞抵斯德哥尔摩时，天已经黑了，当地的中国大使馆派车把我们接了过去。当天恰逢“十一”，段君毅和吕正操同志刚刚参加完国庆招待会，没有返回宾馆休息，专门留下来等候我们。直到见面，我们才得知两位领导非常关注国外电力机车的发展情况，尤其希望能够了解联邦德国的“交流传动技术”是否已经成熟，以此判断下一步究竟是与联邦德国还是瑞典合作。由于涉及对外表态，所以想听听我们的意见。至此，我们才明白急急忙忙赶赴瑞典的原因。

两天后，考察团其他成员到达瑞典，我们会合在一起，除斯德哥尔摩，还去了哥德堡、马尔默和韦斯特洛斯。我们的印象是，瑞典的技术并不逊于联邦德国，享誉全球的 SKF 轴承厂精细制造工艺令人叹服，瑞典电力机车也堪称国际一流。在考察中我们还了解到，无论联邦德国还是瑞典，职工收入均相当于我国的几十倍，几乎家家都有汽车，现代化程度很高。

“文革”，封锁了我们与国外的太多交流，导致我们“闭门造车”的落后现状。这次考察令我们大开眼界，发现外面的世界原来如此精彩，也意识到差距并非愈来愈小，而是愈来愈大了。大家心里不由得升腾起强烈的使命感：将“文革”失去的时间夺回来是我们这一代的责任。

无怨无悔

从初次参加工作到调离前往北京，我在株洲所度过了 23 个春秋，这是我一生中最难忘的日子。离时匆匆，无暇顾及思绪，多年后，当我迈入老年，那段弥足珍贵的过往仍时常萦绕在我的脑海，甚至可说是有比思乡更切的眷恋之情。我曾在那里留下了青春岁月的身影，我曾在那片土地上挥洒激情和汗水，我曾在那里从事着我所钟爱的电力机车事业。2000 年 1 月，我重返田心，与株洲所新老同事聚会时发表了一番即席讲话，表达了自己对电力机车事业的情怀，也算是对在株洲那段时光的总结吧。

当时我是这样说的：

今天非常高兴和老同事们在一起，也非常高兴和年轻的同志们在一起。之所以非常高兴，是因为我感到回家了。田心、湖南是我的家。我在这里工作了23年，这里有我的脚印，更重要的是还有我的同事和在座的朋友们。去年建所40周年大庆，很多老同志欢聚一堂，回顾建所以来我们走过的路程。我非常抱歉，因为公务在身，没能和同志们一起欢度这个盛大节日，所以今天我是来补课的。

研究所已经走过了风风雨雨的40年。我在田心住过的几个地方已印象模糊，但是研究所三次搬家，却记忆犹新。建所初期，借人家的办公室，印象最深的是那部没有号码的电话机，敲一敲，接线员就出来了。第一次搬家后，我记得最清楚的是，在研究所的基建材料库里有台乒乓球桌，那是所里唯一的体育设施。第二次搬家，我们有了个篮球场。第三次搬家，大变样了，这就是今天看到的完全现代化的研究所。这40年的变迁凝聚了大家毕生的心血。今天在座的很多同志都退休了，脸上增添了皱纹，头发花白了，有的牙也掉了，但是看到我们现代化的研究所，大家感到十分欣慰。我记得来所初期，吃不饱肚子，但是办公室却经常彻夜通明。从那时过来的人大部分在座，当时小伙子没有穿过西装，姑娘们没有涂过口红……我们是从困难中走过来的，但是我们非常自豪。老伴唐曾妍参加40周年所庆活动后说，她的一位好友写了一首诗，名为《无怨无悔》，感动了大家。“无怨无悔”这4个字也引起了我的共鸣。回顾40年，的确我们付出了很多，然而却无怨无悔，感到骄傲的是为铁路电气化事业做出了应有的贡献。我们想想看：天上飞的是外国造的“空客”“波音”飞机，地上跑的是“奥迪”“桑塔纳”“标致”“别克”等外国品牌汽车，但是在我们的铁道线上，奔驰的却是中华牌，是用我们心血创造出来的国产机车。就是这一点，我们无怨无悔。奥斯特洛夫斯基曾经说过，人的一生应该这样度过——当他回首往事的时候，不因碌碌无为而悔恨。今天我们之所以无怨无悔，是因为我们没有碌碌无为，我们的付出已经见到成效，并得到很大的回报。这个回报不仅仅是对个人的，更是对祖国、对中华民族的回报。

在田心工作的23年，受到研究所所风的熏陶，至今我还感到受益匪浅。我感到最重要的一条就是理论联系实际。我们没有走某些单位闭门研究的路子，不是坐在办公室里，而是走向铁路现场，通过运用实验发现问题，不断改进，使科研成果能够站住脚、叫得响。对科研成果的最高评价就是在生产运输中得到应用，而不在于写几篇论文或作些学术报告。还有一条使我感受很深，就是我们研究所有一种团队精神，在科研成果署名的时候，大家不争名、不争利，争的是研究所的荣誉。正是靠这种团队精神，我们为国家贡献了一个又一个新产品。除此以外，我们研究所还养成了一种艰苦奋斗的传统，这种传统是我们取之不尽、用之不竭的强大动力。

研究所之所以有今天，是40年的路子走对了。不但出了成果，出了人才，也出了精神。我认为精神是最可贵的。

我曾想，研究所要不要树一个纪念碑？但是想来想去，这个纪念碑刻谁的名字呢？建一个无名碑也许更好些，此处无名胜有名。同时，我又想，现在的研究所不就是一座“纪念碑”吗？这个纪念碑，虽然没有刻上每个人的名字，但是每块砖、每块瓦，都凝聚了大家的心血，当然也饱含我们在座的这些老同志的辛勤劳动，这就是一个无名的、最好的纪念碑。

年纪大了，总是情不自禁地回首往事。研究所40年历程，的确非常辉煌。研究所地处小小的田心，却扬名全路、驰名全国，这使我想到刘禹锡《陋室铭》的名句“山不在高，有仙则名。水不在深，有龙则灵”。那么，小小的田心为什么有名？不仅有一个电力机车工厂，还有一个出类拔萃的研究所，这一点值得我们在座的所有同志骄傲和自豪。

上面所说的都是过去的事，“俱往矣”。那么今后呢？应当是“数风流人物，还看今朝”。老同志都离开了岗位，或即将离开岗位。研究所要发展，要前进，要靠年轻人。我们老同志要支持他们。年轻人外语好，懂计算机，思想活跃，在这些方面比我们强多了。所以，在这里我提议，让我们共同举杯，祝他们后来居上。希望他们在我们第一棒的基础上，跑得更快，把研究所办得更好，为21世纪的中国铁路电气化事业，当好火车头，再创新辉煌。

一席话激起在场老同志普遍共鸣，他们之中有人眼睛含着泪花。

此后，曾经有记者问我："听说你认为田心最美，那是为什么?"我说："什么是美丽，每个人都有各自不同的标准。田心虽然是个小地方，气候也不宜人，但却是中国电力机车的摇篮，那里是我奉献青春年华的地方，那里有我同甘共苦的朋友，那里是我永远眷恋的故土，当然也是最美的地方。"

1984年我调入北京前，株洲所已经开始出名。科研与生产结合紧密，被当成典型宣传。与此同时，在田心以北名为麻塘坳的地方，正在兴建规模宏大的新所。人心思进，凝聚力不断增强。当时，我是主管科研的副所长，所长是丁爱国，书记是廖勤生。3个人不但年纪相近，进入研究所也是脚前脚后，"文革"结束后又相继进入研究所领导班子。我们相互帮衬，配合默契，一心扑在工作上，同心协力为株洲所的崛起做出了奉献。那是一段值得留恋的时光。

五　赴联邦德国进修

改革开放后，为适应国家迅速发展的需要，中央决定向国外派遣留学生。1981 年，当时是副所长的我和株洲电力机车厂工程师程隆华、桂林芳一同被派往联邦德国学习电力机车设计。那年我已经 43 岁，出国进修对于这个年纪的人当然是个难得的机会。德方接待单位是专司外国青年培训的社会团体——卡尔·杜伊斯堡协会。在其安排下，一年多时间，我们先后在克劳斯—马菲公司和联邦铁路等知名企业学习，受益匪浅。那里发达的工业、优美的环境以及德国人对工作的认真态度给我留下了深刻印象。联邦德国铁路提高列车速度以增强竞争能力的思路，使我深受启发。

异国情谊

在大学毕业后，为了阅读有关技术文献，我曾自修过一点科技德语，然而苦于没有老师指导，始终不能开口。为避免在前往联邦德国的途中成为“哑巴”，我们 3 人请一位客居联邦德国多年的常老先生教授两个月的口语。尽管这次学习收获不小，但对于进修专业技术仍是远远不够的。

到了联邦德国，我们与来自巴西、埃及、韩国、菲律宾、赞比亚、索马里、卢旺达等 10 多个国家的 20 多名同学一道参加了语言培训班。虽说大家肤色不同，且起初语言不通，但是相处得却很好。

教我们德语的老师，姓里昂纳格，是位近 50 岁的热心女士。虽说她还能讲一口流利的英语，但仍不足以与来自不同国家的同学交流，只好借助最浅显的德语和肢体语言，使大家领会课文的内容。如果仍无法沟通，她会像个孩子一般，不停地做出各种滑稽动作，或是扮个鬼脸，引得哄堂大笑，同学们就在这轻松愉快的环境中学习了德语。

相比班里的其他人，我们 3 个中国人年龄偏大，都超过 40 岁，可是为了提高会话能力，课堂上都想争取练习的机会。每当老师提问，我们会撇开平时的羞涩，抢着举手回答。里昂纳格老师比较偏爱中国人，经常用最简单的德语与我们聊天，还将语音教室的钥匙交给我们，以便利用晚上时间去听录音。有一次，我把设备搞坏了，她并没有责备，第二天自己请人修好了。听说花了不少钱，我为此而感到内疚。

为了使外国留学生了解联邦德国，里昂纳格老师经常组织参观工厂和博物馆。除此还给我们 3 个中国人专门开了“小灶”，她多次联络当地的对华友好人士聚会，一边喝咖啡，一边听我们用结结巴巴的德语介绍中国情况。后来才知道，她如此用心良苦，也是想解我们的思乡之情。

里昂纳格老师还曾邀请我们去她家做客。令人甚感意外的是，室内陈设居然十分简单。客人瞬间的诧异之情并未逃过老师敏锐的眼睛，她却没有因此面露尴尬，而是以淡然、坦诚的微笑打消了大家心里的困惑。接着，在聊家常时，我们才了解到她坎坷的人生故事。她年轻时留学英国，与一位来自斯里兰卡的同学相爱，并步入婚姻殿堂，定居在丈夫的祖国，改姓为里昂纳格，生下一对儿女。后来，那里发生了战乱，老师便带着孩子回到了德国。由于没有自己的房产，只好租房而居。她指着屋里的摆设说：“你们看，这是我从街上捡回来的冰箱、家具，都用得好好的。现在的德国人真是太浪费了。”老师鼓励我们说：“你们的国家现在虽然还很困难，但我觉得你们既简朴又勤奋，看来中国有希望。”这时才明白了，为什么老师对我们这么关心。

里昂纳格老师对于我们的关心，引起一位来自非洲留学生的不满。一天，他用英语向另外一位老师抱怨里昂纳格偏向中国人。从他们交谈中捕捉到的部分单词和谈话语气，我们多少还是明白其中的意思，也由此为善良的里昂纳格老师因我们3个中国人遭到误解而深感不安。

3个月后，我们都顺利地拿到德语结业证书，依依不舍地与她告别。又过了10个月，我们结束了在德国的进修。回国前，我们3人都想再看望这位老师，可惜她已经离开德语培训班去了另一个城市。10年后我再访德国，几经打听她的去向，也没有结果。此后和老师虽未能谋面，可每当想起往事，她热情洋溢的面容便生动地浮现在我的眼前。

在慕尼黑，有一位名为马里诺夫斯基的资深记者也成了我们的好朋友。此前，他曾几次去过中国，也喜欢中国人。得知我们在克劳斯—马菲公司进修的消息，他主动找上门来介绍情况。此后，还接连不断地给我们3人提供最新的技术信息。我们回国后，一直与他保持着联系。两年后，我们接到他夫人的通知，他在一次登山活动中，不幸被一块飞石击中头部，永远地离开了这个世界。我们在倍感遗憾的同时，不禁黯然神伤。

进修期间，我们还有机会近距离接触普通的德国人。记得德方曾组织留学生们去汉诺威参观过一次国际博览会，那次我和北京交大的胡思继教授两人一同住进可称为家庭旅馆的居民家里。屋子面积不算大，约有150平方米，四周还有花园和菜园。主人是一位50多岁热心肠的家庭妇女，晚上得空便主动跟我们唠些家常，询问我们在德国的学习生活，也打听中国的情况，还表示希望有一天能到北京旅游。她说，开家庭旅馆的主要目的不是为了赚钱，而是和各地游客交流，从中得到乐趣。得知中国学生都喜欢在宿舍里自己做饭，临行那天，她还专门到园子里拔了些新鲜蔬菜送给我们。

便捷的交通

在联邦德国期间，我们经常与铁路打交道。那时两德尚未统一，铁路也是分开的，联邦德国部分称为联邦铁路，简称 DB。

那里的大城市上下班多乘火车。列车密度很大，每隔三五分钟就开行一列。电动车组编组灵活，可根据客流变化及时进行调整。早晚高峰时段，六辆一组；中午客流下降，则编组减半，变为三辆一组。车厢相当舒适，还可以上车补票。通常情况下，火车乘客不多。有一次，整节车厢里就我们 3 个中国留学生。刚开始，我还对此十分不解，随着时间的推移，熟悉情况后，我才明白其中的缘由。

联邦德国交通发达，铁路、公路密如蛛网。高速公路只限低速而不限高速，令外国人不可思议。德方组织我们留学生参观，一般不乘火车，而是租用大轿车，从住地出发直达目的地，“门到门”，便捷又实惠。公路因而强势地占据了大部分运输市场份额，导致铁路运量下降。

为扭转被动局面，铁路公司也不断变换营销手段，以团体票、家庭票等优惠票价吸引旅客。此外，铁路为招徕开私家车的旅客，居然在旅客列车尾部挂几节平板车用以装载小汽车，做到人车“不分离”。尽管如此，铁路的人气依然不旺。除节假日外，上座率不到 50%。为什么客流不大呢？归根结底，问题出在管理体制上。不同于公路和民航，那时的联邦德国铁路仍为垄断经营，职工享受准公务员待遇，吃“大锅饭”，缺乏开拓市场的动力。这才是要害之所在。

虽然那时联邦铁路服务质量屡遭诟病，不过平心而论，相比当时的中国铁路还是要好些。有一次，我从慕尼黑去纽伦堡，因技术故障火车延迟出发半个小时，随后车站便响起了广播：“因管理方面的原因，列车晚点，我们深表歉意。”尽管这是一个很小的细节，却体现出对旅客的尊重，给我留下深刻印象。

后来，我任铁道部部长时，就借鉴了联邦德国做法，要求有关工作人员在列车晚点时，一定要向旅客道歉，并尽量说明原因。

近年来，联邦铁路加速改革进程，破除传统的管理体制，经营情况已经好转。

先进的机车制造

联邦德国铁路机车车辆制造业相当发达，产品质量堪称世界一流。世界上第一台电力机车和内燃机车都出自德国人之手。20 世纪 70 年代，我国从联邦德国进口了内燃机车。近年，我国的部分高速动车组也购自德国；上海的磁悬浮技术也从那里引进。

我们曾在有百年历史的机车制造厂克劳斯—马菲公司进修半年。在德国，与之规模相当的机车厂还有 HANSHEL 和 KRUPP 两家。由于铁路所需机车有限，市场已近饱和，各家的产量都不大，每年大约为 30～50 台。虽然相比我国的工厂产量，这只是个小数，但是这些企业的技术水平却不可小觑。交流传动机车最早就是由它们开发，随后推广到世界。那时，联邦德国设计人员已普遍使用先进的 CAD 技术，给我留下印象最深的还是其制造工艺。产品做工讲究得令人诧异，就连零件的边角都会打磨得光滑锃亮，如工艺品一般。相比之下，当时我们国内是不大注意这些细节的。克劳斯—马菲公司的装备并非都是一流的，若非亲眼所见，很难相信还有第一次世界大战前制造的水压机仍在使用。我问他们为什么不换，回答简单而实在，“可靠。”德国人强调精益制造，提倡“工匠精神”。那里老工人占有较大的比例，手艺精巧，一丝不苟，加上使用各式各样灵巧的小工具，干出活来相当漂亮。在管理上，为了防止偷工减料、粗制滥造，公司不鼓励职工提前完成任务。对此我感受颇深。

德国人还有一个特别值得称道的优点，就是遵守时间。无论上班，还是赴约，几乎没人迟到。这或许是大工业生产条件下长期积淀下来的民族文化吧。

研究所的“开放日”

在联邦德国，我曾参加慕尼黑铁道研究所的“开放日”，对于之前不曾见识过如此场面的我而言，的确是新鲜感十足。该研究所一年一度的开放日，多选在夏日的一个周末（星期六和星期日）。届时，所有实验室都对外开放，并举办科普讲座，平日里潜心研究的科技人员就做起了解说和导游。更有意思的是，开放日还给儿童设置了游戏场所。虽然只是简单地将轨道往院子里一铺，任一列列供骑坐用的小型火车来回奔跑，却吸引了家长们带着孩子前来参观。

“开放日”对外国人不加限制。借用这个时机，我看到了不少正在开发的新产品，例如牵引电动机、受电弓等等。现代化试验装置呈现在眼前，我兴奋不已，不断按下手中相机的快门，抢拍下不少照片邮寄回国内。

到底是出于怎样的考虑要搞“开放日”？我在现场提出了自己的疑问。主人回答简单而坦率。原来，研究所用的是德国纳税人的钱，因此整个机构日常的运作必须公开化、透明化，而“开放日”便成为向公众汇报、展示的一种途径。同时，“开放日”也可拉近研究机构与社会的距离，以获得更多支持。

青山绿水

赴联邦德国进修，到达的第一站是萨尔区的首府——萨尔布吕肯，在那里报到；第二站是鲁尔区的重要城市埃森，在那里学德语。这两个都曾是全球著名的重工业城市，也是德国的煤、钢生产基地。在到埃森之前，我曾听说那儿工厂遍布，烟囱林立，埃森（Essen）便是因此由德语 die Esse（烟囱）的复数 Essen 演变而来。于是，我想象那必定是个烟雾缭绕的城市。

然而，到了之后才看到，不论是萨尔布吕肯，还是埃森，都不同于我脑海里曾经出现的画面。夏日里，居民们家家阳台鲜花夺目，园内草香四溢，当年的煤矿、钢厂多半已关闭，废弃的矿井、车间改建成博物馆、剧院。即使保留下来的大型企业，其制造的产品也与早年截然不同。德国老资格生产大炮的克虏伯公司总部就设在埃森。我在参观其麾下的机车厂时，还特别留意到其相当整洁有序的车间。

后来，我又去了慕尼黑，著名的宝马汽车公司总部就设在那里。当地没有高楼，却尽显繁华；人口不多，却无处不展现出其历史魅力。郊区是满眼的森林、湖泊、青山、绿水，同时也不乏闻名遐迩的古迹，令人流连忘返。

如此看来，实现新型工业化并不一定要以牺牲环境为前提条件。在推进现代化的同时，保护好大自然和传统文化，不失为两全其美之策。

“我不是日本人”

20 世纪 80 年代，德国人对中国了解不多，而对富有的日本人却另眼看待。在德国商店里，日本产的照相机、录音机、电视机、冰箱、汽车等随处可见，而中国产的廉价衣服、鞋类进不了超市，只能在地摊上叫卖。

那时，中国人走在街上，常常从背后传来一个声音——日本人。凡此遭遇，我们就回过头答道：“我们是中国人。”

有一次，我在慕尼黑技术大学听课，遇到一位热心的德国学生。下课后，我们边走边聊。他说，有一年到了东京旅游，日本给他留下很深印象。开始我莫名其妙，后来才明白，原来这位德国学生把我当成了日本人。于是，我客气地说：“对不起，我不是日本人，我是中国人。”

这些经历对我的内心触动很深，至今难以忘却。事实教育了我们，祖国不强，中国人就很难被人尊重。

经济实力决定国家地位。当然，误把中国人当成日本人，不能多怪德国人。当时的中国刚刚走上改革开放之路，比起经济实力雄厚的日本，确有不小的差距，在国际上的影响力也弱得多。如今，30 年过去了，中国跃升为世界第二经济大国，国际影响力大幅提升，我们的同胞已成为各国热盼的游客。我深信，目前无论在德国，还是在其他国家，把中国人误认为日本人的事不会再频繁发生了。

六 奉调进京

从德国进修回国后，我仍在株洲电力机车研究所任副所长。一年后，上级调整所领导班子，提拔了一批年轻干部，我的岗位没有变化。到 1984 年，我被调入铁道部科技局，任总工程师。

进京伊始，由于一时解决不了户口和房子，家属无法随迁，我住了两年半招待所。如此一来，倒也便于我把全部精力投入工作中。

当时，科技局有三位年近六旬、德高望重的局长——刘麟祥、谷业权、冷庆。他们的经历各不相同，经验丰富。我虽然作为"年轻"干部被调北京，其实也已快 46 岁了。

局长刘麟祥，高鼻子，蓝眼睛，相貌英俊，有俄罗斯血统，想象得出他年轻时一定帅气逼人。他不但精通俄文，汉语修养也相当出众，谈吐诙谐幽默，能讲许多趣闻乐事，亲和力十足。他曾于 20 世纪 50 年代参加过武汉长江大桥的建设，在我国铁路新线建设上也颇有建树。1985 年，他办理了退休手续，组织上决定由我接任局长。

相比株洲电力机车研究所，铁道部科技局这个平台要宽阔许多。到任第一年，我参加铁道部组织的电力机车引进小组，随李克非副部长考察了法、美、日、瑞典等国，熟悉了世界主要国家铁路机车的发展态势。此后，我还接触到土木工程、通信信号等专业领域，尤其是感受到铁路运输对新技术的需求，增强了大局意识。

我调任北京那年，铁道部新增设了总工程师一职，由原来的哈尔滨铁路局局长屠由瑞同志担任。屠由瑞长我 6 岁，北京铁道学院毕业后，长期在佳木斯车站等基层运输一线工作，吃过很多苦，积累了丰富的实践经验。他知识渊博，勤于思考，无论是对铁路建设，还是运输工作，都十分熟悉，是我的顶头上司和益友。后来，他升任为铁道部党组副书记、常务副部长，1994 年调离铁路任国家开发银行党组书记，1998 年后担任中国国际咨询公司董事长。

在科技局的几年，在屠由瑞的领导下，我做了几件有价值的事情。

其一，发起安全技术全面攻关。1988 年初，铁路连续发生两次重大事故，旅客伤亡严重，一时间舆论哗然，时任部长引咎辞职。多年不被重视的铁路引起国家和社会的高度关注，安全成为头等大事。为了保障行车安全，科技局组织开展了机车监控装置、列车无线调度、车辆轴承温度报警装置等研究，每项都取得重要突破。这些成果对于减少行车事故，发挥了关键作用，有的至今还在使用。

其二，牵头组织开发机车车辆新产品，并促进内燃、电力机车和客车、货车设计实现系列化、简统化。

其三，组织了交通运输政策的研究。20 世纪 80 年代，社会上曾流行一种舆论，说“铁路已成夕阳产业”。舆论之强，构成了对铁路发展的严重影响。那时，我国改革开放时间不长，去国外考察过的人都对发达国家的交通运输备感新鲜，有的也难免一知半解。不少学者宣称，美国和欧洲正在大力发展高速公路，不但未新建铁路，而且不断地拆除铁路。于是建议我国不要走国外交通发展的“弯路”，要少建铁路，多建公路。这种呼声影响了决策高层。结果，国家减少了铁路投资，以至于新线每年投产少到仅有三四百公里。面对这种态势，铁路干部职工十分不满，强烈要求铁道部组织开展论证工作，说明在我国发展铁路的必要性。为此，我们科技局就交通运输如何发展的问题组织开展了专题研究，在《人民日报》等著名媒体上发表系列文章，发起了辩论，呼吁国家大力发展铁路运输。

我在科技局工作 4 年有余。那时，科技局是个 20 多人的集体，彼此尊重，互相支持，十分融洽。如今，当年一起工作的伙伴们基本上已经退休，可作为曾经“一个战壕里”的战友，我们之间还是保持联系。每年一度的老同志们举办的春节聚会，我是常客。

在科技局任职期间，于 1985 年 9 月我被派往中央党校学习半年。

班里学员多是来自省市和中央机关的司局级干部。那年，我已 47 岁，也算是年长的一个。结业后，不少同学，如张德江、王云坤、石广生、石宗源、张惠新、赵宝江、杜钰洲、刘源、金烈等同志都先后担任了党政军或地方高级领导职务。那半年里，有机会潜心学习马克思主义原著，聆听丰富多彩的报告，对我这个常年搞技术的人来说，打开了眼界，收获颇丰。党校的学术空气活跃，老师讲课生动风趣，尽管时间不算很长，但对于自己解放思想、提高理论水平却大有裨益。

七　任职哈尔滨铁路局

1989 年 3 月，铁道部党组派我到哈尔滨铁路局担任局长。在此以前，我一直在科研单位或机关工作，对运输一线了解不多。

当时，哈尔滨铁路局管辖范围内有 7000 公里的铁道线，25 万名职工。管内不少线路地处深山老林，冬季气温低下，严寒难挡，工作和生活条件相当艰苦。尽管我出生于铁路家庭，但对铁路运输，特别是基层站段却并不熟悉。要管理好这样大的一个铁路运输企业，对我来说不啻为严重挑战。

在调令正式下达之前，人事部门负责同志给我吹风说，部领导希望我到铁路局工作一段时间，想听听我的意见。我当即表示服从组织安排，同时也坦率地谈及我的顾虑。考虑到我有不少亲戚和同学在哈尔滨，为便于开展工作，我提出去哪个铁路局都可以，但最好回避哈尔滨局。然而，我最终还是被派往那里任职了。

初到铁路局，给我印象最深的是俄式风格办公楼。它原由中东铁路局在 1904 年建成，外墙全部饰有花岗岩贴面，俗称“大石头房子”，是哈尔滨地标式建筑。这座三层建筑的主楼与配楼之间由廊桥连接贯通，像一个迷宫。房间的举架很高，超过 5 米，墙厚达半米以上，又长又宽的木质窗台足足可以躺下一个人。铁路局局长和党委书记的办公桌都雕有花纹，也算是俄国人留下的“文物”。

我的前任局长是华茂崑同志，那时他已被调任为铁道部运输局局长。华茂崑比我年长不到两岁，为人厚道，大学毕业后长期在铁路基层站段工作，积累了丰富经验。我们交接工作以后，他还和我一起到几个边远铁路分局走了走，帮我熟悉情况，以示支持。

应对"六四"风波

上任半个月后的一天，我正在主持全局领导干部会议，忽闻临近的大直街吵吵嚷嚷，紧接着口号声不绝于耳，顿感诧异。会后一打听，方知是大学生上街游行了。几天后，整个哈尔滨的局势开始混乱起来。一些头缠白布条的青年占据路口讲演，鼓动罢工，并组成所谓的"纠察队"，不管不顾地将公共汽车推倒，横转过来设成路障，阻止工人上班。见此情形，有人以为又一场"文革"开始了。面对突发事件，局党委立即开会，要求干部职工不论社会上发生什么动荡，必须坚守岗位，确保铁路畅通。那段日子，汽车难以上路，我便带着秘书王春龙骑自行车到附近各站段指导工作。尽管社会秩序失稳，公共汽车停运，但干部职工都严守纪律，很多人徒步上班，保证了列车的正常运转。

进入5月，事态不断发展，北京的学生开始在天安门广场静坐，呼吁全国声援。哈尔滨每天也都会有大批学生不买票强行登上开往北京的列车，大有"文革"期间红卫兵"大串联"的势头。起初，上级政策并不明确，面对这一特殊情况，我们领导班子不知如何处理。不久，铁路局收到铁道部转发的中央办公厅电报，要求劝阻学生进京。局党委随即下达指令，要求各个车站开展劝阻工作。然而，对于情绪激动的学生劝阻根本不起作用，他们成群结队地聚集在哈尔滨火车站。车站请示分局，分局继而请示铁路局，问题只有一个——即如何应对？

如何处理学生进京问题与对学潮的定性有关。可在当时情况下，谁又会给它定性呢？铁路局领导班子左右为难。实施劝阻，软了不起作用，硬了又怕激化矛盾。百般无奈之下，我们商定就是坚持一条原则——上车必须买票。这一招倒也管用，阻止了不少无票学生进京。

5月下旬，事态进一步复杂化，乘火车进京的学生越来越多，且拒绝买票，车站已有招架不住的趋势，后果难以预测。如此棘手之事，车站站长是应付不了的。如何应对学生进京，已然不是一般的工作。我认为自己作为局长责无旁贷，经与党委书记马良相商量，我去了哈尔滨车站，借用站长办公室统筹指挥。桌上四部电话一字排开：一部用于车站内部联系，一部联通铁路局，一部连接省政府办公厅，还有一部则是专与铁道部通话用的长途。

一天，几百名无票学生欲登上进京列车，车站工作人员想方设法阻止他们。然而，事与愿违，情绪激动的人群冲倒站房的铁门，潮水般涌上站台。我随即意识到问题的严重性。当晚，我紧急赶往省政府请示，希望省里出面帮助维持车站秩序。接待我的一位负责人作了四点原则指示，可是言辞含糊，令人费解，且难以操作。路局党政班子成员当时都在办公室等候消息，听闻我的传达，一个个都忍不住地问："到底应该怎么办？"这位负责人的意思大家已经猜到：学生要想上北京，就让他们去吧，不在哈尔滨闹事就行。不过他又不明说。

铁路局一时间成为矛盾的焦点。由于情况复杂，有一段时间，我们无法与铁道部领导人取得联系，只能仅凭从电视上获得的有限信息，靠直觉对形势做出判断。

学生持续冲击铁路事件的电话接连不断，已经容不得领导班仔细研究，必须迅速反应和决策。我和马良相同志一致认为：这个时候不能过多考虑个人得失，不能让大量学生涌进北京，给中央施加压力。一天，1000 多名无票学生不顾一切，再次蜂拥闯进哈尔滨车站，冲上站台，并强行上了 18 次列车。车站当即请示我："怎么办？"我明确表示："坚决不开车。"十几个小时过去，列车始终停在车站里。已经上车的学生们又饥又渴，也逐渐意识到铁路方面的决心，若继续坚持于事无补，只得陆续返校了。随后几列开往北京的列车也因大批学生不买票强行登车而相继停开。

坦率说，未经上级同意，铁路局自行决定停开进京列车，承受的压力可想而知。在那段日子我才深刻领会到"等待是多么漫长的一种煎熬"，无时无刻不在关注着北京那边事态的进展。令人难以忘怀的是，铁路局党委非常团结，形成了一股强劲的合力，每一个成员都挺身而出，为应对这次风波做出了积极贡献。

时间终于走到了 6 月 4 日。当天晚上，我和几个同事像往常一样，坐在电视机前聚精会神地观看着新闻联播节目，听到中央决定结束这场政治风波的消息后，心里一直悬着的一块石头才总算是落了地。

这或许可以算作我到哈尔滨局所经受的第一场考验吧。

迎风雪，战冬运

哈尔滨铁路局地处黑龙江省和内蒙古自治区东部，冬天是一年中最难耐的日子。年年战冬运，每年自 9 月初便开始动员，对机车车辆进行检修，加装防寒设施。我去哈尔滨任职的第一年，老天似乎也给我个“下马威”。那年冬天冷得出奇，大兴安岭腹地的塔河、漠河车站最低温度达零下 45℃，就连哈尔滨气温也少有下降到零下 30℃。蒸汽机车一旦遇到低温，就“烧不上汽”，不但跑不起速度，甚至还常常引发列车坡停事故。机车乘务员在这种季节里遭的罪，是难以言状的。

绥化至佳木斯是一条繁忙干线，坡道又多又陡，是战冬运的重点区段，不但要求机车有“劲”，对司机的素质要求也很高。记得，那年临近春节时下了一场大雪。除夕当天风力强劲，有一趟货车在坡道上停下，趴在原地再也无法动弹，后续列车全都堵在中途，造成全线瘫痪。究其原因，主要在于低温下蒸汽机车“烧不上汽”导致牵引力下降，当然也有职工缺乏积极性的问题。在那个年代，普遍存在“吃大锅饭”的现象，干多干少一个样，又脏又累的机车乘务员难免产生怨气。那时情况紧急，停下挡道的列车必须开走，可当事司机却报告已无能为力。调度员也束手无策。情急之下，哈尔滨铁路分局老资格的分局长李凤岐同志亲自上调度台临阵指挥，他大声质问：“哪位司机是共产党员？”一位技术高超的党员自告奋勇，立即开走了那趟挡道的列车，终于疏解了全线。

那几年，时值全国铁路进行内燃化和电气化改造。按预定计划，哈尔滨铁路局排在各局最后，意即蒸汽机车在哈尔滨铁路局还得继续使用下去。然而大风雪的教训是深刻的，我不得不向主管运输的石希玉副部长当面汇报哈尔滨铁路局的特殊困难。铁道部对此十分理解，考虑到绥佳线运量大、自然条件差等情况，决定提前配置内燃机车。冬运最头痛的问题总算开始得以解决。

令我感动的职工

哈尔滨铁路局下辖7个铁路分局。其中，伊图里河和加格达奇两个分局的线路是20世纪五六十年代为采伐木材而修建的，分布于大兴安岭地区。气候条件十分恶劣，一年冬季长达9个月，即使夏天，早晚也得穿棉衣，恰如“玉门关外有人家，早穿皮袄午穿纱”所描述的那般情景。虽然那里并非祖国的西北，可是天气却比西北还冷。爱美的女性盛夏季节也像内地人一样想穿裙子，但时间却不能超过中午前后的两小时。如此，她们一天下来不得不换几次衣服。

我多次去过加格达奇和伊图里河这两个边远分局，职工艰苦奋斗的精神着实令人感动。两个分局管内的铁路路基富含地下水，一到冬季，地下水结冰膨胀，铁路便会隆起，可到了春季，情况正好相反，隆起的部分会慢慢消退。为保证轨道平顺，冬季养路工人必须根据需要在钢轨下面加上不同厚度的木板，春季再撤下来，每年集中作业两次，工作量很大。此外，那里为多年冻土，有些房屋不能直接坐落在土地上，必须架在深深打在冻土里的水泥桩上。因为屋子地面与大地接触，热量会使冻土融化，导致地基下沉、建筑物开裂。那里屋子的地板一般要高于平地半米。鉴于房屋造价高昂，职工住房相对狭小、办公条件因陋就简，就不足为奇了。即使如此，职工们依旧任劳任怨，坚守岗位。这使我从他们的身上认识到什么是质朴。

在深山老林里，野兽出没无常，为确保列车安全，巡道工坚持不分昼夜辛勤作业，风雪无阻地检查线路，同时还要随时做好与恶狼搏斗的准备，是怎样的责任感让他们如此坚守啊！

车辆整备作业是保证客车服务质量的关键环节，一般应在车库内完成。可是那时伊图里河分局没有车库，职工们硬是在零下 40℃ 的露天靠双手擦拭车皮、更换配件。我曾私下里做过比较，这个分局的列车是几个分局里最干净的，这不得不令人心生敬佩。

伊图里河分局机关所在地最初只是一片荒芜的草原，没有商店，没有菜市，甚至连油盐都得去相距很远的镇上购买。有人跟我说，当地最高行政长官是居民委员会的一个女主任，她恰巧也是铁路职工的妻子。那时的分局长名为唐健生，大学毕业不久就分配到那里工作，一干就是近 40 年。退休前，铁道部把他调到哈尔滨市安度晚年，他激动地说要感谢我。而我发自内心地对他说，“恰恰相反，应该感谢的是您，是您为了铁路在深山老林里奉献了一辈子。”

有一年，大水冲断滨绥线，一趟旅客列车前进不了，后退不成，被迫在荒野里停了两天。那时没有手机，列车和外界失去了联系。车上没饭吃，没水喝。那时列车上唯一的主心骨就是年轻的列车长了。他挺身而出，组织乘务员到附近的村子里去担水、买米，使数百名旅客安定下来。线路开通后，这位在旅客面前刚强的列车长，见到我却哭了。可以想象过去的 48 个小时对他来说，是多么不易啊！

打基础，保安全

哈尔滨铁路局自然条件严酷，基础设备质量也始终排在全路末尾，不少钢轨还是伪满时期留下的，安全状况一直不够稳定。因此，安全成了最令我揪心的事。“天不怕，地不怕，就怕半夜来电话”的顺口溜，也最能表达当时我们局领导干部的心境。一天深夜，一阵急促的电话铃响将我从睡梦中惊醒，我条件反射般地从床上跳起来，心里嘀咕着，又出事了？急忙抓起话筒问：“怎么了？”对方一听声音不对，连忙道歉说打错了。原来是虚惊一场，我这才松了口气，可觉也无法再睡踏实了。

的确，那几年哈尔滨铁路局事故数量在全路总是排在前几名，性质也比较严重。有列车脱轨，有侧面冲突，有列车溜逸，有机车在过轨俄罗斯时发生颠覆，损失巨大。我也曾几次亲临事故现场，面对一片血肉模糊、惨不忍睹的景象，痛心不已。

一天，在伊图里河分局一个叫莫尔道嘎的边远小站，发生调车员被撞死的事故，消息传来使我甚为惊讶。因为那里的作业量很小，出事故的概率也应该不大。随后查知，原来是当班的机车司机喝酒了。为了防止类似违纪再次发生，铁路局决定自己管辖的各机务段随即都配备上测酒器，所有机车乘务员经测试合格后，才能开车。后来这项措施被推广到全国铁路。

为了全面弄清事故频发的原因，我专门跑到铁路运输一线开展调查。一次，我和路局运输处一位科长乘火车到三岔河站和五常站"微服私访"，在凌晨和夜间观察职工作业情况，发现当班职工睡觉等不少违反劳动纪律的现象。同时，我还常常添乘机车，在司机室里既可查看线路的质量，也能了解到乘务员和车站值班员作业是否规范。

通过几个月的摸底，我心里终于有数了：安全基础薄弱，事故多发并非偶然。

为了扭转安全被动局面，我也曾请教过不少同志。一位老专家对我说：事故不是不可避免，只要加强管理，严格按规章操作，就能够确保安全。他的话至今我还铭记在心。

哈尔滨铁路局在全国铁路系统中属于"穷局"，每年投资很少，怎么办？经过反复思考，我认为没有足够用于设备更新的投资，可以加强检修、保养；人员素质不高，可以加强培训。换言之，硬件不行软件补，安全管理大有文章可作。如果全体职工都能遵章守纪、按标准作业，安全应该是有保障的。为此，我在路局党委会上提出开展标准化作业的意见，要求每个职工通过"学标（准）、对标（准）、达标（准）"，打好安全基础，得到支持和赞同。

1990年,"三标"活动在全局上下轰轰烈烈地开展起来,路局领导亲自带头,同广大职工群众一样学规章,并参加考试。随后对照标准,查找问题,再进行整改。经过一年的努力,事故减少了。

赴苏联远东

作为原中东铁路的组成部分,哈尔滨铁路局的滨洲、滨绥线与俄罗斯铁路相连,有些车站至今仍采用俄文的音译名,比如"亚布力",俄文意思就是苹果园。满洲里、绥芬河是中俄贸易两个重要口岸,铁路运输相当繁忙。

俄罗斯铁路是宽轨,而我国采用的是标准轨,彼此难以互通。为此,两国口岸站之间铺设了两种轨距的线路,以便中俄列车都能开到对方,并在那里进行货物倒装。鉴于运量不断变化,两国铁路之间要定期协商有关事宜。哈尔滨铁路局因而每年都要与俄罗斯的远东、后贝加尔两个铁路局进行工作会晤,会晤地点采用"轮流坐庄"方式。1990年,确定在哈巴罗夫斯克开会,利用这个机会,我率团考察了苏联远东铁路。

我们一行从绥芬河出境,转乘苏联列车,在去乌苏里斯克途中,我连续两个小时站在列车尾部察看线路。由于大学实习期间留下的深刻印象,我一直认为苏联铁路的管理水平很高。然而映入眼帘的现实状况却着实令我吃惊不小,钢轨变形,枕木缺失,通信电杆东倒西歪……这样一条国际线路的关键设施,还不如哈尔滨铁路局的支线铁路。我还顺路参观了西伯利亚铁路的终点,同时也是著名的海军基地——海参崴。曾经的苏联远东重镇,呈现在眼前的竟然是一片萧瑟,街头冷清,和我的想象大相径庭。

到达哈巴罗夫斯克后,我与远东铁路局局长伊万诺夫进行了会谈,并签订了一些协议。伊万诺夫性格豪爽,也相当幽默。会谈之余,我们还会凑到一块儿聊聊天,聊到兴头上,他甚至还给我讲起笑话。他说,曾经有位将军是个酒鬼,某天乘汽车外出视察前,他和司机都喝得酩酊大醉。司机因此不敢再摸方向盘，将军却自告奋勇爬上了驾驶员的座位，而让司机在后座休息。汽车像扭秧歌一般在大街上晃来晃去，很快便被警察截住了。警察走近一看，惊讶地发现开车的居然是个将军。震惊之下，他突然想到，连开车的都是将军，后面坐着的肯定是更大的官了。于是，慌慌张张敬了个礼，便匆匆放行了。张冠李戴的故事本已趣味横生，加上伊万诺夫绘声绘色地描述，不由得令我捧腹大笑。尽管这只是个笑话，不过联想到一路上的所见所闻，脑海中不禁冒出个疑问：苏联最近怎么了？苏联领导人是不是也喝醉了？那段时期正值苏共总书记戈尔巴乔夫提出“新思维”的理论，不曾想最终导致人心涣散，苏维埃联盟处于岌岌可危的困境之中。

那一次，我们还在主人安排下乘船参观了松花江、黑龙江和乌苏里江三江汇合口。江面开阔，水流平缓，恰如一个优美宁静的湖泊。船驶近黑瞎子岛时，远远看到岛上散布的军事设施、红顶别墅和休闲度假的俄罗斯人，心里很不是滋味。

我的社会大学

哈尔滨铁路局除了经营客货运输外，还从事工程建设和多种经营，同时设有医院、学校，下辖有公安局、检察院、法院，干部职工20多万，是个超大型企业。我正是在这里，得以有机会广泛地接触了社会，增长了见识。

刚到哈尔滨局时，有些老上访户得知来了新局长，觉得解决问题的机会来了，纷纷找上门来。一名“文革”期间受过冲击的职工闯进我的办公室，要求落实政策。我解释说：“我初来乍到，需要时间了解情况。”他却误认为我在推脱，怒气冲冲地把我办公桌上的电话和茶杯一股脑统统扔到了地上。还有一次，李森茂部长到齐齐哈尔开会，住在铁路分局招待所，上百名曾当过“五七工”的老年妇女（在“文革”中组织起来下乡种地的家庭妇女）闻讯赶来，将招待所团团围住，要求部长解决“退休金”问题。经我出面并答应随后与她们协商，部长才得以解围。类似这样的事，在此之前我从未经历过。事后我反复思索，觉得尽管上访人员的做法欠妥，可是对他们的问题应该正视而不能回避。随之，铁路局相应地采取了一些解决办法。

哈尔滨冬天寒冷刺骨，家属区暖气一旦达不到规定温度，局长办公室就会接连不断地响起投诉的电话铃声。为了弄明白供暖不足的根本原因，我曾专程前往锅炉房进行调查，结果发现不少具体问题有待解决。

工作实践还让我感到，添乘机车和以普通旅客身份坐车是掌握基层实际情况的有效办法。添乘机车，可以真正了解有关线路状态、职工作业是否达标等实际情况，找出安全薄弱环节。置身普通旅客之中，坐硬座、睡硬卧、吃盒饭，可以真实地评价站车秩序和服务质量。

在基层工作，每天直面的便是广大职工，被人评头论足也是家常便饭。老父亲来哈尔滨，与我同睡在一张床上。妻子从北京来探亲，我骑自行车到车站接她。虽然自己觉得这些事再普通不过，可一经传开就议论纷纷，说得好听的称之为自律，说得不好听的便成了“装相”。刚开始，听到负面的评价我还难以接受，可到后来也就想明白了，身为领导干部，时刻都处在被关注中，被人议论也再正常不过。

在去哈尔滨之前，我无论如何也没想到，当个铁路局局长会有这么多烦心之事。在那里工作两年，让我切身体验到企业管理的酸甜苦辣，更多地了解到广大职工的诉求，学到了许多在学校里没学到的知识，相当于又上了一次社会大学。尽管那两年担子很重，付出也多，但却得到了意想不到的收获。

在哈尔滨铁路局的两年，我感到欣慰的是，自己能很快融入这个陌生的集体里，这和领导班子成员的诚心诚意支持是分不开的。党委书记马良相虽然小我几岁，却有多年的基层工作经验和扎实的理论功底,话能说到点子上,工作能做到点子上,有很强的驾驭能力,每逢关键时刻,他都能伸出援手。副局长刘根福是精通运输指挥的一把好手,也是班子里最年长的一位,他像老大哥一样,帮我处理运输上的棘手难题。其他同志也非常友善,就不一一列举了。时间已经过去 20 多年了,可我和这些老伙伴们还保持着联系。

第二编　重担在肩

八　重返铁道部

1990 年 12 月，我被任命为铁道部副部长，从哈尔滨回到北京。

当时的部长是李森茂同志。他是从基层站段成长起来的久经锻炼的优秀领导干部，对运输业务十分熟悉；经历过抗美援朝战争的枪林弹雨，荣获多枚勋章；严于律己，平易近人，体贴下属，有很强的亲和力和组织才能。1992 年，李森茂同志因病退居“二线”，由韩杼滨同志接任了部长职务。韩杼滨同志也是在铁路系统成长起来的杰出领导干部，北战南征，经验丰富，能力出众，善于协调和统揽全局，1998 年升任最高人民检察院检察长。李森茂和韩杼滨两位部长都为我国的铁路发展做出重大贡献。

回忆起来，我在铁道部副部长的岗位上干了 7 个春秋，先后分管过机车车辆工业、科技、教育、卫生、审计、行管等工作。尽管业务较杂，但主要精力却放在机车车辆制造、铁路科研和高校工作上。例如，研究机车车辆工业技术改造和体制改革问题，组织新技术开发，改善各个高校办学条件并支持北京交大和西南交大办成国内重点大学。

令我难忘的是，1992 年 10 月，我作为列席代表，参加了党的十四大，并当选为中纪委委员。从那时起，我不但忙于自身业务，也开始关心铁路的路风建设问题。

1996 年，部党组决定由我兼任铁道科学研究院院长。实话实说，兼职那几年，我对于铁道科学研究院管得并不多，日常工作由党委书记兼副院长鞠家星同志主持。他善于组织协调，工作出色，口碑颇佳。我主要做的是，帮助解决实验室建设投资问题。几年后，我接到一位素不相识老专家写的署名信，善意而中肯地提醒我继续兼任院长已经弊大于利了。我觉得他的意见是对的，不久便辞掉了这一兼职。

1997 年 7 月，中央决定由我担任铁道部党组书记，这有点出乎预料。因为当年我已经 59 岁了，本来做了退休的打算。

那年 9 月，党的十五大召开了。韩杼滨同志当选为中纪委副书记（半年后，他在十届全国人大会议上当选为最高人民检察院检察长），我被选为中央委员。尽管那时韩杼滨同志仍是铁道部部长，但他将全路工作交给我主持。我一边熟悉全面情况，一边思考今后的工作打算。期间，我得以有更多的机会接触中央领导同志，受益良多。

1997 年 12 月 26 日至 28 日，中央政治局常委、国务院副总理朱镕基同志视察京九铁路，我陪同前往。专列由北京出发，经过一夜运行，第二天早晨到达麻城，湖北省委书记贾志杰等同志在车站迎接。京九铁路全长 2500 多公里，是贯通我国南北的重要干线。这条铁路于 1996 年修通后，给曾经落后的革命老区麻城带来显著变化。那次，朱镕基同志进城视察，目睹老城旧貌换新颜十分高兴，并充分肯定建设京九铁路的正确决策。午饭后，他准备乘火车继续南行。应我的请求，朱镕基同志在站台上接见了当地的铁路职工，并发表了热情的讲话。他指出，京九铁路对于国家和老区的发展非常重要，希望铁路职工管好、用好，确保大动脉畅通无阻。随后，他还半开玩笑地指着我说："以后你们不要再叫他'傅部长'了，他姓傅，别人还总以为他是副的，过些日子（全国人大开会后）他将是正部长，建议大家叫他部长就可以了。"平时不苟言笑的朱总理，三言两语说得在场的所有人都不禁乐了起来，也迅速拉近了与群众的距离。接着，他转而严肃地说："目前铁路运输亏损，铁道部要当好交通运输战线扭亏的突破口，确保 3 年内盈利。"

1998 年 3 月，我被全国人大任命为铁道部部长，感到肩上的担子更重了。虽然知道"年纪不饶人"的道理，可我决心跑好自己"这一棒"。

党的十五大对我国跨世纪发展做出了部署，改革发展进入新的阶段，各地区、各行业都在开创新局面。尽管铁路建设成绩不小，但运能依然紧张，且运输经营亏损，管理体制僵化，缺乏市场竞争力，迫切需要研究确立新的发展思路。当时，亚洲金融危机对中国的影响已经显现，中央决定实施积极的财政政策，加大基础设施投入力度。我感到这是铁路发展的难得机遇，经过多日思考，代表部党组提出“一个目标，两大任务，三个立足”的工作思路。“一个目标”，即通过五年建设，实现铁路运输能力和服务水平基本适应国民经济和社会发展的需求。“两大任务”，一是加快铁路建设，力争挑起拉动经济增长的重任；二是扭亏增盈，努力促使铁路成为我国交通战线扭亏的突破口。“三个立足”，就是立足深化改革，立足加强管理，立足技术进步。

在我担任部长伊始，不少记者前来采访。有人不无担忧地提出质疑：作为专家型干部，碰到处理像“路风”一类棘手的问题时，会不会“心太软”？我的回答是：知识型干部注重理性思维，但理性思维和严格管理之间并没有矛盾。“心软”，是对广大职工给予更多的关心，而对群众反映强烈的乱收费、乱加价等违法违纪行为，发现一个处理一个，绝不手软。

我很清楚，记者提出的问题虽小，但折射的潜台词却不小——傅志寰能否挑起铁道部长这个重担？这种担心不只是来自记者，也来自铁路系统的一些干部。对此，我完全可以理解。历数新中国成立以来，铁道部长要么是滕代远、吕正操、万里、段君毅、郭维城、刘建章、陈璞如等等这样一批久经沙场和战争洗礼的革命家，要么像丁关根、李森茂、韩杼滨这样一些经过长期历练的杰出领导干部，威望之高不言而喻。与他们相比，我是个资历不深、非铁路运输专业出身的专家型部长，缺乏基层站段的锻炼，且霸气不足，要驾驭号称有300万职工的铁路大军，能行吗？

怀疑归怀疑。在记者面前，我不是没有底气，反而对当好“一把手”表现出应有的信心。毕竟，那时我已担任铁道部党组书记8个月了，对全面情况有了比较深入的了解和认识，独立处理了不少全局性的工作，并主持制订了《1998年铁路发展计划》。我深信毛主席的“世上无难事，只要肯攀登”这句名言，尽力发挥自己勤奋、理性、谦和等长处，就一定能在新的岗位上干出成绩。

从1998年至2003年，我任铁道部部长5年时间。这5年，在历史长河中只是“弹指一挥间”，但这却是我一生中最难以忘怀的5年。5年里，我如履薄冰，不敢有丝毫懈怠。5年里，在党中央和国务院的领导下，全体铁路职工忘我奋进，努力拼搏，铁路取得了历史性发展——建设规模空前，运输生产扭亏为盈，铁路改革不断深化，安全基本稳定，大面积提速成功，我国第一条高速铁路（秦沈客运专线）基本建成，铁路形象也有明显改善。职工平均工资增加69%。

到2002年底，即我离开铁路的前一年，中国铁路营业里程位居世界第三，仅次于美国、俄罗斯，超过了印度。完成的运量为世界第二，运输效率则达到世界第一。这些成绩的取得，不能计入个人自己账上，要归功于全路几百万干部职工。正如我在《中国铁路改革发展》一书的序言里写到的：“他们像两条钢轨，以无言的奉献为运输铺就了坦途；他们像火车头，不断冲破各种束缚勇往直前。”当然，我更不会忘记一起并肩战斗的党组副书记孙永福，党组成员蔡庆华、盛光祖、翟月卿、王兆成、王宪魁、彭开宙、安立敏、陈效达、黄四川等同志（5年内有进有出）所做出的重要贡献和对我工作的全力支持。那时，铁道部领导班子成员真诚相待、团结和谐的氛围十分难得。在运输、建设、改革、党风建设、群众工作等各个领域，大家不分你我，相互支持，彼此帮衬。特别是在事故救援、抗洪救灾的关键时刻，都能挺身而出，勇挑重担，甚至冒着危险坚守在第一线。至今我还深深地感谢他们。

至2003年3月，我在铁道部领导岗位上工作了13个年头，经历的事件不胜枚举，却又彼此交叉。为了使这段工作的脉络表达得更加清晰，在本编内容安排上没有完全按时间顺序一一回顾，而是按工作性质加以归类叙述。

九　经营扭亏

20 世纪 90 年代中期，由于改革滞后、管理体制和机制不适应市场变化，铁路运输在竞争中受到前所未有的挑战，连续数年出现亏损。当我接手主持铁道部工作时，亚洲金融危机不期而至。面对运输市场突然疲软的巨大压力，我不得不立即采取行动。1998 年 1 月，按照朱镕基同志在视察京九线时所提的要求，我在全路领导干部会议上明确提出，铁路运输必须在三年内实现扭亏目标，当好交通运输战线扭亏的突破口。一方面做好铁路自己的事情，另一方面要为国家分忧，做出贡献。经过动员，干部职工逐步树立起扭亏的信心。然而令人始料未及的是，特大洪涝灾害接连不断，无疑是“雪上加霜”，给铁路带来更大困难。

货源不足

进入 1998 年，亚洲金融危机的后果已经显现。我国经济受到严重影响，货运市场开始发生急剧变化。原来铁路运不完的煤、油、粮食、建筑材料等大宗物资的运量显著下降。先前大型厂矿为争夺车皮指标，派人驻守铁路开展“公关”的场面不复存在。原本紧俏的车皮一时间出现无人问津的奇怪现象，车站反倒要派职工去厂矿挖掘货源。

卖方市场突然变成了买方市场。货主有多种运输方式可供选择，谁能最大限度满足他的要求，他就找谁。例如，十堰到武汉相距 300 多公里，是铁路具有相对竞争优势的领域，可东风汽车厂的产品和配件却偏偏不走铁路。一次出差，我正好路过那里，亲眼看见大卡车驮着小汽车在公路上行驶，而铁路的集装箱运量却少得可怜。对此，我百思不得其解：铁路每吨公里运价不到一毛钱，公路是四毛钱，怎么铁路却竞争不过公路呢？后来，有人给我算了一笔账：铁路是按标记载重收费的，一个平板车标记载重60吨，装3部小汽车，虽然加起来只有十几吨，但却按60吨收费，当然不如走公路合算了。此外，铁路服务质量也存在不少问题，如运力得不到可靠的承诺，运量少时，我们求货主，一旦运量多起来，就可能将人拒之门外；货物破损时，该赔的不赔等等。

那段时间，我时常陷入苦恼之中。为摸清情况，我隔三岔五地外出开展调查研究。1998年5月中旬，我和政策法规司的陈洪年处长等人乘汽车从北京出发，前往大同、临汾、石家庄等地实地考察煤炭运输，前后5天。沿途看着一辆辆载重40吨以上的运煤卡车在坑坑洼洼的公路上颠簸着从身边驶过，我的脑子里又不时跳出个问题：运煤本来是铁路的优势，为什么会被汽车抢走了生意？

经过这次调查，我开始认识到，铁路货运量下滑，除了亚洲金融危机的影响之外，关键在于铁路自身的竞争力不强，根子是铁路的传统管理体制不适应市场经济发展。

特大洪水

“屋漏偏逢连夜雨”。除货源不足，严重的自然灾害也给铁路扭亏增添了新的难度。1998年七八月间，华东、中南以及东北地区普降暴雨，长江、嫩江、松花江等江河相继爆发多年不遇的特大洪水，受灾人数之众、地域之广、历时之长，世所罕见。铁路亦无幸免，损失惨重。据事后统计，那年铁路50条主要干线发生水害断道186次，大水冲毁线路480多公里，毁坏桥梁651座，中断行车累计5200小时。不少列车被迫停开，铁路运输陷于半停顿状态，直接损失30多亿元。

面对严峻的考验，数十万铁路职工与洪水展开了搏斗，紧急抢修冲毁的线路桥梁，力保铁路大动脉畅通。全力疏散陷入大水围堵中旅客，突击抢运抗洪救灾物资。

对我而言，别无选择，只能放下手头工作，前往抢险一线。8月10日上午，我火速飞往武汉地区查看水情。当时长江与汉水沿岸多处出现管涌，随时都有垮堤的危险，部分铁路路基已受到大水猛烈冲刷，严重威胁贯通南北的大动脉——京广铁路的安全。到达那里，在武汉分局同志陪同下，我查看了险情最多的京广线二道桥、三道桥、月亮湾和流芳车站，接着又去了武昌和江岸车辆厂了解水势和抢险情况。由于干部职工日夜苦战，基本控制了险情。11日上午，我在武汉分局招待所听取了抗洪汇报。当天中午我从武汉飞回北京，下午召开了电视电话会议部署全路的抗洪工作。那几天，京九铁路江西段也全面告急，我只得请其他同志前往坐镇指挥，自己则须赶往灾情更重的哈尔滨铁路局。

12日早晨我飞往哈尔滨。下了飞机，改乘汽车，直奔300公里外的昂昂溪水灾现场。当时，松花江、嫩江正遭遇500年一遇的特大洪水，河堤多处决口，滨州、平齐、通霍、白阿、通让铁路相继断道。长春以北的铁路大都陷入瘫痪状态，尤以东接哈尔滨西联满洲里的重要国际通道——滨洲线西部灾情最为严重，临近昂昂溪车站的277公里处，被洪峰冲开，导致全线中断，莫斯科—北京的国际列车无法继续前行，被迫停在荒郊野外，大量进出口物资堵滞途中。

到了水灾现场，呈现眼前的一幕令我不由得倒吸了一口凉气，灾情比预先想象的要严重得多。汹涌的洪水把铁路撕开一道280米长的口子，最深处有10多米，且水流非常湍急。据估计，堵上决口至少需要20天时间，这对我们来说实在是太长了。抢险指挥所设在昂昂溪车站的一间房子里，哈尔滨铁路局和齐齐哈尔分局的主要领导同志都已到场。在简要了解、分析情况后，我当即开始现场动员——灾情很重，困难很大，但是这样一条重要的铁路干线中断意味着什么，大家心里都很明白，唯一能做的就是尽最大努力，力争10天抢通，恢复铁路正常运行。

说实话，对于仅用10天就要恢复铁路运输，我自己心里没底，但是再难也得下定决心，全力以赴。灾情不等人，我和大家一起迅即投入到抢险奋战之中。人们向滔滔的洪水中抛投石头，可是几十斤的大石块落入激流瞬间便不见了踪影。后来，改用铁丝编成的石笼往下投，仍然无济于事。眼看着两天时间过去了，能想到的办法都试过了，却不见效果，大家心急如焚。突然有人灵机一动说：用报废的车皮装上石块再推到水里，估计不会冲走。经我认可，职工们当即拆去被洪水扭曲的钢轨，将新轨铺架到水边。试验时，机车推动着满载石块的报废车皮不断加速，临近决口处时自身猛然间实施紧急刹车，而脱钩的车皮借助惯性腾空跃入水中，掀起四五米高的大浪。定睛一看，几十吨重的车皮已稳稳当当地扎在了决口处，“成了!”人群中顿时爆发出一阵喜出望外的欢呼声。此时的齐齐哈尔附近恰好堆有近百辆报废车皮，正好就地取材。车皮堵塞决口效果明显，洪水得到有效遏制，抢险进度大大加快。至今我还记得，在那些日日夜夜里，抢险的干部职工随时都有被激流卷走的危险，而他们却无所畏惧。其间，我曾看到一个中年汉子用木杆探测所抛石头是否真正沉底时差点掉入江里，幸亏被人拉回岸边。后来有人说，他就是龙江车务段段长。

离开昂昂溪水灾现场，我又赶往位于嫩江下游的平齐线。那里已有一公里的铁路淹没于江水之下。洪水以无法想象的惊人之力，把钢轨扭成了“麻花”。鉴于与之平行的哈大铁路当时仍保持畅通，我当场决定先不管它，等洪水退了再修复，眼下只能集中力量抢通更为重要的滨洲线。

接着，我又赶往哈尔滨。松花江洪水已接近堤坝的顶部。上万军民冒雨将装满土的编织袋急促码放在原先的堤坝上，叠加成“子堤”。自己抬头远望，看到横跨在松花江上的铁路大桥安然无恙，列车隆隆通过，内心才略感到一丝安慰。当时，平齐线、通让线都被冲断，这座大桥已是哈尔滨乃至全国通往齐齐哈尔、满洲里以及俄罗斯的唯一铁路通道了。

由于国务院召开会议，我不得不迅速赶回北京。不曾想突然接到哈尔滨铁路局的紧急电话说，黑龙江省某些领导同志因担心松花江铁路大桥影响洪水排泄，威胁到哈尔滨市的安全，已向水利部发出电报，请求将其炸掉；水利部则回电要求立即做好炸桥准备。

惊闻这一消息，我丝毫不敢怠慢，随即打电话给国务院办公厅，可对方否认知情。我紧接着又拨通了水利部负责同志的电话。电话那头确认情况属实，我当时就火冒三丈，几近劈头盖脸地吼起来："这么大的事，事先连个电话都不打给铁道部，太不像话了。炸桥，你们没有这个权力。"放下电话，我便火速直奔水利部。一见面，我们又面红耳赤地争了起来。我的汇报引起国务院的高度重视，一位副秘书长专程前往水利部，制止了这种不慎重的做法。至此，我才长舒了紧绷已久的一口气。

8 月 25 日，临近昂昂溪车站 277 公里处的决口已被堵住，然而内蒙古和东北灾情进一步恶化。8 月 28 日，已年近七旬的朱镕基总理，带领有关部委领导同志，先后赶到内蒙古的白音胡硕、吉林的榆树、黑龙江的呼兰、齐齐哈尔等受灾严重的地方视察灾情，指挥抢险，我也随同前往，为时 6 天。朱总理首先到达乌兰浩特，听取内蒙古古自治区书记刘明祖同志的汇报。当时，灾区四周已成一片汪洋，公路桥梁坍塌，铁路钢轨架空，道路也几乎全都遭到摧毁。无奈之下，总理只得带着我们乘坐直升机空降到灾区。在飞机上，我们看到百年不遇的特大洪涝灾害，以其难以想象的毁灭性摧毁着大地，加之机舱里噪音嘈杂，大家心情沉重，一路无语。

在黑龙江省，朱总理在查看松花江水情的同时，还看望了正在滨北线抗洪抢险的铁路职工。有天清晨，一群手脚并用忙于加固被洪水冲坏路基的职工，不期看到风尘仆仆的朱总理，都惊喜不已，不约而同地高呼："总理好！"朱总理拿起话筒慰问道："谢谢同志们，大家辛苦了！"

在水灾现场，朱总理还特意接见了因带领全家上山植树而蜚声全国的林业战线劳模刘永成。朱总理说："当年大灾的重要原因是江河上游植被遭到破坏，因此种树种草，防止水土流失，功在千秋，利在当代。”他还不无风趣地为刘永成鼓劲说:“从前的伐木劳模现在成为植树劳模,希望能为国家栽种更多的树木,造福子孙后代。”

中央领导同志对铁路抗洪救灾非常重视。在朱镕基总理亲临现场视察前后,江泽民总书记在武汉长江堤坝面临严重威胁的时刻明确指示,要力保京广铁路畅通。李鹏委员长在巡视嫩江灾情时,听取了我关于铁路抗洪情况的汇报。温家宝副总理在孙永福副部长陪同下检查了哈尔滨松花江大桥北岸线路。九江一经大水围困,朱镕基总理便立即要求首先确保京九铁路。这些关怀无不给铁路干部职工以莫大的鼓舞。尽管特大洪水给铁路造成的损失是史无前例的,但干部职工并没有在困难面前退缩,一方面千方百计抢修大动脉,另一方面也保证了重要货物的运输,为支持全国抗洪抢险发挥了重要作用。9 月 18 日,为弘扬抗洪精神,宣传英雄事迹,部党组召开了全路电视大会,隆重表彰了 160 位模范人物。当年八九月间,铁道部把工作重心放在抗洪抢险上。孙永福、蔡庆华副部长和其他党组成员,有的亲赴在水灾前线指挥,有的坐镇铁道部指挥,大家全力以赴。9 月 25 日,我和时任上海铁路局局长王兆成陪同江泽民总书记、温家宝副总理到合肥火车站慰问了当地铁路职工。两位领导同志充分肯定了铁路系统在抗洪抢险中做出的贡献,高度赞扬了铁路职工顽强的拼搏精神。

转变观念

要想扭亏,首先要开拓市场,增运增收。要迈开走向市场的步子,关键要解决认识问题。长期以来,由于“铁老大”观念作祟,整个铁路系统“官商”习气严重,习惯于让旅客、货主适应铁路,而不愿主动适应他们。传统观念已成为铁路走向市场的主要障碍。要想调动干部职工扭亏的积极性,必须从更新观念入手。

于是,部党组决定在全路开展了一场“七破七立”的教育活动。其中,重点是破除“官商、坐商”的经营意识,树立市场竞争的观念。

在此期间，佳木斯铁路分局“富小拖”货源流失现象，引发了我们的关注。“富小拖”是富锦拖拉机厂生产的一种小四轮拖拉机的简称。以前该产品外销都是通过铁路运输，可到1997年底，其运量几乎全部流失到公路。“富小拖”现象虽然发生在一个铁路分局，但在全路却具有一定的普遍性。抓住这一典型事例，我们在全路广泛开展大讨论，职工开始认识到：市场最大的对手不是别人，而是自己；面对旅客、货主，首先必须放下“铁老大”的架子。

观念的转变，为铁路营销带来新局面。过去有些职工一见旅客多就烦，后来却视客流为收入，且多多益善。我在京广线信阳车站调研时，站长深有感触地跟我说：以前是企业到铁路“跑”车皮，现在是车站主动送车皮。侯西线上有一个叫刘村的四等小站，1997年全站14名职工年工资10多万元，可当年的全部收入仅有1.7万元；通过大讨论，职工们不再“坐等上门”，而是主动在铁路附近的村庄开设行包代办点；1999年前8个月，便完成行包收入13.4万元。

观念转变不仅仅停留在基层站段，部机关也发生了可喜变化。1998年，运输局开展市场调查，了解到长江三角洲、珠江三角洲、京津地区对行包运输需求相当迫切，仅杭州铁路分局所覆盖的柯桥轻纺城和义乌小商品市场两地，每年的包裹运量就多达200万吨。那里整日车水马龙，有运包裹的汽车近千辆，铁路的市场份额却不足20%。为扭转这一不利局面，运输局打破常规，设计了“货物列车客车化”的行包专列开行方案。1998年3月18日，全路第一个行包专列由广州开出，经北京抵达沈阳，受到货主的欢迎。至2001年，开通了15条行包专列线。

转换机制

实现扭亏的动力在于改革。我十分清楚，建立现代企业制度是企业改革的方向，但铁路的现代企业制度建设必须考虑行业特性，尚要探索很多深层次问题。我们既不能绕过这些问题去推进改革，也不能等到条件全部具备后再去改革，应从实际出发，面对扭亏的压力，率先从转换经营机制突破，以激发铁路企业和职工的积极性。为此，我征求班子成员和有关同志的意见，并研究决定在铁路系统实行资产经营责任制。资产经营责任制的实质就是要在铁道部、铁路局、分局、站段层层落实扭亏责任。

为了取得经验，1998 年铁道部党组决定先在昆明、呼和浩特、南昌、柳州铁路局和广铁集团等单位开展改革试点。由于取得了不错的效果，从 1999 年起，铁路企业全面推行了资产经营责任制。

1999 年初，铁道部举行了隆重的签订责任书仪式，我与各铁路局局长、党委书记签订为期两年的扭亏、减亏责任状。这意味着，铁路系统必须在两年内实现扭亏。中央电视台记者对我进行了现场专访，并尖锐地提问：如果全路不能扭亏怎么办？我的回答是：若完不成既定目标，我将带领党组成员集体辞职；若铁路局完不成经营指标，将对主要领导一年亮“黄牌”，两年亮“红牌”。仪式的整个气氛庄严肃穆，在场的每个人都深感压力在肩，没有退路，必须破釜沉舟，背水一战。我在讲话中将资产经营责任制的要义诠释为“内功固其本，外力解其标”，要求各局集中力量苦练内功，面向市场，转换机制，加强管理。

通过实行资产经营责任制，铁路局一方面享有了 12 项经营自主权，另一方面又承担了经营责任和扭亏增盈指标。同时各铁路局又将有关责任对下属分局直至站段进行层层分解。至此，铁路系统自上而下建立起“指标到人头、核算到班组、考核到岗位”的责任落实体系，并通过实行工效挂钩、竞争上岗，强化了激励和约束机制。在运量下滑的情况下，职工不再“等、靠、要”，而是想办法挖掘潜力，开拓市场。实践证明，这一改革，有力促进了经营机制的转换，有效调动了职工增收节支的积极性。

说实话，签订资产经营责任状的过程，既是协商也是博弈的过程。为了签订“责任状”，虽然铁道部财务等部门与各路局一道做了大量测算，但是企业负责人还是觉得心里没底，都嫌任务太重。记得在签字仪式的头天晚上，我和各铁路局主要领导同志对话，其中北京、郑州局两位局长提出指标太高，不愿承接。当时我就发火说："你们不愿签字就算了，我明天和其他铁路局局长签。"散会后，他们俩又来找我，表示同意签字。实际上到了年底，这两个铁路局都出色地完成了任务。

1999 年，全路提前一年实现了运输扭亏。其后，从 2001 年起，又实行了新一轮的资产经营责任制，并推行客运与路网分开核算。铁路局的客运收入能够直接从市场取得，这样就突破了长期以来实行的大锅饭分配体制，进一步激发了企业增运增收的动力。

加强营销

市场竞争对于铁路既是挑战，也是机遇。在铁路运量下滑的情况下，全路行动起来，陆续推出多种营销举措。

在旅客运输上，为适应市场需求，实施了提速战略。经过四次提速，至 2001 年，增开直通列车 166 对，客运收入大幅提高。与此同时，铁道部紧跟市场变化，随时调整列车运行图，使之由"生产图"变为"市场图"；开行"夕发朝至"列车、快速列车、城际列车；抓住假日经济兴起的时机，配备上乘的客车，安排"黄金"时段，组织开行旅游列车。客流呈现出持续上升的趋势。

在货运运输上，改革运输组织，一方面开行大宗货物直达列车，增加煤炭、粮食运量；另一方面，对于高附加值货物，推出定点、定线、定车次、定时、定价的"五定"班列，受到货主欢迎。同时，在改革价格管理、挖掘运输潜力、提高服务质量等领域做出细化规定，赢得了市场的认可。

此外，还加强了铁路口岸的管理。满洲里、绥芬河、丹东、深圳、友谊关、阿拉山口、二连等全路 17 个口岸，清理了乱收费，强化运力保障。至 2001 年，铁路口岸运量比 1998 年提高达 131%。

为改善营销，加快了信息系统建设。2002 年，有 1700 多个车站实现微机售票,600多个车站开展联网售票。货运营销系统也投入使用,有的货主足不出户就可提报要车计划,查询货运信息。由于加快了铁路市场化的步伐,运输收入呈现出迅速增长的态势。

控制成本

在开拓市场、增加收入的同时,部党组还大张旗鼓地推广邯钢经验,加强成本控制。所谓邯钢经验,就是邯郸钢铁厂实施“模拟市场核算、实行成本否决”的经验。其实质就是将成本分解到每个单位,最终落实到全厂每个职工的头上。为了学习邯钢经验,我曾带领有关人员专程去邯郸钢铁厂,董事长刘汉章接待了我。他曾把一个亏损钢铁厂改变为利税大户,闻名全国。使我感到吃惊的是,他的办公室很小,还不到20平方米,且陈设老旧,这和北京一些大企业的“气派”截然不同。从这件小事可以看出,刘汉章是个控制成本的带头人。

学以致用。回到北京后,我要求有关企业像邯钢那样:分解运输成本指标,实行逐级倒逼;推行物资集中采购,实行公开招标;加大审计力度,加强对资金运用、投资的约束;调整生产布局,推进减员增效,分流富余职工。

为了控制支出,全路实行了预算管理制度。推行预算管理伊始,碍于缺乏可靠的相关历史基础数据,遇到很多困难。为弥补这一不足,财务部门耗费了大量精力。比如,有一年年底,为准备签订资产经营责任书,总经济师王奎中、财务司司长于川等同志分别请全路14个铁路局的相关人员到北京对话,就考核指标问题面对面逐一交换意见。对话从早上8点开始,无间断地持续了20个小时,直到第二天凌晨4点。工作之艰辛由此可见一斑。

大量实践使我认识到,增收节支必须强化成本管理。从那时起,我开始学习有关财务核算知识,并选在财务司党支部参加组织生活,以便能有更多机会了解收支动态。

提前扭亏

“三年扭亏”之路，走起来十分辛苦。第一年即1998年，由于亚洲金融危机和百年一遇的洪水灾害，全路运输任务没有完成，减亏只有18亿元，经营目标未能达到。第二年即1999年，我们继续努力，通过转换机制、加强营销、控制成本，全路提前甩掉了5年亏损的帽子。尽管仅实现微利，但对承担大量公益性运输的铁路而言，实属不易。来到第三年，2000年12月24日，我借在北京铁道大厦签订第二轮《资产经营责任书》的机会，回顾之前全路扭亏的艰难历程，不觉感慨万千，发表了即席讲话。以下是根据录音整理的文字。

我们今天这个会场，对大家来说很熟悉。1999年4月，我在这里与各铁路局长、党委书记签订了第一轮《资产经营责任书》。当时的气氛是非常庄严的，也是非常沉重的。之所以庄严，是因为责任书就是军令状，军中无戏言，军令如山；之所以说沉重，是因为要实现三年扭亏，任务艰巨，没有把握。那天中央电视台记者把话筒对着我，要我回答一个问题——若实现不了三年扭亏怎么办？我当时表态：如果三年不能扭亏，我带领铁道部党组成员集体辞职。那次，我对铁路局长、党委书记也提出明确要求：完不成资产经营责任制目标，一年黄牌警告，两年免除职务。

通过全路广大干部职工的两年奋战，我们提前一年实现了运输扭亏。这个成绩是用我们的心血，用我们的汗水创造出来的。经过严格的审计，我们的扭亏是真实的，是当之无愧的！通过两年的奋战，我们在物质文明建设上取得了重大胜利，精神境界也得到升华。

鲁迅先生说过：“其实地上本没有路，走的人多了，也便成了路。”推进铁路改革，实行资产经营责任制，是前人没有走过的路，只要有决心，这条路是可以走出来的！

毛主席说过：“人是要有一点精神的。”的确，没有敢闯的精神，我们的路子也走不出来。人是要有点压力的。没有一点压力，就没有推动力，就很难进步。实行资产经营责任制，犹如破釜沉舟，没有退路，只能前进，不能后退。这种压力变成了强大的动力，促使我们奋勇向前，所谓“哀兵必胜”，讲的就是这个道理。

今天，我们又回到这个大厅里来。今天的气氛与两年前不同，可以说是喜忧参半。何谓喜？就是通过两年努力，各铁路局都完成了考核指标。1999 年有 8 个铁路局获得优秀，6 个铁路局获得良好。今年预计将有更多的铁路局获得优秀。大家感到虽然付出了艰辛的劳动，但是路子走出来了。这就像农民看到了自己的丰收成果那样喜悦，也像一个经过血与火洗礼的战士攻占了敌军高地那样振奋。而所谓忧，还是担心明年指标太高，这恰恰是一种强烈的责任意识。

实行的第一轮资产经营责任制取得成效，只是漫长改革征途的第一步，今后的路还很长。铁路从计划经济到市场经济，犹如隔着一座大山，想绕是绕不过去的。历史的责任落在我们身上，要求我们在场的各级领导干部带领广大职工去克服重重困难，翻越这座大山。

目前，我们已经制订了改革目标。实现这一改革目标像登山一样，要克服很多困难。今天在这里签订新一轮《资产经营责任书》，就是吹起新的登山号角，就是要在铁路改革的征途上打开新的突破口。当然，改革的不确定因素很多，甚至存在很大风险。德国铁路、英国铁路发生的几起安全事故，闹得沸沸扬扬，给改革投下了阴影。在中国铁路改革的进程中，也不可能没有困难和风险。这就要求铁路干部职工齐心协力，努力克服困难，化解风险，在不懈的拼搏中闯出一条新路来。

今天出席这个签字仪式的，有一些同志年纪已经不小了。我再过几个月将年满 63 岁。对于年纪大的同志来说，现在有两种选择。一是四平八稳，当太平官。如果是这样的话，后人将评价我们说：当时在位的那些官僚们，是不是碌碌无为之辈？我和部党组的同志都不想做这种选择。江泽民总书记一再告诫我们，要好好想一想，过去参加革命为什么，现在当干部应该做什么，将来身后应该留点什么。在座年纪大的同志，更要想想今后几年干些什么，身后为中国铁路留点什么。我认为，正确的选择是：甘当铺路石子，甘做登高台阶，使后人迈得更远，跨得更高。

总之，中国铁路改革发展的列车不能在我们手上晚点。在座的年轻同志们要承前启后，紧跟上来，形成一个团队，这种团队的力量是无敌的！

马克思曾说过："只有不畏劳苦沿着陡峭山路攀登的人，才有希望达到光辉的顶点。"同志们，让我们为实现铁路改革发展的宏伟目标而努力攀登吧！

话毕，全场响起热烈的掌声。讲话引起了与会干部的共鸣。会后一些同志打来电话说，他们感到震动和鼓舞。

得到铁路提前一年实现扭亏的消息后，2000 年 1 月 6 日朱镕基总理做了如下批示：1999 年，铁路系统努力奋斗，提前一年完成三年扭亏目标，这是交通战线的一件大事、喜事，请向全体铁路职工转达国务院的祝贺和感谢。今年是实现国有企业三年改革和脱困目标的最后一年，是建立现代企业制度的关键一年，希望你们坚持不懈，加强管理，扎实工作，巩固成果，在经营管理上取得重大进展。接着，吴邦国副总理也对我们给予了很大鼓励。2000 年 2 月 13 日，新华社发表了题为《金龙起舞报春来》的长篇通讯，报道铁路扭亏事迹。《人民日报》《光明日报》《经济日报》《工人日报》予以全文转载。

当然，也有些人对那几年的经营扭亏提出质疑，有的向国务院领导同志写信反映我在数字上"弄虚作假"。其中一个理由是，从 2000 年开始，连续几年的盈利都是 5 亿元，哪有那么巧？

熟悉我的人都知道，我办事认真，有时甚至有些较真儿。对于"扭亏"，我一贯的态度是：必须实实在在，该摊入成本的必须摊入成本，不能挂账，不能有半点虚假。那几年，我曾多次跟财务部门交代，财务核算一定要按规矩办，不能变通。总经济师王奎中和财务司长于川反复向我说明，所有的账目都完全经得起审计。为把"账"作实，我进一步充实了审计中心的力量，要求他们严格把关。与此同时，国家审计署每年也对铁路进行了严格审计，并对经营结果予以认可。

关于全路运输盈利问题的讨论，至今我仍记忆犹新。2000年，全路经营情况明显好转，一些铁路局局长陆续反映基础设施维修和职工生活“欠账”过多，希望在不违反财务制度前提下允许适当增列成本，解决长年遗留问题。他们的提议不无道理。我为此专门找有关同志商量：可否今后将全路的每年盈利大体上维持在5亿元，而让基层在不违反规定的前提下，多列些成本。平心而论，当时的确有人提醒我，将每年盈利维持在5亿元有做假账之嫌。经过思考，我的答复十分坚定，不管别人怎么看，只要账目经得起检查便问心无愧。说来也巧，没过多久，国务院领导同志就给我批转了一封发自哈尔滨铁路局的匿名信，信中反映铁道部在“扭亏”上做了手脚。为此，我连夜据实写了专题汇报，并说明账目是经过国家审计署审计的，是真实的，是经得起检查的。

回首往事，令我感到欣慰的是，正是由于那几年铁道部实行的政策相对宽松，各铁路局才得以有能力偿还一些设施失修的历史“欠账”，也使职工生活福利得到改善。

一张漫画

在铁路提速以后，列车装备水平有了明显提高。车厢换代，车窗宽大、视野开阔、色调和谐，加上装有空调、电暖气和电热开水炉，使人感到舒适。铁路的新变化一时为社会所称道。

1999年初的有一天，英文版《中国日报》刊登了一张漫画，一个人左脚蹬着旱冰鞋在快速前进，右脚穿着一只破鞋拖在地上。左脚上写的是“提速”，右脚标明的是“服务”。我看了，刚开始有些尴尬，但事后想了想，这张漫画的确一针见血，击中要害。反思我们的工作，在服务上的确存在诸多问题。有的列车员为了在火车到达终点前收好卧具，早晨4点就把睡梦中的旅客叫醒；“提篮小卖”在列车上川流不止，干扰旅客休息；厕所又脏又臭，令人难以下脚；“铁老大”做派依旧，态度生硬，列车晚点不向旅客说明情况，如此种种。

恰巧那一天，全路领导干部会议正在铁道大厦召开，于是我和会务组的同志商量是不是把这张漫画复印给每位与会人员，他们都不赞成，怕影响大家的情绪，于是也就作罢了。

事后，我想来想去，意识到为了应对来自公路和民航的竞争，铁路只提速是不够的，只有整体提升客货运服务质量，才能在市场上立于不败之地。我觉得，抓服务质量的时机已经到了，于是利用各种机会宣讲改善服务的必要性。那年，我们组织力量进行了广泛的市场调查，根据旅客货主的意见，汇总100条服务中的突出问题，制订了《提高运输质量的百点计划》，要求查找不足，认真解决。同时，在全路两次开展“客货服务质量月”活动，促进“百点计划”的落实。我还参加了在北京铁路局召开的全路客运质量工作现场会，督促各级干部重视服务问题。

然而几个月后，服务改善的效果却依旧不明显。我才想到，提高服务质量，必须“内外兼修”，不仅要强化内部管理，而且还得有外部的压力。要敢于向社会“亮丑”，大胆摆出自己的不足，接受社会的监督。不久，《文汇报》记者来访，借用这一机会，我主动谈及铁路在服务质量方面存在的问题，诸如：列车座椅、卧具、厕所卫生状况不尽如人意，甚至有老鼠、蟑螂出没；车站垃圾得不到及时清扫；相当一部分慢车设备陈旧、残缺；一些“双优”列车优价不优质等等。同时，我还代表铁路向全社会公开承诺，将在一两年内基本解决严重影响旅客舒适度的服务问题，并诚挚欢迎广大旅客监督。2000年9月1日，《文汇报》以《提速服务：“铁老大”要动真格》为标题，刊登了此次专访的主要内容。

一石激起千层浪。文章一经发表，旅客对铁路服务的“口味”更高了，也更“挑剔”了，甚至不时有电话直接打到铁道部值班室，反映不良现象。旅客监督的威力立竿见影，干部职工顿感压力大了。

为了解真实情况，我还经常“私访”，其中北京站去得最多。有时我事先不告诉任何人，走上站台，随机检查某一待发的旅客列车，重点是厕所的卫生状况。因为厕所是列车服务质量的突出标志，这也正是外国旅客反映最多的问题。对于我这个当部长的亲自抓卫生，有些人不以为然，认为是小题大做，有的甚至背地里叫我“厕所部长”，但我并不以此为辱，而是下定决心要抓出成效来。其后，铁道部就把2002年确定为“客运质量年”，对安全秩序、列车正点、设备设施、卫生环境、待客服务、旅客购票、列车供水等提出改进目标。

尽管列车服务在不断进步，可我还是感到与民航相比还是相差甚远，遂产生向民航学习的念头。随后，按着我的意见，铁道部组织21/22次列车员接受民航系统的培训，结果不但增强了列车员的服务理念，也提高了服务技巧。为了表明铁道部提高服务质量的决心，我还专门带领有关司局长前往民航总局取经。在这里，我要特别感谢时任民航总局局长刘剑锋同志，他不但出面热情接待，还亲自为我们介绍了民航先进的经营管理理念。

经过全路上下的努力，一年后，客车卫生状况明显好转，站车服务整体水平也有提升。

难忘的春运

长期以来，“春运”被称为“中国规模最大、最具行为目的性的人口大迁徙”，它承载着人们内心深处的情感诉求，也记载着中国人辛酸的回家之路。现如今，每每提到春运，人们脑海中不自觉地便会浮现出“售票大厅与车站广场人山人海，车厢里摩肩接踵、拥挤不堪，人满为患”的场面。

我自己对春运期间出行的“苦不堪言”是深有体会的。早在1968年我还是一名普通技术人员时，春节前夕我从宝鸡乘火车前往北京，由于没有座位，只得在颠簸晃动的车厢里站了一天一夜，实在累得不行，就从人缝里挤出一点空间坐在过道上。过道上人来人往，要不时得站起身来让道。遇到“内急”，连厕所也进不去，因为那里的一点狭小空间竟也挤着五六个人。唯一的办法就是憋着，待到火车停站，便急不可耐地从车窗跳下去解决问题。

每年春运，对于铁路无异于一场非同寻常的严峻考验，也始终是全年运输的头等大事，早早便开始谋划。预先编制春运列车运行图，全面整修机车车辆、线桥、信号等各类运输设备，从各地调集大批车辆和人员，组织加开大量临时旅客列车。

20世纪90年代初期，春运压力最大的地方集中在广州和成都两个铁路局，后来又陆续发展到北京、上海、南昌等铁路局。广州、北京、上海一带是打工者的集聚地，四川、重庆、河南、安徽、湖北、湖南、江西等省市则是农民工的输出地。依传统习俗，春节前农民工陆续返回故乡，而节后又纷纷走出家门外出打工。与之相似的还有学生。如此上亿人口在不到一个月的时间内来回长途旅行，给铁路带来的压力是难以想象的。除人流过度集中外，春运期间还有一个突出问题便是为数不少的行车方向是“单边流”。比如，节前从广州发出的列车严重超员，可有的返程列车却几乎完全放空；节后的情况则恰恰相反，由成都开出的列车趟趟超员，而自广州出发的列车，旅客却寥寥无几。

春运期间，客流集中的地区运载工具明显不足。为此，铁道部每年都要从沈阳、哈尔滨、呼和浩特等铁路局调动大量客车支援广州、上海、成都、南昌等民工集散地所在的铁路局，通常的做法是乘务员随车前往。前后整整50天，他们都要昼夜值乘，随车食宿，哪里需要就开到哪里，其辛苦程度可想而知。在超员严重的列车里无法解决“内急”，每个列车员不得不备用几个“尿不湿”。

任铁道部副部长以后，每年春运期间，我与党组其他成员一样，前往一线指导春运工作。有一年，我到农民工集聚量很大的成都铁路局的一个车站，发现每天由此发出一趟前往广州、编组18节车厢的临时客车上，竟挤了3000多人，超员100%。目睹着眼前拥挤的场景，我在深感不安的同时，也强烈意识到要改变这种状况，除了改善运输组织之外，从根本上讲，就是要加快新线建设和旧线技术改造。

平心而论，除了线路能力紧张以外，客车数量少也令人头疼。为应对春运客车数量不足问题，20世纪70年代到90年代，曾以棚车代用。尽管使用棚车后，运能大增，但条件极其简陋，旅客只能席地而坐，既不便于上下车，也难以保障安全。有一次，我从达县坐棚车去广安，亲身体会到喝水、大小便都极为不便，觉得铁路亏待了旅客，并下决心改变这种状况。经过多年努力，到了20世纪90年代后期，铁路增加了客车生产，便不再以棚车代用了。

春运时期随时可能出现突发事件。1998年春节前，我在广州检查工作，旅客发送井然有序，情况正常，便乘火车赶往下一个工作点。可是，快到武昌时却突然接到铁道部来电，报知京广线南段的湖北、湖南及广东地区突降暴雪，广州车站积压了数万旅客，情况紧急。情急之下，我决定中途下车，改乘飞机返回广州。回到火车站，映入眼帘的场景令人震撼：广场上黑压压一片人海，不下十几万之众。我顿生疑惑，自己离开不过短短一天，旅客怎么会出现如此激增？仔细询问，才了解到问题的症结：京广铁路南段大雪纷飞，低温条件下，车站道岔无法正常扳动，有些电力线路被冰雪压断，信号失灵，列车晚点，大量旅客归程受阻。与此同时，恶劣天气造成公路封闭，原本打算坐汽车的旅客纷纷改走铁路，致使乘火车人数剧增。

正常情况下，铁路运输不大会受天气的影响。如黑龙江北部一年有四五个月降雪，可铁路仍在运行。不同的是，南方白天气温较高，降雪落地即化，可一到晚上就很快冻结，以致道岔无法正常扳动。

为应对突发状况，广州铁路集团公司一方面紧急动员休班铁路警察上岗维持秩序，发动沿线职工及时除雪；另一方面停开管内一切货车，调动所有的各种杂型客车编组成列，突击抢运旅客。为及时掌握动态，快速做出决断，主要领导干部也都集中在车站现场办公。经过两天夜以继日的艰难疏导，最终在春节前将旅客送回家，而铁路沿线的广大铁路职工尽管个个身心疲惫，却仍然坚守在春运一线。

冰雪的教训是深刻的。“吃一堑长一智”，为应对类似事件的再次发生，各铁路局都做了应急预案。

之后，为增加广铁集团公司的运输能力，铁道部加快了武广铁路电气化、广梅汕铁路复线改造的进程。

众所周知，运输能力尤其是客运是难以储存的。一般情况下，铁路运输能力不能按照极端需求设计，否则，除春运以外，平时将会造成运能的浪费。前几年，为合理安排春运客流，实现运量的“削峰填谷”，原国家计委曾允许铁路、公路、民航在春运期间上浮票价。实践证明，这项举措的确行之有效。然而，近几年情况有变——铁路票价不能上调，而公路和民航价格依然保持浮动，客流因此大量涌向铁路。这一问题值得研究。

春运，作为中国的独特现象，广为社会关注。这一现象既蕴涵着民族文化传统，又是当代中国城镇化和区域经济发展不均衡的产物，实质是现代与传统的冲突。要从根本上解决这一问题，并非铁路的独家能力所及，尚需加快中西部地区的发展，实行户籍制度改革，以减少人口的流动。

乘车私访

大学毕业后我一直在铁路系统工作，出差、探亲用的是“免票”，乘火车是“家常便饭”，耳闻目睹之下，对铁路服务上的问题知之不少。

首先是买票难，尤其是买卧铺难。1985 年初，我刚调到铁道部科技局任总工程师不久，一位曾经的老同事要从北京返回单位，托我办一张硬卧票。由于初来乍到，不知可以找谁帮忙，我不得不在清晨 5 点从床上爬起来，赶往前门的售票点。到那里后才发觉售票窗口前已排起长长的队伍。一问得知，有人头天晚上就来到这里了，我只得老老实实站在队尾。买票的队伍缓慢向前推进，大约过了两小时，眼看着该轮到我了，忽见售票员挂出一块牌子，上面写着四个大字“票已售完”。没有任何人出面解释，众人只得愤懑地散去，唯一能做的就是等到第二天再来。比这更早几年，当时我还在株洲工作，一行三人要去宝鸡出差，事先托关系好不容易弄到几张卧铺票。上车不久，刚把行李放好，车站广播里突然叫了我们当中一个人的名字。一时间,不知出了什么事,他紧忙下了车。接着,车站值班员收走了我们全部的“免票”。一会儿,几个干部模样的人毫不客气地一屁股坐在了我们的铺位上,先前莫名其妙,此时才恍然大悟。玄机在于这些人的后门更硬。大家只好忍气吞声,气呼呼地一路坐到郑州。

其次是上车难。由于火车拥挤不堪,加上停车时间有限,我年轻时也不得不爬窗户上车,30 多个小时没有座位一路颠簸到达目的地也是常有的事。

自担任铁道部领导职务后,我自己倒是远离了买票难、乘车难之苦,从基层听到的汇报也多是诸如通过采取种种措施让旅客十分满意等。尽管我知道旅客列车的条件有所改善,服务上也确实做了不少工作,但问题肯定少不了,因此对有些“汇报”并不完全相信。

掌握真实情况,对领导干部十分重要,否则不可能做出正确决策。在当副部长的头几年,鉴于铁路基层同志对我不熟悉,有时我就在“免票”填写“高级工程师”的职名,目的在于上火车时不会引起工作人员注意。正是由于以普通旅客身份出行,我才实实在在发现不少问题。不过,即使费尽心思,也终归有“穿帮”被认出的时候。一次,在胶济线上的周村站,“精明”的检票员看到陪同秘书赵光兴的票上注明是副处级干部,马上断定我这个“高级工程师”不是一般人。随后,我们一路都受到特殊“照顾”,原本盘算好要做的调查全都落了空。

“私访”作为一种重要的调研形式,可以了解到不少真实情况。早在哈尔滨铁路局工作期间,我就养成了私访的习惯。当时,一位素不相识的记者,还为此专门写了一篇小评论,这曾对自己是个不小的鼓励。当上部长以后,我仍然坚持私访。2002 年正月初四的晚上,我带着几个人乘坐硬卧去京九线检查春运工作,车票是事先让秘书去售票窗口买的,没有和任何人打过招呼。夜间,我让随行人员去检查乘务员的作业情况,结果发现有列车员在餐车喝酒。工作时间喝酒属于严重违反劳动纪律的行为,可带头的却是当天添乘的副车队长。这件事对我的触动相当大,也让我认识到铁路管理得由基层干部抓起,不能满足于开了多少会、发了多少文件。这趟车是广深铁路公司承担的，我立即打电话给公司总经理吴遗全同志，请他处理此事。

还有一次去信阳开会，我有意避开京广线，以旅客身份绕道焦枝铁路，中途在宝丰站下车。结果发现车站又脏又乱，候车室里的桌子翻倒在地，站前广场垃圾被风刮得四处乱飞，却无人理会。一到信阳，我毫不客气地批评了郑州铁路局和洛阳铁路分局的主要领导同志，要求他们立即整改。我心里很清楚，诸如此类的车站其他地方也会存在，就是想通过抓典型推动面上的工作。

作为主要领导干部，私访的确存在一定困难，因为基层工作人员时时刻刻都有“提防”。铁路客运部门消息灵通，传播的手段花样繁多。比如，一旦发现领导同志，车站广播随即会播放歌曲《毛主席派人来》。稍不留意，行踪就有可能暴露。所以我在私访时，随行的人员很少，有时也不带秘书，因为看到秘书无异于看到了我。一次，我从北京去怀化，只有政策法规司的陈洪年处长随行。为尽可能地减小目标，我们分头出发。按照事前商定，他先上 6 号车厢等我。我在开车前 2 分钟，绕过检票口径直来到列车前部，上了机车，没有引起任何注意。由于上机车不便带东西，事前我交代送我的司机贾立国把行李交给 6 号车厢的陈洪年。可在列车即将开动之际，小贾匆匆跑来报告说行李交给了乘务员。得知精心设计的计划给搅黄了，我当时就急了：“你怎么搞的?”小贾也愣了，“丈二和尚摸不着头脑”。事后才弄明白，原来他误把“陈洪年”听成“乘务员”了。

盒饭是列车上的大众化饮食，也是旅客不满意的一个焦点。吃盒饭在我的私访中是“家常便饭”，为的是切实体会一下是否物有所值。如发现饭菜质次价高，便会要求客运部门举一反三，认真整改。

由于在私访中尝到了“甜头”，我也要求铁路局和铁路分局的主要领导同志，每年必须私访两次，了解基层的真实情况，以改进工作。

除了私访客车，我还经常添乘机车。有一次，从北京乘火车去怀化，中途在荆门车站突然上了前面机车，发现机车保养很差。还有一回，从北京到南京连续在机车上坐了 10 多个小时，年过 60 岁的我虽然有些疲倦，可由于了解到平时不知道的情况，却觉得很值。

十　体制改革

我国铁路管理体制，在不同历史时期是不同的。清朝末年和民国初期，铁路实行分线管理；抗日战争时期，日本人对占领区的铁路采用区域管理；抗日战争胜利后，国民政府对铁路又实施干线分区管理；新中国成立以后设立铁道部对全国铁路实行集中领导，形成了铁道部—铁路局—铁路分局—站段四级管理体制。“文革”期间，作为国家铁路最顶层管理机构的铁道部曾于1970年合并到新组建的交通部，5年后铁道部的建制又得以恢复。

对于解放后的铁路管理体制，20世纪80年代，有人将其概括为“高、大、半”三个字。所谓“高”，是指高度集中的统一指挥方式；所谓“大”，是指“大联动机”的作业方式（铁路是由轨道、机车车辆、通信信号等组成的大系统，恰如一架联动机）；所谓“半”，是指解放战争时期形成的“半军事化”的严格管理方式。“高、大、半”管理体制在铁路发展史上发挥过积极作用。

随着改革开放，我国铁路开始了变革的探索。1986年，铁道部实行以“自负盈亏、以路建路”为主要内容的经济承包责任制（俗称“大包干”）。尽管后来因种种缘由，“大包干”未能坚持下去，但对原有的管理体制弊端却不无冲击。

1992年，党的十四大提出建立社会主义市场经济体制的目标，铁路启动了改革的进程。1993年，铁道部将广州铁路局作为试点，改制为广铁集团公司，继而又将其属下的广深铁路公司分离出来，在香港上市。

然而，由于铁路的集中管理体制多年来一直未能从根本上触动，各运输企业的重要决策都要得到铁道部的认可，以至于新成立的广铁集团公司的经营自主权依旧十分有限，甚至有人称其为“翻牌公司”。可以说，多年来铁路体制改革始终没有取得突破性进展。

矛盾凸显

随着我国经济市场化加快，铁路的深层次矛盾逐渐凸显出来。

一是政企不分。铁道部既是政府部门，又是运输企业，政府和企业的权责不清。在经营上，铁路和其他企业一样，要自负盈亏，可是入不敷出的公益性运输所带来的政策性亏损却得不到补偿；在建设上，本应国家投资建设的公益性项目，却让铁路以企业的名义向银行贷款并偿还本息。这种政企权责不分的状况，使铁路受到既要追求经济效益，又要承担政府责任的双重目标牵制，难以做到自主经营、自负盈亏。

二是没有构建起真正意义上的企业主体。政企不分的铁道部承担全路运输经营的责任，负责全路运输产品的设计和调度指挥，而赋予法定地位的运输企业——铁路局的经营自主权却并不完整，使其难以不受牵制地参与市场竞争。同时，由于全路运价统一，而各地区运输成本却大不相同，需要由铁道部对收入进行二次分配调节，以致于铁路局无法直接从市场获取实实在在的收入，即难以落实其自负盈亏的责任。此外，铁路局和下属的铁路分局是两级重叠的法人，产权归属不清，管理权责交叉。所以，铁路局并非真正意义上的企业主体。从某种程度上说，只有铁道部管理的铁路运输系统，才算是企业主体。在这个大企业里，几百万职工一起吃着“大锅饭”。

三是铁路自然垄断属性与竞争属性相互交织，制约了自身改革进程。从功能上分析，铁路的自然垄断属性体现于路网设施，而客货运输业务则具有明显的市场竞争属性。由于两种不同性质的业务在管理上未能区分开来，而国家却按照自然垄断行业“一刀切”的办法加以监管，严控价格，结果限制了客货运输的市场化改革。

除此以外，铁路系统还像个大“社会”。在这个“社会”里，除了运输业以外，还有建筑业、工业、多种经营、高等院校、中小学、医院以及公安局、检察院、法院等。有人戏称，铁路除了火葬场以外什么都不缺。

铁路改革之路应当怎样走是一个长期争论不休的话题。上世纪90年代开始，舆论对铁路改革缓慢多有诟病。相比之下，我们内部的一些同志却固守现行体制，坚持认为铁路是个自然垄断行业，在运输能力紧张条件下，只有政企不分、统一经营，才能实现效率最大化。

1997年，党的十五大明确提出建立比较完善的社会主义市场经济体制。对照中央要求，我深知对于计划经济色彩浓厚的铁路，改革任务十分紧迫，必须立即行动。同时，我又非常清楚铁路是多种矛盾的集合体，改革充满风险，不可能一蹴而就，甚至可能出现“费力不讨好”的结果。当时我不是没有顾虑，不过最后还是认为，作为铁道部主要负责人，不应考虑个人得失，必须迎难而上。用我当时的话说，就是“改革的列车不能在自己的任期晚点”。

我很快组织了一个由有关司局长组成的班子，研究改革中的重大问题。回想起这个工作班子，当时它非常活跃，经常展开辩论。在一次辩论中，时任劳资司司长的汪乾庆同志曾发表过一番颇有见地的看法，至今我还记忆犹新。他当时谈道：“1980年以前吃什么都凭票证，过年分到半斤花生米都令人喜出望外。于是人人都夸计划经济好。岂不知，正是由于计划经济限制了农民的积极性，花生产量太少，才不得已按人头分配。后来农村实行‘包产到户’，市场缺什么农民就种什么，花生产量增加，老百姓可以随时买到。铁路所面临的情况与此类似，由于垄断经营，铁路无法从市场上融得建设资金，因而难以快速发展。目前，铁路的出路在于实行政企分开，实行市场化经营。我们可以借鉴公路建设的经验，更多地从社会融资，不断扩大建设规模。”我觉得汪乾庆说的有一定道理，于是举办大型座谈会，请他主讲，我自己坐在一边旁听。会上争论得相当激烈。由于分歧很大，有一段时间，我没有表明态度，因为还没有到“揭锅”的时候。

东北有一句谚语，叫作“自己的刀削不了自己的把”，很有哲理，表明自我革命其实是很困难的。

铁路改革是世界性的难题。我曾与法国、德国、瑞士铁路公司以及美国铁路客运公司的主要负责人交换过意见，他们大都认为铁路不同于其他行业，应该继续维持垄断经营。的确，无论是日本、西欧，还是俄罗斯，尽管铁路内部不乏力主变革者，但是改革的强大压力基本来自外部，来自社会和议会。直到上世纪后期，一些国家的铁路经营遭遇严重危机，生存受到威胁之时，才不得不实行改革。以日本“国铁”为例，1980 年职工 41 万，人浮于事；实行全国划一的管理体制，决策权力高度集中，经营难以适应各地市场的变化，以致年年亏损；除运输主业外，还有附属医院、学校和车辆工厂。针对这一状况，日本政府痛下决心对“国铁”实行民营化改革，将其分割为 7 个公司。改革后的公司在经营理念、服务水准等方面，均发生了显著变化。其中，东海、东日本、西日本等几个较大公司先后实现盈利，得到社会的认可。

1998 年，我国改革力度很大，在国务院撤销了电力、煤炭、机械、电子、化工、冶金等行业主管部门的建制，其部分职能转交给行业协会，政企分开已是大势所趋。铁道部作为唯一政企不分的部门虽然保留下来，但我心里明白这只是一种暂时的“过渡”。

前面我已谈到，为了实现扭亏增盈，铁道部下决心实行了资产经营责任制等改革措施。然而，我内心十分清楚，实行资产经营责任制只是改革的开端，后续推进必须迈出更大的步伐。

主辅分离，精简机构

铁路改革最大难点是运输业主体的管理体制改革，而在这一改革攻坚之前，应该扫清外围。这就是说，在操作上要先易后难。就这一思路，我向吴邦国副总理做了汇报。他说：“铁路工程、工业等非运输业改革风险小一些，要大胆改，步子可快一些。”这样，我心里就有底了。

对于铁路而言，除了运输业这个主体，其他企事业单位，都在“辅助”之列。铁道部党组把实施“主辅分离”作为改革的重要突破口，即剥离辅助，精干主体。2000 年 2 月，经国务院批准，将隶属铁道部的北方交通大学、西南交通大学、华东交通大学、上海铁道学院、上海铁道医学院、长沙铁道学院、大连铁道学院、兰州铁道学院、苏州铁道师范学院、南京铁道医学院等 10 多所高等院校，分别交给教育部或其所在省市管理（在其后的大学重组时，北方交通大学、西南交通大学等 5 所大学得以完整保留，还有 5 所与其他学校合并）；一批部属中专、成人教育学院陆续移交地方。就整体情况而言，上述分离改革是成功的。前两年我有机会参观已更名为兰州交通大学，它的前身为兰州铁道学院，姑且不谈博士点从无到有，在校生也由原来的 4000 人增加到 30000 多人，现在已成为甘肃省赫赫有名的高等学府了。

随后，铁道部于 2000 年 9 月将直接管理的铁路工程总公司、铁道建筑总公司、铁路通信信号总公司和中国土木集团公司整建制划出，把机车车辆工业总公司一分为二组建为南北两个集团公司，一并移交给国资委。为了支持这些公司走向市场，部长办公会议决定，给它们再次注入资本金，由铁道部统还其外资借款。起初，机车车辆工业总公司的一些领导同志不赞成“一分为二”，可是改革方案已由国务院批复，就不再说什么了。“分家”后的十几年，无论是“南车”还是“北车”，都发展得很快，市场竞争活力十足。

那次改革中，不能不提的是，我们把承担铁路器材和燃料供应的铁路物资总公司留下了。主要原因是：铁路所用的低价柴油属于“专供”，为保证这部分柴油不会流入社会，国家规定只能由铁路物资总公司统一归口销售。倘若这家公司也从铁道部分离，铁路所用的柴油价格将立即与市场接轨，将会增加运输成本。

与此同时，我们也对运输主业实施了生产布局调整。1998 年至 2002 年，全路先后撤销伊图里河、加格达奇、丹东、白城、图们、西昌、临汾等 11 个铁路分局和 421 个直管生产站段。

除此以外，各铁路局也随之将所属的工附业、装卸、房建、生活后勤等单位与运输主业分开，对铁路通信业务进行剥离重组，成立铁道通信信息有限责任公司，并推向市场。鉴于一些事业单位（中学、小学、医院等）当时被看成是贴钱的“包袱”，有的地方拒收，作为过渡办法，对这些单位实行了独立核算，不再吃“大锅饭”。

作为铁路人都很清楚，主辅分离改革的最大难点在于如何处理运输主业与“多经”（多种经营）的关系。多年来，各铁路局在承担客货运输任务的同时，也开展了与运输有关的多经业务。多经企业由于可以补贴职工的福利和解决子女的就业，一度颇受欢迎，不过其弊端也逐渐显露出来：与运输主业混吃“一锅饭”，彼此之间的资产关系、经营界面难以分清；有的甚至倒卖紧俏的“车皮”，引发不正之风。对此部党组十分清醒地认识到，消除上述弊端的出路是让多经与主业彻底分开。不过由于多经与运输业务紧密交织，且其厂房为主业所有，当时还不具备彻底分离的条件。面对实际情况，我们在2000年做出决定，作为改革的第一步，要求多经实行“企业分设，财务分账，人员分开”。昆明与呼和浩特两个铁路局作为试点，先走了一步。2001年3月和8月，我先后在两地主持召开了现场会，推广他们的经验。

另一项重要工作就是精简机构。1998年8月24日至9月11日，按照国务院机构改革方案，铁道部机关实施了大幅度改组。行政司、局由17个减为12个，政工部门由6个减为4个；运输局、机务局、车辆局、工务局、电务局从部机关划出，调整组建为运输指挥中心；部机关人员编制精简了40%。由于事先人员定岗和分流工作做得很细，干部队伍没有发生大的波动。经过精简的铁道部机关，工作效率有所提高。

5年间，通过主辅分离、精简机构，国家铁路职工总数从1997年的334.2万人减至2002年的248.5万人，其中运输从业人员由189.9万人减至148.8万人。

运输主业改革

相比辅助机构的分离，铁路运输主业管理体制改革则难得多。

我就任部长后，按照国务院领导同志的要求，在运输管理体制改革方面下过不少功夫。多次召开了铁路内外专家研讨会，邀请世界银行顾问汤普森等介绍国外铁路改革的经验，还委托国务院发展研究中心党组书记陈清泰领衔开展专题咨询研究。

历经两年反复论证和打磨，我主持党组提出了“铁路体制改革框架”(简称“框架”)。在“框架”搭建过程中，朱镕基总理和分管铁路工作的吴邦国副总理多次听取了我们的汇报，并作出重要指示。吴邦国副总理还责成中国国际咨询公司就此开展深入研究。为此，屠由瑞董事长于 1999 年 11 月 19 日一字一句地用钢笔写出了万言分析报告，原则同意“框架”的基本思路。接着，我亲自带队前往国家计委、经贸委、体改委征求意见，他们也大体赞同。

2000 年 4 月 4 日，我和孙永福、盛光祖两位副部长一同前往中南海，就铁路改革问题向朱镕基、吴邦国等国务院领导同志做了专题汇报，有关部委负责同志也都参加，其中有国务院副秘书长石秀诗、国家计委副主任张国宝、国家经贸委副主任王万宾、财政部副部长高强、国务院体改办副主任邵秉仁、国务院研究室副主任李德水、中央企业工委副书记郑斯林等。我们提出的铁路改革思路得到基本肯定，会上原则同意“网运分离”改革方案。为此大家都很高兴，心里有底数了。4 月 9 日，我主持部长办公会，传达了汇报会上领导同志的讲话精神。

推进体制改革，首先要统一全路领导干部的认识。2000 年 5 月 31 日至 6 月 4 日，以部党组名义在铁道部党校举办了为期 5 天的“铁路运输管理体制改革研讨班”，各铁路局局长、党委书记和铁道部机关司局长 60 余人参加。

在开班那天，我做了题为《探索中国铁路改革之路》的报告，系统地论述了改革的思路。

在报告中，我首先对铁路管理体制的现状和问题进行了分析。随后我讲到，经过反复研究，在铁路改革的方向上我们党组已经达成共识，就是要推进“政企分开、企业重组、市场经营”。其中，“政企分开”是前提，“市场化经营”是方向，做到这两条并不太难，最大的难点表现在“企业重组”上。目前，干部职工已普遍认识到，现有的铁路局并不是理想的经营主体，也不是真正的企业，因为它们没有足够的决策和经营自主权。因此，改革的关键问题是要通过对既有企业（铁路局）重组，真正地把新的企业“立”起来，使其能够在市场里独立运作。然而要做到这一点很不容易，关键在于选择何种重组模式。

我接着说，理想的重组模式应该满足以下条件：有利于促进政企分开；有利于维护重组后企业的市场主体地位，使其能够直接从市场取得收入，自主经营，自负盈亏；有利于打破独家经营，引入竞争；有利于实现投资主体多元化，建立现代企业制度；有利于清晰区分不同性质（自然垄断性、市场经营性）的运输业务；有利于国家发挥政府的宏观调控作用，维护必要的运输统一指挥。

对于如何在政企分开的前提下重组企业，我就几种不同的模式做了分析比较。

一是成立全国铁路运输总公司，承担从政府（铁道部）分离出来的运输企业职能。这样既可较快实行政企分开，也便于维护运输的统一指挥，其缺点在于无法打破全国性垄断，也解决不了200多万人同吃“大锅饭”的问题，不能消除现存的主要弊端。对于这一方案，国务院领导同志认为不可行。

二是按区域组建若干铁路公司。按照这个思路，可在全国组建几个大区铁路集团，适度打破垄断，改革操作相对容易。不过，这种改革只能引入间接竞争，新组建的集团（例如东北地区集团）对其所在地用户而言，仍然是垄断的。此外，这种方案不利于保持路网的完整和统一。正如有的同志所说的：路网要畅通，技术改造要统一进行，亏损线还得建设，谁来组织？还有，就全路来看，由于路网被分割，运输效率也会受到影响。

三是以铁路干线为主体，构建几个大公司。这种管理体制曾在国民政府时期采用过。如这样，京沪、京广、京九、陇海、浙赣等大干线，承担着全国铁路的大部分运量，有可能成为新建运输企业的重要载体。不过，问题在于上述干线主要运量并非产生于自身，75％以上的货源由其他线路提供。同时，我国铁路干线纵横交错，若按南北方向组建干线公司，东西方向干线则将被切割。反之亦然。如此，不仅运输企业难以实现独立经营，而且全国铁路调度指挥也会出现不可预知的困难，被切割的干线难以保障畅通。目前，国外虽有以铁路干线为主体组建铁路公司的案例，但却难以借鉴。在加拿大，CN 铁路公司和 CP 铁路公司，各自经营着横贯该国东西走向两大铁路中的一条，其吸引范围都是距美国边境 200 公里的狭长发达地带。两公司彼此之间既能有效竞争，又能一定程度开展合作。而我国即使同一方向有几条铁路，如京沪、京九、京广线彼此相距较远，吸引范围也完全不同，难以实现有效竞争。综观我国铁路，除大秦、朔黄等少数运煤专线外，大部分铁路不具备组建干线公司的条件。

四是实行“网运分离”。这是欧洲国家铁路普遍采用的管理模式。采用这一模式可以把具有自然垄断性的铁路网络与具有竞争性的客货运输经营业务加以分离。这好比公路运输，基础设施的管理与汽车运营完全是分开的，是各自独立的。目前，欧洲各国铁路都相应组建一个国家路网公司及若干个客运公司以及货运公司，实行分类管理和经营。

经过反复比选，我们部党组认为“网运分离”方案在我国应更具有优势，能够消除困扰铁路发展的体制性弊端。具体来说，可将路网作为自然垄断型基础设施进行监管，便于国家调控；可组建几个客运公司和若干个货运公司，使其成为真正有决策权的法人实体，参与市场竞争。各客货运输公司与路网公司既是合作伙伴，彼此又存在清算关系。

最后我总结道：相对于其他方案，“网运分离”是相对较好的选择。与此同时,我也指出这一方案的缺点,即“操作复杂、协调难度大、欧盟各国铁路类似的改革也处在完善的过程中、没有十分成熟的经验可供借鉴”。这就是说,“网运分离”比其他方案需要更长的改革路程,也许在10年以上。

当时,我深知假如走上“网运分离”改革路子,不可能在几年内结出丰硕的果实,自己顶多是个改革的开头人。然而内心的使命感昭示自己:改革不能患得患失,应更多考虑铁路的长远发展,为后人铺路。

在铁路改革之前,我国电力系统已经开始了“厂网分离”改革,将具有竞争性的发电厂与垄断性输电网分开经营,引入“竞价上网”的机制,其经验对我们有借鉴作用。

2001年3月,“网运分离”改革方案正式写入经九届人大批准的《国民经济和社会发展“十五”计划纲要》,当时我非常兴奋。

然而,没过多久情况就发生了变化,对于“网运分离”的改革出现不同声音。其中一家著名咨询公司高调提出要把铁路按地区分拆成两三个公司,将其中的优质资产上市融资,这一方案被我拒绝。我是个比较理性的人,不愿随波逐流,不同意把一张富有效率的铁路网加以分割。接着,意见分歧逐步扩大到社会和高层。在我们党组内部也议论纷纷,出现不一致的声音。有鉴于此,只能“稳一稳”。从2001年下半年起,“网运分离”改革方案实际上处于停滞状态。

不应忘记的是,在铁路“企业重组”方案设计时,还有“干支分离”这一重要改革内容。所谓“干支分离”,就是将支线从路网中剥离出来,实行单独核算。这是因为支线的运量较小,相对于长大干线,机构可以精简,管理应该放活。为此,部长办公会做出相应决定:一要实行独立核算,二要适度放宽运价,三可成立单独公司等。沈阳铁路局行动比较迅速,率先对管内24条支线进行“并条组块”改革,实行单独管理与考核。就这样,到了2000年底,全国铁路共有100条支线转换了管理体制,人员大幅减少。

10多年后,2011年6月23日,《人民铁道》报登载了安阳—李珍铁路公司改革取得成功的消息。它正是10多年前组建的一个支线公司。这说明当年起步的改革如今收到了实效。

同时，改革还涉及地方铁路。比如，2002年6月铁道部和广西壮族自治区联手整合南防、钦北、黎钦铁路，组成了长度为416公里的广西沿海铁路公司。由于实行统一调度，西南出海通道变得更为顺畅。

组建客运公司

运输主业改革涉及方方面面，相当复杂。不过，我一直认为，可率先在客运上取得突破。

铁路客运和货运的服务对象、服务手段不同，有必要也有可能从管理上将客、货业务分开，构建不同的经营体系，以开拓各自的市场。其实发达国家的铁路，早已根据市场“细分”原则这样做了，无论欧洲、日本，还是美国，铁路客、货运输都是分开经营，各自独立核算的。

我还觉得，与货运相比，客运改革相对简单，牵扯范围较小，不至于伤筋动骨，不妨先行试点。我将这一想法向高层有关领导同志做了汇报，得到肯定，他指示说：“要给客运公司一定的自主权，为其创造公平竞争的外部环境，别搞来搞去还是铁道部的小车间。”1999年，部党组决定在昆明、柳州、南昌与呼和浩特4个直管站段的铁路局进行客运改革试点，以客运段和客车车辆段为主体组建客运公司。客运公司模拟企业法人运作，在铁路局框架内实行独立核算，与货运、路网“分灶吃饭”。当时交给客运公司的权责是：从事市场调查、营销策划；拟订铁路局管内客车开行和票额分配方案，报铁路局批准后实行；提出直通旅客列车开行方案，报铁道部批准后实施；负责列车服务、客车车辆调度、运用和维修，客票管理及列车餐饮等。

经过一年实践，试点取得积极的结果。客运公司建立起收入与工资挂钩的机制，增强了经营主动性，也提高了服务质量，减少了管理层次，决策和运作效率明显提高。列车员、检车员和乘警三者的关系比较协调融洽。曾有人担心检车人员改由客运公司管理后，会削弱安全监管。而实践结果是，由于责任制的落实，事故反倒比以前减少了。

这 4 个试点单位都是较小的铁路局，内部未设分局，管理层次相对简单。然而，在下设有分局的大型铁路局内部组建客运公司则难度大得多。为此，我们部党组于 2000 年 10 月首先选择广铁集团公司作为试点，接着又选择具有较好改革思想基础的上海、济南、郑州铁路局作为扩大试点单位。这些铁路局的客运公司正式运作后，情况也不错。

2001 年 3 月 27 日，在昆明召开的现场会上，我充分肯定了客运公司改革取得的成效，并强调组建客运公司是中国铁路体制改革的重大突破。这次“讲话”的摘要被记者发表到《人民日报》上。由于有些人把客运公司与争议中的“网运分离”改革方案联系起来，曾引起了不必要的猜测和误解。尽管如此，我仍坚定认为客运改革方向不容置疑。

2002 年，部党组决定全面推进客运公司组建工作。随着北京、哈尔滨、沈阳、成都、兰州、乌鲁木齐 6 个铁路局客运公司的成立，客运改革在全路全面推开。

从试点到全面推广的几年实践表明，客运公司经营主体明确，盈亏责任落实；在细化成本核算、强化经营管理、开拓市场、改善服务质量等方面取得了好的效果。

不过，由于客运公司成立时间不长，改革尚未完全到位，与铁路局有关业务部门的关系尚未理顺，的确暴露出不少有待解决的问题。因此，对客运改革的争议并不奇怪。至于有报道说，客运公司因为亏损难以经营下去了，则不符合事实。在当时情况下，由于在铁路运输这一“大锅”里的客运、货运、路网之间缺乏科学的成本分劈和清算，孰盈孰亏难以确认。而要建立科学的清算关系，应从财务基础性工作做起，且短期内难以完成。值得欣慰的是，客运公司改革反倒警示我们在财务核算方面不能再糊涂下去，铁路人自己应该说清楚客、货运各自的成本到底是多少。

前几年，曾有专家著文这样评价当时的客运公司改革，说它推动了我国铁路客运管理制度创新，提高了运作效率，客运与路网局部分离的试验基本取得成功。对此，我大体赞同。

可以说，5 年间铁路改革取得重要突破和进展。实行“资产经营责任制”，落实市场主体的经营权责，增强铁路竞争能力，提前实现 3 年扭亏目标；“主辅分离”与精简机构获得成功，为推进铁路运输管理体制改革创造了条件；推进客运公司改革，客运率先走向市场，迈出历史性的一步；经过反复争论和研究，提出了铁路管理体制改革总体方案。不过，感到遗憾的是，由于多种原因，有的重大改革未能继续推进，甚至中途“夭折”。

多年的改革实践，使我深刻体会到铁路改革的艰巨性远远超乎想象。正是因为如此，才需要有人去探路、去攻坚。回首这 5 年，我为自己坚持不懈地走改革之路，甚感欣慰。虽然承受了很大压力，有些方案没有顺利实施，但也无怨无悔。

铁路改革每走一步都十分艰难，部党组许多同志都曾为之尽其所能，部机关有关司局和铁路企业奋力开拓，并承担了大量浩繁工作。我特别要感谢做出贡献的每个人，尤其对孙永福、盛光祖、王兆成、王奎中、曹仲雄、汪乾庆、于川、陈洪年、赵果情等同志所付出的心血难以忘怀。

回头与倒退

2003 年，我刚离任铁道部时，时任全国人大常委会委员长吴邦国同志当着我和时任部长刘志军的面说：“铁路改革的大思路是对的，应在已取得成就的基础上继续向前走。”

不久，铁道部出台撤销铁路分局的重大举措，相当于为运输主业走向市场拆掉一道篱笆，本应乘势深化改革，然而刘志军却在集中力量搞建设借口下，开倒车收回了铁路企业先前所获得的自主权，将经营、投资以及运输指挥权高度集中于铁道部，并将已经走向市场的客运公司不分青红皂白一律撤销。铁路企业初步形成的自主经营机制改弦更张，原来确立的"政企分开，企业重组，市场经营"的改革思路自此改变了方向。此外，收回企业自备车、以实施"大客户战略"为名大量取消零担货物的营业点等做法，都是与市场化改革逆向而行的。

诚如之前所述，由铁道部集中控制全路运输经营，的确在计划经济时期发挥过积极作用，但是在新形势下强化高度集权的管理体制，必然导致与市场经济发展的潮流相背离，并为后来的腐败高发埋下祸根。

今天看来，那时铁路在改革上走回头路，有许多深层次原因。比如，一个部门的主要负责人追求任期内早出政绩，甚至谋取私利，必然会强化"政企合一"的管理体制，以便集中掌控各种宝贵的资源。那时的"集中统一指挥"，实际上是把大权集中在少数人，甚至是一个人手里。

与我国铁路不同，那一时期的俄罗斯铁路改革却未停步。2003年，俄罗斯撤销了交通部（相当于我国铁道部），其政府职能划入运输部，同时组建俄罗斯铁路股份公司，铁路实现政企分开。俄罗斯铁路股份公司大体按照"网运分离"模式逐步推进改革。总公司下设若干货运子公司、客运子公司，参与市场竞争。各子公司吸引社会资金，实现了投资主体多元化，提高了运输能力和服务质量。尽管改革尚未完成，却取得了明显成效。另据报道，哈萨克斯坦等国的铁路也实行了类似模式的改革。

再现生机

2011年2月，刘志军被撤职后，盛光祖同志接任铁道部长，组建了新的领导班子，自此铁路改革又恢复了生机。

新班子认为：在运输经营上，铁道部要转变政府职能，落实铁路局的市场主体地位，赋予铁路局必要的生产经营自主权，以激励其强化营销，增运增收，做大"蛋糕"；铁道部则重点搞好安全监管、行业管理、国有资产监管，确保铁路局在走向市场的过程中健康发展。为了落实这一改革思路，铁道部随即颁布了系列配套政策。

与此同时，铁路在投融资体制、建设管理体制等方面也加快改革步子。设立铁路发展基金，发布鼓励民间资本投资铁路的“实施意见”，表明了铁路更开放、更市场化发展方向。

政企分开

2008 年，我国政府实行机构改革，交通运输管理体制向综合化方向前进了一步，民航局、邮政局纳入交通部管理。然而改革不够彻底，主要是没有触动铁路。

2011 年，在工程院周济院长的统筹下，我主持了《综合交通运输管理体制研究》课题（详见《为改革提供咨询》一节），一年后结题。工程院随即将咨询报告报送了国务院。

咨询报告重点聚焦在铁路改革上，并就其政企分开、企业组建、债务处理、新线建设、公益性运输、调度指挥等问题提出相关建议。

因为客观情况变化，报告的某些建议与我在 2000 年提出的铁路改革方案有所区别。这次研究认为，对于铁路而言，当务之急是解决“政企分开”问题，而以引入内部竞争机制为目标的“企业重组”，可放到以后进行，即改革可分两步走。有鉴于此，我们在咨询报告中建议：铁道部撤销后，可将相关的政府职能合并于交通运输部；企业职能由新组建的国家铁路运输总公司承担。之所以要设立一个大一统的国家铁路运输总公司，有四条理由：一是操作简单，有利于尽快实现政企分开；二是铁路企业重组采取何种模式目前尚存争议，时机尚不成熟，可暂时搁置；三是不触动现有铁路局的建制，有利于保持企业及职工队伍的稳定；四是与以往不同，对组建带有垄断性的铁路总公司作为过渡性改革举措，高层已不再持有异议。

2013 年 3 月 14 日上午，十二届全国人大一次会议审议通过了《国务院机构改革和职能转变方案》。其中规定，铁路实行政企分开，将原铁道部拟订铁路发展规划、政策的行政职责划入交通运输部；组建国家铁路局，由交通运输部管理，承担铁道部的部分行政职责；组建中国铁路总公司，承担铁道部的企业职责。

听到这一消息，参加课题研究的同志感到十分鼓舞。因为，这一改革方案的主要内容与我们的咨询报告大体相同。这意味着，课题组的建议原则上得到认可。

2013年3月14日下午，国务委员马凯同志在铁道部机关干部大会上，宣布了国务院关于撤销铁道部、成立铁路总公司的决定。我应邀参加了会议。

铁路实现政企分开，迈出体制改革的关键一步，实属不易。

说也奇怪，尽管我是这一铁路改革方案的坚定支持者，可是成立60多年的铁道部真要撤销时，心里仍然不是滋味。后来，从网上看到几位老职工在即将摘下的“中华人民共和国铁道部”牌子旁潸然泪下的照片，我竟陷入一阵五味杂陈的思绪之中。

几点随想

任部长5年期间，我在铁路改革上花了很多心血，冒过不少风险，事后算一算总觉得收到的成效与付出的心血不成正比。好像一个园丁，辛勤浇水施肥，但却未能收获丰盛的果实，为此感到郁闷。一次，我在向吴邦国副总理汇报时说：“几年里铁路改革没有达到预期效果。”听完，对铁路改革一直热心指导支持的他接过话说：“不能那样讲，铁路这几年改革成果是明摆着的，着实前进了一大步。从亏损做到盈利，在几个运输部门中是比较好的。”

领导的肯定虽然使我感到欣慰，但花了那么多精力制订的铁路管理体制总体改革方案等未能实施，不能不引起深思。

邓小平同志说：“改革也是一场革命。”的确，改革是对原有体制、机制与传统的变革，涉及权力和利益分配的调整，难免伴有阵痛，不会一帆风顺，不会广受欢迎，若与工程建设相比更是如此。工程建设可把“蛋糕”做大，个个都能分享，众人皆大欢喜。然而改革却是利益的再分配，一些人多得往往是以他人少得为前提的，自然有些人会赞成，有些人会抵制。

铁路改革不只是中国的难题，其他国家也无非如此。二三十年前，体制僵化和经营亏损是全世界国有铁路的通病。由于铁路关乎国计民生，便迫使各国政府不得不予以巨额补贴。正是由于有了补贴，铁路反而感受不到经营压力，直到实在经营不下去了，才被逼走上改革之路。许多实例说明，尽管铁路内部不乏变革者，但改革动力却主要来自外部。20世纪80年代初期，日本政府深感集中管理体制是国有铁路不能适应市场变化的根本原因，提出将其分割民营。尽管国铁高层持反对态度，但日本政府却十分坚决，解除了总裁仁杉严的职务，强制推行了改革计划。又如，在20世纪90年代的俄罗斯，交通部的官员和一些学者坚决反对铁路公司化改革，直到2000年高层调整交通部领导班子后才逐步走上政企分开的路子。

纵观世界各国铁路改革，虽然背景、路子和方式并不相同，可其立法先行的做法却值得借鉴。有些国家，事先由国会和政府制定有关法律和条例，规定了目标、任务和实施步骤，然后再依法推行改革，从而降低了改革的不确定性。例如，德国制定了总称为《铁路新秩序法》的系列法律，其中涉及铁路股份公司组建、联邦对铁路管制、短途客运地方化等。这些法律不但为铁路改革立下规矩，也为其债务处理等问题做出规定。

在我国，国企改革往往使用行政手段，先行动后立法。这样做的好处是方便操作，不受约束。然而改革无法可依，随意性就难以避免，改革的进程和取得的成果也缺乏可靠保障。由于制度更具有根本性、稳定性和长期性，所以巨型行业改革方案的选定和实施，应以先行立法为宜。

十一　工程建设

相对于发达国家，我国铁路建设起步较晚。我国自主建设的第一条铁路是全长9.7公里的唐山—胥各庄运煤专线，1881年投入使用。尽管这条铁路比世界第一条铁路已晚建了50多年，可清廷却因惧怕火车破坏皇家风水，最初只允许用骡马牵引车皮。1895年，甲午之战惨败，始令清政府意识到铁路的重要性，开始增加投资。辛亥革命后，孙中山先生曾提出修建10万英里铁路的宏伟设想，却终未能如愿。从民国初期到新中国成立的40余年间，共建有铁路17600公里，其中日本侵略者修筑约7000公里。至1949年，包括台湾省在内，全国共有铁路26900公里，大陆能通车的仅21800公里，且线路质量较差，运输能力有限。

新中国建立后，铁路建设大大加快，成为世界铁路的最大亮点。到1997年，铁路营业里程已达6万公里，尽管数量有了大幅增加，但路网规模、技术标准还不能适应经济社会发展的需要。在我接任部长时，主要干线的运输能力仍然非常紧张，尤以进出西南的主要通道为甚，处于超饱和状态。进一步加快铁路建设，成为广大铁路职工，乃至全国人民的殷切期盼。

1998年初，为应对亚洲金融危机对我国的冲击，中央做出扩大内需、加强基础设施建设的决策。铁路建设成为我任部长后的一项重大任务。铁道部成立以我为组长的铁路建设领导小组，经反复研究，提出"决战西南，强攻煤运，建设高速，扩展路网，突破7万(公里)"的铁路建设目标，确定了"快速、有序、优质、高效"的建设方针。

具体来说，那时我对自己5年任期的铁路建设目标所做的表述是：加快建设对全局影响大、连接各大经济区之间的大能力干线，突出解决西南地区运输能力不足和三西(山西、陕西、内蒙古西部)煤炭外运问题,同时根据国土开发需要,安排其他一些建设项目。重点有:西安至安康、朔州至黄骅、内江至昆明、西安至南京、南疆等铁路新线,宝鸡至成都、株洲至六盘水等复线铁路,武昌至广州电气化铁路,秦皇岛至沈阳客运专线,洛阳至湛江、东北至华东陆海通道等工程。力争开工建设京沪高速铁路。全国铁路营业里程突破7万公里。

我清楚记得,1998年初上任部长后,立即召开动员大会,组织铁路建设会战。全路随即掀起大规模建设高潮。几十万建设者迅速开赴工地,夜以继日,筑通了一条条广为群众称道的“脱贫路”“发展路”和“致富路”等大动脉,铁路建设取得可喜战绩。

我的部长任期横跨了两个五年计划。其中,2000年是“九五”计划的最后一年,也是编制“十五”计划的一年。在前几年取得实绩的基础上,我们把“十五”期间发展目标进一步明确为:加快铁路建设步伐,加强既有铁路的技术改造,构建“八纵八横”路网主通道,扩大西部路网,优化路网结构。在新的5年里,计划修建新线铁路7000公里,增加复线3000公里,实现既有线电气化改造6000公里。

“十五”计划,是对我上任伊始提出的铁路建设目标的承接和发展。整个计划的编制,由主管建设计划工作且经验丰富的孙永福副部长牵头主抓。他为此付出了大量心血,事前做了大量调研工作,功夫下得相当扎实。

多年的经验和教训表明,必须把铁路当成我国综合运输骨干。基于这种认识,同时考虑客货运量愈加集中于繁忙干线的客观实际,所以在“十五”规划中我们突出强调,应着眼于大能力通道建设,即在原有基础上,通过重点投入,构建“八纵八横”主通道,作为我国铁路网络的基本框架。

“八纵”系指南北向的主要干线,包括:

——京哈通道(北京—哈尔滨—满洲里)。重点建成秦沈客运专线,完成京秦线提速和哈大线电气化改造,逐步形成东部高速客运大通道。

——沿海通道（沈阳—大连—烟台—无锡—杭州—宁波—温州—厦门—广州）。重点建设大连—烟台铁路轮渡、胶州—新沂—温州—福州—厦门等铁路，构成东北至华东的陆海通道。

——京沪通道（北京—上海）。建设京沪高速铁路，对既有京沪铁路实行电气化改造，实现客货分线。

——京九通道（北京—南昌—深圳—九龙）。建成龙川至东莞复线，并完成全线提速改造，增建广深铁路四线，充分发挥京九线作用。

——京广通道（北京—武汉—广州）。重点完成武广电气化改造，建设武汉长江第二铁路大桥等，实现北京至广州全线电气化。

此外，还有大湛（大同—太原—焦作—洛阳—石门—益阳—永州—柳州—湛江）、包柳（包头—西安—重庆—贵阳—柳州—南宁）、兰昆（兰州—成都—昆明）等三条通道。

“八横”系指东西向的主要干线，包括：

——京兰（藏）通道（北京—呼和浩特—兰州—拉萨）

——煤运北通道（大同—秦皇岛、神木—黄骅）

——煤运南通道（太原—德州、长治—济南—青岛、侯马—月山—新乡—兖州—日照）

——路桥通道（连云港—兰州—乌鲁木齐—阿拉山口）

——宁西通道（南京—西安—启东）

——沿江通道（重庆—武汉—九江—芜湖—南京—上海）

——沪昆（成）通道（上海—株洲—怀化—昆明、怀化—重庆—成都）

——西南出海通道（昆明—南宁—湛江）。

“八纵八横”总计16条通道的基本特征是：运输强度大，线路里程长，可通过连接和汇集其他铁路扩大辐射范围。

在“八纵八横”主通道建设规划中，体现了投资向西部倾斜。同时还明确，要逐步建成城市间铁路快速客运系统，要求除抓好建设中的秦沈客运专线外，还要抓紧京沪高速铁路论证和技术准备工作，争取早日开工建设。

5 年过去，到 2002 年底，铁路建设超过预期目标。国有铁路共完成基本建设投资 2878 亿元，同比增长近 60%；新线铺轨 7025 公里，复线铺轨 5008 公里，电气化铁路 5703 公里。这 5 年，是此前我国铁路史上投资规模最大、建成投产项目最多的 5 年。2002 年底，我国铁路总营业里程已近 7.2 万公里，超过印度，居亚洲第一、世界第三（仅次于美国和俄罗斯）。

5 年间，主要干线运输能力显著增强。随着宝鸡—成都、株洲—六盘水复线铁路，内江—昆明、水城—柏果铁路的建成，西南铁路“进不来、出不去”的状况大有改观。朔州—黄骅、西安—安康、神府—延安、邯郸—济南新线和新乡—兖州等复线铁路的开通运营，使得煤运能力增加了近亿吨。南疆铁路的营运则为大西北的开发注入了强大动力。粤（广东）海（海南）铁路轮渡的启航，展现了我国铁路海上运输的新突破。

5 年间，建成当时国内最长的秦岭隧道和跨度最大的芜湖长江大桥等多项具有世界先进水平的工程项目。更令人备感欣慰的是，我们依靠自己的力量，建成我国第一条高速铁路——时速 250 公里的秦沈客运专线；破解“多年冻土、高原缺氧、环境保护”三大世界性难题，开工建设举世瞩目的青藏铁路。

5 年间，铁路建设技术水平得到显著提高。设计手段不断改善，施工方法持续创新，标准规范体系进一步充实。不仅引进和自主研发了一批先进技术装备，而且还锻炼出一支富有朝气和活力的高水平建设队伍。中国铁路的建设施工技术由此跻身世界先进行列。这期间，主管建设工作的蔡庆华副部长不辞辛劳，常年奔波在建设工地上，做出了突出贡献。

5 年间，中央领导对铁路建设非常关心，或亲临工地视察，或通过其他形式予以鼓励。如 2002 年 5 月 3 日内昆铁路建成开通，朱镕基总理立即作了批示：“内昆铁路建设，条件困难，工程艰巨，四年完成，实属不易，铁路职工厥功至伟，尤其对促进云南经济、社会发展，帮助民族地区脱贫致富，作用巨大，敬表祝贺。”

5年间，遗憾的是计划和酝酿中的京沪高速铁路因种种缘由未能如期上马。5年的铁路建设过程，我曾亲历很多，不一一叙说。我仅就特点鲜明、印象深刻的几个工程略做记述，并对青藏铁路和高速铁路等重大工程进行专题回顾。

边陲大动脉——南疆铁路

南疆铁路起自兰新铁路上的新疆吐鲁番，沿塔克拉玛干沙漠边缘，经库尔勒、阿克苏，终至新疆最西端的喀什，全长1446公里。其建设历程前后分为两期。第一期工程吐鲁番至库尔勒段，全长476公里，1984年已正式通车。此后十几年，由于种种原因，铁路没有继续向前延伸。

我任部长时，第二期工程库尔勒至喀什970公里的新线建设已经启动。新疆资源丰富，土地面积达166万平方公里，占中国陆地总面积的1/6，可当时却仅有1500多公里铁路，为全国铁路长度的1/40；广袤的南疆地区，更是只有寥寥几百公里铁路，覆盖率之低与其重要的战略地位极不相称。因此，这条铁路以其对新疆发展的重要意义受到中央的高度重视。

1998年7月5日，南疆铁路铺轨至阿克苏新大河大桥，江泽民总书记和钱其琛副总理专程去那里视察。我和主管建设的蔡庆华副部长陪同他们登上高筑的路基，察看机械化铺轨过程。在场的几十位职工禁不住放下手中的工具，涌上前来握住总书记伸过来的手。总书记也为大家的情绪所感染，他大声问候道："同志们辛苦了!"大家响亮地回应"总书记好!"工地顿时沸腾起来。当场《人民铁道》报记者原瑞伦同志抓住时机，抢了一个镜头，记录了总书记向大家挥手的瞬间，恰巧把我也拍了进去。这张合影效果不错，至今我珍藏着。此后，江泽民总书记还乘火车视察了吐鲁番，我也随同前往。路上他提出要听关于铁路的汇报，由于事前来不及准备，我只能临时在笔记本上写了几条提纲，好在主要数字都在脑子里。汇报持续个把小时，其间总书记和其他随行领导同志不时插话提出问题,我一一做出回答。那时,我任部长刚 4 个月,开始时有点紧张。会后中央警卫局局长由喜贵同志跟我说:“看来你对情况很熟,表达也相当清楚。”于是我就放心了。

南疆铁路建设推进迅速,提前竣工。1999 年 11 月底,我正在南非考察,突然接到铁道部值班室来电,说应新疆维吾尔自治区的请求,出访归来的李鹏委员长中途停留乌鲁木齐,并准备为南疆铁路开通剪彩,由此问及我的意见,我当即表示同意。为此,我缩减了原定的考察行程,提前回国。

12 月 6 日早上,我和蔡庆华副部长以及新疆维吾尔自治区领导同志随同李鹏委员长乘专机由乌鲁木齐抵达喀什。3000 多名群众齐聚在新建的车站广场,身着鲜艳民族服装的青年载歌载舞,洋溢着节日的喜庆气氛。开通仪式上,李鹏委员长在讲话中,盛赞南疆铁路是一条致富之路、改革开放之路、民族大团结之路,并预言该铁路将成为一条新的丝绸之路。我代表铁道部讲话,一方面表达了对广大建设者的感谢之情,另一方面也要求运营单位加强管理,充分发挥南疆铁路在西部大开发中的作用。

第二天,各大主流媒体纷纷刊发新闻:李鹏委员长及全国人大常委会副委员长铁木尔·达瓦买提、国务委员司马义·艾买提、新疆维吾尔自治区党委书记王乐泉、铁道部部长傅志寰共同为南疆铁路全线开通运营剪彩……随着红色绸带飘落,列车鸣响汽笛徐徐启动,在人们的欢呼声中驶出站台。

如今十几年过去了。事实说明,这条铁路对于新疆的发展,发挥了极为重要作用,有人还称其为南疆发展的火车头。

引入新体制的金温铁路

总投资 35 亿元的金温铁路全长 252 公里,连接浙江金华和温州两地,始建于 1992 年 12 月,于 1998 年 6 月全线通车运营。这是我国一条重要的合资铁路,建成后每日开行温州至北京、广州、武昌、贵阳、南京、南昌、上海、杭州、哈尔滨等地的列车,有力地促进了温州市和浙江西南地区经济与社会的发展,并为完善东南沿海铁路网建设奠定基础。

事情要从 20 世纪 80 年代后期说起。那时的浙江省经济已经起飞,行车难成为令人头痛的问题,群众强烈呼吁兴建金温铁路。其后,香港温州籍学者南怀瑾先生应允出面筹集资金,“催生”了这条铁路的开工。不过开工不久,由于资金迟迟不能到位,工程面临中途下马的危机,浙江省只好将此事上报国务院。

1994 年 4 月下旬的一天,韩杼滨部长通知我为处理金温铁路建设事宜做些准备。我作为当时分管机车车辆工业和科技工作的副部长,对基本建设并不熟悉,为此不得不花一天时间调阅有关资料,这才了解到该铁路为浙江省自行规划和筹建,事先并未征求过铁道部意见,开工亦未获得国家的认可。

4 月 26 日,我随朱镕基副总理前往浙江。按他的要求,我和浙江省副省长张启眉一起,从金华乘汽车直奔温州,查看正在施工的金温铁路工地。一路车水马龙,十分拥挤,尤以运货卡车居多,且不少发自外省,有的甚至来自遥远的新疆。若非亲眼所见,我真的难以理解浙江人急切盼望修建这条铁路的心情。对于土建工程我是个外行,好在有计划司副司长顾培尚等几位专家随行,多少给我增添了信心。3 天后,我们从温州乘飞机赶回杭州,当面向朱副总理做了汇报。首先肯定建设这条铁路的必要性,同时还认为:建设机制好,调动了各县市的积极性,征地拆迁行动迅速;投资省,每公里造价预计 600 万元,比国家铁路低得多。不过,我也直截了当地报告说:工程质量较差,土方全部包给农民,缺少监理,路基过于松软。

离开杭州前,朱副总理在会上严肃地批评了浙江省未经报批、自行做主的不当做法,同时表示,这条铁路不能停,要修下去;在外资不到位的情况下,铁道部要介入并参股,增派技术人员,确保工程质量。

此后,金温铁路建设进展顺利。

6 年后的 1999 年,我以愉悦的心情考察了运营中的金温铁路。

这条铁路由于吸取了香港地区铁路的经验，管理体制、机制都有诸多创新：多用合同工，实行聘任制，端掉了“铁饭碗”；用人少，每公里平均仅6人，劳动生产率高；在经营方面，积极开拓市场，严格控制成本。尽管当时开通仅一年，可客运量每天已达1万人，还实现了赢利。那次，我特意乘坐了金温铁路公司的列车从温州前往上海，体验了整个旅途，服务当属上乘。

又过了几年，我从媒体上欣喜得知，温州站日均到发旅客超过2万人，荣获“全国精神文明建设工作先进单位”称号。温州西站年货物吞吐量迅速增加，还开发出整车运输、零担运输、集装箱运输和行包快运等多种产品。显然，金温铁路又上了一层楼。

众所周知，温州是我国改革开放的前沿城市。记得，自己第一次到温州时，曾参观过桥头镇的纽扣小商品市场，并深为其规模之大和品种之多而叹服，也由此认识到外省汽车不远千里云集温州之缘由。不过，那时温州的假货也令人生畏。我亲耳听到过这样一个真实的故事：某地方领导同志出差温州，友人送了一条款式不错的皮带，甚是喜欢，故而系于腰间。回到杭州后，天气多雨潮湿，尽管偶感皮带略显发黏，却也没予理会。岂料某天他宴请美国客人时，打了个喷嚏，皮带应声而断，以致宴会结束后告别时，竟难以站起身来。事后仔细审视，方惊觉“皮带”乃纸制高仿产品。

2006年，作为全国人大执法检查组的成员之一，我再次造访了温州。带着多年来固有的印象，我以不无苛刻的眼光仔细察看了不少企业及其产品。不过时移世易，产品质量早已升级，令人刮目相看。温州产品业已摘掉“假冒伪劣”的帽子，不少商品甚至已成为国际市场的抢手货。

低成本的朔黄铁路

朔黄双线电气化铁路西起山西省神池，东至河北省黄骅港，全长585公里，设计年运输能力为一亿吨，是继大秦铁路之后的第二条西煤东运大通道。这是一条由神华集团与铁道部合资建设的工程，于2002年11月建成开通，对东南沿海地区能源供应具有重要意义。

神华集团时任董事长叶青，长我5岁，长期在煤炭系统工作，后任国家计委副主任，分管铁路事务。他为人谦和，颇有老大哥的风范。对于这条铁路的管理体制，我们两个人很早就达成共识，即由神华公司控股，铁道部参股，而不是相反。这样做的优势在于，朔黄铁路建设可主要由企业自行筹资，建成后按符合改革方向的新体制运营。不过，对于这一决策，铁道部内部曾有不同意见。有人认为，这条干线运量大，地位重要，应该由铁道部管理。我只能耐心做出解释：铁道部缺钱，要想加快建设，必须调动各方面的积极性，否则，还有哪个企业愿意投资铁路？此外，若由铁道部控股，容易按既有条条框框把这条铁路管死。

朔黄铁路一头连着煤矿，一头直通港口，尽管貌似“直肠子”，但中间却要接轨国铁，且部分运量需借道京九干线从天津港下水。在此情况下，迫切需要铁道部的支持。于是，我对铁路系统各级调度提出要求，对待朔黄铁路应与国铁一视同仁，不能另眼看待。

朔黄铁路开通十几年来，在管理上实施了变革创新，用他们自己的话来说，就是“源于国铁，优于国铁”。其特点相当突出：实施建设运营一体化管理；坚持以经济效益为中心，增运量、降成本的冲劲很足；采用了类似“网运分离”的管理模式，线路和行车指挥由公司统一掌握，大部分机车和货车购置及其相关服务交由北京铁路局等6个企业分包，既利用了他人的资源，又引入了竞争机制；敢于第一个“吃螃蟹”，率先开发30吨轴重底开门敞车、第一个使用国产12轴电力机车、4G新型移动宽带通信技术。其结果是，用人少、效益好。2013年朔黄铁路运煤2.4亿吨，远远超过设计能力，运输成本仅为国铁的一半，毛利率达50%，在国内实为罕见。

贯穿老区的赣龙铁路

建国以来，福建由于地处对台前沿，工业项目较少，运量不大，铁路建设相对滞后。1954年出于战备需要，由铁道兵动工兴建鹰厦铁路，3年后建成通车。这条从江西鹰潭通往厦门的铁路，横穿武夷山，坡陡弯急，标准很低，最小半径250米，严重限制了运量和列车速度。20世纪80年代，从江西横峰至福建南平之间修建的横南线，成为福建省铁路与外界联系的第二通道。没过多久，两条铁路再度饱和，又无法适应需求。

1998年我接任部长后，随即启动连接闽粤两省的梅坎铁路建设。梅坎铁路东起广东梅州，西至福建坎市，全长148公里，连接鹰厦铁路与广梅汕铁路，从而将福建和改革开放的前沿珠江三角洲联通起来。然而，经济正在腾飞的福建省仍希望进一步加快铁路建设。为此，铁道部与福建、江西两省商定，从已开通的京九铁路的赣州站接轨，修建一条直奔厦门的新通道。由于龙岩至厦门间早前已建有铁路，新建部分仅在赣州到龙岩之间，故称之为赣龙铁路。这条铁路全长290公里，所经江西省赣县、于都、会昌、瑞金，福建省长汀、连城、上杭、龙岩，都为革命老区，闽、赣两省都十分重视。经协商，定于2001年12月8日上午在龙岩、下午在赣州分别举行开工仪式。我的行程定为先龙岩后赣州。

12月7日下午5点左右，我从铁道部大院乘车赶往首都机场，本打算飞到厦门再转乘汽车前往龙岩。不巧，那天北京飘起小雪，交通严重拥堵。到西直门时只见前方车辆一辆紧接着一辆，早已排成长龙，缓缓挪蹭前行。见此情形，秘书十分焦急，打电话给先行出发的办公厅主任彭开宙同志，问他到了哪里？对方回答说堵在东直门。由于机场高速公路同样堵得水泄不通，他的车也只好在原地等待。那时距离飞机起飞时间已不到40分钟。可是，又过了20分钟，车依旧未动，估计不可能赶上航班了，于是我用手机拨通了时任福建省委书记宋德福的电话，说明由于天气原因，我无法赶往龙岩（古田）出席开工典礼，委托已在当地的铁道部总工程师王麟书同志代表参加。这时我想，龙岩去不成，赣州必须去。看看表，觉得还能赶上7点多去赣州的火车，于是立即调转车头，急忙开向北京西站。同时，我把自己的打算通知了彭开宙同志。他的车被夹在马路中间动弹不得，只好改坐地铁到军事博物馆，所幸也赶上了即将开动的列车。后来，我向朋友讲起这段故事时，不无骄傲地说，还是铁路最为可靠。

第二天中午一到赣州，我们便赶往铁路开工现场，只见那里早已锣鼓喧天，一片喜气洋洋，四周还围满了闻讯从十里八村赶来的乡亲们。江西省省长舒圣佑和我深为现场喜庆热烈的氛围所感染，分别发表了热情洋溢的讲话，并铲土奠基。

一年后，我再次来到建设中的赣龙铁路沿线。这里曾经荒寂落后，此时却繁忙异常，紧张作业的推土机往复穿梭，到处是一派热火朝天的景象。我满怀喜悦之情，走进一座座施工中的隧道和工棚，慰问在那里艰苦奋战的干部职工。那次，我还顺道考察红色苏维埃所在地瑞金，向革命烈士纪念塔敬献了花圈。随后，又转道福建，瞻仰古田会议会址，以弥补一年前未能如愿在此参加开工仪式的遗憾。

赣龙铁路 2004 年 12 月 30 日全线铺轨完毕，并于次年 4 月 1 日提前一年正式通车，作为厦门港联通内地的重要通道，为福建的发展，特别是海峡西岸经济区的建设做出了重要贡献。

通达巴蜀的秦岭隧道

说起秦岭铁路隧道就不能不说西康（西安—安康）铁路，因它是后者的咽喉工程。

西康铁路全长 267 公里。它是我国北方通达巴蜀的新通道，并与包西、襄渝、渝黔、黔桂铁路共同组成一条贯穿南北的大动脉。安康铁路于 1996 年 12 月开工，5 年后通车。通车后，从西安到安康压缩绕行距离约 500 公里，减少旅行时间 10 个小时。

“蜀道难，难于上青天。”为了解决“蜀道难”问题，国家于 1958 年建成了宝成铁路。限于当时无力建设长大隧道，铁路从宝鸡进入秦岭山区后，只能沿清姜河以 3 个马蹄形和 1 个“8”字形迂回线路向上爬升，借以克服地势高差。即使如此，线路坡度还高达 30‰（每 1000

米提升 30 米），为全国之最。这条大坡道铁路建成不久，能力就显不足，后虽经电气化改造也难以满足要求，成为南北交通的瓶颈。这也是三十几年后建设大能力的西康铁路的动因。

作为大能力铁路不能再迂回爬山，应穿山而过，为此必须解决建设长大隧道的技术问题。好在我国铁路打隧道的能力提高很快，这就是 20 年前下决心建设安康线的底气所在。为了选择铁路穿过秦岭的最佳线位，铁道部第一设计院曾勘测超过 1000 公里的线路，提出 17 个隧道方案。主管规划的屠由瑞副部长曾对我说过，他用了一个星期时间，多次翻山越岭进行现场踏勘，最后拍板定下线路的走向。

选定的秦岭隧道长度约 18.5 公里，当时为我国第一、世界第六。最深处距山顶 1600 米，工程异常艰巨。

在施工上，秦岭隧道突出的特点是采用了 TBM 盾构机。TBM 盾构机又称全断面隧道掘进机，具有掘进速度快、安全等优点。由于那时国内不能制造，从德国进口了两台，其长 256 米，刀盘直径 8.8 米，重 1750 吨，是个“大家伙”。那时，两台盾构机分别从南口和北口相向掘进，单口月平均进度达 285 米，打破历史纪录。TBM 为我国隧道开挖闯出了新路，具有里程碑意义。

1999 年 4 月，我前往那里的工地检查工作，看到作业中的盾构机，不仅感到新鲜，还觉得是个好技术。不过，我也听到反映，施工进度不如预期。原因是：TBM 对硬度不均匀的围岩难以适应，且只有两个工作面；由于使用经验不足，时常停机。为了确保建设工期，有人建议在继续采用盾构法从两端掘进的同时，在山体中间增添钻爆法施工。因为用于超前地质勘探的平行导坑那时已经打通，可以利用。对于这一建议，当时有不同意见，理由是钻爆法是传统技术。

由于秦岭隧道是全线控制工程，进度不能延误，否则可能影响全线开通。我和同行的蔡庆华副部长听取各方面意见后，都同意再打开新的工作面采用钻爆法施工，以加快进度。实践证明，这种做法效果不错。据最后的统计，两台 TBM 各掘进 5243 米和 5621 米，合计 10864 米，钻爆法开挖 7592 米。这样做不但赶上进度，还提前 32 天打通了隧道，且无人死亡。

对于在 TBM 掘进中途增加钻爆法施工，有些专家后来提出了批评意见，认为铁道部领导对新技术支持不够，并写成文字报告。我看到后没有表态，只是记在心里。

还有一件事不能忘记，即这条铁路隧道还为打通秦岭终南山公路隧道创造了有利的条件。2000 年 7 月，我和陕西省程安东省长共同出席延安至榆林铁路的开工仪式，在回西安的火车上，他提出铁路隧道完工后可在其旁平行建设公路隧道的想法，好处是能借用铁路隧道平行导坑以及铁路的设计施工力量，这样既可节省投资，又可缩短工期。我认为是好事，于是达成共识。程安东同志是个热情开拓型干部，对铁路工作热情支持，我想也应该投桃报李。2007 年 1 月，长度为 18.02 公里的终南山秦岭公路隧道正式通车，它是我国最长的双洞高速公路隧道，排名世界第二。这座长大隧道已成为内蒙古包头至广东茂名高速公路的咽喉通道，功能凸显。

我国第一条跨海铁路

海南岛的自然和旅游资源得天独厚，可是由于四面环海，缺乏与大陆便捷的交通联系，发展受到了严重制约，因此海南人急于打通天然地理屏障。

经铁道部、广东省、海南省协商论证，决定共同出资修建粤海铁路。这条铁路全长 345 公里，由湛江至海安线、海南岛西环线和火车轮渡（“二线一渡”）组成。粤海铁路是我国第一条跨海铁路，是交通运输行业的又一项中国之“最”。

众所周知，粤海铁路通道核心工程是琼州海峡的火车轮渡。其实，火车轮渡对于铁路人并不陌生，1933 年已在我国长江两岸（浦口至南京间）用于列车横渡。目前，世界上已有 20 多个国家开辟了 70 条铁路轮渡航线。比如，跨波罗的海的瑞典至德国航线，跨地中海的意大利本土至西西里岛航线，跨库克海峡的新西兰本国航线以及连接日本四个大岛的航线等。对于跨海运输，铁路轮渡有明显优势：一是不必在码头上倒装货物；二是港口作业时间短，加速了车船周转和货物输送。

不过，与早年长江轮渡明显不同，海面风浪大，航行距离远，跨海轮渡不仅要适应严酷的自然条件，而且也要面对很多技术障碍。在困难面前，铁路和有关协作单位迎难而上开展攻关，取得了系列成果。

粤海铁路渡轮，由上海江南造船厂建造，长 165.4 米，宽 22.6 米，排水量 1.24 万吨，可载 40 辆货车或 18 辆客车，同时还可装载汽车 56 辆，8 级风时仍可航行，一年畅通时间大约 350 天。连接渡轮与港口的栈桥也由我国自行设计建造，它可根据测得的水位、潮流等数据，实时自动调节高度。

对于粤海铁路的建设中央十分重视。2003 年 1 月 7 日，时任国务院副总理吴邦国在我和蔡庆华副部长陪同下，专程前往海口出席了粤海铁路的开通仪式。经贸委主任李融荣、广东省省长卢瑞华、海南省省委书记汪啸风也随同参加。那天的开通仪式场面宏大，中央电视台作了全程直播。新华社刊发了报道："1 月 7 日，我国第一条跨海铁路——粤海铁路通道轮渡开通典礼在海南省海口南港码头举行。中共中央政治局常委、国务院副总理吴邦国为粤海铁路通道轮渡开通剪彩。"《人民铁道》报也发表了题为《铁路通天涯》的评论员文章，文中强调，"1918 年孙中山曾提出建设通向海南的铁路，1974 年病榻上周恩来总理叮嘱在琼州海峡修建跨海铁路……如今伟大革命家的心愿在我们这一代人手上实现了。"

这条铁路密切了海南岛与大陆的联系。海口至北京间也开通了特别快车，大大方便了人们的出行和旅游。有人把粤海铁路比喻成"海南岛生命线"，不难看出其战略意义。

借鉴粤海铁路轮渡的经验，三年后又建设了烟台至大连铁路轮渡，从而将山东省和东北直接联系起来，大大缩短了原有的陆上运输距离。

十二　青藏铁路

举世瞩目的青藏铁路，东起青海省省会西宁，西至西藏自治区首府拉萨，全长1956公里，是世界上海拔最高、线路最长、穿越冻土里程最多的高原铁路，国人称之为“天路”。青藏铁路将西藏和全国各地紧密联系起来，对于青海、西藏两省区加快经济社会发展、改善各族群众的生活、巩固祖国边防具有重大意义。

几起几落的一期工程

西藏是一片古老而又神奇的土地，海拔多在3500米～4000米以上，雪山冰峰，高寒缺氧。南有喜马拉雅，北有昆仑，东面是崇山深壑的横断山脉。通往那里的崎岖小路，令人生畏。1300年前，文成公主从长安到拉萨走了两年。1951年，中央政府赴藏代表张经武绕道印度，历时一个多月才进入西藏。

为了解决西藏的交通问题，20世纪50年代，国家动员了大量人力、物力，修筑了川藏、青藏、滇藏、新藏公路，解决了“燃眉之急”。然而能常年不中断行车的仅有青藏公路，西藏经济社会发展受到严重影响。

那时打开中国地图就会看到，西部地区铁路分布稀疏。西藏自治区是全国唯一不通铁路的省级行政区。西藏各族群众早就盼望修建一条运能大、全天候的铁路大动脉。

中央对进藏铁路的建设一直放在心上。1956年，铁道部、铁道兵组织了进藏铁路的勘测设计工作。1958年，青藏铁路一期工程西宁至格尔木段开工，全长814公里。其间，由于“三年自然灾害”国家财力不足，1961 年被迫下马，1974 年再次复工。这段铁路终于在开工 21 年后的 1979 年铺通，1984 年投入运营。西宁—格尔木铁路最高处的关角隧道海拔约为 3700 米，建设过程中已经遇到高原缺氧问题。由于对高原病的危害性缺乏认识，牺牲了不少铁道兵战士。此外，一些冻土区段处理不当，病害多发，给运营、维修带来很多困难，有时影响正常行车。

本应继续建设的青藏铁路格尔木至拉萨段，考虑到其海拔更高，冻土分布更广，相关技术难题尚未解决，1977 年 11 月，铁道兵党委和铁道部党组联名向国务院、中央军委上报了关于缓建青藏铁路格尔木至拉萨段的请示报告。当时，有人提出进藏铁路应该首选滇藏线，认为那里沿线资源丰富，更有开发价值，铁道部随即组织了现场考察。1978 年 8 月，国家计委听取关于滇藏线踏勘汇报后，认为这条铁路非常复杂，需要进一步摸清情况。此后，有关进藏铁路的勘测设计工作断断续续，于 1978 年停止。然而有关青藏线高原冻土的科研工作一直在坚持，没有中断。

1994 年 7 月，在中央召开的第三次西藏工作座谈会上，江泽民总书记提出，要做好进藏铁路建设的前期工作。自此，铁道部对这一工程重新开展了规划研究。

决策上马

1998 年我接任铁道部部长时，铁路网已经遍布全国，唯独西藏不通铁路，这成了我的一块心病，因而就进藏铁路建设问题想得很多。在此期间，铁道部责成有关部门组织设计院就青藏、滇藏、川藏、甘藏等方案进行深入比选，并开展了论证工作。那时传出来的好消息是，经过多年研究，冻土地区筑路技术已取得重要进展，高原缺氧问题也找到了应对办法。

1999 年 6 月中下旬，江泽民总书记乘火车视察黄河流域的陕西、河南、山东三省，我全程陪同。6 月 17 日，江泽民同志在西安主持西北五省国有企业改革与发展座谈会，系统阐述了西部大开发的设想。他强调说：我们正处在世纪之交，必须不失时机地加快中西部地区的发展，特别要抓紧研究实施西部地区大开发。聆听他的讲话后，我立即联想起进藏铁路建设问题。接着，在1999年9月召开的十五届四中全会上，中央决定实施西部大开发战略，这为我们着手编制铁路"十五"发展计划提供了重要依据。5个月后，2000年2月，西藏自治区原第一书记阴法堂同志给中央呈报了《关于建议青藏铁路复工情况的报告》，时任国务院副总理温家宝在这份报告上批示"请培炎、志寰同志研究"。随即铁道部将"进藏铁路应尽快上马"的意见和有关资料上报给国家计委。2000年3月7日，全国人大会议期间，我应邀参加西藏团的讨论，代表们强烈要求尽早建设进藏铁路，我当即表示全力支持。4月6日，江泽民总书记在听取中央十五届五中全会文件起草小组汇报时，向在场的中国国际咨询公司董事长屠由瑞提出了有关青藏铁路的几个问题（铁道部当时无人参加）。随后，屠由瑞同志向我通报了有关情况。经商量，他于当年5月中旬与铁道部副部长蔡庆华一起对进藏铁路方案进行现场调研，并沿青藏铁路的设计线位进行了实地调研。7月底8月初，铁道部孙永福副部长又前往考察。9月7日，朱镕基总理视察南疆铁路时也讲到修建进藏铁路问题。在2000年，我几次主持部长办公会议研究进藏铁路建设方案。

2000年10月，中央召开十五届五中全会，研究关于国家《十五计划纲要建议》，我感到决定进藏铁路建设的时机到了，会前专门用几天时间准备资料，打算在会上提出建议。不久，中央办公厅通知我被分在西北组。我回电话说，希望换到西南组，理由是想进一步听听西藏同志关于修建青藏铁路的意见，我的请求得到认可。10月10日下午，江泽民总书记来到我所在的西南组，会场顿时活跃起来。时任西藏自治区书记郭金龙同志率先发言，建议"十五"期间修建进藏铁路。西藏人大主任热地同志随后也满怀激情地表达了西藏各族人民期盼建设进藏铁路的夙愿，希望能在中央第三代领导手中实现这一美好愿望。江泽民同志注意到我在会场，便招呼我坐在他身边，给他汇报有关情况。于是，我从修建青藏铁路的历史谈起，叙述了中途下马的原因，介绍了解决高原冻土、缺氧的思路和措施，最后向总书记建议：经过多年的工作，修建青藏铁路格尔木至拉萨段的条件已经具备，希望列入“十五”计划。江泽民同志随后还问了不少专业问题。在我一一回答后，他说：“你给我搞个材料。”

会后，我很快给总书记送上《关于修建进藏铁路有关情况的汇报》。主要内容是，修建进藏铁路是必要的，条件已经成熟。报告列举了四个建设方案。其一是青藏铁路方案：格尔木至拉萨段新建长度1118公里，静态投资估算194亿元，建设工期5至6年。优点是线路较短，地形平坦开阔，无大型控制工程；铁路走向基本与公路平行，便于建设物资运输。缺点是自然条件恶劣、沿线人烟稀少、高寒缺氧；海拔在4000米以上的地段有965公里，其中多年冻土地段550公里；建成后运营维护存在一定困难。其二是滇藏铁路方案：昆明至拉萨1960公里，其中昆明至大理366公里已经建成通车。大理至拉萨段新建长度1594公里，静态投资654亿元，建设工期12年。优点是线路标高较低，海拔4000米以上仅48公里，气候和自然条件较好；沿线资源丰富，经济开发价值较高。缺点是地形陡峭，工程艰巨，桥隧占线路长度43%；地质复杂，高地震烈度和活动断层较多；交通条件差，工期较长；全线有500多座隧道，必须采用电力牵引，而沿线却无电源。其三是甘藏铁路方案：由甘肃永靖经玉树到拉萨，新建长度2126公里，静态投资640亿元，建设工期11至12年。优点是所经之地资源丰富，辐射经济区域较广，多年冻土177公里，相对较短。缺点是新建线路长，沿线滑坡、沼泽、泥石流等不良地质多；通过海拔4000米以上地段最长，达1394公里。其四是川藏铁路方案：由四川成都出发经甘孜、昌都至拉萨，新建长度1927公里，静态投资768亿元，建设工期12至15年。优点是西藏入川距离较短，沿线资源丰富。缺点是新建线路长，线路海拔3000米以上地段达1200公里；地质复杂，工程艰巨，桥隧占线路长度的42.5%。报告最后写道：综合比较，青藏铁路虽然自然条件差些，但考虑到，新建长度短、工程量小、工期短、投资省;地形平坦,意外受损容易恢复,易于保障畅通;前期工作基础较好,经过多年研究,在冻土地带建设铁路已经有了可行的技术措施,可以推荐青藏铁路作为首选方案。

2000 年 11 月 10 日深夜,江泽民总书记用毛笔写下长达 3 页的重要批示[注]。

镕基、锦涛、邦国、家宝同志:

看到傅志寰同志转来的一份关于修建进藏铁路有关情况的材料,引起我的深思。这次讨论'十五'计划时,我们也谈起了这个问题。我到中央工作以后,一直在议论这个问题。但过去我对修建这条铁路的综合考虑不够,从经济性方面分析比较多。现在看来,修建进藏铁路从政治、军事上看是十分必要的,从发展旅游、促进西藏地区与内地的经济文化交流看也是非常有利的。建成后运行初期可能要给一些补贴,但从长远观点看,拿出这些钱来是完全值得的。总之,无论从经济发展、政治稳定和国防安全,还是从促进民族团结,更有力地打击达赖集团的民族分裂主义活动考虑,我们都应该下决心尽快开工修建进藏铁路。这是我们进入新世纪应该作出的一个大决策,一个政治决策,需抓紧考虑。

从铁道部报来的材料分析,综合比较下来,第一个方案比较有利,投资少,工期短,路线不长,且较为平坦。当然对该案尚存在的一些问题还要进一步做好研究,尤其要加强对冻土地区的工程地质应用性勘探、研究和试验。对青藏高原铁路的运输、管理、维修模式也应该事先有比较完善的预案。

明年要召开第四次西藏工作会议,届时应正式宣布修建进藏铁路,必将给包括西藏广大干部群众在内的全国各族人民带来很大的鼓舞。建议国务院抓紧认真研究一下,总的意向定下来后,责成计委、铁道部尽快完成可行性研究,以便党中央、国务院及时讨论并做出这个战略决策。

[注]:摘自《江泽民选集》第三卷,136-137 页。

看到江泽民总书记的批示，我既兴奋又意外。兴奋的是总书记的批示表达了广大铁路职工和西藏各族人民多年的心愿，几代科研、设计人员的辛勤劳动终于有了可喜的结果。意外的是，江泽民总书记作为党和国家最高领导人，日理万机，在深夜为一项铁路工程作了长篇批示。正是这篇重要批示，启动了青藏铁路格尔木—拉萨段的建设。在兴奋之余，我顿时感到肩上的压力。

第二天，朱镕基总理又接着批示："请国务院领导同志阅，并送各有关部门领导。请培炎同志负责，会同铁道部、中国国际工程咨询公司，抓紧论证，提出方案报国务院。"我接到批示后，立即组织铁道部党组专门进行了讨论，要求进一步加快建设的前期工作。

接着，铁道部有关部门和第一设计院快马加鞭，又进行了深入的勘测和分析，并在此基础上举办了几次立项报告会。随后，上报了《青藏铁路项目建议书》。

2001 年 2 月 7 日，朱镕基总理主持总理办公会，审批《青藏铁路项目建议书》，我和孙永福副部长等参加了会议。在会上，国家计委副主任张国宝就这项工程难度做了说明，为此他当场还放映了展示工程概况的模拟动画片。与会人员都表示赞同批准。最后，朱镕基总理说："经过 20 多年的改革开放，我国综合国力显著增强，已具有修建青藏铁路的经济实力。通过多年不间断的科学研究和工程试验，对高原冻土地区筑路和养护等技术问题也有了比较可行的解决方案，修建青藏铁路时机已经成熟，条件基本具备，可以批准立项。"同时，要求铁道部"进一步完善建设方案，抓紧做好可行性研究，力争早日开工"。

在决策过程中，对于具有社会公益特性的青藏铁路，国家一开始就考虑给予特殊政策。比如，建设投资的 75%来自国家预算内资金，25%为铁路建设基金，免征有关税收，实行特殊运价，中央财政对运营亏损予以一定补贴。

不久，国家成立青藏铁路建设领导小组，指定当时的国家计委主任曾培炎为组长，我为副组长，孙永福同志任办公室主任（后增补为副组长)。铁道部也相应成立了青藏铁路建设领导小组,我为组长,孙永福、蔡庆华为副组长。

2001年3月6日,全国人大九届四次会议开幕后的第二天,在京西宾馆我再次列席了西藏代表团的讨论。几位人大代表对青藏铁路建设提出了希望和具体要求,我表示一定要把这条铁路建设好。

难忘的现场考察

青藏铁路格拉段,北起青海省格尔木,南至西藏自治区拉萨,新建线路约1118公里。

由于气候十分恶劣,4月以前青藏高原大雪封山,不宜开展现场踏勘。2001年6月上旬,我和国家计委副主任张国宝,铁道部总工程师王麟书、办公厅主任彭开宙等前往青藏线现场办公,为开工做准备。此前,铁道部第一设计院正式接到设计任务后,动员职工倾尽全力,深化勘测设计工作。经过艰苦努力,交付了部分施工图纸,为青藏铁路格尔木—拉萨段开工建设创造了条件。

我们到达的第一站是西宁。在那里与青海省党政领导举行会谈,并签订了《青藏铁路青海段建设有关问题的纪要》。6月3日早上,我们乘坐以几节车厢临时编成的“路用列车”从西宁出发,沿着已通车的西宁至格尔木线一路西行,沿途或登上机车查看线路,或下车慰问职工。列车在海拔3680米的关角隧道、“生命禁区”察尔汗盐湖的达布逊养路工区,分别停了很长时间,我们一行人在那里与职工进行了面对面交流,倾听他们常年扎根青藏线艰苦奋斗的事迹,深为感动。我说:为了铁路建设和运营,你们几代人舍小家、顾大局,你们是“青藏线精神”的代表,是我们铁路人学习的好榜样。

一路前行,我们切身感受到,碍于早年艰难的筑路条件,西宁至格尔木段线路建设标准很低,车行缓慢。我和张国宝同志商定,随着青藏铁路格尔木—拉萨段的建设,也要同时将这段线路的改造列入计划。当晚10点,我们抵达格尔木。翌日,参加青藏铁路建设指挥部挂牌仪式后，一行人又驱车30公里，来到青藏铁路一期工程（西宁至格尔木段）的实际终点—海拔3080米的南山口车站。站在那里，放眼望去，巍峨的昆仑山白雪皑皑，与脚下寸草不生的荒漠形成强烈反差。青藏铁路将于此南下，一路穿山越岭，直奔海拔4765米、陡峭且空气稀薄的昆仑山口。由此，上世纪铁路建设到这里为什么戛然而止的疑问便顿时释然。

对于青藏铁路格拉段开工仪式的举办地，曾提出两种方案：一是格尔木车站，虽然条件稍好，却并非该线真正的起点；二是南山口，虽为铁路建设真正的起点，可天气变化无常——方才还霞光四射，瞬时便狂风大作，沙尘漫天。经过反复斟酌和商榷，我们最终还是选择不无风险、但更具象征意义的南山口。

为确保南行一路的安全，我们在格尔木一一做过体检。6月5日凌晨5时天还漆黑，一行人在西藏自治区政府副主席多吉同志引导下，驱车驶往拉萨。内地时值盛夏，而高原清晨竟冷冽刺骨，天空飘着雪花，气温由头天中午的27℃骤降至0℃。青藏铁路格尔木—拉萨段有965公里要修建在海拔4000米以上的高原上，最高超过5000米。全线所经之处，地广人稀，可以说是“一天见四季，十里不同天”，气候条件极为恶劣。

车队全速前进，天大亮时，已经驶出格尔木200多公里，越过昆仑山，到达海拔4495米的楚玛尔河，大地覆盖了一层厚厚的白雪。我们看到路边有钻机在工作，就下车和钻工们聊聊，同时去看了他们住的帐篷。那时尽管我没有明显的头痛，可是走起路来轻飘飘的，仿佛踩在棉花上一样。

一路上，我们了解到，为了赶进度，铁一院的勘测人员不顾高原反应，24小时轮班。即使夜晚气温骤降到零下，钻工们仍然坚守岗位。遇有风暴，塔架上的篷布挂不住，大家便只能露天作业。还曾有钻工被饿狼围困在塔架上，苦苦熬了一夜。

一路上，陪同我的青藏线设计总体组组长李金城讲述了不少建设者们的感人事迹，其中一则尤令我记忆深刻。有一钻探组，在海拔

4700 米的昆仑山承担钻探任务。工地远离公路，为了抢时间，职工们拆解了重达几吨的设备，在空手走路呼吸都困难的情况下，生生靠肩挑背驮，仅两天便将机具架设起来。

事实上，李金城就是一位令人感动的人物。

40 来岁的李金城个头不小，皮肤黑黑的，看起来相当壮实，其实他有心跳过速及缺钾病症。平日里看起来精神，一旦劳累过度，便下身麻痹，难以行走。青藏铁路选线时，翻越唐古拉山有两个方案。一是贴近青藏公路开垭口，另一是在公路以西 30 多公里处开垭口。为了选出更佳方案，李金城坚持要用数据说话，这样就必须进行现场踏勘。那里海拔超过 5000 米，天气变化无常，若患感冒，便可引发高原性肺水肿、脑水肿，甚至导致身亡。9 月的一天早晨，李金城带领勘测队出发，一出门便遭遇风雪，到了下午，雪大得已看不见几米开外的东西。由于这里是“无人区”，无处躲藏。直至晚上风停雪住，他们才借助手电继续勘测，把 40 多公里线路的资料拿到手。长时间的缺氧和极度疲惫已使李金城下肢麻痹，他终于支撑不住，发病倒下了。可那距公路还有 5 公里的路程，伙伴们轮流背着他，好不容易才辗转于第二天早晨走出“无人区”。李金城因此成为“用性命换数据”的英雄。正是这次勘测，促使勘测队决定放弃海拔 5237 米的公路垭口，改从海拔 5072 米的无人区翻越唐古拉山。仅此一举便缩短线路 11.2 公里，节省投资 5.7 亿元。

中午时分，车队抵达海拔 4750 米的风火山冻土观测站。这里，一年里冰冻期长达 8 个月，最低温度为－43℃，含氧量仅达海平面的 40%～50%。冻土是青藏铁路建设面临的最大技术难题。自 1961 年起，铁道科学研究院西北所的科技人员便扎根在风火山开展冻土筑路试验，这一干竟是 40 个年头。为了给青藏铁路建设收集准确的试验依据（气象、深层地温、太阳辐射），开展路基、桥涵的热动态和稳定性研究，先后有 110 多人来到这里。尽管我们去时北京已是艳阳的 6 月，而风火山却依然是一片冰天雪地。我们一行人走下公路，深一脚浅一脚地艰难迈近试验人员平日里生活起居的小屋，并一一“造访”

了他们十分简陋的“卧室”和“厨房”，真切地体会到生活在那里的艰辛。没有水源，就以雪水将就；缺乏蔬菜、呼吸困难，就以乐观做伴。大家相互鼓励，始终坚守着岗位。

类似事例还很多，还听说有幅这样的对联：

白天劳累扯块云彩擦把汗　爽

夜晚孤寂摘颗星星点盏灯　酷

令人深为感动。

那一天，我们走一路，看一路，经昆仑山口、五道梁、沱沱河、雁石坪，翻越唐古拉山，再经安多、那曲、当雄，领略了沿途雨雪、冰雹、大风的威力，也接受了心灵的洗礼。其间，在一处钻井旁，钻工们述说有时吃不上饭，甚至由于缺水几天不洗脸时，我十分动情地说，谢谢你们为国家所做的贡献。

行至羊八井，天已完全黑下来，只得以汽车前灯照明，下车察看即将开工的隧道口所在位置。不多久，大雨袭来，我们上车继续前行，直奔拉萨。一路颠簸，我偶感轻微头痛，随行的秘书却不时出现呕吐。大家禁不住发自内心地感慨那些常年坚守于此的建设者们是多么不易，并为他们的奉献精神所深深感动。

经过千余公里的长途跋涉，我们最终于凌晨一点钟到达拉萨。时任西藏自治区书记郭金龙、人大常委会主任热地等领导同志早已等候在宾馆，热情地迎接了我们，还待之以藏族的大恭之礼——献上洁白的哈达。这更让我们感到西藏人民是多么殷切地期望这条铁路的建设啊！

第二天，在热地同志陪同下，我们实地考察了规划中的拉萨火车站站址和铁路引入拉萨的方案，并举行了座谈。关于铁路引入拉萨的方案，起初存在不同意见。西藏方面倾向于铁路绕行山脚进城，以便使跨越拉萨河的铁路桥为山头所遮蔽，避免影响城市景观，不过线路长度因此要增加几公里。铁路方面则希望直接引入。当时，我表态：“西藏的同志不必担心，我们可将铁路桥和火车站作为拉萨标志性建筑精心设计，既要发挥其功用，也要兼顾美观。设计院多搞几个方案，由自治区领导选定。”双方就此达成一致意见，并签署青藏铁路西藏段建设纪要和有关征地、拆迁协议。至此，青藏铁路建设的前期工作又迈出了实质性的一步。

6 月 7 日离开拉萨前，我到铁一院西安分院指挥部驻地看望了那里的职工。据分院院长刘培硕介绍，他们的队伍里有一家三代上过青藏线的职工，有“父子兵”“兄弟兵”“夫妻兵”，有新婚不几天便在妻子的泪花中奔赴工地的，有在爱人临产时随队出发后经层层传话得知孩子降生的。为了尽早建成青藏铁路，他们无怨无悔，奋战在雪域高原。

勘测队员们的事迹令我心里很不平静，我动情地对他们说，修建青藏铁路，是全国人民的心愿，是几代铁路人的梦想。你们以非凡的奉献精神，顽强抗争恶劣的自然环境，不愧为青藏铁路的开路先锋。青藏铁路将闻名于世，你们的贡献也将名垂青史。

回京后，我立即将现场考察情况向吴邦国副总理及国务院秘书长王忠禹做了汇报。

在青藏两省区同时开工

2001 年 6 月 20 日，朱镕基总理主持召开国务院第 105 次总理办公会议，审议青藏铁路格拉段建设方案，同意铁道部的可行性研究报告和开工申请，并确定工程静态投资 223.8 亿元，动态投资 262.1 亿元，建设工期 6 年。

6 月 25 日至 27 日，我参加中央第四次西藏工作座谈会。江泽民、李鹏、朱镕基和李瑞环同志分别就青藏铁路建设问题发表讲话。在座谈会结束的当天，国务院下发了《关于青藏铁路格尔木至拉萨段开工报告的批复》，要求铁道部把青藏铁路建好。

青藏铁路开工典礼，在格尔木和拉萨两处同时举行，前者是主会场。新建青藏铁路的接轨点是格尔木，按照常规，在那里举行开工典礼即可，但是鉴于这条铁路对西藏的意义更为重大，应西藏自治区的要求，中央确定把拉萨作为分会场。

格尔木的开工地点，实际位于市中心30公里开外的南山口。2001年6月29日，我陪同朱镕基总理乘专机到达格尔木。当天晴空万里，会场设在戈壁滩的开阔地上。主席台上就座的有国务院领导，还有30多位来自国务院有关部委和青海省的负责同志。台下是上千名建设者的队伍，他们身穿红色工作服，顶戴黄色头盔，横成列，竖成行，十分整齐，恰如训练有素的部队。

格尔木和拉萨相距千余公里的两处会场，通过音像实时传输连成一体。格尔木（南山口）会场上彩旗飘扬，鼓乐喧天。朱镕基总理在主会场宣读了江泽民总书记的贺信，并发表了激动人心的讲话。他指出了建设青藏铁路的重要意义，并强调要在确保工程质量的同时，保护好沿线的一草一木。吴邦国副总理在孙永福副部长陪同下出席了拉萨会场的开工仪式。国务委员兼国务院秘书长王忠禹同志主持这次仪式。曾培炎、我和西藏自治区书记郭金龙，以及青海省长赵乐际先后在两地会场发言。最后，朱镕基总理宣布青藏铁路全线开工。中央电视台当天对开工典礼的盛大场面进行了跟踪报道。

亲切的关怀

中央领导同志高度重视青藏铁路的建设。2002年5月的一天，中办通知我赶赴西宁，陪同正在青海考察工作的中共中央政治局常委、国家副主席胡锦涛同志视察青藏铁路。24日下午，我到达西宁，住进省政府接待处。晚饭后，我就青藏铁路建设进展情况向胡锦涛同志做了一个小时的汇报。期间，他提出不少问题，我一一做了回答。27日上午，胡锦涛同志在我陪同下来到青藏铁路南山口铺架基地，查看轨枕预制场，并登上10米高的路基观看铺轨作业，慰问一线职工。他满怀深情地希望全体建设者发扬铁路建设大军吃苦耐劳、能打硬仗的优良传统，优质高效地建成青藏铁路。同时强调，在青藏铁路建设过程中，要严格按照科学规律办事，积极探索，攻克技术难关；要把保护生态环境放在突出位置，爱护这里的一草一木。他最后说：要努力把青藏铁路建设成世界一流的高原铁路，在这片古老而神奇的土地上书写西部腾飞、民族振兴的壮丽篇章。在回北京的飞机上，胡锦涛同志专门嘱咐我：在高原工作很不容易，要让每个人有足够的营养，要提高补助标准。不久后，吴邦国副总理也指示我们："要提高对民工伙食补贴，但不要发给本人，一定要他们吃到嘴里。"铁道部按他们的指示，经与劳动和社会保障部协商，修改先前有关标准，大幅度增加了对青藏铁路建设者的补助。

2002 年 6 月 29 日，国家计委主任曾培炎同志专程来南山口，参加青藏铁路的铺轨仪式，尔后我与孙永福副部长又随他到昆仑山隧道检查工作。昆仑山隧道海拔 4567 米，空气稀薄。打风钻的工人，个个都戴着氧气面罩，背上氧气瓶作业。工人们反映，呼吸问题倒是解决了，但是每个人都要负担氧气瓶的重量，能不能不背氧气瓶？施工企业有很强的创造力，不久他们发明了弥漫供氧法。所谓弥漫供氧法，就是在隧道口用制氧机制氧，然后用管道把氧气送达掌子面。这项技术得到全面推广，大大改善了工人的劳动条件。

2002 年 9 月 2 日，吴邦国副总理来到青藏铁路三岔河工地。当他听说这座大桥在严酷条件下仅用 11 个月完成主体工程时，连声称赞。在小南川铺轨现场，他登上路基，兴致勃勃地观看了铺设轨排的全过程，并与职工对话，询问了他们的生活和高原反应情况。在与大家合影后，他发表了简短的讲话，要求再接再厉，把青藏铁路建设好。第二天上午，吴邦国副总理又赶往西宁出席青藏铁路公司成立大会。会上他将"青藏铁路公司"铜牌授给时任总经理卢春房。我则在致辞中要求新成立的青藏铁路公司以改革的精神建设好、管理好青藏铁路。

成立青藏铁路公司是深化改革的重要标志。在此之前，铁路建设一直采用工程指挥部这种管理形式，工程指挥部虽然有其优点，可毕竟是临时机构，且只管建设，不管运营，不利于建设与运营的统筹与衔接。为了弥补这一缺陷,铁道部提出了成立青藏铁路公司的设想,获得国务院批准。

攻克难关

青藏铁路建设面临多年冻土、高原缺氧、生态脆弱三大难题。解决这些难题,世界上没有现成的经验可资借鉴,要靠我国铁路科技人员自己攻克难关。

多年冻土一直是铁路建设的拦路虎。冻土会因冻胀融沉引起路基变形,造成线路病害。我在哈尔滨铁路局工作时就遇到这一麻烦。大兴安岭里的铁路,夏天冻土融化致使路基下沉,冬天由于冻胀引发线路凸起,严重影响列车正常运行。冻土问题是青藏铁路建设面临的最大挑战。科学家们经过连续几十年的观测研究,明白了一个道理,就是要尽量保护冻土温度的稳定,使其免受外界扰动,只有如此路基才不会变形。建设中,科技人员在研究沿线气候和多年冻土特点的基础上,提出了“主动降温、冷却地基、保护冻土”的建设理念,推出了片石气冷路基、通风管路基、热管路基、碎石护坡等综合治理措施以及在特别复杂冻土地段采用“以桥代路”等举措。实践证明,这些办法效果显著,获得国内外专家的高度评价。

在世界屋脊上修建铁路,高原缺氧是建设者们面临的严重威胁。针对高原缺氧问题,施工企业吸取了当年西宁—格尔木段建设中官兵殒命于高原病的教训,设法降低劳动强度、提高伙食标准、改善生活条件,抓好卫生保健及医疗救治。尽管大量采用机械施工,体力劳动明显减少,可是人体缺氧的困扰依旧存在。为解决这一难题,在全线设置了 17 个制氧站,通过弥漫供氧改善了劳动者的作业环境。与此同时,在沿线还设置 25 个高压氧舱,及时对高原病患者进行治疗。青藏铁路 5 年建设中,实现了高原病零死亡,这是个奇迹。

青藏铁路沿线生态十分脆弱,为此,中央领导同志一再嘱咐,要爱护沿线的一草一木。我记得,对于青藏铁路的建设工期,我们最初建议为5年，但朱镕基总理要求改为6年，主要原因在于他担心进度过快，有可能会忽视生态的保护，而生态一旦遭到破坏，短期难以恢复。为了保护生态，我们对全线进行了环境评价，对设计、施工提出严格要求。线路通过可可西里自然保护区时，多处设置藏羚羊通道，以减少对其迁徙的影响。同时，重视保护地表植被，预防水土流失，以保持高原自然景观。我曾在工地看到，必须按规定到几百米外取土，在山的背后采石；汽车在指定的路上行驶，不能随意在旷野上开行。

尽管青藏铁路建设在环保方面做了各种努力，但出乎预料地还是出了点“小插曲”。2001年11月的一天早上，中央人民广播电台《新闻纵横》栏目以《疯狂的开采》为题报道一则消息，反映青藏铁路疯狂采石，破坏环境，国务院和西藏自治区的领导同志听到后都深感忧虑，热地同志直接打电话给我，希望立即调查解决。我们迅速组织了现场检查，结果发现报道失实。尽管如此，我们仍然要求各施工单位找出差距，进一步采取改进措施。与此同时，在唐古拉山以南有雨地区，建设者们实施了人工种草，获得成功。后经国家有关部门评估，青藏铁路的环保工作达到先进水平。

青藏铁路开工后不到两年，即2003年3月政府换届时，我调离了铁道部。此前，我到过青藏铁路建设工地6次，每次都深深体验到青藏铁路所处自然条件的严酷。有一天晚上，我在海拔4547米的沱沱河工程点住下，工地负责人怕我有高原反应，在室内放了一个氧气瓶供氧。这和普通职工比，不知条件好了多少，可我还是睡睡醒醒，头脑发胀。由此想到，沿线的建设者是多么不易啊！

乘车体验

2006年7月1日，青藏铁路格尔木至拉萨段建成通车，几代铁路人的梦想终于在这一天实现了，这是铁路建设史上辉煌的一页，可喜可庆。而建设过程中所形成的“挑战极限，勇创一流”的青藏铁路精神，更是铁路人的宝贵精神财富。

一年以后，2007 年 7 月下旬，我专程去体验了一趟向往已久的青藏铁路之旅。临行前，我翻阅了有关资料，得知青藏铁路开通后的一年中，共发送旅客 202 万人、货物 1100 万吨，为西藏和青海的经济发展和社会稳定做出巨大贡献，心中倍感欣慰。

我先是乘飞机抵达西宁，并于当晚登上开往拉萨的列车。第二天清晨天一亮，列车行驶至格尔木，并继续向昆仑山行进。透过车窗放眼望去，远处重峦叠嶂，气势雄浑，白雪皑皑，令人心旷神怡。列车行经沱沱河时，我极目远眺，试图搜寻自己曾经留宿过的小屋，却不免遗憾地无所收获，线路两旁早已没有了当年施工的痕迹。列车在海拔 4000 米以上的高原疾驰，密闭的车厢始终开启着弥散式供氧设备，我竟然没有头晕的感觉。列车行至全线海拔最高点的唐古拉山车站时，我利用停车间隙在月台上转了转。遥想当初，这里不过是渺无人烟的群山垭口，如今耸立在眼前的却是崭新建筑。无意间瞥见两位藏族妇女在候车室里悠闲自在地东瞧西看，我不禁心生纳闷："她们为什么不着急上火车?"工作人员习以为常地回答道："都是当地人，出于好奇，来看火车的。"

列车继续前行，沿途的景色逐渐发生了变化。以唐古拉山为分水岭，山北一片荒漠，一到山南雨水明显增多，绿色浓郁起来。从车窗向外望去，外面雾气迷茫，还淅淅沥沥飘着小雨，一群群藏牦牛静逸闲适地埋头舔食青草，乍一看，还真如同一幅江南初春的画面。据知情人介绍，高原之上，草生长缓慢且贴地而生，藏牦牛正是由于长有特殊的舌头，才能得以果腹。本想途经羊八井时下车一观当地的变化，不料天色已黑，只得作罢。到达拉萨已是深夜，西藏自治区的同志热情地前来迎接。

翌日一早，我便兴致勃勃地直奔拉萨火车站，但见具有浓郁藏族风格的建筑傍山而立，雄浑大气。几公里之外的拉萨河铁路大桥，结构新颖，造型美观，颇具时代气息，主跨"一大二小"三个连拱结构，配上简洁的引桥和洁白的色彩，令人联想到飘舞在蓝天碧水间的哈达，又仿佛是雪域高原连绵起伏的雪峰。火车站、大桥与布达拉宫遥相呼应,共同构筑圣城拉萨重要的人文景观。遥想6年前,我曾向西藏自治区的领导承诺——拉萨车站和大桥的式样由自治区选定,让西藏群众满意。如今诺言兑现,我为此深感欣慰。

在自治区安排下,我还饶有兴致地参观了拉萨市区。几年间,拉萨旧貌换了新颜。高层建筑鳞次栉比,商业街游客如织。据介绍,青藏铁路通车后,进藏旅游的人数翻番,带动了餐饮、旅店业的兴旺,进而增加了就业机会和居民收入。民航也因铁路带来的客源,增加了航班的次数,与铁路共同形成相互支撑的格局。

那次,西藏自治区党委书记张庆黎同志接待了我。他说,青藏铁路推动西藏经济、社会发展的强劲优势正日益凸显。

此后,青藏铁路始终是我关注的焦点。每每看到关于这条铁路发挥作用的相关报道,我都会发自内心地感到欢欣,并祝愿青藏铁路如歌曲《天路》所描绘的一般,“那是一条神奇的天路,把人间的温暖送到边疆。从此山不再高,路不再漫长,各族儿女欢聚一堂”。

我对青藏铁路的别样情怀无以言表,尽管它的建设取得举世瞩目的伟大成就,但自己总感到多少还有点不足。其中之一是,采用的机车并非自主研发的品牌。青藏铁路在原设计中拟用国产机车,为此戚墅堰厂对性能颇佳的东风8B型内燃机车进行高原适应性改进,研制出“雪域神舟”号机车,海拔为5072米时其功率仍可达2700千瓦。试验和初步运行考核表明可以适应青藏铁路的要求,上百名科技人员为此付出大量心血。然而,在工程建设中,时任部长刘志军却临时变卦,决定采购78台美国GE公司生产的内燃机车。美国机车虽占交流传动之优势,但其转向架却采用了易于造成轮轨磨耗且已被我国淘汰的结构,价格还相当昂贵。

十三 大提速

时下，“提速”已成为我国“借用”频率很高的词汇，并因此作为热词被收录进新版《现代汉语词典》。其实，该词出自于20世纪90年代开始的铁路大提速。

谈起铁路提速，可是说来话长。

1981年在联邦德国进修期间，我经常乘坐时速200公里的火车出行，其快速便捷给我留下深刻印象。自此我就一直盘算着有朝一日能够提高我国的列车速度。然而作为一名普普通通的科技人员而言，在当时那只不过是一个美好的“幻想”。

1985年，我担任铁道部科技局局长后，随着职务的晋升，终于能够借助不断扩大的新平台，逐步去实现这一“幻想”。1989年，我通过实地调研，率先建议把广深铁路建成提速线。1993年后，作为副部长又多次提出实施大面积提速的建议和设想。1997年，我参与领导了全国铁路第一次大提速，随之，作为部长又相继牵头领导了第二、第三、第四次全路大提速。提速后，列车最高时速达160公里，个别路段达到200公里。

平心而论，铁路提速也为竞争所迫。20世纪90年代初，我国铁路客车平均旅行时速仅48公里，货物列车速度就更低了。那时，我从北京乘火车回黑龙江省勃利县老家，1800多公里的路程，加上换乘，需要40多小时。由于公路、民航的快速发展，铁路所占的市场份额持续下滑，在已经修建高速公路的地方，火车乘客明显减少，甚至有的车厢都空了，干部职工无不深感肩上的压力。严酷的竞争让我们这些铁路人意识到，列车速度再不提高，乘火车的人就会越来越少。长此下去，铁路人何谈立足之地？

提速说起来简单，但要真正推动起来却是举步维艰。一是缺钱，二是缺技术，三是有安全风险，四是中国铁路有其自身的复杂性。

投资是提速首先面临的硬约束。无人不晓，提速最好的办法就是修建铁路客运专线，这是日本、法国的成功之道。然而，20 世纪 80 年代末至 90 年代初期，国家投资铁路建设，平均每年只有几十亿元，1991 年新线投产仅 267 公里。客运专线因其造价数倍于常规铁路，显然无力建设。因此，唯一现实可行的方案就是实施既有铁路技术改造。换言之，铁路人面对的局面是：如何“既不给马儿多喂草，又要使马儿跑得好”。

就技术而言，尽管发达国家技术先进，但单纯依靠购买和引进，对于中国铁路这样大规模提速来说，其高昂的价格在当时是承受不了的。

在行车安全方面，由于我国铁路装备较差，管理水平不高，重大伤亡事故时有发生，安全风险始终居高不下。那时谈“提速”，曾引起很大争议。许多人持有不同意见，甚至有的权重人士驳斥道，“中国铁路这套设备、这班人马，现在都难以保证安全，要提速，一旦出了事故谁能负责，谁敢负责？”

至于解决运输组织问题，也毫不轻松。与发达国家不同，中国铁路干线运输能力十分紧张。客货列车共线运行，在同一条铁路线上既要开行特快旅客列车，又要开行普通旅客列车，还要开行大量低速货物列车。在运行中，慢车让快车，货车让慢车，必然会降低铁路的整体运输能力。这就好比在高速公路上，如果卡车大量上路，小汽车就难以快速奔驰；若要保证小汽车高速行驶，就得限制卡车的数量，以致影响货运能力；倘若再允许拖拉机上路，那就更麻烦了……这就是说，各种车辆速度不一，即存在“速度差”，进而带来一系列问题。铁路运输与此极其类似。一旦旅客列车提速成功，重载货物列车却难以提速，客货列车间的“速度差”将进一步加大，会对铁路的通过能力产生严重影响。因此，客车提速对铁路运输组织的要求更为严格。

尽管铁路提速面临上述诸多挑战，可是我们没有别的选择，必须走出自己的路子。

广深线率先突破

1989年1月，在我任科技局长后期，专门用了两天时间去广深铁路沿线调研。这条铁路不到150公里，在深圳与香港铁路接轨。通过这次调研，我觉得它与德国某些铁路十分相似，是提速试验的好场所。其原因在于：一是处于路网的尽头，距离不长；二是以客运为主，货运量不大；三是来往于广州和香港之间的境外旅客居多，即使提高票价，也能接受。如果白天跑客车，夜间走货车，就可避免客车提速所引起的运输能力降低问题。回到北京，我立即向部党组做了汇报，并建议将广深线作为提速改造的试验段。随即，我前往铁道科学研究院通报有关情况，希望他们能进一步开展现场调查。我的建议得到李森茂部长、屠由瑞常务副部长的重视。紧接着，我与科技局的吕文涛处长合写了《对我国铁路科技发展的认识和思考》一文，当年6月发表于《铁路科技动态》(后更名为《中国铁路》)，再次建议把广深线作为提速试验线。1989年3月我调离科技局任哈尔滨铁路局局长，不过还一直关注有关工作。其后，铁道部就此组织论证，于1990年9月向国家计委报送《关于广深铁路技术改造项目建议书的报告》，并获得了批准。那时，铁道部将改造后的广深线称为“准高速”铁路。

速度是个纲，纲举目张。广深线改造目标是将最高时速从原来的100公里一步提高到160公里(其中新塘站至石龙站之间26公里设有时速200公里的试验段)，上了很大一个台阶。这样一来，对技术装备、管理水平等都提出了新的要求。为此，铁道部组织了技术攻关。几年间，开发出无缝线路的成套技术，制造了可动心道岔，研制了时速160公里的东风11型大功率客运内燃机车、新型客车(后来还开发了蓝箭动车组)，并对路基、线路、桥梁进行了改造。为了检验新技术的可靠性，在北京环形铁道组织了综合试验。广深线提速技术负责人是铁道部总工程师沈之介。沈总的身材高大，威信也很高。大家对他的评价是：知识全面，为人正直，敢于发表自己的意见，敢于承担责任。

1991 年 1 月，我从哈尔滨铁路局回到铁道部任副部长后，由于分管铁路工业和科技工作，就径直介入了广深线提速工作，侧重负责提速机车车辆的研发。

前后历时 4 年，经过广州铁路局、铁道科学研究院、机车车辆工业总公司等单位的努力，完成了广深线提速改造。1994 年 12 月 22 日，国务院副总理邹家华、铁道部部长韩杼滨、广东省省委书记谢非、省长朱森林等领导同志在深圳火车站，共同为第一列准高速列车剪彩。受韩杼滨部长委托，我主持了这一开通仪式，约有 500 多人出席。

广深线开创了我国铁路提速的先河。由东风 11 型内燃机车牵引的“春光号”特快列车的运行时间，从原来的 2 小时 48 分缩短为 1 小时 12 分，乘坐舒适度也明显提升，高背式座椅、明亮的车窗、鲜艳的地毯、冷热适度的空调大受旅客欢迎，年平均上座率高达 90%。恰如其名，“春光号”给广深线带来了美好的春光。

然而，广深铁路毕竟是一条特殊线路，比如，线路改造标准相对较高，“白天跑客车、晚上跑货车”的运输组织方式，票价上升幅度大等，都是其他铁路线难以企及的。因此，这种提速模式难以在全路普遍推广。不过，作为我国第一条提速铁路(或称准高速铁路)，广深线闯出了一条新路，所研发的整套新技术，制定的新标准和规范，都为日后我国铁路大面积提速打下了基础。

不知为什么多年来我一直对广深线情有独钟，至今还记得在其开通后所做的市场调研。至少有两次，我和广铁集团的江林洋、葛闻安等负责同志以普通旅客身份，在深圳汽车站买票坐上竞争对手的“灰狗”大巴驶向广州，体验车上服务，了解其发车密度、行车路线和停车点及乘客的反映，并对照找出我们铁路自身的不足。

繁忙干线提速试验

1993 年 4 月中旬，我到哈大线检查工作，偶然间获悉伪满时期蒸汽机车牵引的“亚细亚”号列车最高时速已达 130 公里。相比之下，新中国建立后的特快列车却仍未达到这一速度，为此我这个主管科技的副部长深感内疚。当时心想：就客观条件而言，与50年前的伪满时期相比，目前不知要好多少，为什么我们的客车时速只有100公里？问题在哪里？想来想去还是我们太保守，如不打破传统思维束缚，就不能走出一条投入少、见效快的发展新路。回京后，我又向部党组提出建议：着手研究繁忙干线提速问题。韩杼滨部长表态坚决支持。经广泛调研，在广深准高速铁路开通并取得经验后，1995年6月28日，韩杼滨部长主持召开部长办公会议，做出了在既有繁忙干线开展提速试验的决定。多年以来，我始终认为，这是一个具有胆识和重要历史意义的决定。

按照党组分工，提速工作由我这个分管科技工作的副部长牵头负责，同时成立了以总工程师华茂崑同志为组长的提速领导小组，组织有关试验。

试验首先在京沪、京广、京哈三大干线上展开。这三条干线里程占全国铁路的9.5%，却完成全路近30%的运量。三条干线提速的必要性毋庸置疑，但有两个问题需要回答。一是安全保障程度如何？二是由于客车提速而货车不能提速，彼此间“速度差”增加，可能会降低线路通过能力，能否接受这个结果？

铁道部领导层的态度是坚定的：第一，提速必须把安全放在首位；第二，在客车时速提高到140公里～160公里后，必须保证货运能力不降低。此外，为了控制提速改造的投资，应多上新技术，少搞土建工程。

鉴于那时广深准高速铁路已经积累了大量运营经验，大家信心十足，志在必得。

1995年到1996年间，华茂崑等同志先后在沪宁、京秦、沈山、郑武线组织了四次大规模提速试验，对列车制动、道岔形式、桥梁载荷、信号制式、接触网等进行了充分研究。试验结论是明确的：在对主要设施进行适当技术改造后，安全是能够得到保障的。

有了试验打底，心里就踏实多了，于是铁道部决定在几条客流大的线路试行提速。沪宁线上海至南京间，从1996年4月1日起开行时速140公里的“先行号”快速列车，运行时间由原来的4小时缩短为2小时48分。京秦线从1996年7月1日起，开行“北戴河”号快速列车，运行时间从3小时38分缩短为2小时30分。北京至大连间，从1996年10月8日起开行长距离快速列车，运行时间从16小时缩短为11小时58分。时任国务院副总理朱镕基、邹家华、吴邦国分别寄语，表示祝贺。

这段时期的试验表明，我国自主开发的技术是可靠的，行车安全是有保障的，提速没有影响货运能力，技术改造花钱也不多，每公里平均仅为100万元。

冲击新速度

沪宁、京秦线提速后，我觉得无论是线路还是机车车辆仍都有潜力可挖，遂向党组提出在北京铁道环形线做一次冲击时速200公里试验的设想，其目的是检测主要设备的适应能力，这一建议随即得到认可。经过半年的准备，按要求改造了国产机车和客车，调整了环形线的曲线超高。我记得，由于环行线曲线半径较小，超高被迫做得很大，这样一来，当列车停下时就歪得很厉害。真是不得已而为之。

1997年1月5日开始试验，这是个大事，我那天登上了经过改进的韶山8型电力机车。当时自己觉得，尽管采取了相应的安全措施，但风险毕竟存在，作为主管提速的副部长应该坐镇现场并承担风险，这样也可减轻试验人员的压力。试验开始后，机车不断加速，从车窗回头望去，列车掀起地面的积雪，立即旋卷成一条气势磅礴的白龙，极为壮观。加速，再加速，试验列车的时速指针不断攀升，一直冲到212.6公里（当时高速铁路的国际标准为时速200公里），司机室里瞬时响起一片欢呼。中国铁路首次实现迈入“高速”领域的重大突破。

试验结束，很少沾酒的我，难以抑制内心的激动，在食堂和大家聚餐时，连干了几杯。

铁路提速试验牵动了国务院。邹家华、吴邦国副总理，宋健国务委员等先后到环形铁道视察，并乘车体验时速200公里的试验。朱镕基常务副总理也派秘书了解情况。领导同志听取了韩杼滨部长和我的汇报，予以高度评价和热情鼓励。那段时间，国务院副秘书长石秀诗经常打电话给我，除了了解试验最新进展，还询问需要什么帮助。高层领导的关心使我们这些人感到心里热乎乎的。

为了使提速测试更加贴近运行实际，其后，铁道部决定在干线上开展时速200公里以上的试验。在多番比选的基础上，我们确定在条件较好的郑武线（许昌站至小商桥站）之间进行，并责成郑州铁路局对其平纵断面和接触网进行适应性调整。随后，华茂崑同志于1998年6月主持了一系列试验，又创造出时速240公里的新纪录。试验列车由SS8—001号电力机车和4辆客车编成。我曾两次登上车头，切身感受到高速运行时的畅快愉悦。

大面积提速

在提速实践积累经验后，1996年，我参与组织制定"九五"提速规划。接着，有关路局对京沪、京广、京哈三大干线进行了整治。1997年4月1日，全路实施第一次大面积提速，开行"夕发朝至"旅客列车78列，最高时速为140公里至160公里的客车有8对。当时，全国铁路旅客列车旅行时速由1993年的48.1公里提高到了54.9公里。提速受到旅客的普遍欢迎，"夕发朝至"列车不但在速度上，在车内设施和服务方面都上了档次，被赞誉为"移动宾馆"，几乎趟趟满员。当年即实现客运周转量增长7%，客运收入增长10.1%。这次大提速在社会上引起了强烈反响，各地热切期望铁路进一步扩大提速范围。

为了满足这种期盼，我接任部长后决心进一步扩大提速范围，让更多的地区受益。1998年10月1日，我国铁路开始了第二次大提速，提速线路里程增加到4061公里。除已提速的京沪、京广、京哈三大干线，京九、浙赣、侯月、宝中、南昆和兰新铁路的列车运行速度都有提高，快速列车最高时速达160公里。广深线电动车组时速达200公里。全路开行快速列车80对，比第一次大提速增加40对。“夕发朝至”列车增加到228列。铁路提速被国内64家产业报刊评为1998年“十大事件”之一。

进入新世纪前夕，随着国家西部大开发，东西部各省人员交流数量迅速增加，缩短旅行时间呼声甚高。于是，我主持部长办公会议决定，从2000年10月21日起，以西部地区为重点，实行第三次大提速，主要区段是陇海、兰新、京九、浙赣等干线。至此，初步形成覆盖全国主要地区的“四纵两横”提速网络。其中，兰新线提速里程达3410公里。北京—乌鲁木齐的列车运行时间比提速前缩短19小时36分，上海—乌鲁木齐间减少22小时58分。

一年后，又开始了第四次大提速。这次提速重点对汉丹、襄渝、达成、京九以及京广南段进行技术改造。部分列车旅行时间再次压缩。北京—深圳T107/108次压缩5小时15分；武昌—成都T246/247次减少5小时36分。至此，中国铁路提速网络继续扩展，覆盖了全国大部分省区，总延展里程为13000公里。以第四次提速为起点，对传统的运输组织进行了变革，在繁忙的京沪线上开行了“追踪连发”列车，优化了运行时刻。京沪线北京至上海间自18点至20点两个小时之内连续开行4对“夕发朝至”特快列车，有的间隔仅为8分钟，增加了黄金时段的列车数量，适应了旅客的需要。

为了系统地推进提速战略，2001年铁道部制订《十五期间铁路提速规划》，设想到“十五”末期，初步建成以北京、上海、广州为中心连接全国主要城市的快速铁路网，总里程达到16000公里。客运专线时速达到200公里以上。繁忙干线客车时速普遍达到160公里，相距500公里的城市间实现“朝发夕归”；相距1200公里的城市，实现“夕发朝至”。

铁路提速，安全是关键。多年来，由于装备落后、管理水平不高，事故接连不断，重大伤亡时有发生。有鉴于此，在提速决策和实施中，安全始终被放在首要位置。为防控风险，提高安全可靠性，围绕提速开展了技术创新，研发和采用了一批新的技术装备。同时，在加强管理和人员培训上也下了不少功夫。事实上，没有因为提速直接造成行车重大事故和旅客死亡事故。2003年，我在接受北京电视台《世纪之约》栏目采访时曾回顾提速的经历。当记者问道："你不怕出事故吗？"我回答说："作为铁道部领导总得给铁路干点事。干事当然有风险，如果不承担风险，四平八稳，那么我们就会永远落后。"

对于铁路提速，党和国家领导人一直在关注。2001年11月14日，江泽民、吴邦国、曾庆红等领导同志专程去北京站视察T13/14、T21/22次旅客列车，与乘务人员亲切座谈。当听到自2001年10月21日全国第四次大提速运营以来，运行良好，上座率一直保持在95%以上时，江泽民和吴邦国等都高兴地说，提速列车满足了旅客的需求，提高了服务质量，希望再接再厉，推动铁路事业在新世纪取得更大发展。江泽民同志还为这两趟列车题名"新世纪号"和"东方号"。此前，朱镕基总理也曾表扬说，"提速很成功"。有媒体报道，2016年4月印度新德里—阿格拉间(201公里)开通了"半高铁"，广受欢迎。这对印度铁路而言当然是件好事，不过比我国广深"准高铁"和"铁路大提速"则晚了20年。

超出预期的反响

在铁道部工作期间，我倾注很大的热情和精力组织实施了四次大提速。提速线路达13000公里，基本覆盖了全国主要地区，初步形成"四纵两横"网络，客车平均速度提高30%～40%，车厢质量、卫生状况、服务态度都有明显提升，尤其是大量开行"夕发朝至"列车，受到普遍欢迎。大提速在社会上的反响超过了我们的预期。提速遏制了客运量下滑态势，为提前实现扭亏目标做出了贡献。

同时，提速拉动了铁路技术创新和管理创新。这就是，相继开发出时速160公里的机车、客车及多种漂亮的动车组，研制成功新型信号装置，推出路基及桥梁加固技术，运输组织和列车开行方案获得进一步改进和优化，旅客服务上了新台阶。

更具潜在意义的是，提速成功一扫过去认为铁路是“夕阳产业”的舆论压力，振奋了铁路人的精神，鼓舞了士气。那时，中央电视台拍摄了一部时长45分钟的《中国铁路大提速》专题纪录片播放，展示了铁路提速给我国经济社会带来的重大影响。广大干部职工观看后，感到作为铁路人非常自豪，并一再要求滚动播放。中央电视台满足了这一要求。《中国铁路大提速》专题片除了专访铁路负责人介绍提速的来龙去脉外，还采访了许多旅客，谈他们的感受。有的说速度快了，出门办事省时间；有的说服务态度好，卫生条件改善多了；有的还说，买票也方便了。

中国铁路大提速引起强烈反响，其规模之大，持续时间之长，开中国铁路发展历史之先河，并为日后高速铁路建设打下了基础。可以说，“提速”是“高速”的必要准备，“高速”是“提速”的升级。从某种意义上说，没有先行的提速，难有后来的高速。

回想起来，1989年我提出开展铁路大提速建议，其后又亲自组织和主持了第一至第四次大提速，并取得良好成效，感到十分欣慰。

大提速是广大铁路职工和科技人员汗水和智慧的结晶，韩杼滨部长作为最终决策者、安全责任最终承担者，功不可没。同时，我也不会忘记提速工作组织者们所发挥的杰出作用，他们是铁道部总工程师沈之介和华茂崑、总调度长张正清、副总工程师周翊民、安监司司长丁圻鄂、机务局局长陈国芳、车辆局局长谈大同、工务局局长韩启孟、上海铁路局局长邓金华、北京铁路局局长王纯善、广州铁路局副局长蔡卫君、铁道科学院副院长朱其杰、戚墅堰机车厂厂长杨维书、株洲电力机车厂总工程师刘友梅等。

此外，时任副部长刘志军也对大提速作出重要贡献。从第二次大提速开始，每逢调整运行图前，他都牵头组织运行试验，以确定运行时刻表。不过，第一大提速前，他因在中央党校学习未能参加有关工作，所以在《中国铁路大提速》电视专题片里最初没有他的镜头。在审片时，按我的建议，摄制组专门给他拍一段录像，补充进去。

思考与启迪

作为回顾与总结,我曾专门撰写一篇题为《我国铁路提速工程的哲学思考》的论文,发表于 2007 年《浙江大学学报》第 3 期。论文从工程哲学角度总结了铁路提速的经验,阐发自己的观点。这里简要做些叙述。

一要认真分析铁路"提速模式"和铁路"运输模式"的辩证关系,抓住铁路提速工程的特殊矛盾,走具有我国特点的铁路提速创新之路。

铁路提速与现有铁路"运输模式"有密切的关系。有什么样的铁路"运输模式",就会有什么样的"提速模式"。反过来,铁路"提速模式",也会促进铁路既有"运输模式"的变革和发展,两者相互制约,相互影响。为了确定提速模式,必须要对我国国情、路情进行深入研究,使主观认识尽量符合客观实际。铁路提速之前,我们做了多年调查,既看到了存在的问题,也看到了可挖掘的潜力,抓住了其特殊矛盾。

我国铁路客货列车共线运行,各种类型列车的速度、密度、重量三者之间相互影响、相互制约的效应十分明显。日本与西欧铁路客运量大,重点发展的是客运专线。美国铁路客运量很小,重点发展货运专线并开行货运重载列车。欧美等国铁路遇到的问题相对单纯,他们的现成经验难以解决我国铁路的问题,我们必须创造自己的提速模式。我国铁路由于能力"饱和","一般性"挖潜已经满足不了提速的要求。因此,这种"高强度"运输模式决定中国铁路提速的模式必然是"深度挖潜"型的。

多年的提速实践,在我国铁路形成了以技术创新、运输组织创新、安全控制创新为主要手段,以"深度挖潜"为目的的"提速模式"。在这种模式下,既实现了提速,又增加了行车密度,提高了客货运量。也就是说,这种"提速模式"促成了我国铁路"运输模式"从"低速度、中密度、大重量”向“快速度、高密度、大重量”更高层次的提升。

二要正确处理“可能”与“不可能”的辩证关系，敢于创造条件，变“不可能”为“可能”。

从工程哲学的观点来看，“可能”与“不可能”的区别不是绝对的，往往是看起来不可能的事情，通过创造条件，使“不可能”变为“可能”。铁路提速的实践体现的正是这种关系。

按若干年前的标准，我国铁路很多线路运输能力已经“饱和”，依传统理论计算，列车提速是不可能的，但是我们实现了提速，这是为什么？辩证法认为，任何事物都是相对的，因为它们的存在都是有条件的。如果条件变了，事物本身就可能发生变化。正是由于我们引入了新的管理理念，对既有线路进行了技术改造，从而改变了“初始条件”，使运输能力从“饱和”变成相对不“饱和”，使繁忙干线提速由“不可能”变成了“可能”。我们通过创造“条件”，促使事物发生变化。当然“变”是有风险的，但只有敢于“变”，才有可能取得成功。我们是在“变”的理念下，创造“变”的条件，促成“变”的实现。它是一个科学理性和工程意志相结合的过程。工程活动是一种意志性的活动，如果没有坚强的意志，很多工程活动都是不可能取得成功的。

三要正确处理“内涵”发展和“外延”发展的辩证关系，重视走好内涵扩大再生产的路子。

任何事物都具有“质”和“量”两个方面，是质和量的统一体。内涵发展主要是立足于事物“质”的改变，“外延”发展往往是立足于事物“量”的增加。在社会发展的一定时期，两种发展方式都是不可少的。为了节省投资和节约资源，应尽可能采用“内涵”方式，如必须采用“外延”扩张方式，则应尽量吸纳在“内涵”发展中积累和经过检验的先进技术和管理方法，使“外延”成为具有新“质”的“量”的扩张。

我国铁路从总体上讲，运能比较紧张，所以必须加快新线建设，舍此难以适应经济社会发展的需要，这已经形成共识。但也必须看到，很多铁路线路完全可以通过技术改造和科学管理进一步把潜力挖掘出来。多年来，在铁路提速改造中，由于尽量采用新技术，少搞

“土建”工程，平均每公里投入只有100万元，做到了少投入多产出。京沪线在提速改造后，在货运能力不变的情况下，客车从45对提高到66对，增加的运输能力相当于半条单线铁路，而建设一条单线每公里需要投资2500万元左右，建设周期要长几倍。由此可见，提速的经济效益是很高的。事实证明，一个企业、一项基础设施一般都有一定潜力，只要采取得当措施加以挖掘，就会发挥更大的效益。至今铁路已经进行了多次大提速，列车越开越多，越开越快，主要是一步步挖潜的结果。

走“内涵”发展的路子可以节约大量土地、资金、物资。实践表明，不计成本、不惜巨额投资，建设一个高水平的工程并不难，难就难在既要保证工程的水准，又能节约投资。在目前我国过多依靠扩大建设规模发展经济的情况下，强调内涵扩大再生产，充分利用资产“存量”，对大量现有工厂、矿山、基础设施进行技术改造，实现少投入多产出，更有现实意义。

平心而论，全面、冷静观察问题十分不易，特别是在一种“大干快上”的思潮占据主导地位时，一个工程决策者，只有保持清醒的头脑，才能更好地理解和落实科学发展观。

上述体会，我曾在2007至2010年召开的几次学术会议上讲过，引起了听众的共鸣。

十四　机车与车辆

起步与发展

与发达国家相比，我国机车车辆制造业起步较晚。1881 年，为适应唐胥铁路运输的需要，胥各庄修车厂在英国工程师的指导下组装了一台名为“火箭号”（俗称“龙号”）的二轴蒸汽机车。

新中国成立前，我国机车车辆主要从美、英、日等国进口，少量由外国散件组装而成，光机车就有 198 种，可谓“万国博览会”。在客货车辆方面，也没有独立的设计能力。新中国成立初期，1950～1952 年，我们自行制造了一批敞车、平车、罐车和冷藏车，随后也生产了客车。从 1952 年开始，先后仿制出两种蒸汽机车，命名为“解放型”和“胜利型”；1956 年后，依靠自身力量设计了“建设型”“人民型”“和平型”（后改称“前进型”）蒸汽机车。直到上世纪 80 年代前，这些机车都是我国铁路牵引动力的主力。如今，昔日的庞然大物都进了北京铁路博物馆或沈阳铁路博物馆，前者位于北京环形铁道试验基地，后者则由苏家屯机务段老车库改建而成。

1958～1959 年，我国开始研制新型牵引动力——内燃机车和电力机车。内燃机车有：长辛店机车车辆厂的“建设”、大连机车厂的“巨龙”（后改称“东风”）、戚墅堰机车车辆厂的“先行”和四方机车车辆厂的“卫星”（后改称“东方红”）等型号。而命名为 6Y1 型（后改为“韶山 1 型”）的我国第一台电力机车则在机械工业部湘潭电机厂问世，自第二台开始转由铁道部田心机车车辆厂总装。这些机车多为仿制产品，有的是在苏联专家帮助下试制的。“大跃进”时期，各工厂的热情空前高涨，都想在开发新机型上放“卫星”，却因技术不过关，均未能投入正常运用。1960年,中苏关系紧张,苏联专家突然撤走。面对严酷的现实,中国人没有退缩,自行开展从零部件到整车的研究试验。1963年,国家成立了内燃、电力牵引动力领导小组,成员来自国务院有关部门,铁道部副部长吕正操任组长。这一领导小组发挥了整合国内各方力量攻关"及时雨"的作用。

20世纪60年代后期,内燃和电力机车技术相继成熟。东风型、东方红1型内燃机车、韶山1型电力机车等实现了批量生产,从而形成了我国铁路新型牵引动力第一代产品。与此同时,在车辆领域,陆续推出新型客车和货车。就这样,机车车辆工业艰难而又成功地渡过了新产品初创期,为建立我国独立机车车辆工业体系打下了坚实基础。

"文革"结束后,伴随着改革开放,铁路运量急速增长,要求牵引动力加速升级,制造更多的大功率内燃、电力机车以取代老旧的蒸汽机车。为适应新的形势,大连、四方、二七、株洲等工厂积极行动,开展自主研发,在转向架、制动机、柴油机以及控制技术等领域取得重要突破,各自打造了技术平台,设计了东风4型、北京型内燃机车,韶山3型电力机车,并投入批量生产。进入80年代中期,利用购买外国机车的机遇,借鉴国外先进技术,相关工厂进一步完善了国产机型和实施再开发,陆续推出东风4B、东风5、东风6、东风7、东风8型内燃机车,韶山4、韶山5、韶山6、韶山7型电力机车,从而构成了新型牵引动力的第二代产品系列。在此期间,还研制出25型客车和多种货车,适应了客货运输快速增长的需要。机车车辆工业顺利度过了成长期。

"吃水不忘挖井人"。至今,我还不时想起那些开创我国内燃、电力机车事业的老前辈们。其中,有受人敬重并已过世的魏富林、瞿纠、蒋之骥,曾分别担任大连厂、二七厂、株洲电力机车研究所的总工程师。头发花白的他们亲力亲为主持试验的情景对我来说,还历历在目。特别是蒋之骥,我在他手下工作多年,对其敬业精神,十分钦佩。遗憾的是,目前业内年轻一代对这些先行者所做的贡献了解甚少。

当然，那些年机车车辆工业能够迅速发展，还有一个重要原因，就是“七五”期间铁道部丁关根部长全力支持机车车辆工业打了一场“翻身仗”，显著提高了制造和检修能力。

上质量、上水平、上档次

1991年初，我被任命为铁道部副部长，分管机车车辆工业。这也曾是我比较熟悉的领域。

尽管“七五”期间打过“翻身仗”，机车车辆制造和检修能力基本适应了铁路运能增长的需要，却仍难以满足人们对出行品质不断提高和大宗货物快速增长的新形势。其直观表现为：产品质量欠佳，故障率居高不下，常常引发列车晚点；客车档次不高，没有空调，夏季闷热难耐，旅客叫苦不迭；大小便直排地面，严重污染环境；车厢噪声超标，影响乘客休息等。说实话，那些年不但群众有意见，我也时而遭遇尴尬之事，比如，软卧的包间门打不开，只能呼叫检修工撬锁；开水炉出毛病，旅客没水喝，骂声连连等。当然，还有更为重要问题的是，机车功率不足、客车速度过低，货车载重小、品种少，远不适应提速和重载要求。不言而喻，深层次原因是企业开发能力不足、生产工艺落后、设备多数老化……

经过调研，我集中各方意见并向部党组提出建议：机车车辆工业的工作重点应由扩大生产能力转为“上质量、上水平、上档次”（简称“三上”）。党组采纳了我的意见，不仅同意对有关企业实行技术改造，而且还提出更高期望：要做到“高起点、大强度、有规模、高效益”；要与国际90年代水平接轨。为了确保“三上”目标的实现，决定利用世界银行贷款改造企业，以提高装备水平，增强开发试验能力。随之，大幅度增加了对大连、株洲、大同、长春、四方、齐齐哈尔、济南等机车车辆厂及株洲、大连、四方、戚墅堰研究所的投资。

此后，各企业抓住机会，乘势而上，开展攻关，完善工艺，加强管理，取得突出成效。开发了功率更大、可靠性更高的东风8B型内燃机车和韶山4B型电力机车，推出了时速160公里的东风4D、东风11和韶山7E、韶山8、韶山9等型号替代时速100公里的老机型，从而打造了新型牵引动力的第三代产品系列；研制出轴重23吨、25吨敞车，高档新型客车、双层客车。主要产品实现升级换代，产品质量和档次得到大幅度提升，适应了广深准高速铁路、全路大提速、大秦线开行万吨列车的需求。届时，我国机车车辆工业已经具备相当强的研发能力，进入了产业的成熟期。

到20世纪末，机车和车辆基本实现型谱化、系列化。我国已经形成年产电力机车450台、内燃机车1000台、客车3200辆、货车42000辆和一定数量动车组的能力。制造规模已是世界数一数二，产品质量也比较好。2014年我去内蒙古考察，顺便参观了包头西机务段，在那里我看到大量出厂20年的韶山4型电力机车还在正常服役，感到十分欣慰。段长向我解释说，这种机型既经济又皮实。

顺便讲一下，我任副部长那几年不仅分管铁路工业，同时还分管科技工作。于是，我利用这一有利条件，将两者结合起来，增设了不少机车车辆新技术研发项目，可以说是“近水楼台先得月”吧。

回顾这段历程，有人曾认为我国机车车辆制造在国际上只不过是个模仿者或跟跑者而已。而我觉得，这样的评论既不符合实际，也欠公平。那些年，相关企业一直实实在在地走自己的创新之路，这也许在某种程度上是逼出来的。柴油机是内燃机车的心脏，20世纪六七十年代，西方对我国实行技术封锁，在无路可走的情况下，四方、大连、二七、戚墅堰工厂分别对缸径180毫米、240毫米、280毫米柴油机，从参数选择、工艺研究、材料试验到制造生产，自力更生展开技术攻关(改革开放后，部分产品才争取到与国外技术合作的机会)，十几个春秋锲而不舍，从而使我国和美国、法国、德国一样，成为世界上能够研发机车大功率柴油机的少数国家之一。事实教育我们，没有自己的柴油机，就没有我国东风系列内燃机车。电力机车的成长同样不乏坎坷。苏联专家撤走后，一位技术权威曾断言韶山1型电力机车已经走进“死胡同”。然而田心人却心无旁骛,坚持走自己的路,硬是闯过了技术关,并以此为开端成功研制韶山系列电力机车。其实,我们的创新不仅体现在设计上,制造工艺也是如此。柴油机球墨铸铁曲轴、活塞、机体等核心铸造件在国际上独树一帜,且成本低廉;大连厂自制的25米机体加工组合机床的精度和效率为世界罕见。对这些,连现场考察的外国专家都赞叹不已。

由于我国机车车辆性能可靠、价格合理,整车及零部件不断销往东南亚、非洲、澳洲及美国等30多个国家。到本世纪初,仅机车就累计出口超过400台。据报道,1992年出口泰国的内燃机车至今尚在稳定运行,液力传动装置未曾开箱大修,深得用户青睐。

中央高层对机车车辆工业发展十分关心,寄予厚望。1999年5月28日,江泽民总书记为大连机车厂建厂百年题词勉励:“立足国内,走向世界,努力发展中国机车工业。”2001年5月11日,大连、长客厂向巴基斯坦出口69台内燃机车和175辆铁路客车授标在伊斯兰堡举行,国务院总理朱镕基和巴基斯坦首席执行官穆沙拉夫亲自出席了这一重要仪式。

那些年里,作为亲历“三上”全过程的我,为取得的成果感到欣慰,在公开场合多次讲过这样的话:“天上飞的是外国造的‘空客’‘波音’飞机,地上跑的是‘奥迪’‘桑塔纳’‘标致’‘别克’等外国品牌的汽车,但是在我们的铁道线上,奔驰着的却是中华牌,是用我们心血创造出来的国产机车车辆,为此我们应该引以为自豪。”

更上一层楼

早在40年前,世界上的电力、内燃机车大多采用直流电机传动,优点是调速比较方便,但电机结构复杂、笨重、维修不便,而交流电机传动正好相反,电机结构简单、重量轻、便于维护,缺点在于调速困难。

从20世纪70年代开始,当时的联邦德国借助日趋完善的电子控制技术，率先开展牵引动力应用交流传动技术的试验，法国、瑞士、日本等国也不甘示弱，紧追不舍。

80年代初，我国铁道科学研究院和株洲电力机车研究所认识到这一技术的发展潜力，也开展了跟踪研究。历经十多年试验后，1996年，功率4000千瓦的AC 4000型交流传动电力机车由株洲机车厂、株洲研究所试制成功。我国成为世界上第五个在这一领域拥有原创技术的国家。这台机车在北京环形线进行试验时，国务院副总理邹家华闻讯赶到现场，我和株洲电力机车厂厂长赵小刚向他做了汇报。专家出身的邹副总理，对关键技术硬是刨根问底，不搞清楚不罢休。那次我们回答了许多问题，临走时他十分高兴。

不久以后，株洲、大同、大连机车厂又相继研制出DJ、DJ2、DJ3、SSJ3型交流传动机车，有的获得国家科技进步奖。就电力机车而言，除以上提到的几种车型，还有时速200公里的“天梭号”、出口哈萨克斯坦的KZ4A机车，交流传动内燃机车则试制有NJ1、DF4DJ、DF8CJ等机型。鉴于交流传动技术已取得突破，1998年，我应邀在《机车电传动》期刊上发表题为《加快铁路电气化步伐，加速铁路现代化进程》一文，提出拟于10年内将新造电力机车转换成“交流传动”的设想，得到业内热烈响应，引发了各企业的热情。

2001年11月4日晚6时许，江泽民总书记前往石家庄电力机务段视察。当时天色已暗，他却在新研制的DJ2型交流传动电力机车司机室里停留了十几分钟，饶有兴趣地听取我的汇报，并表扬“铁路进步真快”。随后，江泽民总书记又视察了石家庄铁路分局调度台，并欣然题词“发扬新时期火车头精神，为国民经济发展当好先行”。

百花齐放的国产动车组

前些年，媒体一讲到动车组，几乎都是“和谐号”，而对我国先前自主研发的产品却鲜有提及甚至回避，有关展览馆和教科书也存在类似问题。国产动车组——一代人的心血结晶，差不多被遗忘了。

为使读者全面了解国产动车组发展概况，为后人留点资料，在此不免多着一些笔墨。

我国最早自行研制的内燃动车组名为“东风号”，1958 年由四方机车车辆工厂制造，由 2 辆 600 马力液力传动内燃动车和 4 辆双层客车组成。

我国自主开发的第一列电动车组，是 1988 年由长春客车厂、株洲所和铁科院共同完成，并命名为 KDZl 型，以 2 动 2 拖为一组，时速 140 公里（这也是我主持的最后一项新产品研制）。在北京环形铁道上试验时，李鹏总理、邹家华副总理专程前往视察，并上车试乘。不过，由于当时我国电气化铁路只建于山区，弯道多，跑不上速度，优势难以发挥，加之动车组仅试制一列，没有备份，因此未能投入商业运营。尽管如此，这列电动车组终究是一项重要成就。

20 世纪 90 年代后期，为了适应社会对便捷运输的需要，各铁路局充分利用在改革中被赋予的购车自主权，分别与机车车辆企业合作，先后生产多种型号各具特色的动车组，以开拓短途客运市场。

其中，内燃动车组有：

1998 年，“庐山号”双层动车组，时速 120 公里，唐山厂研制，运营于南昌铁路局。

1999 年，“九江号”和“北亚号”，时速 120 公里，四方厂开发，分别运行于南昌和哈尔滨铁路局。同年还有，“新曙光号”双层动车组，时速 180 公里，戚墅堰厂与浦镇厂生产，行驶于上海铁路局；“神州号”双层动车组，时速 180 公里，大连、长客、四方厂研制，在天津—北京间载客；“金轮号”双层动车组，四方厂、大连厂制造，在兰州—西宁间使用。

电力动车组有：

1999 年，“春城号”，时速 120 公里，长客厂和株洲所生产，在昆明铁路局行驶；“大白鲨号”，时速 200 公里，由株洲、长客、四方、唐山及浦镇厂研制，在广深铁路运行。

2000 年，“蓝箭号”，时速为 200 公里，由株洲、长客厂和株洲所研制，共8列投入广深线，运营8年。其后又转到成都铁路局使用。

2001年，“中原之星号”，时速160公里，由四方、株洲厂、株洲所制造，在郑州—武昌间载客。

2003年，“长白山号”，时速200公里，长客厂研制，9辆编组，曾在沈阳——大连间运行。

此外，还有专为秦沈客运专线研制的高速动车组“先锋号”和“中华之星”。

“先锋号”是“九五”国家重点科技攻关项目，2000年由浦镇、长客、大同、永济厂以及铁科院、上海铁道大学等联合研制，总功率4800千瓦，设计时速200公里，为动力分散型动车组，由6节车编组而成，在秦沈客运专线最高试验时速达292公里。此后，在广深线运营，并通过国家验收。

“中华之星”高速动车组，功率9600千瓦，编组11节，设计时速270公里，由株洲、大同、长客、四方厂和株洲所、铁科院共同研发，在秦沈客运专线试验中创造出当时中国铁路“第一速”(321.5公里/小时)的纪录。“中华之星”集中了国内优势科研力量，在转向架设计，铝合金车体采用，空气动力学、牵引制动、列车网络试验等方面都取得开创性的成果。国家领导人十分重视这一成果，2002年10月17日邹家华副委员长在北京环形铁道乘坐了试验中的“中华之星”，并予以热情鼓励。我和这一高速列车的总设计师刘友梅院士向他做了汇报。

尽管上述动车组型号偏多，批量不大，有的技术尚不十分成熟，可是我们却不应忽视这些体现铁路创新能力的动车组。它们是我国铁路驶入高速的先驱。

还有一点也不应忘记，即当时国产动车组的问世拉动了国内相关制造业的发展，如各种铝型材挤压、新型电子器件研制等，这也为后来消化引进技术以及开发自主新产品，创造了有利条件。

铭心的体验

毫不夸张地说,至本世纪初,经过几十年的发展,我国铁路机车车辆工业已经实现了历史性进步,产品数量名列世界前茅,有些关键技术接近国际先进水平,“底子”已相当厚实。相关企业和研究院所已拥有几万名科技人员,超过了美、日、法、德任何一国的同类行业,已经具有较强的研发能力。作为20世纪60年代至本世纪初机车车辆工业发展40年的亲历者,我对那段历史有铭心的体验和理解。

其一,建立独立的机车车辆工业体系势在必行。泱泱大国,铁路是关系国计民生的基础设施。强大的机车车辆工业则是铁路正常运转的核心支撑。美、法、德、意、日、俄等国无不对此有深刻的认识,都建立了独立的机车车辆制造业。事实上,因为缺乏机车制造能力而导致铁路瘫痪的案例并非没有,伊朗铁路即为前车之鉴。1992年,我在伊朗考察期间,亲眼看见大量机车停在车库里“趴窝”以及由此导致部分铁路瘫痪的景象。究其原因,在于伊朗铁路机车都是巴列维国王时代购自美国的产品,在霍梅尼发动的伊斯兰革命后,因美国制裁,中断了配件供应,伊朗又没有制造能力,因而被搞得束手无策。这件事对我触动很大。每当想起我国机车车辆工业,紧迫感便油然而生。多年来,西方国家总是想方设法对我国加以遏制,谁能说机车不会成为其要挟我们的工具呢?“前事不忘后事之师”,必须深刻汲取他人教训,矢志不渝地建设不受制于人的机车车辆工业体系,使之成为我国铁路正常运行的可靠后盾。

其二,发展要立足自我。相比发达国家,我国机车车辆工业起步晚、底子薄。要想快速发展,引进先进技术是必要的选择。在内燃、电力机车制造起步阶段,我们曾实行“拿来主义”,仿制苏联产品。此后,虽然我们有了一定实力,还是抓住了“技贸结合”机会,学习法、德、美、日等机车设计和制造技术,以改进自己的设计平台,这样使我们少走了许多弯路。同时也应看到,核心技术是外国公司的“看家”

本领，往往是难以用钱买来的，越是先进技术，引进难度就越大，“以市场换技术”通常只是一厢情愿。经验告诫我们，不掌握核心技术，必将受人制约。退一步说，即使某些高技术产品可以买到，倘若自己达不到一定的水平，就连讨价还价的资格都没有，只能接受“挨宰”的命运。现实中，我们并非没有遇到过这样的尴尬：同样的产品卖给中国，其价格远高于卖给发达国家，甚至翻倍。究其原因，就在于后者拥有实力。倘若我们自己拥有制造能力，外商岂能肆意抬价？

分歧与引进

事物的发展并非总是一帆风顺。正当国产机车车辆研发不断取得新成果之际，却出现了令人费解的转折。

2003 年 6 月 8 日，在“铁路跨越式发展研讨会”上，时任部长刘志军提出要“系统引进”。所谓“系统引进”，就是对高速动车组和电力机车、内燃机车的超大规模全盘引进，而不是单一品种的少量引进。听到这个消息，我感到十分不解，这实际上否定了多年来我国机车车辆工业所取得的成就。很多人心里也很纳闷，相比汽车、飞机，我国自主研发的机车车辆最为成功，几十年里一直是我国铁路运输及“重载、提速”的绝对主力，如此深厚凝聚民族创造智慧的成果怎么能轻易抛弃呢？

至于高速动车组，由于我国研发时间尚短、经验不足，适度引进是必要的，但是不能不分青红皂白地排斥所有国产成熟机型，搞超大规模的引进。联想经济起飞年代的日、韩等国为赶上欧美，也只是适量引进高技术产品（重在消化）以节约资金，而我们这样大手大脚地购买，要花多少钱啊？

对于大规模“系统引进”，有的企业曾持抵制态度。为了排除“阻力”，铁道部时任副总工程师兼运输局局长张曙光出面，对硬顶的工厂施压，以不下订单相威胁，同时抓住正在试验的动车组“中华之星”暴露出的一些问题作为突破口，力图彻底否定，以打开全盘引进之门。

“中华之星”是我国自主研制的高速动车组，也是国家“十五”高新技术产业化发展项目。2002年出厂后，在西南交大的国家牵引动力实验室通过了时速400公里的动力学试验，接着又先后转到北京环形铁道、秦沈客运专线进行实测和试运行。2004年2月，铁道科学研究院在试验结论上写道：“环行线和秦沈线综合试验结果表明270公里/小时高速列车‘中华之星’总体达到设计要求。”不过，同其他新产品类似，在试运行中曾出现过这样那样的毛病和故障，有的部件设计还不适应高速的要求，的确需要加以改进，但从后期各种试验结果来看，设计上没有出现根本性的问题。至于后来有人说什么“中华之星”本就是“用进口零件拼出来的不合格试验品”“是个仿造品”，那是严重背离事实的议论。

2003年我离开铁道部领导岗位后，曾几次托人给时任部长刘志军传话，希望能够按既定设想，再生产一列“中华之星”，以扩大试验（2000年11月国家计委曾下文要求形成年生产5～10列的小批量生产能力），却迟迟得不到答复。无奈之下，我于2004年初的一天晚上去了他的办公室，请他关心这一凝聚着科研人员心血的结晶，支持“中华之星”的后续考核。然而对方却坚持搞全盘引进，断然否定“中华之星”。两人为此发生激烈争论，不欢而散。

原化工部部长秦仲达，不知从哪里听到“中华之星”受到不公正待遇的消息，于2004年8月写信给高层领导同志，请求对“中华之星”的研制成果做出全面评价。高层随即要求抓紧做好“中华之星”试运行等工作。当时，国家发展改革委也提出把支持国产车作为主要原则明确下来，要求铁道部加以落实。不久，该委员会又行文向国务院汇报说：“中华之星”的试验基本正常，在运行中出现的故障，反映出我国在高速铁路动车组研制方面还存在差距。希望铁道部按引进动车组时已经做出的承诺，积极扶持自主研发的产品。

“中华之星”在完成漫长的50多万公里长距离运行考核后，做了“解体拆检”，整车和零部件状态基本良好。然而张曙光却以曾经出现过的故障为由，只准许设计时速270公里的“中华之星”以200公里和160公里以下时速运行，以此否定“中华之星”作为高速动车组的地位。

“中华之星”遭遇否定的消息一经传出，舆论哗然。2005年7月，中国工程院52位院士联合上书国务院。他们认为，鉴于“中华之星”状态基本良好、各项技术指标满足设计任务书要求，建议对自主研发的“中华之星”高速列车尽快组织鉴定，并实现产业化，不能让国家立项研制的成果不了了之；指定一条客运专线，使用“中华之星”高速列车；要给我国自主创新的高速列车一个平等竞争的市场平台。后来听说，有人认为我是“上书”的发起者，这不准确。“上书”是由工程院领导同志牵头组织的，我只是个迟来的积极签名者。当时，一位好心人曾劝我避嫌，他担心有人以此会做些“文章”。我回答说：“在这个问题上我不应保持沉默，至于有人要做‘文章’，就随他们去吧。”

不久，为了应对工程院院士的“上书”，张曙光专门召开“中华之星”阶段总结会，迫使制造企业违心自认“技术不成熟”。尽管刘友梅院士等部分专家坚决反对，但张曙光最终还是不准“中华之星”继续以时速200公里速度运行，只能降级以时速160公里继续接受“考核”。自此，“中华之星”在“准许”速度下又载客运营29万多公里。尽管之后的运行总体尚好，可是他又以齿轮箱故障为由，取消了其运营资格。就这样，在完成共计80万公里的“考核”后，“中华之星”永远退出了运行。颇具反讽喻义的是，“中华之星”被打入“冷宫”后，其动力车原型——DJ2型电力机车经过改进后，却出口哈萨克斯坦，并经受住当地严寒的考验，甚至还荣登哈萨克斯坦铁路百年纪念邮票，可以说是“墙内开花墙外香”。

当然，为否定“中华之星”，有人也找到了其“靠不住”的理由。那是2002年11月28日，我和刘志军等三位副部长在秦沈客运专线准备登上“中华之星”体验一下高速运行，不巧列车诊断系统发出温度报警。为了保证安全，主管试验的刘友梅院士建议我们改乘另一列“先锋号”动车组，我同意了。那天“先锋号”最高时速跑到272公里。

后来我得知,“中华之星”发出温度报警是因为一个齿轮箱的进口轴承损坏了。其实,在新产品试验中,这并不算什么了不起的大事,找出原因并加以改进就可以了。可是事后却有人借题发挥,说那次试验“差点要了4位部长的命”(意即齿轮箱轴承损毁可能引发列车颠覆事故,换句话说“中华之星”存在严重的质量问题)。而真实的情况是,经过检修的这列动车很快又恢复了正常试验。20天后的12月19日,中央政治局委员曾培炎同志冒着严寒专程前往秦沈客运专线视察。他登上“中华之星”,速度跑到300公里/小时,对试验给予高度评价(具体情况后面再加以叙述)。如果“中华之星”不可靠,谁有胆子敢冒这么大的风险?再有,“中华之星”能运行80万公里(国外一般为20万公里)且经载客考核,也说明不应被草率地否定。

回头再说齿轮箱,即使是进口产品也不能保证没有问题。德国著名福伊特(VOITH)公司为我国高速动车供应的齿轮箱,近年陆续出现裂纹,只能大量更换。

联想起来,“中华之星”在2003年后的遭遇是难以避免的。这是因为,立足自主研发需要一个较长的试验和改进过程,而引进国外技术则相当于走了一条“捷径”。不否定“中华之星”,就难以名正言顺地敞开全盘引进的大门。这期间不能排除个别人有自己的打算。

虽然“中华之星”和“先锋号”已经分别创造时速321公里、292公里的记录及运行考核相应为80万公里和超百万公里的事实,不过却有人还在说:“在我国铁路现有技术装备的基础上,如果完全依靠自主研发,要系统掌握时速200公里及以上动车组技术至少需要10至15年,系统掌握时速300公里动车组技术还要更长的时间。”(引自2010年3月《穿越梦幻的时空——中国高速铁路发展纪实》)。这些离谱的悲观说法不能排除只是为了制造舆论。

毋庸置疑,自主研发是一条艰难之路,本应倍加呵护。然而“中华之星”的成长过程,不但未得到扶持,反遭封杀,实在令人费解。事实上,除了“中华之星”“先锋号”外,国产干线电力、内燃机车也被一股脑地停产。按当时规定,国内企业不与欧美公司合作并采用其设计图纸，就取消其投标资格。就这样，原本中国人自己可能占有的部分市场，却完全让给国外的竞争对手。花上国家几亿元研制的“中华之星”弃之不用，或许在个别人眼里算不了什么，可是如此草率地终结国家级的创新项目，否定自主研发的重要成果——几百位科技人员多年心血的结晶，伤害是很深的，无怪乎他们一肚子怨气。除此，在否定“中华之星”的同时，还中止了开展多年的高铁科研项目，损失是不言而喻的。然而，值得称道的是，沈阳铁路局冒着风险，把“中华之星”完好保存下来了。如今这一动车组已拆分为两部分，一部分陈列在沈阳铁路博物馆，另一部分在中国铁道博物馆展示。否定“中华之星”和自主研发机车的做法，引起众多人士的质疑，科技部离休老局长金履忠就是其中的一位。金履忠当时已年逾 80，曾在原国家科委任局长，知识渊博，为人耿直，对问题的把握和分析均有其独到之处。他曾参与京沪高速铁路前期研究，离休后他仍然心系国家大事，向中央提出不少关于自主创新的建议，比如研制国产大飞机等。与此同时，他对我国高铁的发展非常关注，在做了大量调查后，向高层写了万言报告，感慨铁道部主要负责人无视自主研发成果，并为此深感忧虑。金履忠和我比较熟悉。为不牵连到别人，他在上书之后才将事情的原委告知于我。实际上，这份报告是他通过一对一的方式找知情者私下谈话后整理出来的。当时有人向他施压，家人也劝说这位执着的老人不要再插手铁路的“闲事”，但他却没有退缩。

系统引进的得失

从 2006 年起，陆续引进了 4 种高速动车组，分别是加拿大庞巴迪公司的 CRH1、日本川崎公司的 CRH2、德国西门子公司的 CRH3、法国阿尔斯通公司的 CRH5，引进后分别由青岛 BST 公司、四方机车车辆公司、唐山轨道客车公司和长春轨道客车公司生产。

除了动车组，同时还向国外购买或按专利生产各种机车数千台。其中，包括由西门子、阿尔斯通、东芝公司设计的 HXD1、HXD2、

HXD3 三种系列六种型号电力机车，外加与美国 EMD、GE 公司合作生产的 HXN3 和 HXN5 两种内燃机车。

以巨额资金实现的“系统引进”确实为我国铁路技术带来可喜的变化。引进后生产的动车组已成为我国高铁不可或缺的靓丽组成部分，档次升级，大大提升了旅客服务水平。引进型号的交流传动大功率机车，明显增加了我国铁路干线的货运能力，降低了能耗。

与此同时，引进带动了我国机车车辆设计手段的提升、加工工艺和生产组织方式的改进，促进了企业技术改造和设备更新。“精细化制造”意识进一步增强，质量控制和经营管理水平上了一层楼，无疑这对机车车辆工业水平的提升，发挥了重要作用。此外，通过引进，在动车的检修设施建设、修程修制改革方面，也弥补了国内的短板。

南车、北车两大公司消化引进先进技术取得明显效果：牵引动力采用交流传动，功率大增，性能优异；漂亮的车身，引人瞩目；在引进平台上再研制的 380A 与 380B 等高速动车组成为高铁的主力车型；开展重要工艺装备研制以及产业化能力的建设，从而使我国跻身高速动车制造先进国家之列。

2011 年以后，我几次参观考察长春、青岛、唐山、株洲、大连、大同、南京、永济等城市的机车车辆生产企业，呈现于眼前这些昔日的工厂可以说是“旧貌换新颜”。其装备水平和试验手段可与国外媲美，产品质量明显提升，生产规模之宏大令人惊异，特别是长春和四方两家公司宽敞明亮的组装的厂房以及一排排整齐列队等待出厂的动车组，令国内外参观者惊叹不已。

多年来，数以万计的干部职工以自己的智慧和辛劳，为制造高速动车组做出了非同寻常的贡献，其中更是不乏感人至深的事迹。我在报上看到几则故事：其一是唐山客车公司女工孙斌斌，苦练技艺，终得一手令人叫绝的焊接技巧——铝合金焊缝表里如一，成为德国焊接协会认可的唯一女性焊接教师；其二是长客股份公司的化验员谭冬梅，负责高纯度氧、氮、氩质量把关的她，坚持“一点也不能差，差一点也不行”，对化验结果 100％的负责，从未出现质量问题；其三是已年过五旬的株洲所工程师忻力，在动车变流器设计的关键阶段，不分昼夜地坐在电脑前，以致眼眶灼痛，视力模糊。他为了按时完成任务，忘我坚守岗位，直到撑不住了才到医院检查。结果视力下降到0.2，不得不把300度的眼镜径直换成了700度。孙斌斌、谭冬梅我不认识，却很钦佩。而忻力在30年前我就熟悉，不过那时他还是个刚参加工作的小伙子。后来听说，他健康情况不佳，身体虚弱，而强烈的事业心却驱使其刻苦钻研，并取得令人赞叹的业绩。类似动人的事迹还有很多。

对于这些不寻常的人和事，我作为机车车辆工业战线上的老兵，十分动容，并发自内心地充满了感激和敬佩。

不过，世上很多事情像一只多棱镜，对于其散发出的不同颜色，需要从不同角度加以观察。

人们没有忘记，早在引进初期的2008年，张曙光就曾宣称："时速350公里的动车组是拥有完全自主知识产权的国产化动车组，多方面技术达到世界高速列车领先水平……中国迅疾跨入引领世界的高铁时代。"

其实，业内专家都知道，这些说法并不符合当时的实际情况。因为开发新型高速动车组，至少需要4～5年时间，而那时，第一列CRH2动车组运抵国内仅仅两年，首列CRH3进口也只有数月。如此短的时间，还来不及消化引进技术，更谈不上"引领世界"。

说到"引领"二字，业内人士普遍认为并不是轻易能够做到的。假如一个国家或一个企业，只是满足于"引进消化"，或者只是在他人的技术平台上做些改进，那只能是个"跟跑者"，最多是个"并行者"。缺少原创性思路和技术，不可能"引领"他人。

其实，当时所宣称的"拥有自主知识产权的动车组"多为使用国外散件在我国组装的产品，连外形都未来得及改变。张曙光之所以罔顾事实、高调张扬，有其难以明说的个人企图。可是作为铁路人如果对自己的评价不够清醒，就会卷入盲目自大的旋涡，甚至有可能会跌入停滞不前的陷阱。

所幸,2011 年 2 月新组建的铁道部党组十分清醒,未被假象所迷惑。人们开始发觉“系统引进”在带来诸多裨益的同时,也带来了一些不容忽视的问题。也正是这些问题,成为后来下决心研制“中国标准动车组”的原因。

其一,核心技术和关键零部件受制于人。德国《世界报》曾报道说:“中国人多年依赖外国制造商的帮助,获得了高铁的全套技术以及最新发展成果,从而有能力制造具备日本新干线或欧洲竞争对手水准的列车。”其实,情况并非如此,不管是所谓“日系”(日本技术),还是“欧系”动车组(德国、法国及庞巴迪公司的技术),外方对诸如转向架、网络控制、变流装置、空气制动等关键硬件和软件技术,都企图加以垄断,拒绝转让。这是因为,与一般发展中国家不同,中国机车车辆制造已经具有不俗的实力,西方将我国当作极具潜力的竞争对手,始终心怀戒备。引进中我们得到的主要是生产图纸、制造工艺、质量控制、检测试验方法,即制造合格产品所必需的文件、管理知识以及物资供应链,这也是我国企业受益最大的部分。当时所说的“联合设计”,并不是外方与我方共同从头设计一种新车,而是在他们原有车型的基础上,作些适应我国铁路的局部修改。至于原始设计依据、计算分析方法、关键参数选取、研究实验数据及控制软件则是严加保密的,以至于前几年一些动车组重要参数的调整还离不开外方的技术支持。那时,西门子人士声称“绝不出让核心技术”。长春轨道客车公司一位工程师对此感触颇深,他说:对于关键技术,只要我们“稍稍接近最后一层‘窗户纸’,老外就会敏感地在其上加块‘铁板’”。2011 年,铁道部科技司曾就引进技术消化情况展开了深入的调查并写出报告,其结论是:核心技术和关键器件仍由外国公司垄断。事实表明,张曙光当年所说的“通过引进,高速动车组九大关键技术,我们已经掌握”,并不真实。时至今日,专家们普遍认为,真正突破并掌握核心技术,主要是最近五六年的事情。

其二,动车组以及机车引进种类过多,标准不一。仅就动车组而言,就有 4 种,还有电力机车 6 种、内燃机车 2 种。种类繁多,不但对制造不利，也给铁路运营带来诸多麻烦。多种型号动车组，车钩结构和高度不一，电气控制方式不同，彼此难以连挂及重联运营；车体宽度各异，给站台设计带来烦恼；轮对直径不同，需要多种备品；司机室控制装置布局各式各样，增加了司乘人员工作难度。此外，4 种动车组由于定员人数及座席布局不同，难以相互备用。我曾参观太原铁路局湖东机务段，8 轴 9600 千瓦电力机车就有西门子和阿尔斯通公司两种不同的设计，由于彼此配件无法互换，必须储有双套各异零部件备品。

其三，引进代价不菲。有人说这是一次低成本引进，其实不然。采购的动车组数量多得罕见，却并未真正换来技术转让价格的优惠。每种机型都要付出不菲的专利费。相比之下，20 世纪 90 年代，韩国为引进高速动车组，在日、德、法公司之间进行反复比选，决定只买法国产品，仅付一份专利费。话再说回来，引进的代价不能只算一次性技术转让费，因为那还是个小数，后续订单才是大数。以西门子公司项目为例，技术转让费收取 8000 万欧元，当时约合 8 亿元人民币，而其后签订的 60 列动车组合同总额却达 133.5 亿元人民币。其后，西门子又获得采购 500 列动车组 20%的供货份额(其余为国内生产)。经计算，我方已向西门子公司累计支付 391.21 亿元人民币。除此，配件进口，由于核心技术掌握在外商手里，价格再高也不得不买。再有，运费也是不小的数目，这是因为生产厂商远在上万公里的西欧。说到这里，使我想起在太原智奇公司参观的经历。智奇公司是家加工动车组轮对的企业，那天我走进其库房的时候，惊讶得知千百根从意大利进口的车轴毛坯竟是空运来的。我问："上百吨的钢料为什么要空运?"回答说："任务紧，海运来不及。"我接着问："要花多少钱哪?"众人沉默。

其四，有些引进的车型尚未成熟。比如，阿尔斯通公司的 CRH5 上线伊始故障频频，其中牵引高压、网络、制动、转向架等系统问题突出。为此，长客股份公司不得不额外从事大量善后工作。还有，价格昂贵的 HXN3、HXN5 内燃机车故障率数倍于国产机型，而广受铁路局欢迎的国产280柴油机及其驱动的东风8型内燃机车等型号却被迫停产。

与此同时，还有些话不能不说。实施“引进”，本应按照国家“妥善处理好引进与扶持国内品牌的关系”的要求支持本国企业，可当时铁道部个别负责人不但彻底否定了我国自主研发的动车组，还借机将成熟的国产干线电力、内燃机车“一锅端”，取消了应有的投标资格，以至于那段时间还发生一些有悖常理的事情。例如，大连机车厂曾联合日本东芝公司成功开发了SSJ3型交流电力机车，只是因为它冠以国内品牌，不准投标。最终，大连厂只得反过来请东芝公司牵头，还是以原来的SSJ3机车为基础，经过改进并取名为HXD3，才得到进入我国铁路的许可。其实，日本在大功率货运机车设计上缺乏经验，因为那里的普速铁路均为窄轨，机车功率不足我国的一半。

就这样，本应实行高层已经明确的自主研发和技术引进并举“两条腿”走路的方针，却变成非此即彼的选择。从此，经过我国多年打造的技术平台遭到抛弃，致使国外公司设计的动车组和机车一度“喧宾夺主”，垄断了我国市场。

中国标准动车组

在引进基础上，前几年“南北车”曾分别研制出几种高速动车组，有的成为主力车型。由于尚未彻底脱离外国公司的技术平台，关键技术受制于人的问题仍未完全解决。

令人欣喜的是，2011年改组后的铁道部力推自主创新，随后集中力量组织了“中国标准动车组”研制工作。“中国标准动车组”是立足中国的国情“量体裁衣”的“正向”设计。所谓“正向”是对应“逆向”而言的。“逆向”设计是模仿进口产品的设计，而“正向”设计则是自主的、不受他人制约的设计。

中国标准动车组的试制，不但摆脱了核心技术受制于人的局面，同时还实现了产品的简统化及其零部件的标准化，可大幅度降低运用和维修成本。几年来,我一直对于“中国标准动车组”寄予很高期望。不过,坦率而言,起初对其研制能否顺利开展多少有些担心,因为有些人对此不以为然,他们觉得在引进平台上的改进设计已经不错了,没有必要再大动干戈设计新车。思想不统一,容易导致行动涣散,甚至研制半途而废。类似的教训历史上不是没有。我记得,1978年铁道部为了解决内燃机车型号过多问题,曾以“三化”(标准化、简统化、系列化)名义,组织大连、二七等制造厂以及铁科院等单位开展新车设计。当时集中的人员上百,且均为业务骨干,我也是其中一个。时任部长郭维城亲自出面动员。就当时的情形而言,技术力量不可谓不强,领导决心不可谓不大,然而由于各方利益难以协调,意见分歧未能统一,不久设计组就解散了,只留下一堆没有画完的图纸。

幸运的是,铁道部及其后续机构——中国铁路总公司敢于担当,通过强有力的组织与协调,使“中国标准动车组”的研制没有重蹈覆辙。作为技术顾问,我参与了咨询工作,因而了解不少实情。牵引变流装置、制动系统、网络控制、转向架等核心技术难题一个个相继攻克,实属不易,而变流装置的关键器件——IGBT 模块的研制成功,可称作重大突破。株洲所 20 年“磨一剑”的成果——DTECS 列车网络系统尤其值得称道,“北车心”网络控制方案业已成熟,铁道科学研究院也提供了自己的成果。

2015 年,由四方机车车辆公司和长春轨道客车公司分别研发的两种型号“中国标准动车组”顺利下线,由于造型靓丽,被誉为“海蓝豚”和“金凤凰”。那年 10 月 26 日,我在大同—忻州间参加试验,不管哪种列车时速在 350 公里时,运行都十分平稳,列车动力学、空气动力学、弓网受流、牵引性能、能耗、噪声等各项关键技术指标均优于进口产品。更值得欣慰的是,控制系统的软件均为自主编制,过去被人“卡脖子”的技术都已攻克。这意味着,我们彻底抛开了所谓的“日系”和“欧系”,按中国标准构建了自己的动车组平台,摆脱了外国公司对技术所有权的控制(转让技术仅限中国国内使用,不能用于出口)。实现了“自主化”“标准化”的中国标准动车组,不但将为我国高铁提供更实用、更放心的产品,也将是我国走向世界手中的王牌。

好事接连不断。2016 年 7 月 12 日,我又应邀参加中国标准动车组在郑州至徐州间的研究性测试。那天正好赶上“金凤凰”和“海蓝豚”两列动车组的交会试验,场面令人难忘。当时,我站在以 420 公里时速急驰的“海蓝豚”的司机室里,眼见对面的“金凤凰”以同一速度从对面闪电般疾飞过来,说时迟、那时快,列车轻微震动一下,瞬间她就不见了踪影,我情不自禁地鼓起掌来。站在一旁的试验总指挥、铁路总公司科技管理部部长周黎同志拉着我说:“赶快拍照,做个纪念”,我急忙摆个姿势,连拍几张。照片背景显示着列车速度——421 公里/小时。其后,《人民日报》以《世界上首次实现时速 420 公里会车——中国标准动车组激情“快闪”》为标题报道这次历史性试验。一个月后,即 8 月 15 日,大连—沈阳间两列动车组首次载客运行,大获成功,虽然我未参加,却感到高兴。随后,两列动车组顺利完成 60 万公里的运用考核。这一里程比欧洲标准高出许多。最近,由四方机车车辆公司和长春轨道客车公司制造的两种动车组均被命名为“复兴号”,寓意着铁路人在中华民族伟大复兴中当好新行者的美好愿望。

除了“复兴号”中国标准动车组,这几年推出的还有多种机车和动车,也令国际同行刮目相看。出口巴西、阿根廷、马其顿、东南亚的铁路车辆广受欢迎,地铁动车在美国波士顿、芝加哥中标,电力机车在南非竞得大单。我曾经工作过的株洲所经过十年攻关,独立掌握了最先进的永磁同步牵引系统技术,并已在高铁动车上试验成功,从而进入世界先进行列。目前,自主研发工作蓬勃发展,着实令人欢欣鼓舞。说到这里,不由得使我想起南宋诗人杨万里的名句:“接天莲叶无穷碧,映日荷花别样红”。

再思索

国产新型动车组、机车接踵涌现,尤其是“中国标准动车组”的问世引人注目，令人欣喜。然而，“水有源，树有根”，人们由此可能会问：我国机车车辆技术进步的源和根在哪？

创新能力最重要

固然，引进的作用无须质疑，我在前文已用大量文字加以描绘，在此不再赘述。需要强调的是，引进并非我国机车车辆技术进步主要源泉。

2013年《瞭望》周刊48期登载有《冲破高铁迷雾》（作者健君等）一文指出，中国高铁技术存在引进之外的来源——中国机车车辆工业原有的创新能力。南北车的创新能力，并非因引进生成，而是在大规模引进之前就已有之，充其量在引进过程中又得到进一步增强。对这一评论，我大体赞同。正如古人所说：“夫功之成，非成于成之日，盖必有所由起。”这意味着，一件事成功了，并非取决于成功的那一天，必然之前就存在成功的原因了。众所周知，引进不是解决问题万能药，有时却是一把“双刃剑”。如果一个企业本身具有较深的底蕴和内功，其技术水平将会通过引进获得明显提升，这就是借力发力。相反，倘若一个企业缺乏自身“定力”，则有可能被外人所“裹挟”，只能按照人家的“脚本”和节奏起舞。

以汽车为例，我国已是世界产销头号大国。在轿车领域，国内企业与大众、丰田、通用、福特、宝马、奔驰等著名公司均有合资。然而，在合资企业中，产品改动都须拿到国外去论证。如此一来，国内汽车业的创造力被严重挤压，高端技术仍由外方所控制，发动机、变速箱更是如此。自主品牌汽车多在中低挡徘徊。对此，吉利汽车公司董事长李书福曾经坦言：“30多年的合资道路证明，中国汽车工业市场换技术并不算成功。”无独有偶，飞机制造业人士也有类似的感受：“本想通过引进实现跨越式发展，走了弯路才明白，尖端技术是引不来的。”再以电视机为例。20世纪90年代，有人曾将其作为成功引进的典型。然而，当本土企业还为引进CRT技术沾沾自喜时，日本、韩国却在大力发展平板电视。结果，21世纪初在进口货新一轮的冲击下，国内品牌竟一度被搞得市场尽失。究其原因，是我们那时没下功夫开展自主创新。

话再转回铁路。回想当年，有人一再要求机车车辆工业，应像汽车一样走“桑塔纳”式全盘引进之路。的确，轰轰烈烈的引进有所斩获，然而却很少涉足关键核心技术。缘由不言自喻，外商终究不是救世的仁爱天使，总要留一手。

经验告诫我们，拄着拐棍的人是走不快的，没有创新能力的企业只能是亦步亦趋地跟在别人后面，即使暂时跑进“第一方队”，但迟早还会被甩掉的。所幸的是，当时的我国南车、北车两大公司未被外国厂商牵着鼻子走，没有把自己的企业变成他人设计的加工厂，而是在消化引进技术的同时，不断地开发自己的新产品。对于这一点，外商一度估计不足。日本“川崎重工”早先曾放出重话说，中国没有两个8年将难以消化其出口的CRH2动车组。然而，现实却让他们大跌眼镜，其根本原因就是我国机车车辆人能够“靠自己的骨头长肉”，具有自我“造血”的创新能力。

创新能力何处来？

创新能力是长期积淀的结晶。没有积淀，创新能力就是无源之水，对于传统产业更是如此。正如老子所说：“合抱之木，生于毫末；九层之台，起于累土。”自20世纪60年代起，几十年间我国自行开发的电力、内燃机车不下30个型号，总计生产数万台，研制的干线与地铁动车组也达数十种……产量之大、品种之多，位居世界前列，在产品研究—设计—制造—运行各个环节都积淀了丰富的经验和教训。这些积淀正是培育创新能力的肥沃土壤。恰如谚语“千年老窖万年糟，酒好全凭窖池老”所蕴含的寓意，即老窖中积淀的活性酶才是酿成美酒离不开的基因。积淀十分重要，没有深厚的积淀就没有突破，就没有爆发。

创新能力来自于试验设施的支撑。众所周知,试验是创新的摇篮,没有先进的试验手段就谈不上创新。几十年里,我国铁路建有许多重要的试验设施。比如,有1958年建成的北京环行综合试验线,它是世界上仅有的三条环形线之一,能进行轨道、机车、信号等各种试验。有1992年在西南交大落成的机车车辆滚动试验台,是继德国之后世界第二个建成的试验台,可开展重载、高速条件下机车车辆优化设计的研究;有20世纪90年代末在长沙铁道学院建设的列车空气动力学实验室,用以从事机车、动车空气动力学研究,等等。这些连发达国家也不完全拥有的大型设施,对于我国机车车辆新产品研发发挥了关键作用。一些外国公司也慕名而来,在中国测试和改进自己产品。此外,各企业也建有实验站。几年里,我参观了株洲、四方、长春、齐齐哈尔等工厂,其试验装置之多,规模之大,出乎预料。更值得一提的是,近两年中国铁路总公司利用建设中的大同—太原高铁特别开设的90公里试验线(原平—太原),对开展新型动车组、列车运行控制系统等自主化装备的研究发挥了关键作用。

成就创新能力的根基是人才。有道是,“授之以鱼,不如授之以渔”。不过,外国公司偏爱卖“鱼”,却不愿教授如何抓“鱼”。这就是说,指望以引进方式购买创新能力是不现实的。创新能力的载体是人,人是创新的核心,没有人才,何谈创新?几十年来,我国机车车辆人“在游泳中学习游泳”,在新产品开发中,在研究解决问题中,经历难以计数的失败与成功,一步一个脚印,一步一份感悟,使自己得以提升。我至今还清楚记得,1980年前后电力机车辅助机组烧损曾是最头痛的故障,其后果将导致机车中途停驶。面对这一难题,起初科技人员只是在改进保护装置上打主意,可是几十次尝试都未见成效。无奈之下,只能下“笨”功夫,对异步电机这一保护对象搞破坏性测试,以探寻其烧毁的机理。通过试验,终于发现原来设计的出发点有误。基于这一弥足珍贵的认识,调整了设计方案,消除了故障。我还记得,2000年前后,提速客车的CW-2型转向架,由于制造工艺出了问题,导致摇枕吊杆成批断裂,严重威胁列车安全,以致承担制造任务的长春客车厂不得不极尽所能，四处派人更换。这些故障的发生与问题的解决深刻地教训了技术人员，使其知识增加了“厚度”，这就是“吃一堑长一智”的内涵。多年实践昭示我们：人才成长的沟沟坎坎无人可以绕过，没有成功与挫折的反复磨砺，就很难造就出一支高水平专家队伍。在某种意义上，有历练的专家是用钱“堆”出来的，是最宝贵的财富，也是我国机车车辆工业立足世界的底气所在。近来，我先后接触到一大批四五十岁年富力强的技术骨干，他们大都参与了国产动车组和机车的研发以及后来的技术引进，并传承了老一代奋发向上的进取的精神。令人欣慰的是，这些人业已成为新技术、新产品研发的领军人物，长春轨道客车公司的原总工赵明花、四方机车车辆公司副总经理兼总工梁建英两名女将就是其中的代表。更让人高兴的是，在这些骨干的带领下，年轻一代已经成长起来，挑起开发新技术的大梁。

创新能力源自于自强不息的传统，创新常常是被逼出来的。1960年，我国电力、内燃机车诞生不久，苏联专家突然撤离，把当时刚接触这些新技术的年轻人搞得措手不及。然而“被人遗弃”的羞辱却激发了他们发愤图强的使命感。俗话说，“无伞孩子雨中跑得快”，机车车辆人正是靠快速“奔跑”，才铸就日后的成功。不退却，不放弃，艰难困苦，玉汝于成，久而久之形成了自强不息的好传统。由于有了这种自强不息的传统，不但敢打硬仗、催生了一系列机车车辆新产品，同时还大大提振了职工的自信心，即“我们行”。而自信则是创新持久的深沉动力，并凸显为一股不服输的“倔劲”和对新技术“锲而不舍”的追求。正是由于自信，有的企业，即使受到引进的猛烈冲击，却未曾放弃过自己的研发平台，即使失去国内铁路的订单仍会另辟蹊径开拓其他市场。正因为自信，有的单位虽未能参与高速动车组的引进，可是基于自身的深厚积淀，却成为解决引进消化难题须臾不离的“高手”。

无数事实说明，创新能力是“神”，不是“形”。创新能力是内功，不是舶来品，必经内生而成，是无论如何用钱买不来的。创新能力也从来不是速成品，一个行业或一个企业创新能力的铸就并非三五年的功夫，而是十数年乃至数十年培育、积累、磨砺、激发的结果。正所谓“不经一番寒彻骨，哪得梅花扑鼻香”。

再有一点必须强调，那就是建立以用户为主导的新产品研发体系尤为重要。多年以来，在我国机车车辆制造领域已经形成了“用、产、学、研”稳定的联合体。铁路主管部门牵头组织，生产企业从事研制，科研院所和高校参与试验。这样一个由运用—设计制造—试验单位构成的协同创新体系，可以攥紧拳头、整合资源、高效运作。没有体系，只靠个别企业不会有大的作为。经验表面，这种体系不但使铁路运输企业受益，实际上也降低了机车车辆企业新产品研发的风险，有利于提高国内市场份额。

曾有人问：为什么我们与一些发展中国家不同，能够迅速消化引进的技术并进而研发自己的新产品？答案是明摆着的，因为我们有创新能力，还有高效的运作体系。

历史是不能重演的。假若可以重新来过，可以设想走出另外一条低成本的路子——在我国机车车辆工业几十年来取得成就的基础上，立足自主研发并辅以适度而不是大规模的引进和购买，实现“积极又理性”为特征的科学发展。如此，我国动车组及机车研发制造的步子将迈得更为坚实，不仅不会发生核心技术受制于人、型号过多不便维护、专利和配件价格被外商故意抬高等诸多烦恼，而且还将大大降低购车和维修费用，明显减轻目前铁路尤其是高铁的债务负担和经营压力，从而走出一条低成本、高效益的发展路子。也许有人会说，走以自主研发为主之路，势必降低我国高铁建设的速度。这话也许有一定道理，特别在高铁发展的起步阶段，我们会遇到不少困难。然而牢牢掌握技术自主权的机车车辆工业必将后劲十足，在安排得当的前提之下，不但不会影响我国高铁合理的建设进程，反而会有利于其可持续发展。

十五　高速铁路

近年来，我国高铁建设如火如荼，蜚声海外世界。铁路人20年的高铁梦变成现实，国人亦为之深受鼓舞，无比自豪。高铁以其快速、安全、舒适、节能等优势而广受欢迎。然而高铁梦的铸成并非一蹴而就。今天，我们在享受高铁快捷服务之时，不应忘记国内外先行者探索的历程。

日本于1964年建成世界上第一条时速210公里的高铁—东京到大阪的“新干线”。法国于1983年开通巴黎到里昂时速270公里的高铁。此后，德国、意大利、西班牙、比利时、英国、瑞典、丹麦、韩国以及我国台湾等十几个国家和地区，相继建成高铁。法国TGV高速列车更是不断创造速度新纪录，最高试验时速曾达578.4公里。

改革开放后，我曾多次造访日本和法国，每次乘坐“新干线”、TGV都感受颇深，脑海里每每会冒出同一个问题：中国何时也能修建高铁？

为了追求高铁梦想，自20世纪80年代起，我国铁路专家就始终在跟踪研究世界高速铁路的发展。然而，苦于资金紧张，当时修建普通铁路都显得捉襟见肘，更何谈建设高铁？

1986年，铁道部长丁关根根据当时的经济、技术条件，提出中国铁路实现“中等水平现代化”的设想。尽管曾有专家认为“中等水平”有悖于“现代化”的概念，不过多数同志仍然感觉这一提法符合国情。作为铁道部科技局局长，我也是这一设想的支持者，并为此组织过专项研究。后因种种原因，有关工作搁置下来。

20世纪90年代以来，我国高铁经历了漫长的求索过程。从京沪线的论证开始，广深准高速铁路的建成、六次大面积提速、秦沈客运专线的实践，直到近期的大规模建设，其间经历了不少值得追溯的事情。

论证十八年的京沪高铁

20世纪80年代后期，京沪铁路繁忙异常。沿线途经北京、天津、河北、山东、安徽、江苏、上海等四省三市，人口超过3亿，是我国经济最发达的地区。伴随着改革开放东部沿海经济起飞，京沪铁路客货运量猛增，运输能力趋于高度饱和，突出的表现在该线运输能力逐步为客车所占用，货车开行数量因此受到挤压。即使如此，买票还是很难，特别是买卧铺票更难。京沪间急需建设一条客运专线。为此，1990年，铁道部向国务院报送《关于"八五"期间开展高速铁路技术攻关的报告》，并开始组织系列研究论证工作。

1992年初，邓小平同志发表南方谈话，改革开放形势逼人，建设京沪高速铁路的呼声高涨。铁道部遂向国务院报送《关于尽快修建高速铁路的建议报告》。

1993年4月，国家科委、国家计委、国家经委、国家体改委和铁道部(四委一部)共同组成以国家科委副主任惠永正和铁道部副部长屠由瑞为首，100多位专家参与的课题组，开展京沪高速铁路的前期研究，其后编写出50余万字的《京沪高速铁路重大技术经济问题前期研究报告》。报告分析了建设的必要性、可行性、经营机制和筹资等方面的意见，并提出建设方案(初期速度目标值确定为250公里/小时，进一步可提高到300公里/小时)。结论是：建设京沪高速铁路是迫切需要的，技术上是可行的，经济上是合理的，国力上是能够承受的，建设资金是可能解决的。参加论证的专家有石定寰、沈之介、李端绅、周翊民、金履忠、周宏业、李京文、王德荣等人，顾问是时任国家科委主任宋健、铁道部部长韩杼滨、国家计委副主任叶青、国家经委副主任石万鹏、国家体改委副主任洪虎，还有郭洪涛等领导同志。这份"研究报告"具有很高的权威性。后来由马洪、钱永昌、刘国光、孙树义和我等专家组成鉴定委员会，对论证报告进行了评审。

1994 年 3 月，“四委一部”上报国务院《关于报送建设京沪高速铁路建议的请示》，建议国家尽快批准立项，力争 1995 年开工，2000 年前建成。

在此前后，曾有几位铁路系统的老专家对京沪间建设高铁持有不同意见，或直接上书国务院，或在媒体上公开发表，却未影响铁道部以及中央的决心。

1994 年 5 月，在国务院总理办公会上，李鹏总理听取了有关建设京沪高速铁路的汇报。同年 6 月，江泽民总书记主持中央财经领导小组会议原则同意铁道部关于修建京沪高速铁路开展预可行性研究的建议。1994 年 11 月，铁道部成立了以部长韩杼滨为组长，副部长孙永福和我为副组长的京沪高速铁路预可行性研究领导小组，下设办公室，铁道部总工程师沈之介兼任主任，副总工程师周翊民和上海铁路局局长张龙兼任副主任。

随后，铁道部组织力量深入开展设计工作，并对机车车辆、通信信号、线路桥梁、运输组织等开展专题研究。经过有关单位数百名专家和工程技术人员的努力，1996 年 5 月完成“预可研”报告，由铁道部上报国务院。1996 年 9 月 18 日下午，李鹏同志主持总理办公会议，再次讨论了京沪高速铁路建设问题。因韩杼滨部长出差在外，受他的委托，我列席了这次会议。会议认为：建设京沪高速铁路是需要的，前期工作要充分论证客流量和投资效益，可考虑在本届政府任期内完成京沪高速铁路的立项工作。

会后，铁道部按照总理办公会议要求，进一步，深化前期研究工作，并于 1997 年 3 月将《北京至上海高速铁路项目建议书》上报国家计委。此后，中国国际工程咨询公司接受委托开展了评估。评估意见是：建设京沪高速铁路十分必要，建设方案可行，项目总投资基本合理，建议尽早立项。

1998 年，我接任铁道部部长后，力争国家尽早启动京沪高速铁路建设。当年中央把京沪高速铁路列入工作重点之一，为此铁道部进一步加速了建设准备工作，有关设计院、科研院所都积极行动起来。对此，专家们不断发声，媒体做了很多猜测，还不时曝出京沪高速铁路即将开工的消息，引起人们津津乐道的议论。虽然报道与事实不符，却表明了广大群众对这一重大工程的期盼。

然而，时隔不久，情况发生了急转直下的变化，在技术路线上出现采用轮轨方式还是磁悬浮方式的激辩，致使京沪高铁建设被长期搁置下来。

尽管出现波折，可在我担任部长的5年间，建设的前期工作并没有中断。1999年10月，铁道部成立高速铁路办公室，由孙永福兼任办公室主任。“可研报告”一直在修改完善之中。与此同时，在吸收秦沈客运专线建设经验基础上，铁道部正式发布《京沪高速铁路设计暂行规定》。此外，有关设计院完成了京沪高速铁路定测工作，向沿线地方政府提出规划用地图。令人无法忘怀的还有，铁道部安排了260多项科技攻关项目，涉及土木建筑、机车车辆、通信信号以及运输组织等多个领域，并相继推出一大批有价值的研究成果。

多年来，众多专家学者为高速铁路倾注了大量心血，正是他们长期的守望与坚持，任由上马呼声潮起潮落，却从未中断有关研究设计工作。就以铁道部第四设计院为例，从1998年起先后组织了四次大规模勘察设计，编制了《徐州至上海段可行性研究报告》，筑起了高速铁路软土路基试验段，类似的工作不胜枚举。就这样，前后经过18个春秋不懈的追求与准备，铁路人终于在2008年4月18日迎来了京沪高速铁路开工仪式。由此，全线建设快速铺开，最终于2011年6月30日建成通车。

全长1318公里的京沪高铁，是世界上一次建成里程最长、技术标准最高的高铁。它的建成，彻底改变了沿线地区运力紧张局面。有人称赞其像一条金丝带，把沿线一颗颗“珍珠”串起来，构成了一个崭新的经济增长带。

“磁悬浮”与“轮轨”之争

如前所述，正当我满怀希望准备大干京沪高速铁路之时，不期然却陷入了一场旷日持久的磁悬浮与轮轨技术路线之争的漩涡。

提起磁悬浮技术，说来话长。

磁悬浮列车是一种靠电磁力悬浮在专有轨道上的列车。与常规铁路不同，磁悬浮列车行进时不接触地面，恰如贴地飞行，最高速度可达每小时500公里。磁悬浮原理是由德国人肯佩尔在20世纪20年代提出，并于1934年申请了专利。由于受到当时技术发展水平的制约，这一专利在旅客运输上没有得到实际应用。自20世纪70年代起，随着电子控制技术日臻完善，联邦德国、日本、美国、法国、英国和苏联相继开展了磁悬浮列车研究。其中，联邦德国和日本还各自建设了颇具规模的试验线，并因此获得大量宝贵的数据。

我接触磁悬浮技术比较早。1982年，在联邦德国KROSS-MAFFEI公司进修期间，就曾看到他们进行的磁悬浮研究试验，据说还是国家级项目。与此同时，该公司也在研究轮轨型高速列车。对此，我颇感不解。一天，我问一位专家：“为什么德国要同时从事两种高速运输方式的研究？”他不置可否地耸了耸肩，进而打趣道：“因为政府有钱没处花。”实际上，这说明当时德国对何种技术更有发展前景还看不准。十几年后，我任铁道部副部长时，再次访问德国，考察了位于德国北部的艾姆斯兰德磁悬浮试验线。那次，登上试验车，系上安全带，列车加速极快，最高时速达430公里。

磁悬浮分为高速与低速两种，技术上有根本区别。德国人似乎对高速磁悬浮列车情有独钟。他们曾规划过不少工程方案，其中最为世人所熟知的是柏林—汉堡间的磁悬浮线路，之后还曾打算在鲁尔区、慕尼黑两地修建距离较短的示范段。不过，由于建设成本过高，加上各利益集团的意见不一，最终这些美好的设想都付诸东流。

20世纪80年代后期，我国铁道科学研究院也开始对高速磁悬浮技术进行研究。主持这一课题的袁维慈研究员是我在苏联学习时的同班同学。不过,几年后他却认为:近期高速磁悬浮技术不适于我国长大交通干线,理由是,比起轮轨方式运能有限,而造价却高出很多。

时移事异。自1998年开始,德国蒂森公司以及中国的几位著名学者提出在我国发展磁悬浮技术的建议之后,上级要求就京沪高速铁路采用这一新技术进行深入研究。

鉴于有关权威方面倾向于磁悬浮技术,我作为铁道部部长,对于京沪高铁采用何种技术方案,不得不慎之又慎。1998年6月,铁道部受上级委托组团前往德国和法国考察,成员包括孙永福副部长、周翊民副总工程师,还有来自铁路内外的一些专家。回国后,代表团提出考察报告,认为"京沪高速线客流量大,运输组织复杂,加之工程技术上的抗地震、跨江河、故障救援等,都是德国磁悬浮系统目前尚未解决的问题。如采用磁悬浮系统,与既有线不兼容,运输能力难以适应,扩能很困难,造价较高,投资风险大。最好在德国柏林—汉堡磁悬浮运营线建成并取得运营经验后,再考虑在我国铁路上采用较合适。"他们的意见与我个人的看法十分相似。当时,我考虑的主要不是技术问题,而是工程的经济和社会效益。因为新建磁悬浮系统不能与我国既有铁路兼容联网,建成后仅能吸引沿线附近的客流。相反,若京沪间修建轮轨高速铁路,则能与现有铁路网互联互通、融为一体,在华东地区发挥更为广阔的辐射效应,产生更大效益。

那段时间有些著名专家接连发表议论并上书,认为只有磁悬浮才是21世纪陆上运输发展的方向,轮轨高速铁路技术已经过时,并一再发问:为什么铁道部拒绝先进技术?与此同时,有些媒体也跟风炒作,一时间,京沪高速铁路非磁悬浮技术莫属的呼声高涨……我作为部长因此承受了很大压力,晚上经常睡不好。随后,我专门征求了时任中国国际工程咨询公司董事长屠由瑞的意见。我们的看法高度一致,认为铁路不能脱离国情追求先进技术,在涉及过千亿元的特大工程上,必须坚持实事求是,实话实说。经过反复思考,我觉得不能顾及个人得失。因此明确表态,不赞成京沪高铁采用磁悬浮方案。

由于赞成和反对的两种意见争执不下，1999年9月，中国国际工程咨询公司接受高层委托，与国家计委、经贸委、科技部、铁道部、科学院、工程院在北京铁道大厦举行了“高速轮轨与磁悬浮系统比较研讨会”。会议由屠由瑞同志主持，有60多名专家参加。由于我早前对此已经表明态度，且与会的铁路人士较多，为避免“操纵”之嫌，所以没有出席。那次研讨会经过4天充分辩论，赞成采用轮轨方案的占大多数，最后形成咨询意见上报国务院。其要点，一是京沪高速铁路应采用轮轨技术系统；二是可以选择一条短距离的线路建设磁悬浮试验线。

9个月后，在2000年6月12日，国务院领导同志召集有关部门负责人开会，研究磁悬浮工程有关问题。铁道部由我和孙永福副部长参加，科技部部长徐冠华也在座。原来我们以为会议将进一步研究京沪高铁的技术方案，并相应做了准备，随身带上了线路规划图。然而，出乎预料的是，会议只就上海陆家嘴至浦东机场之间建设磁悬浮试验线问题听取意见。其背景是：对于京沪线是否采用磁悬浮技术意见分歧很大，有人就提出了这一折中方案。经过热烈讨论，与会者一致认为：这条30公里的线路投资不大，风险较小，又可进一步加深对磁悬浮技术的了解，因而表示赞同。

2001年3月1日，中德两国合作开发的世界第一条磁悬浮商业运营线——上海磁悬浮专线开工建设。据称，尽管建设过程中德国专家起了主导作用，但我国科技人员也有诸多创造，申请了不少专利。2002年12月31日，我到上海参加磁悬浮列车开通仪式，登上了宽敞的车厢，列车最高时速达430公里。

时至今日，上海磁悬浮列车已运行10余年，技术上尽管未发生特别重大的问题，可是客流量和效益却不如预期。

在京沪高铁开通的情况下，人们不难对磁悬浮和轮轨两种方案的优缺点进一步做些比较。就每公里造价而言，上海磁悬浮试验线为3亿元，而京沪高铁只有1.8亿元。对此，曾有人不以为然，认为上海磁悬浮单位造价之所以较高是因为全线只有30公里所致，倘若长度大于1000公里，结果就会截然不同。不过，铁道部有关设计院也曾开展“京沪高铁磁悬浮方案可行性研究”，他们预测磁悬浮每公里造价需2.7亿元，运输能力比起轮轨铁路也要低很多。此外，不应忽视的是，磁悬浮系统在知识产权方面将受制于人，我国缺乏建设与运营的主动权。

事实上，关于磁悬浮技术，不仅在中国评价不一，即便在其诞生地德国也从未统一认识。当初呼声最高的柏林—汉堡磁悬浮线已被迫放弃，直接原因在于造价远远超过原有预算，国会不同意再增加拨款；预测该线客流量不足，未来的业主——联邦铁路公司不愿承担运营亏损责任。

轮轨和磁悬浮方案之争持续多年，涉及面宽、层次又高。很多人在叙述这段历史时，像讲故事一样，侧重描绘了专家们的见解与争论，却没有触及深层次问题及其后果。其实，这场争论导致了京沪高速铁路建设搁浅。假如没有这场争论，中国高速铁路建设高潮可能会提前几年来到。

秦沈客运专线——我国第一条高铁

由于百般期待的京沪高铁建设迟迟不能开工，需要寻找其他替代项目，1999年8月16日开始建设的秦皇岛—沈阳客运专线，由此成为我国高速铁路的开路先锋。

20世纪90年代以后，京沈铁路山海关至沈阳间的运输能力一直高度紧张，成为进出关“卡脖子”区段，急需另外建设一条大能力铁路。经过反复论证，有关设计院提出了建设秦沈客运专线的方案。

秦沈客运专线西起秦皇岛，东至沈阳，全长405公里。这条新线走向大体与既有京沈铁路北段平行。起初，设计最高运行时速160公里，最小曲线半径2500米。

在对秦沈客运专线可研报告进行审查时，作为该线建设领导小组组长，我认为标准低了。理由是，京沪高铁几年内不能开工，要抓住这一难得的机遇，把秦沈客运专线作为我国高铁的试验线。随后，我与分管这条铁路建设的蔡庆华副部长交换意见，两人一拍即合。

此后，在部长办公会上正式研究了这条线路的设计问题，大家发表了意见，都赞成提高标准。包括刘志军副部长在内的与会人员，一致认为：秦沈客运专线对我国高速铁路建设将起到先导作用，在安排上，应考虑今后京沪高速铁路建设的要求，要按300公里/小时的标准建设其中一段线路，以开展新技术、新标准的各项试验。

按照上述意见，秦沈客运专线调整了设计方案。线下工程按250公里/小时、线上工程按160公里/小时～200公里/小时及以上设计（实际上，线上工程按时速200公里设计，见《秦沈客运专线技术总结》），在地形较为平坦的区段——山海关至绥中北的66.8公里，设置了综合试验段，速度为300公里/小时；全线最小曲线半径由原设计的2500米增加到3500米，部分地段的曲线半径确定为5500米。提高建设标准目的在于积累建设高铁经验，并对有关科研成果进行验证。试验内容主要包括路基、桥梁、轨道和通信信号工程以及高速动车组。

其后，铁道部上报了《秦沈客运专线可行性研究报告》，并获国务院正式批复。尽管这条铁路线名义上称之为客运专线，但在广大干部和工程技术人员心中就是一条高铁。为此，各工程局和研究院所参建的积极性空前高涨。据说，有个工程局没有中标，当事人甚至为此落泪，因为他担心缺少参建秦沈客运专线的业绩，可能会失去未来参建其他高铁的资格。

对于秦沈客运专线，当地老百姓都称之为“高铁”，我听到后心里却是五味杂陈。一方面确实感到这一称谓倒也名副其实，可另一方面，由于“轮轨”和“磁悬浮”方案之争，“高铁”二字在社会上异常敏感，因而不免隐隐有些担心。为避免招致不必要的麻烦，我嘱咐各施工单位，不叫“高铁”，还是称之为“客运专线”。

秦沈客运专线不同于一般铁路，为保证这一工程达到从未有过的高标准，专门开发了成套新技术，并由此创造了中国铁路的众多

“第一”和“率先”。

路基按土工结构物的全新概念进行设计和施工，对填料、压实、沉降变形的规定比普通铁路严格很多。同时，开发了新型钢轨，研制了大号码道岔；铺设了超长无缝线路，并第一次在我国高标准线路的桥梁上试铺无砟轨道。

桥梁设计施工实现创新，率先在我国铁路建设中大范围采用双线混凝土箱型梁、混凝土刚构连续梁。研制了具有国际水平的600吨架桥机，其运架能力和效率创造了当时的国内新纪录。

接触网第一次在我国采用铜镁合金导线，其受流性能明显改善。牵引变电所具有远动控制和自诊断功能，做到了无人值守。

信号系统取得突破。以车载速度显示作为行车凭证，是我国第一条取消地面通过信号机的铁路。

机车车辆成就不凡。试制出“先锋号”和“中华之星”两种高速动车组。

工程进展顺利，试验如影随形。自2001年12月起，开展了系列测试。大量数据表明，路基、轨道、道岔、桥梁的性能及接触网工作状态良好，满足设计要求，轨道平顺性检测结果达到国际水准。

2002年6月16日，经过建设者们为期三年的艰苦奋斗，秦沈客运专线土建工程基本完工，铺通仪式在锦州南站隆重举行，我专程赶赴现场。仪式由蔡庆华副部长主持，我和辽宁省副省长赵新良各自为铝热焊装置点火，并焊接了钢轨中的一个接头作为全线铺通的象征。当天，自己同所有在场的人员一样，为心目中的“高速铁路”兴奋不已。

2002年9月10日上午进行的“先锋号”动车组试验，至今仍令我记忆犹新。当时，现场的100多名技术人员，有的负责地面测量，有的值守列车进行测试和监控，我和蔡庆华副部长则在驾驶室里参与试验指挥。当列车时速达到270公里时，高速公路上同向行驶的汽车瞬间即被甩得不见踪影，而列车依然平稳飞驰。这时有人报告说，所测有关安全参数均在限度之内。随即我问身旁的铁道部总工程师、试验组组长王麟书同志:“能否跑得再快一点?”他说:“可以。”于是,我们决定再加速。仪表盘的速度指针不断攀升,280、285、290一直冲到292公里。回到驻地吃午饭时,我抑制不住兴奋,少有地主动举起酒杯,为高速试验所取得的突破向大家表示祝贺和感谢。

与此同时,另一列自主研发的高速动车组“中华之星”也在试验中。2002年11月27日,主持试验的王麟书同志给我打电话说,“中华之星”最高试验时速达到321.5公里,再次刷新我国铁路的最高纪录。听闻这个消息,我十分高兴,当即向他表示祝贺。我国自主建设的高速铁路试验时速超过300公里,这是历史性成就!

对于秦沈客运专线的试验,中央和国务院领导同志始终关注着。刚在“十六大”上当选为政治局委员的曾培炎同志,在获悉高速列车创造出新纪录不久,便于2002年12月19日带领国家计委副主任张国宝等20多人专程前往秦沈客运专线视察。我和蔡庆华副部长陪同其中几位领导同志,簇拥在“中华之星”高速动车组的司机室。随着列车不断加速,大家的眼睛紧紧盯住速度表。只见数字急速攀升,从240、250直到280。这时,我对曾培炎同志说,您现在是政治局委员了,为了保证安全,列车加速就到此为止了。可是曾培炎同志却意犹未尽地说,“老傅,还是再快点!”于是列车继续加速,最后达到300公里/小时,列车如飞一般。司机室里瞬间一片欢腾,大家禁不住为我国铁路所取得的成就喝彩。

秦沈客运专线高速试验成功的消息一经新闻媒体报道,迅即引起广泛关注。恰巧,当时上海的磁悬浮线也在试车阶段。有人将二者联系起来,富有想象力地编出客运专线与磁悬浮相互竞争的故事。尽管我为此遭遇误解而深感压抑,不过仍然认为不应计较个人得失。

也正是在那几天,铁道部曾计划组织记者体验北京—沈阳的“中华之星”动车组之旅,报名者甚众。经过反复思量,我不得不取消记者的沈阳行。随后,“中华之星”空载从北京驶向沈阳。这次试运行的主要负责人——科技司副司长陈春阳打电话告诉我:“列车运行十分顺利,全程仅用4.5个小时。”

此外，秦沈客运专线可称为精细管理、严格控制成本的典型，平均每公里造价 3984 万元。

鉴于秦沈客运专线的经验十分宝贵，为了便于京沪高速铁路借鉴，2002 年 10 月部长办公会研究决定：将秦沈客运专线建设领导小组更名为客运专线建设领导小组，以统筹领导秦沈客运专线后续工程和京沪高速铁路建设的前期工作。

时至今日，秦沈客运专线已正式营业多年并与提速改造后的京秦线构成北京至沈阳的客运通道，在 2011 年 9 月我国高铁整体降速之前的几年间，列车运行时速达到 250 公里，实现北京至沈阳 4 小时到达，深受旅客欢迎。

秦沈客运专线，不但开发了新技术，积累了设计、施工经验，同时也培训了一大批人才。京沪等高铁建设的骨干大都有在秦沈客运专线锻炼的经历。尽管这条线路与后来新建的京津、京沪等高铁相比标准不算很高，但它却标志着我国高铁从无到有的重大突破。

秦沈客运专线不但造价低，而且质量也好，开通十几年来没有发生过影响行车的重大病害。

秦沈客运专线所取得的成就应归功于广大建设者。是他们为建设中国第一条高铁，夜以继日地开展技术攻关；是他们为保证施工质量，不惜风餐露宿、日晒雨淋；是他们为准确地测取试验数据，爬冰卧雪；是他们为实现“速度”的突破，屡尝试验失败的苦涩并承受心理重压；是他们为确保工程质量、控制成本，呕心沥血，费尽思量。我要向他们表达崇高敬意，特别是铁道部原总工程师王麟书、秦沈客运专线工程总指挥郭守忠以及“中华之星”总设计师刘友梅院士，正是有了他们的执着坚守和忘我奉献，中国铁路才留下了这样浓墨重彩的一笔。令人难以忘怀的是，时任国务院副总理吴邦国对于秦沈客运专线始终予以支持；当铁道部被不实传闻质疑受到误解时，他亲自出面解释。

秦沈客运专线的建设成就有目共睹，不过却一度受到冷遇。直到铺通 9 年后的 2011 年，《21 世纪经济报道》记者采访了当年的建设者，受访者对秦沈客运专线所遭遇的不公还感到不解。他们纷纷表示，秦沈客运专线奋战的历史不能忘记。

2013年初，中国铁道学会在北京铁道大厦举办了“秦沈客运专线运营十周年研讨会”，50多位当年的建设者济济一堂。10位专家做学术报告，对秦沈客运专线给予高度评价。与会者普遍认为：秦沈客运专线是我国第一条高速铁路，是我国铁路发展史上的一个重要里程碑。我参加了这次会议，并说了这么一句话：“珍惜秦沈客运专线——中国高速铁路先驱的地位，就是对历史的尊重，就是对广大建设者的尊重，更是对自主创新的尊重。”

多年来，对秦沈铁路有各种叫法，有的将其称为我国第一条客运专线，也有的把它看作第一条高铁。实际上对于铁路干线而言，客运专线与高速铁路两者没有严格区别。铁道部在统计上一直将秦沈客运专线当作高铁看待，况且这条线路的标准也符合铁道部关于高速铁路的定义——新建设计开行250公里/小时（含预留）及以上动车组列车，初期运营速度不小于200公里/小时的客运专线铁路。因此，这条客运专线应该称为我国第一条高速铁路〔注〕。回想前些年，诸多媒体将2008年建成的京津客运专线称为我国第一条高铁，这种表述并不准确。我觉得应该根据事实做出调整，即秦沈客运专线是我国第一条高铁，而京津客运专线则是我国第一条时速350公里的高铁。

〔注〕UIC（国际铁路联盟）将高速铁路定义为：专门建设的速度大于或等于250公里/小时的高速线路；专门改造的速度达到200公里/小时的高速线路。然而，UIC在实际统计中，无论新建还是改建，200公里/小时及以上的铁路都统计为高速铁路。

高铁建设成就与反思

成就斐然，世界瞩目

2016年底，我国高铁运营里程累计已超过20000公里，占世界高铁总长度的60%以上。秦沈、京津、京沪、胶济京广、京沪、哈大、沪宁、沪杭、厦深、兰新等几十条高铁线路相继开通，在建的还有数千公里。这样大规模的高铁建设在世界上绝无仅有。

高速列车穿行神州大地,解决了我国铁路长期存在的乘车难问题,并成为客运快速增长的强劲牵引力,特别是极大地缓解了令人头痛的春运问题;公交化运输,便利了人员的往来;通达景区名胜,带火了旅游产业。以“高铁+X”设计旅行的多样性,可使人们享受高铁服务后转乘飞机、汽车……组合出多种方案所带来的便捷,体验不同交通方式的乐趣。的确,如长虹般的高速列车所带来奔驰的速度,越来越深入地影响着人们的生活。

高铁的发展显著提升了我国铁路装备水平,改善了服务设施,以快捷、舒适、准时、规范的服务,赢得许多国外政要的赞誉和广大乘客的好评。

高铁建设拉动了巨额投资,带动了钢铁、建材、机电、信息产业的快速发展,增加了数以十万计的工作岗位,创造了大量的就业机会,为我国应对国际金融危机做出了突出贡献。高铁车站周围高楼群起,促进了城市形态的改变。

高铁大大缩短了“时空距离”,同城效应凸显,对经济、社会、文化产生了难以估量的影响;促进了区域一体化以及环渤海、长三角、珠三角、成渝等城市群的快速发展;加速产业转移,打造新的经济带;为我国“一带一路”战略提供有力支撑。高铁已成为中国的一张靓丽名片。有诗云:“银龙出京一路奔,转瞬之间入津门。齐鲁豫皖须臾过,品茗到沪尚存温。”

几年来,我经常乘坐高速列车,亲身感受了堪称国际一流水平的技术和服务。记得京沪高铁尚处试运营期间,我应邀乘坐动车从北京南站前往济南西站,在抵达目的地短暂停留后,旋即返京,往返仅花4个小时,深感惬意;登上武广高铁动车,眼见司机个个玉树临风,仪表堂堂,与国内外航班上的机长别无二致;到上海开会,选择高铁,旅行时间既短又十分准时,堪与飞机媲美,尤其是天气不佳时,优势更为明显。

讲到这里,不由得想起一件往事。那是2012年夏天的一个下午,我和老伴乘飞机从杭州回北京。航班晚点，起飞时天色已暗。两小时后临近首都时，喇叭突然传出机长的话音，告知北京地区出现雷雨，飞机不能降落，只好备降烟台。机舱顿时一片哗然，乘客们满腹牢骚，其中一位还抗议说，这将耽误他第二天上午的一个重要会议，要求航空公司赔偿。抱怨无济于事。无奈之下，无精打采的旅客深夜里抵达烟台，并分别被安排到几个小旅馆过夜。次日早饭后，大巴又把我们送回机场。还好，接下来的飞行未再出现波折。到家已近中午，真后悔未乘高铁回京。

当下，高铁已成人们称道的便捷交通工具。我不由地发自内心感叹：铁路发展已经进入了新的历史阶段，铁路人的多年追求与渴望终于开花结果。作为在铁路工作多年的技术人员和领导干部，我想起力争高铁上马的漫长历程，深感今日高铁建设成就来之不易，在无以言表欣喜之情的同时，更是对为此付出心血、汗水、智慧和承受自我牺牲的百万建设者、科技人员以及铁路干部职工满怀敬意，他们的无私奉献与丰功伟绩将永载史册。

理性无价

2011 年“7·23”甬温线动车追尾重大伤亡事故发生后，社会上关于高铁一片褒扬的舆论出现了如过山车般的跌宕，接踵而来的质疑之声一时间铺天盖地。当时，很多人问我，高铁是否安全？动车还能不能坐了？作为铁路职工的我，一方面感到愧疚，另一方面又不厌其烦地解释：“我国发展高铁已经过多年论证，大方向无可置疑，在通常情况下，比汽车、飞机更为安全。”与此同时，我还在许多场合呼吁，必须对高铁保持清醒的认识，不应迷失方向，不能允许某些人攻其一点不及其余。高铁不但是低能耗、全天候的“绿色交通方式”，而且是我国客运不可或缺的骨干力量。高铁建设继续前行的势头不可阻挡。

从那时起多年过去了，人们淡化了对那次事故的记忆，取而代之的是不绝于耳的赞美之声。在这种氛围中，不少专家接连发表文章，分析我国高铁是如何发展起来的等深层次问题。

记得，2010 年有家媒体在报道中说，中国用 5 年走完国际上 40 年高速铁路发展的历程，还写下令人惊奇的等式“5 年＝40 年”。不过，业内人士知道这并非记者的创造，只不过是转述了某些人的说法而已。

那时还有人宣称我国高铁的发展始于大规模引进，而刘志军是引进的强力推动者。弦外之音是，他在 5 年之内从无到有缔造了中国高铁。应该肯定，刘志军在我国第一条高铁——秦沈客运专线建成后，对推动国内高铁大规模建设做出过重要贡献。的确，那些年我国高铁发展突飞猛进，巨大的建设成就我们还记忆犹新。当然，引进的作用也不能低估，只是一些媒体报道及坊间传说并不准确，有些离事实相距甚远。

实事求是地追溯历史，中国高铁问世并持续向前推进，不能只归功于哪几个人或哪几个群体，也不光是利用引进的机会搭了外人的便车，从根上说是我国铁路人 20 多年锲而不舍奋斗的结果。

人们不会忘记，京沪高速铁路早在 1990 年便已开始论证，开展了长达十数年的技术攻关；我国第一条准高速铁路——广深线于 1994 年投入运营，取得了历史性的突破；铁路大提速自 1997 年起步，连续六次在全国展开；我国第一条高速铁路——秦沈客运专线 2002 年底铺通，并开展了包括“中华之星”在内的系列奠基性试验……这些实践与探索是我国高铁发展历程中不可或缺的一个个台阶和坚实基础。这就是说，中国高铁的迅猛发展并非能用“忽如一夜春风来，千树万树梨花开”的诗句加以比喻，恰如其分的倒是“宝剑锋从磨砺出，梅花香自苦寒来”所描绘的意境。

还有人说，正是通过引进，才使我国高铁有机会站在巨人的肩膀上。这样的说法听起来好像挺有道理，因为没有引进技术的支持，我国高铁建设就不会如此迅速，也没有今日这样的规模。可是，再仔细想想，又觉得上述比喻又有些欠妥。假如真是那样的话，一旦逐利的巨人撤走了(外国公司不会情愿支持自己潜在的竞争对手)，我们岂不会掉在地上，又变回一个弱小者了吗？然而，目前我们已经不是弱小者，而是一个被世界认可的巨人了。也许有人对上述议论持有异议，因为“我比别人看得远，那是因为我站在巨人的肩膀上”这句名言是科学家牛顿说的。牛顿的话之所以成为名言，是由于在科学领域它是正确的，我们都知道科学发现是人类可共享的财富。但在技术领域就不同了，技术往往是独占的、是功利的，有的是为政治目的和赢利服务的。

事实上，在大规模引进之前，我国铁路在桥梁、隧道等土木工程建设方面以及机车车辆领域，已经具有相当的实力。这是因为，在最近30年里，世界上没有哪个国家像我国一样修建那么多铁路，制造那么多列车，做了那么多的试验，培养了那么多的人才。也正因为我国铁路有了不俗的内功和实力，才能“借力发力”，推进自身的高铁建设。假如没有“借力”的内功和实力，何谈“借力发力”？不妨打个比方，假如搞技术引进的不是中国，而是某些发展中国家，很难想象能做到“借力发力”。因为他们无论在铁路工程上，还是在机车车辆制造上，都不具备中国这样深厚的底蕴。这就意味着，中国高铁这棵大树的根不在外国，而是植于自己的沃土之中。引进的作用，就像是将外国的好理念、设计、工艺（不包括外方不转让的核心技术）嫁接在中国这棵大树上，并结出新的果实。

让我们再转回前面提到的说法，即“中国用5年走完国际上40年高速铁路发展的历程”的论述以及“5年＝40年”的等式，人们可看出其寓意是不言自明的，就是有人想忘却甚至抹掉“5年”以前我国铁路人在发展高铁上所做的贡献。显而易见，这是不公正的。

由此，不免使人联想起流传甚广的“最后一个馒头”的故事。故事里的饿汉一口气吃了5个馒头，饱腹后的他却说：“最后一个馒头才使我吃饱，前面那几个都不管用。”显然，饿汉的说法有悖常理。

客观而言，我国高铁的孕育和发展恰如一场接力赛，是一棒接一棒才跑完的。当然，最后的冲线者理应得到更多的镜头和鲜花，无可厚非。然而胜利果实并不专属哪一棒，而是属于完成接力的整个群体。

“根深才会叶茂”，今天我们在赞叹高铁这棵繁茂大树的时候，不能忘记埋在土里的发达根系。这表面看不见的根系，正是我国长期技术创新实践和人才队伍的培育。从这种意义上来看，中国高铁至少是由两代铁路人共同塑造的。

“天时、地利、人和”，是人们称之为成功的三大要素。我国高铁近年来之所以能够快速发展，不能忘记“天时”这个最为关键的要素。2003 年政府换届后，轮轨和磁悬浮的技术路线之争已经结束，“轮轨技术”成为不二的选择。在此背景下，国务院于 2004 年和 2008 年相继批准《中长期铁路网规划》和《调整规划》，为高铁建设创造了空前有利的条件。此外，又赶上了国家追加“铁、公、机”投资的大好时机。换句话说，没有当时良好的“大气候”，没有 2008 年扩大内需“4 万亿投资”的拉动，也就难有今日这样规模的高铁。

2015 年 11 月 25 日，李克强总理在邀请 16 国领导人共乘高铁时讲过，中国高铁是我国多年来经济发展、技术进步、装备升级、工程建设人才成长多方面因素累计的成果。他道出了人们共同的心声。

不忘反思

在高速铁路已获得社会普遍赞誉的氛围中，作为铁路人在自我充分肯定的同时，也不能忽略前些年建设过程中发生过的不足。实事求是地说，2011 年以前高铁建设中出现的一些问题，主要应归因于经验缺乏以及当时社会氛围的影响，而有些则不能排除与时任部长的指导思想相关。尽管这些已成过往，可是若能对其加以回顾和反思，将有助于我们进一步理清思路，有益于铁路的可持续发展。正如习近平总书记所说，我们总结和吸取经验教训的目的是以史为鉴、更好前进。

再说，人们对新生事物的认识往往需要一个过程，对高铁也是如此。在建设高潮的日日夜夜，由于任务重、节奏快，一个工程尚未结束，下个项目已经找上门来，往往对一些深层次问题忙得来不及仔细思考。不过，今天可以静下心来，按照科学发展观的要求，仔细回味所走过的路子，对建设理念、规划等认真梳理，加以再认识，必将有助于高铁事业的持续健康发展。

市场定位

在我国，旅客运输主要有铁路、公路、航空等几种方式。铁路的长处在于运量大、速度快、能耗低、对环境影响小。相比之下，公路灵活，可以做到“门到门”运输；航空则速度更快，在长途上具有优势。

为充分发挥自身长处，提高竞争能力，准确的市场定位是高铁建设的首要任务。

根据发达国家和我国自身的经验，高铁在人口密集地区，优势距离一般不超过1000公里，航空则大于这一里程，公路更适于200公里以下的短途运输。对于人口稀少、运量不大的地域，采用公路或航空运输更为合理。以高铁替代其他运输方式的想法，是不切实际的。

相比普速铁路，高铁造价高出一至两倍。出于经济合理性考虑，到底在哪里修建高铁，修建标准如何，要在综合运输理念的指导下，统筹规划。在经济发达、人口集中的地区修建高铁十分必要，不过在经济发展水平不高、明显缺乏客流的地区建设高铁，将面临运量不足、经营困难的境遇。

一般而言，运输应分为两种，即经营性运输和公益性运输。高铁客流以商旅为主，就其性质而言，大体上应归类于经营性运输。经营性运输亏损，在一般情况下，不应期望国家给予长期补贴。因此，效益不佳的高铁，将面临经营的困境。

最高速度

人们希望高铁接连不断地提高设计时速，以缩短无聊的旅行时间，这是可以理解的。不过，速度并非越高越好。

众所周知，法国高速列车试验速度已达每小时574.8公里，但实际上那里高铁设计时速一般定为300公里，少数线路为320公里。之所以在试验速度与设计速度之间留出很大余量，一是保证安全，二是降低能耗和噪声，三是保持经济合理性。

动车组能耗与速度的平方成正比。这意味着，随着速度的提高，高铁的能源消耗将急剧增加。对于设计速度高且停站较多的列车，由于加速和制动距离较长，列车一旦冲抵最高时速后，便不得不降低速度。其结果是，瞬间时速虽高，但对减少全程旅行时间的贡献并不突出，由此产生的能源消耗却相当可观。此外，列车对外辐射噪声与速度呈高阶指数关系，超过一定速度后，噪声急剧上升。为了保护周边环境，轨道两旁不得不大量设置“声屏障”。

即使飞机，也并非速度越快越好。法国曾红极一时的“协和”型飞机巡航时速达2150公里，比“波音”高一倍还多，可是高速飞行却带来了油耗高、噪音大的缺陷。如今该型飞机已被市场淘汰。

由此可见，列车的最高时速不但是安全和技术问题，也受到成本和环境的约束。

高铁的最大优势在于节省旅行时间。对于不同人群，时间价值是不同的。高端旅客倾向于选择快速的交通工具，而普通群众更关心的是票价的高低。况且，一天24小时中的不同时段价值也会有所不同。夜间行车不在于快，能休息好就行，“夕发朝至”列车广受欢迎，就验证了这一点。由此看来，高速并非所有旅客的首选，关键要看节约时间的价值能否补偿所增加的支出。所以，不是所有列车都要追求高速度。

我国高铁速度可分两个层次，不能一刀切。根据需要，有的速度要高一些，有的则不然。发达地区的干线，时速在300～350公里左右大体是合适的。不过，对于不发达地区以及非主要干线，时速不宜定得太高，200公里～250公里即可。这样做可降低造价，减少运营成本，更多惠及沿途多数民众。

统计数据表明，时速200公里～250公里的动车很受欢迎，票价实惠是重要原因。

高中速兼顾

前些年，我国新建高铁多为高架式，普速旅客列车无法上线运行，实际上是动车组专用铁路。主要原因在于，若实行不同速度的列车混跑，无砟轨道的超高难以调整。

然而，某些线路，特别是西部地区的高铁，如果只适用于数量有限的高速动车组运行，利用率将大大降低。

应该说，按照当初客货分线的设计思路，高铁开通后，既有线上的普通客车可大幅度减少，腾出能力多开货车。然而，由于高铁票价不菲，低收入者难以承受，加上部分旅客青睐于“夕发朝至”列车，目前还不得不保留既有线上的普通客车。结果，一方面部分高速铁路运能未得以充分发挥，可另一方面，有些既有线的客运压力却依旧不小。

倘若在时速200公里～250公里高铁线路上也能行驶普通快车，那么情况会有所改观。在这方面，秦沈和石太客运专线先走了一步。以秦沈客运专线为例，2014年开行列车74对，其中动车41对，时速200公里；普通客车32对、行包列车1对，时速分别为160公里和140公里。这就是说，相比某些高铁，秦沈线利用率高出许多，而且还有进一步挖掘的潜力。目前，高、中速列车混跑的运营模式在德国及北欧国家得到广泛应用，其好处在于，普速列车也能驶上有富余能力的高铁，可以减轻既有线压力。我国高铁桥梁设计已经考虑普速旅客列车上线的因素，秦沈客运专线运营模式可以推广。为此，在设计时应重视既有线与高铁的衔接。

当前，我国高铁对改善大城市周边交通状况的贡献不大，以至于有些省市不得不再平行另建其专用“城际”铁路。尽管“高铁”与“城际”两者兼顾有一定难度，但并非不能解决。欧洲就做得不错，很多时速200公里～250公里的高铁线，既开行长途列车，又能兼顾大城市周边运输。

综上所述，为了充分发挥高铁的效益，我国某些地区新建高铁应尽量做到高、中速兼顾。

车站选址

在我国，多数建成的高铁车站大多离市区较远，不仅大城市，有不少中等城市也是如此。形成这种格局有多方原因，有的是既有车站没有扩建的余地，有的是基于地方政府借高铁带动城市发展的强烈意愿。这也许是个“见仁见智”的问题，不过车站选址的重要前提应是方便旅客，提高交通综合效率。

在一般情况下，车站选址应尽可能靠近旅客集散中心。车站远离市中心，甚至有的和机场差不多远，就削弱了铁路辅助行程短的优势。

对旅客而言，重要的是减少“门到门”的旅行耗时，而不仅仅是减少乘坐火车的时间。车站迁至城外，势必要增建与其连通的其他交通设施。况且，目前很多普速列车不能开进高铁车站，以致高铁与普速列车换乘相当不便。

在欧洲和日本，既有普速铁路车站通常都为高铁所利用，因既有车站位居市中心而深受欢迎。例如，巴黎火车站运输业务异常繁忙，可建设高铁时仍旧以此为依托。其好处是，既便于与便捷的市内交通衔接，又能实现与普速列车的“无缝”换乘。十几年前，柏林在毗邻总理府和议会大厦的市中心新建面积9万平方米的中央火车站，每天能接发各种列车1100列，可同时停靠高速列车、普通列车，并接驳地铁、公共汽车和出租车，因而广受好评。东京也是利用老站引入高铁。

我曾造访波兰，印象至深的便是华沙中央火车站。该站位于繁华的市中心地带，外观简单朴素，步入站内，才发觉玄机所在——原来站台居然位于地面以下，火车如同城市地铁一般，通过地下隧道进出，非但没有造成城市地面交通的切割，反而在此与多条公交线路实现有机衔接，十分方便。

在我国，沪宁城际铁路各站以及天津、宁波、绵阳等高铁车站均由位于市中心的老站改建而成，新建的深圳福田地下高铁站选在人口稠密的商务区，大大方便了旅客出行。

精心设计的高铁车站造型美观，富有当地特色，其中不少成为地标性建筑，候车条件也大为改善。值得注意的是，早些年建设的高铁车站有的过于气派，投资几十亿甚至上百亿元，不仅造价高昂，而且还要消耗大量水电，增加了运营成本。

核心技术

我国高铁工程建设可以用“逢山开路，遇水搭桥”予以描述，土建技术（路基、桥梁、轨道）领跑世界。这主要源于我国长期的铁路工程实践。我国地域辽阔，气候与地质条件之复杂为世界所罕见，在这种情况下，没有也不可能有现成的国外经验可资借鉴。可以不客气地说，我国高铁土建技术主要是自主创新的结晶。当然也不应忘记，引进的无砟轨道对我们也颇有裨益。

然而在高速动车组和信号装备（列车运行控制系统），情况则有所区别。引进之初，核心技术和关键器件为外方所垄断。我方不掌握其软件的源代码，不了解是否有技术漏洞和防范黑客入侵的能力，对于有关安全问题心里没底。那时，伊朗核设施受外来病毒攻击而导致瘫痪的事件、斯诺登暴露的“棱镜门”丑闻等前车之鉴不能不引起人们的担心。相比之下，美国人在维护网络安全方面的警惕性比我们高得多。当年欲与我国“南车”合作的美国 GE 公司，就曾要求我方提供源代码，以备美国政府进行安全审查。

令人欣慰的是，这一问题近期已经陆续解决。这是因为我国自主开发了核心技术，替代了国外产品。

此外,铁路人深有体会的是,不掌握研发核心技术的主动权,就难以摆脱自身的尴尬处境。比如,外国公司曾把中国高铁当作其无偿的试验场所,一些原本不成熟的技术在我国不断改进后获得成功,可是处于强势的外方却将其列入自己的业绩,不让我方分享相关成果。

普速铁路

当前,在高铁发挥越来越重要作用的同时,对普速铁路也必须予以重视。普速铁路投资少,运营成本低,且覆盖面广。

我国铁路自 1997 年实施大提速以来,对既有线改造投入了大量资金,有上千公里铁路的时速可达 200 公里。既有线车站位于城市中心,且公共交通业已配套完备,对广大旅客来说,要比位于郊区的高铁车站更为方便。对此,一些专家建议,要充分发挥既有提速线路的作用,不可因建设高铁而闲置这些具有区位优势的资产。这无疑是正确的。

尽管铁路建设规模大幅度增加,但有些地方的货运能力依然不足。前些年,有些省区大宗物资外运十分紧张,只得将汽车作为补充运输手段,以致造成某些高速公路的严重拥堵。可见,普速铁路的作用同样不能低估,特别是对于中西部地区而言。

有些地方扩大运能,不一定要修建高速铁路。可以换个思路,即把条件好的既有铁路改造为客运专线,同时新建货运专线。这样做的好处在于,除节省大量投资外,还可借此将长期形成于市区的货场迁至城外,腾出大片升值土地支持城市建设,进而减少进出市区的卡车数量,缓解城区交通压力,可谓一举多得。

以上文字主要就前些年高铁建设中值得梳理的问题,谈了自己的认识。历史是最好的教科书,尽管有些已是“陈年往事”,即使有的已经得到解决,但我觉得还是有必要加以追溯和分析,目的是希望有助于铁路建设更科学、更重实效。正如李瑞环同志所说的，“只有通过不断总结经验，不吃糊涂亏，不占糊涂便宜，才能吃一堑长一智，打一仗进一步”。

“前事不忘后事之师”，应把历史作为一面镜子。

经验表明，带给人们深刻启示的不只是正面经验，就某种意义而言，“不足”也会转化为“财富”，实现转化的关键，在于需要我们不加回避、实事求是地进行反思。

说到反思，我不由地联想到“反馈”一词。“反馈”是控制论中的概念，是指系统输出端的信号又返回到输入端并影响系统功能的调整过程。高铁建设就是个复杂的巨系统，要想稳定运转，也应该引入“反馈”机制。这里所说的引入“反馈”机制，实际上也要包括认真反思、总结经验，以实现“自我优化”。

瑕不掩瑜。对以往问题所做的梳理，既不会贬低我国高铁发展所取得的巨大成就，更不会抹杀广大建设者彪炳史册的卓越功绩。相反，通过总结和反思，将有利于我国铁路更加健康稳步地向前发展。这是中国铁路人应有的自信。

发展思路的调整

2011 年 2 月，中央调整了铁道部主要负责人，盛光祖同志接任部长。铁道部新领导班子深入分析了前几年铁路建设中存在的不科学、不规范、不可持续的问题，对铁路发展思路做出了重要调整。即以提高建设质量为前提，不再盲目抢进度；把握需求与可能，兼顾社会效益和经济效益，合理安排建设规模；高铁建设要适度超前，但不能过度超前；铁路建设标准要与所在地区的发展水平相匹配，充分考虑群众多层次需求和对票价的承受能力，不能“一刀切”。

按照新的思路，决定重新确定建设标准，规范推进高铁建设。即按 300～350 公里时速建设“四纵四横”主通道高速铁路；按 200 公里～250 公里时速建设高速铁路延伸线、连接线及城际铁路；按

200 公里以下时速建设客货并重铁路以及中西部大部分铁路。

发展思路的调整见到实效。几年来，高铁在加强管理、降低造价、推进技术进步等方面取得了有目共睹的成绩，比如：

——规范铁路建设程序，加强施工过程的监督，确保工程质量。

——行车安全得以保障，故障率大大降低。

——对过高的建设标准进行调整；对建设工期做出科学安排；车站体量过大、装修过度等问题得到纠正。与此同时，还增加了对普通铁路，特别是对中西部铁路的投资。

——推进技术创新，实现装备自主化。关于中国标准动车组的创新我在之前的章节已经讲过，不再赘述。至于公众关心的另一个问题——列车控制系统的自主化，目前也获重大突破。铁路通信信号公司、铁道科学研究院、北京和利时公司分别开展了无线闭塞中心和车载装置技术攻关，开发了 CTCS—3 列车控制系统。三种方案都取得了成功。我曾应邀去太原—原平试验线参加现场测试，结果令人满意。

行稳致远。通过调整发展思路，巩固了取得的成果，也提高了铁路的发展水平。

回顾多年来所取得的成就，铁路人可以自豪地说：中国是世界上少数能够提供包括土建、机车车辆和列车控制系统等高铁全套技术的国家，而大多发达国家只能提供局部技术。具体来说，我们已经积累了寒带、热带、大风、沙漠、冻土等不同气候和地质条件下高速铁路建设的丰富经验，同时还掌握了动车组、通信信号、牵引供电制造及其运营维修技术，从而形成了先进的高铁技术体系。这是令世界瞩目的巨大进步。讲到这里，不由得联想起自己的一段经历。4 年前，我和几位专家一同前往武汉、株洲、深圳、温州、戚墅堰、南京等地考察，行程达 5000 公里，无一例外地乘坐高铁，既快捷又舒适。一天，我们站在戚墅堰车站月台上候车，眼见一列列高速列车从眼前呼啸而过，场面蔚为壮观，一行人无不为之震撼。

据统计，截至 2016 年 8 月，在我国 2 万余公里的高铁线上，每天飞驰着4200多列动车组，已累计运行超过38亿公里，运载旅客50亿人次。这一系列令人炫目的“大数据”是很多发达国家羡慕不已而又难以企及的。这些“大数据”意味着骄人的运营业绩和经验，是我国铁路无与伦比的优势，必将产生难以估量的价值。

高铁正在阔步走出国门。中国企业在土耳其的安卡拉—伊斯坦布尔高铁建设中出色地完成所承包的工程，因技术先进、性价比高获得所在国的好评。目前，我国还与印尼、泰国、俄罗斯以及其他东南亚国家签订了建设合同或合作协议，甚至连铁路发源地的英国也希望我国参与其高铁建设。这是我们从前想都不敢想的。

十六　对外合作

对外交流合作，是我工作的一部分。多年来，经历的事情不少，就其印象深刻的说上几件。

当陪同团团长

1994年10月下旬，乌兹别克斯坦总统卡里莫夫访华，外交部派给我一项任务——当陪同团团长。对我这个铁道部副部长来说，当然是个美差。为什么找我？不清楚，也许我能讲俄语，与卡里莫夫对话方便些，也许为了修建跨境铁路。陪同团主要由外交人员组成，包括我国驻乌兹别克斯坦大使关恒广夫妇和外交部礼宾司负责人姚培生等同志。由于卡里莫夫是带着夫人来的，所以，我也带上了妻子唐曾妍。这是她第一次以夫人的名义与我出行。

乌兹别克斯坦代表团来京前，我们就住进钓鱼台6号楼。这栋楼是为外国元首准备的下榻处，里面有几套房间，中式风格，标准很高。据说，前些年为迎接英国首相撒切尔夫人专门进行了改造。我的任务是接送、陪同会谈、参观和随时解答一些相关问题。

卡里莫夫行程安排紧凑，在北京分别与江泽民主席和李鹏总理进行会谈，参观位于东郊的松下彩管厂，之后乘专机前往上海，考察浦东和闵行开发区，在中国停留总计不到50个小时。

此行，卡里莫夫显然有备而来——看看中国改革开放成效如何，谈谈两国贸易，与中方交换对中亚局势的看法。

路上，我与卡里莫夫同坐一辆汽车，他性格直爽，且只讲俄语，彼此交流比较方便。他热情赞扬中国所取得的成就，高度评价改革开放总设计师邓小平同志，认为中国经验值得借鉴。在上海郊区看到一栋栋拔地而起的大厦时，他不无触动地感慨道："你看，到处都在建设，多有生机啊！"相比之下，当时刚从苏联分离出来的乌兹别克斯坦，经济正在下滑，他寻求出路的心情是不难理解的。

众所周知，乌兹别克斯坦是个历史悠久的内陆国家，经济不够发达，且结构单一。此前，我国和乌兹别克斯坦的铁路连接须通过哈萨克斯坦。访华期间，卡里莫夫提出一个大胆的设想，为避免被相邻大国所左右，希望将中国作为其重要出海口，通过建设中国—吉尔吉斯斯坦—乌兹别克斯坦铁路，把乌兹别克斯坦与中国连接起来。设想中的这条铁路由南疆铁路的终点所在地喀什修起，经吉尔吉斯斯坦，最后连接到乌兹别克斯坦首府塔什干。事后，中方为此曾专门派专家做了现场考察，朱镕基总理也甚为关心，两国政府间进行了多次商谈。不过由于种种原因，这条铁路至今尚未开工。

卡里莫夫与我同龄。在他当政20多年间，多次来访中国，带领乌兹别克斯坦加入上海合作组织。后来，当我听到他去世的消息时，心里非常难过。不过，无论怎样，我仍期待其继任者能像他一样为中乌友谊与合作发挥独特作用。

慎重引进铸钢轮

20世纪90年代，为获取对外开放的经验，铁道部决定先以所属机车车辆企业作为试点。为此，韩杼滨部长把任务交给了我这个分管机车车辆工业的副部长。

由于我国铁路发展迅速，铁路货车的需求量激增，车轮成为"短板"。当时，唯一的供应商是仅有一条碾钢轮生产线的马鞍山钢铁公司，其质量不稳定，又不能及时供货，为此我曾专程求援。

期间，世界银行一位名为麦罗士的专家，恰巧在考察中国铁路，发觉车轮供应十分紧张，遂向铁道部提出建议——引进美国铸钢轮技术，单独建厂，增加供应。对于他的建议，包括我在内的很多人都持怀疑态度。理由很简单:现有的碾钢轮是经过专门轧制的,质地密实,但还时有裂纹产生。而铸钢轮是浇铸的,难免有夹渣、气孔之类的缺陷,怎能保证行车安全呢?

怀疑归怀疑,可是铸钢轮毕竟在美国铁路已经使用多年,没有出现大的问题,何况其工作条件比我国还要苛刻,当时中国货车的轴重只有21吨,美国有的却达30吨。为了打消中方的顾虑,麦罗士先生举例说:印度铁路引进了铸钢轮技术,使用情况很好,你们可以去看看。

是采用碾钢轮,还是铸钢轮,在铁道部内部引发了争论。碾钢轮较有把握,无奈却受制于冶金企业的垄断。倘若甩开冶金企业,再建一个碾钢轮厂,估计国家计委不会同意。铸钢轮不仅成本低,而且机车车辆企业铸钢生产能力富余,不需要增加很多投资就可建厂。比来比去,两种方案各有利弊,关键在于铸钢轮的质量能否得到保证。

1992年,在世界银行协助下,由我牵头组织一个由谈大同、杨海长等相关司局负责人和专家组成的考察团,带着疑问飞往美国和印度。在美期间,年逾六旬的麦罗士夫妇轮流担当司机,开车将我们送到相关的车辆段或车轮厂,了解铸钢轮在运营中的裂损、磨耗状况。我们还与有关技术人员座谈,面对面地提出那些心存疑虑的问题。到了印度班加鲁尔,我们考察了按美国专利生产铸钢轮的工厂。令人大感意外的是,那里设备是进口的,但厂房却相当简陋,有的车间甚至连墙壁都没有。然而,就是在这样的作业场所,采用压力铸造工艺生产出来的铸钢轮居然少有气泡和疏松。厂方以所生产的25万只轮子投入使用后没有出现问题来佐证,只要设备先进,再加上严格的制造工艺和检测,铸钢轮的质量是完全有保证的。在那里,我们还得知铸钢轮的另一个优点是可就地利用车辆报废时拆下的废钢当原料。

考察团边参观边讨论,大家逐渐消除疑虑,并达成一致意见:铸钢轮在安全上没有问题,可考虑建议我国引进一条生产线。

此后,又经反复论证,1996年大同机车厂与美国ABC公司合资成立一家谐音为“大同爱碧玺”的企业，并于 1998 年实现铸钢轮的批量生产。结果，这个合资企业一方面满足了货车车轮供应，另一方面还引入竞争，促使马鞍山钢铁公司淘汰平炉，采用电炉炼钢、炉外精炼等先进工艺，提高了碾钢轮的质量。

多年后的 2011 年，我专程考察了大同爱碧玺车轮厂。中方负责人李彧满怀激情地带我参观了生产现场，并详细介绍了企业的发展和产品质量。是时，该厂已累计生产铸钢轮 240 万个，占我国铁路货车车轮的 40%，质量良好，受到欢迎。

争议中的轴承合资

早在 20 世纪 70 年代，我国铁路货车滚动轴承化列入工作日程，因为滚动轴承与滑动轴承相比，可靠性高，便于维护，摩擦损耗低。为此，铁道部从日本、欧洲购置了滚动轴承生产流水线，在南口机车车辆配件厂内建立了 1000 人的轴承分厂，年生产能力达到 6 万套。

从 80 年代开始，铁道部停止生产使用滑动轴承的货车，原有货车也开始施行“滑改滚”，滚动轴承需求量激增。除铁路内部的南口厂之外，当时哈尔滨、瓦房店、洛阳等轴承厂也生产铁路货车滚动轴承。尽管如此，滚动轴承在数量上、质量上仍难满足需求，一度不得不依靠进口。90 年代初，瑞典著名的 SKF 公司看好我国铁路市场前景，提出与南口厂合资的意向，并连续来华考察。

当时，南口厂共有 6000 名职工，产品较多，主要有轴承、齿轮、空压机、柴油机连杆、油泵等机车配件。由于市场竞争激烈，除了轴承外，其他产品销路都在萎缩。那时，对于是否拿出轴承分厂搞合资争议很大。有人认为：最好的产品和设备都集中在轴承分厂，搞合资等于把“金饭碗”交给别人，而合资企业只能分走 1000 人，剩下的 5000 名职工吃什么？可有人却反驳说：如果轴承分厂不合资，SKF 公司势必将与国内其他轴承厂合作，届时南口的轴承也会在竞争中败下阵来，也将不再有拳头产品了。

对于领导层而言，这是两难的决策，为此我多次去该厂听取意见。不过对外谈判一直没有中断。谈判主要是围绕市场、股权比例、富余工人安排等展开，尤其后者是个难题。尽管我方认为，分厂的1000职工不算多，然而SKF却认为，500人足矣，其余一半人要下岗。谈判一度陷入艰难境地，但双方都没有放弃。

1993年9月2日，朱镕基副总理在中南海紫光阁接见SKF总裁萨林先生，韩杼滨部长和我陪同。接见前，作为分管这项工作的我，向朱镕基同志简要汇报了与SKF合资谈判的情况。当谈到外方要求持股51%时，朱镕基同志说“可以接受”。当谈到下岗工人安排时，他表示：这个问题当然要重视，但也不要怕，上海纺织工业调整，“关厂砸锭”，很多老工人都下岗了，由于做了妥善安排，不是也没人闹事吗？意在鼓励我们不要回避这一具有挑战性的工作。客人到达，朱镕基同志介绍了我国的经济形势和相关政策，并对瑞典企业家来华投资表示欢迎。

此后，与SKF公司的谈判时断时续，经过讨价还价，最后双方达成一致：合资企业一旦成立，存续的南口机车车辆配件厂向合资厂提供风、水、电以及后勤服务，且每年可分到合资企业49%的利润。原来我们担心的下岗工人安置等问题也拿出解决办法。1997年，铁道部批准以“南口斯凯孚”命名的合资厂挂牌。

合资厂投产后，采用最新技术，管理水平得以改善，产量逐步提高，且质量稳定。中外双方都取得可观的利益。

多年后，我参观了南口斯凯孚合资企业。那里已今非昔比，年生产能力达30万套。产品正在进入北美铁路市场，并准备另上一条客车轴承生产线。

当天，我还顺便参观了存续的南口机车车辆配件厂。与过去相比，也发生了很大变化，高大的厂房、崭新的装备，令人眼前一亮。据介绍，由于加强了风电设备、螺杆空压机、铁路道岔等新产品开发，其市场份额正在不断增长。

难产的BST公司

20世纪90年代，外国企业纷纷到中国寻求投资机会，其中，最初看好中国铁路发展的，当属加拿大鲍尔公司。尽管它只是家投资公司，自己不出产品，但却找了家全球知名的企业——庞巴迪公司作为其合作伙伴。这两家公司多次到我国实地考察，最后提出要与位于青岛的四方机车车辆厂合资，建立生产客车的企业。此时，恰逢铁道部意欲通过引进国外技术和管理经验，实现机车车辆工业上质量、上水平的目标，因此，我们对合作持积极态度。

起初，加方提出的条件十分苛刻：一是，加方两家公司各持股1/3，合计占合资股份的三分之二；二是，铁道部要给合资企业启动订单。这些要求超出了我们的预想。据说，鲍尔公司特马雷父子两代掌门人在加拿大颇有影响，且为推进中加两国经济合作做过贡献，小特马雷又是时任加拿大总理特雷蒂安的乘龙快婿。鉴于以上因素，加方一直不想让步，谈判进行得相当费力。

1995年5月初，我率铁道部代表团赴加拿大考察，参观了庞巴迪公司所属的车辆和飞机制造厂。加方在接待上格外热情，为我们准备了加长型的卡迪拉克。

我们所到的几个企业，无论在生产技术和管理方面，较之以前熟悉的欧洲公司毫不逊色。考察期间，中加双方继续围绕股权等问题不间断地进行磋商。

股权问题相当棘手。四方厂原有两个分厂制造客车，一个老厂位于市区，另一个新厂则坐落于20公里外的棘洪滩。两处生产大都自成体系，但车体却主要在新厂制造。假如新厂成为合资对象，并由外资控股，就可能派生出新的问题——老厂因车体依赖新厂供应，就可能在价格、交货期等方面受到外资的牵制，处于不利地位。此外，与轴承、车轮等配件厂不同，主机厂对铁路而言更加重要。为此，我始终反对由加方控股。

考察期间，我会见了包括加拿大政府有关部长和公司董事长在内的诸多高层人士。他们都在力促谈判取得进展。庞巴迪公司总经理罗伊先生作为加方两个公司的总代表与我谈判。他话语不多，却是个大名鼎鼎的管理能手。我和具有学者风度的罗伊先生在很多问题上相谈甚欢，在控股权上却是各持己见。在我方的一再坚持下，加方有所退让，但仍提出加方两家公司联合持股51%的方案。我依旧没有松口，谈判陷入僵局。

某天会谈后，罗伊先生显得异常兴奋，可谈判并没有取得突破，为此我百思不得其解。随后，了解得知，他以为中方在谈判中做出让步，同意由加方控股。突发情况令我甚感意外。实际上，每次谈判都有两名翻译在场，一位是中国铁道部外事司的陆叙生处长，另一位是位加拿大人。我问两位翻译，他们均明确表示，并没听到我有过同意由加方控股的表述。我推测可能是语言理解上发生误会，便向罗伊先生重申“中方在股权上的立场没变，中加各占50%的股份”。罗伊则以这样的比例会影响合资企业管理效率为由，继续坚持争辩。双方各执一词，拒不相让。加方之所以坚持控股，主要是在知识产权保护上对我国存有戒心。我觉得问题并不简单，短时间内加方难以放弃原来的主张，谈判只能延后。于是，我给韩杼滨部长打电话汇报谈判遇到的问题，他同意我的分析。随后，我向加方表示，有关股权问题欢迎他们来中国继续谈判。考察结束前，双方在合资年限、启动订单等方面取得了一致意见，并签订备忘录。

在加拿大考察，虽然结果不如预期，不过也有惊喜。5月5日铁道部外事局转来消息说，我的大女儿生下一个男孩。作为57岁的我，首次当上外公自然非常高兴。

此后，合资谈判又持续一年多。期间，我与罗伊先生多次会面。最终加方不得不同意我们的意见，中加股权各占50%。

1998年，难产的合资企业终于诞生，简称BST(庞巴迪四方交通运输设备)公司，主要从事客车和动车组的研发和产品总装，十几年来为我国铁路提供了成批量的高档客车。这个合资企业经营十分灵活,订单多时多用人,订单少时少用人。2011 年以后,我曾两次前往这家企业,看到生产井然有序,内心甚感欣慰。

客观地说,那段时间铁路吸引国外投资并非都很成功。比如,株洲电力机车厂与西门子建立的合资工厂运作并不顺利。外方只将其当作进口配件的组装厂,没有转让核心技术,可是却控制了经营大权。

十七 确保安全

安全是铁路管理水平、设备质量、人员素质的集中反映。多年来，铁路对安全工作高度重视，事故逐年减少。然而，每当铁路发生重大伤亡事故，舆论斥责之声不绝于耳，对于在铁路工作多年的我，深感痛心和压抑，不仅为事故造成的伤亡和损失难过，也为铁路所深陷的困窘焦虑不已。痛定思痛，只有进行深刻反思，探究根源，科学实治，才能防患于未然。

沉重的历史教训

几十年前，我国铁路由于技术装备落后，管理水平不高，重大伤亡事故时有发生。案例很多，令人难忘。

1978 年 12 月 16 日，西安开往徐州的 368 次旅客列车运行至陇海线杨庄站，因冒进信号（闯红灯），与正在通过的南京开往西宁的 87 次旅客列车发生侧面冲突，死亡 106 人，重伤 47 人，轻伤 171 人。

1988 年 1 月 7 日，京广线马田墟站旅客列车发生火灾事故，死亡 34 人，重伤 6 人，轻伤 24 人，事故是因旅客违章携带易燃品防锈漆引起的。

同年 1 月 24 日，由昆明开往上海的 80 次特快旅客列车运行到贵昆线且午至邓家村站间，发生颠覆事故，造成 88 人遇难，62 人重伤。

1990 年 7 月 3 日，0201 次货物列车运行至襄渝线梨子园隧道内，发生油罐车爆炸事故，死亡 4 人，伤 14 人，中断行车 550 小时 55 分。

实际发生的事故不止这些。尽管类型和原因各不相同，却无一不给人民生命财产造成巨大损失，铁路形象也受到损害，令人十分痛心。

刻骨铭心的经历

“安全责任重大”，这是铁路人固有的观念。

俗话说，“不当家不知柴米贵”。直到我担任哈尔滨铁路局局长后，才真正对此有了切身体会，深感安全压力之大。有段时间事故频繁发生，我为此苦恼不已。我曾前往绥佳线事故现场，亲眼看见了一列货物列车颠覆后乘务员遇难的惨烈场景，也到过哈齐线旅客列车脱线地点，感受车毁人亡、伤及旅客的悲凄……每当遭逢此类事故，我都会接连数日食不知味，内心深感不安。在我担任部长后，更觉安全责任沉重。至今，还有几件事记忆犹新。

1990年夏季的一天，发生的北京—莫斯科国际列车事故惊动了铁道部。那天下午，电务段工人检修哈尔滨车站的一架信号机，本来这架信号机在切断电源后不应有任何显示，由于没有遮挡，正巧在太阳照射下却透出白光。这时一列进站的货物列车司机将其误认为是白灯，没有停车，结果撞上国际列车尾部。尽管没有人员伤亡，但是损坏两节客车，构成严重事故，带来不良的国际影响。我作为哈尔滨铁路局局长，深感内疚。然而在分析事故时，部门间却相互扯皮。机务自认没有责任，电务则强调也未违章，因为规章里没有要求检修时必须采取遮住阳光的措施。问题出在结合部上，虽然有人说情，我却坚持对机务、电务双方都做了严厉处罚。

还有，2001年7月13日，我任铁道部长时在阿根廷考察，突然接到部里一份电报。电文显示，达成铁路货物列车意外刮倒路人，22名村民死亡。对此，我不得不立即中断已经安排好的行程，留下其他人员，只带秘书一人急忙回国。

一些年来，由于多方面的原因，事故频发，铁路干部职工经常为安全提心吊胆。久而久之，我也养成习惯，每天晚上10点半以后，都要给值班室打个电话，问问有没有异常情况，否则一夜睡不踏实。

基础不牢,地动山摇

铁路是由线路、机车车辆、通信信号和行车指挥管理等环节组成的复杂系统,无论哪个环节出纰漏都会影响安全。较比时下,以前铁路技术装备相对落后,特别是二三十年前,列车在区间行驶靠司机瞭望,进出车站靠扳道工操作。由于缺乏联锁技术,行车安全只能靠人的操作来保证,而人的精力是不可能始终保持高度集中的。俗话说:"老虎还有打盹的时候,何况人呢?"因此,那个年代由于列车冒进信号(闯红灯)、车站错办进路(扳错道岔),而导致的列车冲突事故时有发生。

在吃够了技术装备落后的苦头之后,20 世纪 80 年代开始,铁路注重采用先进技术。比如,推广电气集中、自动闭塞、无线列车调度;更新客货车辆,研制轴温探测装置;普遍使用重型钢轨、大型养路机械和各种检查设备。技术进步提高了安全保障程度,人为失误而引起的事故基本得到预防,车辆切轴等惯性事故也得以有效遏制。

设备先进固然重要,但设备仍得靠人来操纵。一旦涉及人,再加上管理缺失,事故的不可控因素便会陡然增大。1997 年 4 月 29 日,昆明开往郑州的 324 次旅客列车运行至京广线荣家湾车站,与停在站内的 818 次旅客列车发生冲突,酿成 126 人死亡的特别重大事故。原因是信号工擅自使用明令禁止的"封连线"检查信号设备,造成安全联锁失效,导致本应从正线通过的旅客列车窜入侧线,与停靠在那里的另一列客车尾部相撞。按理说信号设备是先进的,问题在于检修设备的人未按规章作业。无疑,这是一起典型的人祸,系管理失控造成的恶果。有人对多年的事故进行了深入分析,无一没有管理上的漏洞。

说也奇怪,有时一个企业的安全态势出现如下现象:要么长时间不出事故,要么事故接二连三扎堆发生;随后抓一阵子,安全形势则有所好转;然而没过多时,事故又是接踵而来,如此反复循环形成一个怪圈。乍一看，这一怪圈似乎有点不可思议，可仔细一想，原因并不复杂，关键在于企业的安全基础不牢。换句话说，基础牢固，事故只能是偶发现象；倘若基础薄弱，事故则必然多发，正应了那句“基础不牢，地动山摇”。

安全基础建设

对于安全工作，铁道部历届领导班子无不作为“重中之重”“永恒主题”，并下了很大功夫，如开展“建线达标”活动等。然而安全不稳的问题一直没有很好解决。

我任部长后，力图破解“要么长时间不出事故，要么事故接二连三扎堆出现”循环的怪圈，期望不再出现“基础不牢，地动山摇”的局面。

经过调研，我深感安全是个系统工程，不能“头疼医头，脚痛医脚”，更不能急功近利，否则安全只能稳住一时，却解决不了长远问题。因此，我打算下些“笨功夫”。当然，自己也心知肚明。打好安全基础并非一日之功，也许短期内见不到显著成效，但却有利于铁路的长治久安。不管怎样，这样做是值得的。

随后，我在吸取前人经验的基础上，正式提出实施“规范管理，强基达标，加强安全基础建设”的新思路，以推动铁路设备质量、人员素质、安全管理达到新的高度。

这里所说的“规范管理”就是优化管理方式，提高安全管理的科学化水平。那段时期，管理不规范的表现比比皆是。比如，有的路局规章混乱，安全规章多达千种，且彼此“打架”，让基层站段无所适从。有些部门职能交叉，相互推诿，“结合部”不结合。有的领导干部习惯于“一竿子插到底”，越级指挥，打乱了管理程序。有的单位责任界定软的多，硬的少，缺乏严格约束。这些问题都不利于安全责任的落实，必须解决。

至于说到“强基达标”，就是要求做到设备质量达标、人员素质达标、有关管理达标,以强化安全基础。

当时,为了抓好上述新思路的落实,铁道部专门制订了《关于"强基达标"的意见》。在设备上实行分级管理,对提速干线、一般线路和支线的设备分别制定标准。在人员素质和安全管理上,也做出相应规定。其间,我们突出了逐级负责制的建立,即把安全责任层层落实下去,即落实到站段,落实到班组,落实到每个工作岗位,形成一级抓一级,一级保一级的局面。

在抓安全基础建设期间,我得知香港九广铁路公司应用 ISO9000 标准在安全管理上取得成效,就派人到那里学习,随后在广铁集团试点,继而又在全路推广。2001 年后我有针对性地作了调研,实践说明贯彻 ISO9000 标准有利于落实逐级负责制、加强作业过程控制、解决规章制度混乱和结合部管理失控问题。

由于我们领导班子一致认定"规范管理,强基达标"新思路是打好安全基础的有效方式,所以一直抓住不放,5 年内未换"镜头"。

其实,"规范管理,强基达标"的新思路不是凭空冒出来的,而是吸收各铁路局的经验加以升华的结果。所以,我一再强调,"规范管理,强基达标"不是排他的,凡是符合其基本思想的安全管理形式,不管叫什么名字,都可包容进去,各铁路局可不另起炉灶,也无须改名换姓。同时,鼓励他们结合实际去加以完善和创新。

为了防止可能出现的"走形式"问题,那时我还专门强调,在开展"规范管理,强基达标"活动时,不搞大轰大嗡,不搞运动,而是要通过扎实工作,循序渐进,夯实基础。突击性大检查有时是必要的,但不能多搞,切忌"刮风"。

加强安全基础建设的新思路行之有效,加之常年坚持,铁路安全形势得到了明显改观。

抓小防大

在运输生产中,小事故是难以避免的。然而小事故往往是大事故的前兆，必须引起足够的重视，不可置之不理，否则会导致“小洞不补，大洞吃苦”，最终酿成大祸。

大事故难以隐瞒，但隐瞒小事故者却屡见不鲜。发生了事故之所以瞒而不报，仔细分析，还另有考核方面的原因。由于安全是考核的一项硬性指标，在相当一部分站段，职工一旦出了纰漏，等待他们的肯定是严厉的批评，甚至处分。当然，安全管理必须严格，采取严厉措施强化安全，出发点没错，但“过犹不及”，效果并不理想。事实上，惩罚性管理必然造成职工巨大的心理压力。

德国飞机涡轮机的发明者帕布斯·海恩曾提出，每一起严重事故的背后，必然有多起轻微事故和未遂先兆。海恩法则说明，事故发生是量的积累的结果。经过一段时间思考，我觉得铁路安全管理应做到“抓小防大”。任何单位，只要认真对待发生的小事故，重大事故就有可能防止；基层站段出些小事故不要紧，关键在于要认真分析，吸取教训。所以，不要动不动就重罚职工。我曾提出在管理上可以给每个单位一定的小事故率，在事故率内，不影响考核成绩。与此同时，必须明确要求，任何事故都不允许隐瞒，如果发现隐瞒，一定要严肃处理。

安全管理必须严格，不严就带不出好队伍，但又不能过于苛求。如果苛求到职工难以做到的程度，必然导致弄虚作假。

推动“天窗修”

“天窗修”是加强安全管理的组成部分。所谓“天窗修”，是指在中断行车条件下对线路进行维修的作业方式（“施工不行车，行车不施工”的维修方式）。过去，由于我国铁路干线十分繁忙，在编制列车运行图时，往往没有预留线路维修时间，只能利用 10 分钟～20 分钟的列车间隔进行有关作业。在这种情况下，大型机械难以上路，只能靠手工操作，结果不但维修质量不高，且极易诱发行车事故，甚至导致列车颠覆和人员伤亡。2000 年“9·25”京广线 2767 次货物列车脱轨就是一例，造成26辆车颠覆，直接经济损失536.8万元。产生事故的一个重要原因是：利用列车间隔进行维修，作业时间不足，以至于下一列车接近时来不及将线路恢复到正常状态。

痛定思痛。为了提高线路维修质量，防止类似事故发生，“天窗修”必须提上日程。不过，开“天窗”至少要两个小时，可能会影响运输任务的完成。此外，维修作业需要良好视野，像沪宁线这样客车密度很大的线路，白天安排“天窗”极为困难。于是铁路内部就产生了争论，繁忙干线能否实行“天窗修”？分歧严重。工务部门态度执着，调度人员行为消极。但后者却是关键，能否开“天窗”，调度说了算。据说，有个分局线路施工“要点”（申请维修时间）的兑现率只有44.7％。“天窗修”进展缓慢，我非常着急。

一天，我实在忍不住了，在干部会议上发了一顿脾气，说：“不开天窗，靠手工维修只能是乱‘捣鼓’，而事故很多是‘捣鼓’出来的。远的不说，就2000年1～11月而言，全路共发生18件重大、大事故，其中5件与线路施工有关。不开天窗，甚至不给施工‘点’（时间），实际上就助长了违章作业和乱‘捣鼓’。”我接着又说，“出事故，工务部门有责任，但调度也脱不了干系。‘天窗修’不是可实行可不实行，而是必须实行。”

不过，发脾气归发脾气，推行“天窗修”还得一步步来。于是，我们下决心实行典型引路。

当时，郑州局和上海局运输能力紧张，我们就决定在那里搞试点。冯凌云、陆东福两位局长态度积极，在他们领导下，试点取得成功。与此同时，上海局还创造了夜间实施“天窗修”经验。2001年11月，铁道部在沪宁线召开了现场会，至今我还记得那次夜间作业的场面：探照灯下的作业面如同白昼，职工操纵着大型机械，进行清筛、配砟、捣固作业，井然有序，维修质量甚佳。

郑州和上海局的经验很有说服力，不但改善了维修质量，保证了安全，而且又未影响运输任务的完成。自此“天窗修”迅速推广。

增设安全特派员

铁路历来重视安全监管。铁道部设有安监司，铁路局设有安监室，分局和站段均设有各自的安监机构，在事故预防、善后处理方面都发挥了不可替代的作用。然而，这种自身的“同体监督”也有不少问题。突出的是，各路局、分局安全监察人员的任免、升迁均由所在单位领导说了算。所以，这些监察人员难免对本单位的问题“睁一只眼，闭一只眼”，有的甚至直言不讳地表白“毕竟我吃的是我们铁路局长的饭”。这种体制导致监管力度不足。

为改变这一状况，我提出引入“第三方监管”的机制，即实行安全特派员制度，增强“外部”监督。不过，我的想法却受到质疑，有人认为此番动作可能导致机构重叠，人浮于事。为统一认识，我专门召开过几次座谈会，与各路局主管安全的同志不断沟通，最终达成共识。1998 年，我主持部长办公会议决定设立北京、长春、南京、武汉、贵阳、兰州 6 个铁道部直管的安全特派员办事处，每个办事处监管两到三个铁路局。除北京和兰州外，其余办事处均不设在铁路局所在地，以尽量少受外部干扰。

十几年来的经验说明这项改革是成功的。安全特派员代表铁道部实施监管权力，力度明显增强。由于安全特派员与铁路局没有隶属关系，开展工作相对超脱，能够及时反映真实情况，深刻剖析事故原因。

重在汲取教训

发生事故必然要追究责任，对于重大事故的责任者和相关领导干部一定要严肃处理，否则，将难以体现安全监管的震慑力，也无法对受害者和社会公众做出负责任的交代。不过，对于事故责任者的处理并非越严越好，应该掌握好“度”。

在我所熟悉的干部中，不少是因事故受过处分的，可是他们却在安全管理方面积累了丰富的经验。曾与我共事的牡丹江分局长王瑞章因事故被“记过”几次，可是通过汲取教训，他在企业管理上却做出显著成绩，并获得国家质量管理奖。所以，对于损失不大的事故，不一定对负有一般领导责任的主要干部予以严厉的处罚。只要他们有较强的责任感，能够认真汲取教训，在做出适当处分的同时还可继续使用。这样做，不但有利于干部队伍的稳定，也有利于经验的积累。倘若对主要干部调整、撤换过于频繁，将会导致短期行为，以致大家都不愿干那些既费时又费力的安全基础工作了。此外，处理事故要严格追查直接责任人和相关责任人，不可搞扩大化的株连，以免形成人人自危的氛围。

追究责任固然重要，查明事故原因、汲取教训更为重要。每件事故都是“富矿”，只要深入挖掘，就能找出诸多原因和教训。如此，我们对于 1998 年德国高速列车重大伤亡事故长达一年的调查，就容易理解了。如果事故定责过于仓促，就会忽略事故的深层次原因，以致给更大事故埋下祸根。只有认真剖析，查明原因，堵补漏洞，才能防止类似事故再度发生。

安全管理是我在担任部长期间摆在首位的工作，同时也是倾注最多精力的领域。值得欣慰的是，功夫不负有心人，那些年设备质量得到改善，职工素质有了显著提升，安全管理得到全面加强。在铁路持续提速的情况下，每百万机车总走行公里重大、大事故的件数下降 10%，险性事故下降 52%，行车事故造成死亡人数减少 92.2%，没有发生过责任特大伤亡责任事故，是我国铁路史上安全状况最好的时期之一。

十八　“三讲”教育

1998 年 11 月，党中央做出在县以上领导班子中开展以“讲学习、讲政治、讲正气”为主要内容的党性党风教育的决定，对此，社会上简称为“三讲”教育。铁道部党组按要求也相应做出部署。

被质疑的初衷

我这一辈子，尽管当过党支部书记、党委副书记，但都是兼职，不曾专职从事过党务工作。即使任职铁道部党组书记，由于同时担任部长职务，工作仍然以行政业务为主。多年的切身体验告诉我，如果一个部门、一个单位缺乏精神追求，风气不正，纪律松散，无论是运输经营、行车安全，都难以搞好。要解决上述问题，必须加强铁路系统党的建设，提高干部队伍的素质。不过，如何在市场经济形势下抓好党建工作，则是困惑我很久的问题。

中央决定开展“三讲”教育的那年，已主持铁道部工作的我，强烈意识到，这是加强党的建设的大好机遇，可以集中力量解决铁路系统一些深层次问题。

当时中央规定，“三讲”教育只限于党政机关，并不包括企业。不过，我心里却冒出一个念头：与其他部委不同，铁道部直管企业有一定的特殊性；若能在铁道部机关开展“三讲”的同时，借此“东风”，在铁路系统比照开展类似教育，将会使各铁路局、铁路分局、站段均有受益。这样想法得到了党组成员的认可。随后，我多次向中央提出请求——在各铁路局也开展“三讲”教育。最终，上级同意先搞试点，成功后再向全路推广。

对于为什么在铁路局等企业搞“三讲”，很多同志并不理解，有些同志觉得是“多此一举”“没事找事”，甚至有人怀疑我有什么个人企图，说什么“傅部长怎么突然对政治感兴趣了?”因此，我必须向全路做出明确的解释，并表明党组的决心。

在1999年4月召开的动员大会上，我强调了开展“三讲”教育的重大意义，说明这是解决铁路各级领导班子存在突出问题的需要，是促进铁路改革发展的需要。当谈到铁路各级班子状况时，我说，领导干部总体上是好的，不过有些干部在党性、党风方面仍然存在问题。突出表现在:缺乏学习的自觉性，心浮气躁，不读书，不思考问题;思想观念陈旧，理想信念淡薄;纪律松弛，搞“上有政策、下有对策”;报喜不报忧;乱投资、乱担保，造成巨额损失;以人划线，搞“团团伙伙”;热衷于拉关系，跑官要官;搞权钱交易，贪污腐化;不能开展批评与自我批评，搞一团和气，缺乏自我纠正错误的能力。在铁路系统开展“三讲”教育，就是要用整风的精神，开展批评与自我批评，切实解决上述问题，从而提高干部队伍的素质。

当时我还打算，在解决各级领导班子问题的同时，通过开展“三讲”促进铁路安全和路风建设。

对于安全事故问题，当时我感到最头痛的就是，能瞒则瞒，不能瞒的则“大事化小，小事化了”。这种风气之所以存在，关键在于干部自身的态度。领导干部本应以事故为前车之鉴，认真分析原因，及时汲取教训，并努力在今后将事故减少到最低限度。可是，有些人却不是这样，一旦发生事故，首先想到的就是如何推诿责任。我在哈尔滨铁路局任职期间，有个铁路分局突发客车脱轨事故，尽管没有造成人员伤亡，但中断行车时间过长，性质相当严重。我接到信息后，要求查明原因。其后，当事分局送上的《事故报告》解释说:一头猪突然冲上轨道，迎头撞上了疾驶的列车，脱轨是出于不可抗拒的原因。这份报告还附有猪的主人自认有责的“证言”。然而，几乎与此同时我却接到一份关于这起事故的举报，揭发有关人员弄虚作假，并说“证言”是编造的。我仔细审阅“报告”和“举报”，并加以对比，发现诸多疑点，于是要求铁路局安全监察部门做进一步调查。这时，有人找到我说：“哈尔滨铁路局的事故的确比较多，可别的路局也不少；对于没有伤亡的事故不必太较真，否则吃亏的就是老实人。”当时我为此感到困惑：这样对待和处理事故岂不是会带坏工作作风？我还记得，我任部长时安全监察司司长是丁圻鄂同志，他忠于职守，铁面无私，对于隐瞒事故者毫不留情，为此受到很大的压力，甚至还被主管副部长责难。有一天，他到我办公室递交辞职书。我听完其叙说后，鼓励他一如既往，顶住压力，继续干下去，并当场将其辞职书撕掉。那时自己也深深感到，不正之风不只是下面的问题，上层也不例外，必须一并严肃整治。

关于路风问题，也难以令人放心。乱收费、乱加价等现象屡禁不止，以车以票谋私时有发生；“铁老大”观念作怪，服务态度生硬，旅客、货主不满，社会反响不佳。尽管铁道部、铁路局都专门设有“路风办公室”，监管力度也不算小，但是不良事件始终屡禁不止。记得多年前，我在哈尔滨铁路局当局长时，群众曾把买票难的问题反映到黑龙江省政府。省长邵奇惠对此十分重视，他甚至亲自前往火车站排队买票，并叫我全程陪同，当时的尴尬之状至今难忘。担任部长后，我本人也曾在一次暗访中，碰巧将倒票的铁路职工抓个正着。倒卖车皮也非稀罕之事。

以上所说的问题，不管是安全，还是路风，深层次原因是“正气”不足。而“正气”不足则触及了职业道德，甚至人的价值观。如果就事论事，是难以解决的，我认为有必要借“三讲”东风，除积年之弊，行整顿之效。

良好成效

从1999年初开始，铁路系统自上而下分期分批开展“三讲”教育，持续两年时间。首先是部党组及部机关，接着是14个铁路局和部属总公司等单位，其后是46个铁路分局。再后，又在主要站段开展了“三讲”教育。总计，参加“三讲”的各级领导班子1640个，领导干部18700多人。此外，2001年以后“三讲”教育继续向下延伸，又用了一年时间，在全路3300多个站段、47000个党支部，以“学习理论、群众评议、查摆问题、认真整改”的方式，开展了“三个代表”的学习教育活动。就这样，前前后后，共持续了3年，有80万党员参与。规模之大、范围之广在铁路历史上是少有的。

“三讲”教育，是那几年铁道部党组重点工作之一。党组成员分头到联系点参加“班子”民主生活会，指导基层搞好教育，我的联系点是信阳机务段。时任铁道部政治部主任王宪魁同志把主要精力投入到这次“教育”之中，将“三讲”教育组织得有声有色。我本人也下了不少功夫，经常与铁路局的书记、局长们交流有关情况，审阅其党性剖析材料，并提出修改意见。后来，我还把信阳机务段作为联系点。

“三讲”教育收效良好。一是开门整风，全路共征求298万条意见和建议，一些意见相当尖锐，触动了很多干部。二是干部针对自己的突出问题，进行深入剖析。在民主生活会上大家面对面开展批评，这也是多年没有的。三是不少平时有误解的同志能够相互谈心，有利于消除隔阂。值得欣慰的是，在整改中解决了一堆“老大难”问题。比如：增强了大局意识，服从上级调度指挥，一些“卡脖子”限制口畅通了；加强了纪律性，对乱投资、乱借款、乱担保的问题开展了专项治理，挽回了部分损失；对隐瞒事故和路风事件的行为进行了严肃批评；在廉洁自律上要求严格了，针对住房、“小金库”、公款吃喝等群众反映大的问题，进行整改，改善了干群关系；干部的精神状态出现了可喜的变化，劲头更大了。

总之，通过“三讲”和“三个代表”的学习教育活动，提高了班子的战斗力，调动了群众积极性，促进了安全生产和路风建设，为提前实现全路扭亏目标发挥了重要作用。铁路的“三讲”和“三个代表”的学习教育活动多次受到中央表扬，两次在中央电视台集中报道，《求是》杂志还刊发了标题为《强基固本，当好先行》的文章，介绍了铁路开展“三个代表”学习教育的经验。2002 年，《人民日报》发表了我的题为《实践“三个代表”，当好发展先行》的文章。这些都产生了广泛影响。

几句心里话

由于铁路“三讲”教育范围很宽，特别是延伸到站段，起初我不是没有顾虑，主要担心“教育”活动以及随之而来的群众批评会影响基层干部的情绪和抓安全的精力。然而事实说明，由于事先抓了试点，积累了经验，加上运输生产安排得比较妥当，事故反而减少了。实事求是地说，那段时间各级干部都十分辛苦，既要参加教育活动，又要坚守自己岗位，节假日和晚上都不能正常休息，他们的奉献精神着实令人感动。

至于对我抓“三讲”曾引起了一定的质疑和争议，自己不是没有压力，不过由于心里没有“小九九”，就没理会这些。实话实说，那年我 61 岁了，已经没有什么个人企图了，只是想着“三讲”是铁路系统干部队伍的重要基础性建设，不仅是现实的需要，更加有利于长远。

事实上，那几年全路上下已经形成了比较和谐的局面，人心思进，铁路改革、运输、建设都取得明显进展。这说明下大功夫开展“三讲”教育是值得的。

当然，铁路“三讲”教育也不是尽善尽美，有的还是“走了过场”。几年后，我在反思这次“三讲”教育时，承认自己过于“理想主义”，当初的期望值过高。原本打算通过“教育”，更多地触及干部的灵魂，解决一些思想、理念等深层次问题，但是并没能完全达到既定目标。看来，自己对铁路存在问题的复杂程度以及对干部教育的长期性、反复性认识不足，这也说明自己还有书生气。

经验告诫我们，解决人的世界观、价值观问题，要靠锲而不舍的教育、磨炼和监督，企图通过一两次“学习”解决长期存在问题这种想法，是不切实际的。只有将班子建设持之以恒地抓下去，才能真正取得实效。当然，很多体制机制性问题也需要解决。

十九 交接班

关于我和继任者刘志军的“交接班”，是个相当敏感却又绕不开的话题。2011 年 2 月，刘志军因严重违纪问题被立案调查后，一时间社会上关于他的传说沸沸扬扬。几年间，不断有人带着疑惑，向我咨询有关情况，甚至有人当面询问，刘志军当部长是不是我推荐的?

经斟酌再三，我还是不得不说，在这里略用笔墨，尽量客观叙述我所了解的那一段“前尘往事”。

刘志军接班

2003 年，我年满 65 岁，按照任职年龄的规定，已经到了离开部长岗位的时候，因而需要有人接替。

依据相关程序，接替人选需提前考察。2002 年初，几位同志进入了备选名单，最终是刘志军走上了部长岗位，并在这个岗位上干了 8 年。

刘志军被“双规”后，人们都不禁提出同一问题——他是怎么上来的?

实实在在地说，刘志军还是从基层一步一步地干起来的。他于 1972 年进入铁路系统，先是在武昌工务段当养路工，后被提拔为团委书记、党委副书记，1981 年到铁道部举办的大学团干班进修后，相继被选拔为铁路分局、铁路局的领导班子成员。1994 年，他作为年轻后备干部进入铁道部党组，担任铁道部总调度长，两年后升任为副部长。

刘志军比我小 15 岁，刚进铁道部领导班子时，40 岁刚出头，给我的印象相当好。他有雄心、胆子大、干劲足、吃得苦，且年轻气盛、办事果断，对于认定的东西非常“执着”，常常不达目的不罢休，是个肯干事、能干事的人。我曾以一部老电影的名字，称赞精力充沛的刘志军为“我们村里的年轻人”。

1998 年，我接任部长职务时，刘志军是分管运输的副部长。他不但有丰富的基层工作经历，而且对于自己的岗位相当用心，晚上以办公室为家，经常熬夜，人称“拼命三郎”。我和他家住在同一个单元里，自然少不了往来，刘志军妻子洪金凤有时将其家乡的湖北红菜薹和甜酒送给我们，我的妻子唐曾妍也把东北亲戚带来的土特产转送他家。那时，我们之间来往较多，相处融洽，工作上也相互尊重、相互支持。

然而时间不长，我渐渐发觉，刘志军把分管的运输系统当作自己的属地，不愿别人过问。有些同志发觉他拉小圈子，是个有权力欲的人。也有人反映他利用紧俏车皮为自己编织关系网，关系户涉及权力部门人士和私人老板。对刘志军的生活作风，干部职工私下不乏议论，我本人也有所耳闻。此外，刘志军的个性很强，难于与人相处，和党组一些成员也欠融洽。1999 年，在“三讲”教育的党组生活会上，作为党组书记，我曾坦诚地请他注意上述反映，以期引起警惕。没想到，他对此有些情绪。有段时间，铁道部纪委不时收到群众来信，反映其胞弟——时任汉口站站长刘志祥的违纪行为。对于刘志祥的问题，武汉铁路分局的领导同志也听到不少群众意见，不过碍于刘志军的面子，没有调查处理。后来我专门找过刘志军，希望他能与其胞弟好好谈谈。他当时的表态还不错，可是从其后发生事情看，效果却不甚理想。

话题再回到 2002 年初那次干部考察。尽管刘志军在推荐中得票率不低，我还是坦率地向考察组谈了自己的看法，认为他不是合适的接替人选，而推荐了另一位同志。我的意见没被采纳，2002 年 9 月，刘志军被任命为铁道部党组书记。

刘志军是个消息灵通人士，得知我不赞成他接任部长后，对我的态度就变得十分微妙了。从 2002 年 9 月至 2003 年 3 月十届全国人大召开的半年间，我继续担任部长职务，他是党组书记，可两人之间的交流已经不多了。尽管如此，我还是尽量支持他的工作，以期顺利完成岗位交接。

2003 年 3 月 5 日，我作为代表参加了十届全国人大一次会议。3 月 9 日，我请假离开会场，回到铁道部主持有几十人参加的最后一次部长办公会。会议结束前，我做了 10 分钟的告别讲话，回顾了 40 多年来，尤其是在部长岗位上的 5 年同干部职工一起工作的经历，表达了自己对铁路事业的感情。并说：虽然我即将离开现在的岗位，但还会珍视在铁路的难忘岁月，珍视与同志们并肩战斗的友谊，并将继续为铁路改革发展献上一份力量。我讲得很动情。讲话结束后，会场响起长时间的热烈掌声。这时与会同志的眼光不约而同地投向在场的党组书记刘志军，期待他能代表大家讲几句话。然而，刘志军说："由于事前没有准备，就不讲了。"几天后，在全国人民代表大会上，我被选为全国人大常委会委员、财经委主任委员，刘志军则被任命为铁道部部长。

令我始料未及的是，他在接任部长后立即否定了上一届班子所做一些重大决定和相关工作。许多干部职工不禁提出质疑：刘志军本人也是上届班子成员，为什么那时有话不说，有意见不提？

分歧加深

我到全国人大工作后，很少去铁道部，却也陆续听到一些有关铁路方面的消息。干部职工对于刘志军的"新政"见解不一，有赞成的，有质疑的。我自己也有看法，不过除向高层有关领导同志有所反映外，从不公开发表意见。那个时期，有些单位曾邀请我做学术报告，每逢听众提问，都把我和铁路联系在一起。当问及对铁路"跨越式发展"的看法时，自己多以不了解铁路的近期情况为由转换话题。

有段时间，来自铁道部和南、北车公司的几位专家对刘志军大规模引进的做法提出质疑，认为以“市场换技术”、全盘否定自主研发的思路并不可取，并希望通过我向高层反映情况。我觉得他们的意见有些道理，所以先后向高层转送了几封信件，据说都有批示。对此，刘志军只是表面上应付一下，实际上依然“我行我素”。

过几年，到了2007年初。为党的十七大和随后的政府换届做准备，又有考察组到铁道部考核下一届部长人选，适逢我在外地出差。待返回北京，考察已结束，不过考察组还是专门听取了我的意见。我明确表示刘志军不适合继续留在铁道部工作，建议交流到其他单位。原因是：他好大喜功，急功近利；搞“一言堂”，听不得不同意见，甚至是党组成员的意见，难免导致决策失误。后来，不知道刘志军从哪里了解到我的态度，彼此关系就此越来越疏远了。

那些年，由于与刘志军关系不睦，有些人为避嫌与我来往少了，可是仍然有不少朋友，包括几位在职的部级领导干部，经常来看望我，所以至今我对他们还心怀感激。

我与刘志军在铁道部共事8年。尽管我与他没有直接的私人利益冲突，但在发展理念、改革思路、做人行事准则等问题上，存在一些不同见解。

关于发展理念

铁路要加快发展，而且要大建设、大发展，在这点上我和刘志军是完全一致的。在前文叙述中我已经写到，比如自己一直致力于加快铁路建设，对京沪高铁建设情有独钟，对秦沈客运专线的建设全力以赴，对新技术研发热情支持……不过，我始终认为在涉及巨额投资的问题上一定要保持理性。我与刘志军的不同在于如何加快发展。

我任部长期间，秘书班子给我起草的讲话稿中就曾出现过“跨越式发展”一词。在审稿时，我找来执笔人，提出最好不用“跨越式”这一新词，对于未来铁路建设前景的描述，仍然继续沿用韩杼滨部长的提法，即要“实现历史性的大发展”。毕竟，“跨越式”这样的提法容易让人与1958年的"大跃进"联系起来。众所周知,"大跃进"是非理性的、"运动"式的,甚至为了达到某些指标,不计投入,不计成本,不计后果。

我始终认为,"跨越"即"跃进"并非常态,且"跨越"是有条件的,或基于多年积累,或借助于外部援助。对于某些领域、某些地区,实现"跨越"是可能的,也是应该的。但是作为一个全国性巨型行业的整体而言,在行动上就要慎重了。

我清楚地记得,2002年12月30日,全国铁路领导干部会议结束那天,尚未接任部长的刘志军以铁道部党组书记的身份做了总结讲话,提出铁路要实现"跨越式发展"的口号。事先他没有与包括我在内的党组成员打过招呼。有些同志对这一新的口号并未在意,有些同志对此虽有议论,却不详其内涵,我却预感到这就是他的"施政纲领"了。接着我又想了想,这个"纲领"不可能是一夜间冒出来的,大概在他的脑子里以及核心圈子里已经孕育多时了。果不其然,他主政后便正式提出铁路实现"跨越式"发展的整套设想,随后广造舆论、制订规划、培训干部,一时间把整个铁路系统都调动了起来,发动铁路建设的"跃进"。不过,那时也存在不同意见。一部分干部职工认为应该抓住时机,因而表示拥护;也有一部分人认为好高骛远不切实际;还有人则持观望态度,保持沉默。

抓住机遇推动铁路建设,无疑是正确的。2003年政府换届后,轮轨与磁浮之争已经结束,高铁建设的技术路线已经明朗,那时完全有条件比较从容地按照科学发展的理念,系统地规划包括高铁在内的铁路建设。然而,刘志军过于着急了。不可否认,刘志军在高铁建设上曾创造了轰动性的业绩,对此媒体做过大量赞扬的报道。可我们也不会忘记他所造成的负面影响,很多干部职工对于他"情绪化决策""强攻硬上"的做法并不认可。2012年5月,中纪委关于刘志军违纪违法案件的通报指出:刘志军好大喜功,急功近利,不顾铁路建设的实际和客观规律,随意提高建设标准,擅自扩大建设规模,盲目压缩建设工期。刘志军自己在接受组织审查时也不得不承认:我对于追求跨越式发展提出的一些目标，听起来冠冕堂皇，实际上违背了国情、路情，但为了名垂千秋留功名，同时也为了捞取政治资本，我明知不可为而为之。

对此，大家记忆犹新。一是建设标准上，不分地区差异，不管是否需要，随意提高线路等级。非发达地区的几千公里客运专线，国家批复为时速200公里～250公里，而刘却自行改为350公里。二是建设规模上，擅自铺摊子，有些人口稀少的地区也建了高铁，导致运营亏损；恣意增加车站建筑面积，造价陡增。三是建设工期上，急于求成，忽视安全。一些线路尚未达到勘测设计深度，即仓促开工上马；有些设计未经充分试验验证，就急忙大面积推广，埋下安全隐患。胶济客专“4·28”和甬温高铁“7·23”等重大伤亡事故的深层次原因就是违反建设程序——“抢工期”的结果。四是“朝令夕改”，损失甚巨。比如，2003年胶济铁路电气化改造时，曾确定其设计时速为200公里，然而时至2005年，该线改造尚未完成，他却突然决定新建与其平行的时速250公里的客运专线（2011年时速又降至200公里）。还有，浙赣线开始按时速200公里实施电气化改造，仅两年后，又开工建设与之平行的时速350公里杭州—长沙高速铁路，结果是，刚刚改造的时速200公里既有线只能降级给货物列车使用。更有甚者，本已开工的时速200公里客货混跑的贵广铁路，却突然调升为时速300公里的客运专线，以致造成一些工程的废弃。至于机车车辆，适度引进是必要的，即缺什么买什么，而不应是不计代价的全盘引进。高速动车组由于本世纪初我国尚未实现小批量生产，为了应急可以从国外购买一二种，但不必一下子从不同国家购买四种不同车型。那时，许多专家认为，国产电力、内燃车机业已成熟，不必全面进口。然而刘志军不相信我国机车车辆工业的实力，固执己见，搞超大规模引进，以致前后花了2000亿元。此外，他为了拥有世界上单节功率最大的货运机车，同时请三家外国公司各自设计了6轴9600千瓦的机型，生产了1650台，然而由于粘着力的限制，难以发挥效用，仅此一项多花了120多亿元。

从2005年开始,“跨越式发展”的口号在铁路系统逐渐淡出,继而改为“和谐发展”了。即便如此,只讲投入不讲产出的势头并没有收敛。

关于改革思路

刘志军任部长后曾推行过一些重要改革,比如撤销铁路分局。尽管当时有各种议论,不过我认为方向还是正确的,力度也大。然而,他在铁路管理体制改革上的大思路却很难令人认同。

他否定上届部党组确定的“政企分开、市场经营、企业重组”的铁路改革方向,反而强化了铁道部“政企合一”的职能,将原来下放给企业的权力几乎全部收回,使铁路局这一“市场主体”徒有虚名。铁路多年推行的改革出现倒退,已经正常运营的客运公司被全部撤销。

投资多元化,是市场经济体制下的通行做法。在我国铁路建设缺少资金的情况下,本应支持地方铁路发展、建立合资铁路,鼓励企业购买自备车辆……然而,刘却以铁路实行集中统一管理为名,对地方铁路予以严控,对一些合资铁路公司加以刁难,将早年地方企业拥有的自备车以铁道部的名义一律强行收购。神华公司的一位负责同志在2008年就反映,刘志军将富有活力的朔黄合资铁路公司称作“怪胎”,力图遏制,甚至下令不准该公司购买的机车从国有铁路上“过轨”,迫使对方只得把机车分解,用汽车从电力机车厂所在的湖南运到千里之外的河北,再度组装。

很多人还知道,对于综合交通体制改革,刘志军也持消极态度,致使铁路错过了2008年交通大部制改革的时机。

关于行事准则

刘志军的思维不同于常人,有人称其为“不按规矩出牌”的人。倘若他能出于公心,去改革不合时宜的条条框框,有可能成为一个出色的领导干部。然而由于私心过重，其行事准则让人难以认可，比如：

——深谙“潜规则”，敢于“豪赌”，通过车皮审批、工程招标、干部任用等途径敛取钱财；通过利益输送，编织自己的关系网。

——偏爱权力，任性，听不得不同意见，常常越过党组独自做出重大决定。

——对于用人，他认为“忠诚比能力更重要”。上任部长两年，他就将铁路系统主要局级干部几乎更换一遍。有的刚年满40岁就被晾在一边，理由是，这些人“不讲政治”。而所谓“不讲政治”，不过就是没有向他本人“靠拢”而已。然而，但凡他看上的人，比如疑点颇多的张曙光，却不顾群众反映和党组多数成员反对，一再破格提拔。后来，张曙光问题真相大白，巨额受贿，被判死缓。这种任人唯亲的用人方式，助长了人身依附、“挖门子”的不正之风。这种不正之风对铁路干部队伍的损害是全局性的，不但把规矩搞没了，还把思想搞乱了。

对于刘志军的为人处事，坊间也议论颇多，流传的文字亦不算少。有的媒体为了吸引读者，捕风捉影地加以演绎，甚至胡编乱造，当然是不可取的。不过，有些说法却是事实，比如：

——言行不一。对于铁路改革方案，会上赞成，过后却坚决反对；对上承诺扶持国产机车车辆，而实际却彻底否定自主研发的机型；当初表态支持建设高标准的秦沈客运专线，后来却试图抹杀其历史地位。

——两种面孔。对上“会来事”，某些领导的子女乘火车都要亲自接送；对下属却不够尊重，如有得罪，轻则骂娘，重则撤职。在小圈子里，对“弟兄”们称其为“老大”颇为得意。

——双面人格。外表像个硬汉，敢打敢冲，暗中却请“大师”算命，在家烧香求神灵保佑。

沉重警示

2011年2月，刘志军因收取贿赂、徇私舞弊、道德败坏被免去铁道部领导职务。2012年，中央决定开除他党籍和公职。2013年7月，北京市第二中级人民法院对他判处死刑，缓期二年执行，剥夺政治权利终身，并处没收个人全部财产。

刘志军不但给党和国家带来损失，也给铁路事业造成严重伤害，尽管他在庭审陈述时声泪俱下，但为时已晚。教训是令人痛心的，不但他自己滑落深渊，也给家庭带来不幸。对此，刘志军本人应承担责任。然而，任何一个人都具有社会性，其问题并不是孤立的，也是与当时的社会风气、政治生态、价值取向、铁路管理体制分不开的。

清人唐甄有言："天下难治，人皆以为民难治也，不知难治者，非民也，官也。"刘志军的问题再次警示我们，加强对高级干部，特别是加强对一把手的有效监管是十分必要的。

要把住一把手提拔考核关。刘志军自1985年担任武汉铁路分局党委书记开始，直至2011年在部长岗位上东窗事发，未间断受贿，却得以升迁，这说明在干部考核上存在严重缺陷。考察干部，应营造讲真话的氛围，认真倾听不同的声音，不但要看考察对象在台面上的表现，还要注意其私下里干些什么。评价干部，不能把无视规则的人看作有魄力，也不能把善于规避规则的人当作有能力。不但要看其"政绩"，还要看他留下的债务和"负面清单"。

要加强对一把手的教育和监督。著名教育家蔡元培说过，一个人"若无德，则虽体魄智力发达，适足助其为恶"。许多落马高级干部正是由于忽视修德和世界观改造，丧失信仰，以至于心中无党纪、眼里无国法，走上了犯罪的道路。刘志军在认罪时也承认了这点：随着职务的不断提升，权力不断增大，自己的私欲——官欲、贪欲、色欲、功名欲越来越膨胀。刘志军出身于农村，幼时吃过不少苦，为什么当官后发生如此变化？值得深思。看来，为了防范类似腐败案件的重现，必须加强对干部的教育，使其坚定理想信念，不断明志修身，起码做到“私”不损“公”、“利”不乱“智”。与此同时，也要对干部加强监督，使其守住底线不敢腐。

要彻底搞臭“潜规则”。刘志军既得益于“潜规则”，也为其所害。“潜规则”的流毒对党的机体乃至社会风气危害极大，必须将其搞得臭不可闻，像过街老鼠一样，人人喊打。

要改革权力过度集中的管理体制问题。当时铁路政企不分、高度集中的管理体制，客观上为刘志军提供了营私舞弊的土壤。在这种体制下，一旦一把手出了问题，对整个系统带来的危害，相比其他行业要大得多。要防止“一把手”变成“一霸手”，需要改革管理体制、健全决策机制、编好制度的“笼子”。同时，必须坚持“权责对等”“有责要担当”的原则，对于用人失误造成严重后果的有关部门和人员一定要严肃追究责任。

“前事不忘后事之师。”深入反思刘志军案件，给我们很多启示，其中最根本的是从严治党。

前段时间，有媒体报道说，刘志军能主动认罪服法，获 2014 年度监狱劳动改造积极分子奖励，从死缓减为无期徒刑。他所写的《我对所犯罪行的反思与剖析》一文被监狱评为二等奖。尽管对此网民议论纷纷，各执一词，不过我觉得刘志军的悔改表现无论对他本人，还是对其家庭，无疑都是件好事，对世人既是警示也是教育。

第三编　天外有天

二十　任职全国人大

我是2003年3月到全国人大财经委任职的。此前，中组部部长贺国强同志找我谈了话，充分肯定了我在铁道部所做的工作，同时告知中央已提名我作为全国人大常委会委员、财经委主任委员的人选。这次谈话我颇感意外，因为自己从来没有搞过经济工作，对于能否挑起这副重担心里没底。在此之前，2002年5月一位中央负责同志曾问过我："离开铁道部以后干什么？"我回答说："做什么都可以，不闲着就行。"后来，我在湖南省被选为全国人大代表，因为我在株洲工作了23年，那里是自己认定的第二故乡。

2003年3月，在十届全国人大第一次会议上，我当选全国人大常委会委员和财经委员会主任委员。常委会委员实行差额选举。全国人大代表近3000人，代表们不可能对所有候选人都十分了解，因而年龄就成了被取舍的重要因素，落选者多是岁数偏大的同志。

全国人大下设9个专门委员会，财政经济委员会（简称财经委）是其中之一。

到了人大，我对工作不熟悉，首先得学习。那时得知，财经委员会的职能是：组织起草和审议有关经济法律，审查经济和社会发展计划、预决算，对经济运行情况进行监督，实施执法检查等。简言之，一是立法，二是监督。

我上任后第一件工作是主持刚改选的财经委会议，对国务院拟出的《2002年计划执行情况与2003年计划草案》《2002年中央预算执行情况及2003年预算草案》提出审查意见。其后，我代表财经委在人大主席团会议上做了《关于计划的审查结果》报告。那天，我因为第一次参加这样的会议，不懂相关规矩，竟不知应在哪里做报告。我从后面的座席起身(按姓氏笔画依次排座位,我的傅姓有12画之多),差点径直走上主席台,而那是常务主席(委员长们)的专座。幸亏及时瞥见主席台下方摆放有一张讲台,我才匆匆走了过去,这才避免闹出笑话。还有,按人大的规矩,报告人在报告前后都要向主席团和全体成员鞠躬致敬,我哪里知道这些!人大和政府的习惯不大一样,从这件小事可见一斑。

在人大工作需要丰富的知识。对于原来在政府部门搞过计划和财政工作的人来说,财经委主任委员是不难当的。因我长期在铁路工作,视野局限于两条钢轨,虽说算不上“井底之蛙”,但对外面世界和宏观经济了解不多,因而不补课是没有发言权的,更谈不上领导权了。于是连买带借,办公室的书架上摆满了参考书。

全国人大常委会每两个月开一次会,财经委一个月开两次全体会议。那时办公室十分紧张,多数委员没有条件“坐班”,开会即来,散会就走。而我这个主任委员则须全天候值守,基本上是上午8点前上班,下午6点离开。不过,这相对于铁道部的工作还是轻松了不少,起码没有安全和经营压力了。

十届全国人大财经委组建时,共有委员34名,其中副主任就有10名,都是名人。石广生原是外贸部部长,主持过WTO的谈判,对经济工作相当熟悉,有很强的宏观意识。王梦奎曾任国务院发展研究中心主任,经济理论著作颇丰,也是全国有名的“大秀才”。周正庆当过中国人民银行党组书记、国务院副秘书长、证监会主席、金融专家。刘积斌先后担任过财政部副部长和国防科工委主任,对财税、经济都十分内行。贾志杰曾任甘肃省省长和湖北省委书记,眼界开阔。郭树言原来是国家科委副主任、湖北省省长、国家计委副主任,经验丰富……此外,委员中,还有年长的企业家、经济学家以及一些有培养前途的年轻干部。总之,财经委成员来自四面八方,知识渊博,在讨论国家财经问题时,能抓住要害,发表有针对性、有见解的意见。

财经委下设有一个20多人的工作班子,大部分是30至40岁的年轻人,其中多数是北京大学、人民大学等名牌大学毕业的博士和硕士，不但有较强的理论基础，也有不错的文字功底。我常常到他们的办公室里走走，一起讨论问题，很是受益。其中，几个年轻人甚至与我结成“忘年交”，至今联系不断。

从2003年开始到2008年，我在全国人大工作了5年。回首这段往事，觉得时间过得很快，又很不平凡。那5年，国家经济实现高速发展，社会取得长足进步，国际地位空前提高。那5年，财经委也围绕党和国家工作大局，依法履行职责，做出了自己的贡献。2008年初，十届全国人大财经委举行第100次会议，也是届满前的最后一次会议，利用这个机会，我对财经委的工作做了简要回顾和总结，摘要如下：

各位委员：

时光荏苒，十届全国人大财经委员会的任期即将结束。5年走过的历程看似平常，其实是令人难忘的。

记得2003年初新一届财经委员会刚成立时，包括我在内的多数委员都以为在人大发挥好余热就行了，可是通过学习吴邦国委员长的讲话，认识到人大专门委员会虽然不是“火线”，但也不是“二线”，依然还是“一线”，从而增强了自身的责任感、使命感。

5年里，委员们认真履行宪法和法律赋予的职责，保证了各项工作的完成。

本届财经委员会共起草和审议31部法律，是历届中较多的。牵头起草的《证券法(修订)》、《企业破产法》、《合伙企业法(修订)》、《节约能源法(修订)》等，已提请常委会审议通过，《企业国有资产法》已上报常委会初次审议。此外，《融资租赁法》、《期货交易法》、《资产评估法》、《税收基本法》等正在起草。同时，还审议了多件由国务院有关部门起草的法律草案。

这些法律对于落实科学发展观、推动经济体制改革提供了有力的保障。《企业破产法》、《企业国有资产法》起草难度大，经过反复协商和修改，较好地解决了长期争议的问题。这两部法律对于形成中国特色社会主义法律体系将发挥支架作用。

执法检查也是财经委员会的重要工作。在常委会的领导下，我们承担了《建筑法》、《统计法》、《安全生产法》、《劳动法》、《节约能源法》的执法检查。委员们深入实际，调查研究，针对经济发展和群众关注的热点问题，提出了许多有价值的改进意见。例如，在建筑法执法检查中，我们提出了用3年时间解决2003年以前拖欠的农民工工资的要求。国务院对此高度重视，抓得很紧、很实，效果明显。

在计划、预决算审查和经济工作监督中，委员们坚守了职责。每季度的经济形势分析会上，由于事前调研，研读资料，做到心中有数，大家的发言有根有据。财经委对经济形势的分析和判断是比较准确的，提出的意见和建议是很有分量的，有力地促进政府部门改进工作。在经济工作监督方面，我们也摸索出一些好的经验。在计划、预算编制上，事先与发展改革委、财政部等部门进行沟通，效果是好的。

5年来，财经委员会共审议全国人大代表提出的议案1069件，占全国人大全部议案总数的1/3，数量也是历届最多的。在议案处理的过程中，我们加强了与政府部门的协调，实事求是地提出办理意见，议案办理质量有了明显提高。

本届财经委抓住经济工作中的热点、难点问题进行专题调研。事实表明，没有调查研究就没有发言权，只有深入研究问题，才能不断提高监督的水平。调研越有深度，形成意见越明确，监督就越有力度，效果就越好。

与此同时，我们注重加强了自身建设。抓紧政治和业务学习，举办知识讲座；坚持委员会会议制度，重要事项集体讨论；加强培训工作，调整充实了机关干部队伍。这5年是财经委团结、奋斗的5年。委员们彼此支持、相互配合，这是搞好工作的保证。虽然多数委员已年过六旬，但尽职尽责，体现了“老骥伏枥”的精神风貌。年轻的委员富有活力，不但承担了大量具体工作，也给委员会带来了蓬勃的朝气。工作人员认真负责，奋发向上，他们辛勤劳动支撑了委员会的正常运转。这种敬业精神，应该继续发扬。

本届财经委员会一直得到常委会的关怀，吴邦国委员长，李铁映、盛华仁副委员长经常悉心指导财经委员会的工作，这是我们较好履行职责的重要前提。

5 年时间不算很长，彼此却建立了深厚的友谊。财经委员会是值得留恋的集体。

在全国人大工作的 5 年，给我留下珍贵的回忆，有些往事还不时浮现眼前。

《建筑法》执法检查

2003 年夏天，全国人大常委会组织贯彻《建筑法》执法检查，第一站去了黑龙江省。李铁映副委员长任组长，我为副组长。出发前在北京开了几个座谈会，按照会上征得的意见，我们打算重点盯住工程质量和施工安全问题。然而到了基层，情况完全出乎预料，呼声强烈的却是要求解决拖欠工程款以及农民工工资问题。根据实际情况，检查组调整了工作重点，就工资拖欠问题，从包工头一直追溯到建筑企业。经过摸底，我们发现拖欠的源头主要是建设单位，有的涉及地方政府部门。

检查结束后，李铁映副委员长在全国人大常委会做执法检查报告时特别点出拖欠工资问题，并建议 3 年内基本还清 2003 年以前拖欠的工程款和农民工的工资。随后，我在分组会上做专门发言时指出：拖欠工资不只是黑龙江省，在全国具有普遍性，已是群众关心的热点问题。解决难度很大，必须抓住不放。之所以发生拖欠，有的是企业老板黑心，有的则是地方政府的问题，检查组就发现黑龙江省一个政府部门因建办公大楼欠下某建筑公司 2800 多万元工程款。事实上，全国不少城市都在大兴土木，有的被老百姓称为“书记大道”“市长广场”“政绩大厦”。钱从何处来？主要是卖土地，如果还不够，就拖欠工程款。据初步统计，当时全国大约拖欠有 3365 亿元，问题相当严重。拖欠工程款的主要受害者是施工企业和农民工，有的农民工一年到头拿不到工钱，春节回不了家，影响社会稳定。

我们执法检查组的建议，引起中央高度重视。国务院为此专门做出决定，立刻在全国范围内开展大规模的工程款清欠工作。一时间，各省市闻风而动，城乡建设部更是乘势而上，部长汪光焘亲自上手，一个省一个省地抓落实。据有关报告称，到2006年底，农民工都拿到了被拖欠的工资，合法权益得到维护。

由此看来，人大对看准的问题紧紧抓住不放，监督工作才能取得成效。

关注统计工作

我多年来从事交通问题研究，遇到最大的困难就是缺乏准确的基础数据。由于统计口径不同，加上数字不准，要想做出正确的比较分析相当困难。比如公路运输，私人车辆越来越多，要测算出各种汽车的总运量难度不小。在这种情况下，有的地方就用“经验加估计”的办法做出“统计”报表。

2004年，我参加全国人大常委会关于落实《统计法》的执法检查，发现的问题大致分为两种。一是基层统计机构不独立，有的设在计划部门，这样的管理体制往往会使“统计”跟着“计划”跑。二是存在弄虚作假现象。一些大型企业为了排位争先，有虚报行为；有的中小私人企业，为了少缴税款，存在瞒报问题；某些地方政府为了完成考核指标，插手“审查”数据，竟有一个镇长将企业上报的产值后面加个零。尽管这是少数人的行为，但正如有人指出的那样，“数字出官、官出数字”的问题得不到解决，统计造假就难以避免。

2006年初，财经委第58次会议听取了国家统计局关于第一次全国经济普查工作情况的汇报。根据普查结果，我国2004年GDP比常规统计多出2.3万亿元，相当于当年台湾地区的GDP。有人解释这是由于第三产业存在漏统问题造成的。对此，委员们议论纷纷。我谈了两点认识：第一，第三产业统计不准，是统计方法问题还是操作问题？如果是方法问题，解决起来比较容易，如果是有关企业人为

"操作"的问题,解决就难了,希望分析研究。第二,各省市发布的地方 GDP 与国家的统计数字相差不少,而地方的数据又是事先经过国家统计局审核的,这如何解释?统计工作应进一步改进。

我一直认为,统计数据非常重要,它是监控经济社会运行态势、制定宏观调控政策的重要依据。如果统计数据失真,无论是对当前问题的分析,还是对未来计划的制订,都缺乏可靠的基础。因此,要坚持统计的科学性,增强统计工作的独立性,加大对违法行为的惩罚力度。

后来,国家统计局启动企业统计数据向上直报的方式,减少了地方政府的干预,这是很大进步。

情系农民工

当今中国的进步,农民工功不可没。我家先后请过的几个保姆都是农村妇女,新居装修请的也是来自乡下的农民工。几年前,在铁路工作时,春运的主要服务对象也是打工的农民。农民工为了养家糊口,挣点钱真是千辛万苦,是社会弱势群体。尽管通过闲聊,我对他们的境遇有所了解,但是知道的毕竟还是太少。

2005 年 10 月,我参加全国人大常委会《劳动法》检查组,去华东地区开展执法检查,重点关注的就是农民工。

那次,我们先后到了几十家企业,开了不少座谈会,还与一些打工者谈了心。

总的来说,各地在贯彻《劳动法》、协调劳动关系、保护劳动者权益方面,取得了明显成效,农民工的收入比在家乡务农提高了很多。不过,也发现不少问题。

首先是中小型企业劳动合同签订率低,还不到 20%,企业主随意解除合同的情况时有发生。其次是超时加班相当普遍,忙季节每天工作 10 到 12 小时,赶工时甚至更多。有些农民工每月只能休息 1 天。再者,不少企业把最低工资标准当作正常的工资标准执行,有意压低职工收入，拖欠工资情况也屡见不鲜。此外，对6家建筑企业1.6万名农民工进行的调查显示，多数都没有参加基本养老保险，其他险种的参保率也不高。据了解，上述问题在其他省市也普遍存在，甚至更为突出。

我们感到解决问题的紧迫性，但某些基层官员却不以为然。他们认为，地方要想加快发展必须招商引资，而招商引资必须要有优惠条件。如果劳动者工资定得高，社会保险上得全，就把投资人吓跑了。

尽管各有各的看法，但检查组却认为，必须依法保护劳动者，特别是农民工的利益，并为此提出几项建议：一是全面推行劳动合同制度，明确用人单位是签订劳动合同的责任主体，不签订合同视为违法行为，三年内都要与劳动者签订合同。二是严格执行最低工资保障制度，查处不执行最低工资制度的企业，适时调整最低工资标准。三是抓紧解决农民工参保问题，强化企业参保义务，逐步解决养老保险异地转移接续问题。执法检查后，在人大常委会审议《〈劳动法〉执法检查报告》时，我讲了以下一段话。

大家经常说，我国存在城乡二元结构，现在看来，城市也有出现二元结构的可能。户籍市民和农民工会不会形成两个不同的层次？通过执法检查，我感到很多农民工是“二等公民”。他们在城市没有户口，没有住房，没有社会保险，子女上学也很困难。一些国家的教训值得我们警惕。巴西在上世纪50年代到80年代城市化进程很快，由于进城的农民找不到工作，又没有住处，于是就在大城市周围逐渐形成了贫民窟，成为十分头疼的社会问题。前一段时间，法国一些城市发生社会骚乱，原因是非洲移民没有融入当地社会。有鉴于此，如果城市出现二元结构，将会带来不稳定因素。必须想办法使农民工逐步融入城市，为此，有些政策需要调整。目前，很多农民工不愿参加养老保险。这是因为他们的流动性大，按现行办法他们交的保险费难以跨行政区结转。然而，如果没有养老保险，二三十年后怎么办？谁来为这一亿多农民工养老？所以，当务之急是要设计出适合他们的保险制度，这样才有利于社会安定。

那次人大常委会对提高最低工资标准问题展开了讨论。部分来自企业的代表认为，工资过高将影响我国的竞争能力。对此，我反驳说，近年来，我国收入分配已经呈现向资本倾斜的状况，劳动报酬占GDP的比重不断下降，同期企业收入所占比重却不断上升。2006年全国财政收入3.9万亿元，同比增长24.4%，规模以上企业利润增长31%，而城乡居民收入只分别增长10.4%和7.4%。1996～2005年的10年间，全国企业利润增幅为28.62%，而同期职工工资总额年均增长9.15%，农民工工资增长更慢。应该让广大劳动者分享经济增长的成果，因此，必须提高劳动者最低工资标准。

这次执法检查，促进了《劳动合同法》的制定。2007年，全国人大常委会通过了《劳动合同法》，这对于保护劳动者的合法权益，发挥了重要作用。有了法律保障，农民工的状况已经有了明显改善。

修订《节约能源法》

十届全国人大财经委起草和审议的法律案有31部之多，其中由我牵头的只有一部，即《节约能源法(修订)》。2006年初，成立由有关部门领导同志和专家组成的起草组，我担任组长。

众所周知，节约资源、能源是我国的基本国策，而法律是落实这一基本国策的根本依据。有鉴于此，早在1998年我国颁布了《节约能源法》，并发挥了重要作用。然而，进入21世纪以后，随着我国经济的高速发展，能源消费增长超出预料，利用效率低、污染环境的问题也凸现出来。此外，我国建筑、交通、公共机构等领域的能源消费所占比重越来越大，而这些领域在《节约能源法》中缺乏有针对性的规定。还有，原有法律条款较粗，不便操作。因此，对《节约能源法》加以修订尤为必要。

修订花了两年时间。我们对原法做出较大修改，形成《节约能源法(修订)》草案，后经全国人大常委会两次审议，于2007年10月28

日通过。修订后的《节约能源法》由 6 章 50 条变成 7 章 87 条，我觉得有以下几个亮点。

——扩大了调整范围，增设建筑节能、交通运输节能和公共机构节能方面的条款。

——健全了节能标准体系和监管制度，要求对耗能产品制定强制性的能效标准并增强政策激励。

——明确了节能管理和监督主体，强化法律责任，加大处罚力度。

我们在修订这部法律的同时，还推动有关部门制定配套标准达 50 多项，法律的可操作性得到增强。

在新《节约能源法》颁布后，国务院随之制定了《公共机构节能条例》和《民用建筑节能条例》，设立节能专项资金对节能产品实行补贴，各级政府开始实行节能目标问责制，有力推动了全国的节能工作。

通过这部法律的修订，自己受益匪浅。由于我长期在铁路工作，对法律知识了解甚少，因而为担任起草组组长，我不得不学习有关法律和专业知识，并与一些专家相识。后来，正是这些专家把我这个“门外汉”推荐到“中国节能协会”任理事长的。

为修订《节约能源法》开了不少研讨会，有一次是在武夷山举办的。那是 11 月中旬，天气阴冷，可与会者热情却很高，对法律“草案”评头品足，发表了许多独到见解。我记得，有天突降暴雨，一位 80 岁的老专家在去会场的路上被淋得湿透，我为此曾非常担心。幸好他没有发烧，否则我会感到内疚。

当然，立法过程是各种意见交锋和平衡的过程，有的意见被采纳，有的则被搁置，这都是正常的。例如，有关部门关于设立“能源管理师”的提议被一再否决；对设置“财政安排节能专项资金”，虽有分歧，可最后还是写了进去。正是这后一条，对推动节能起了重要作用。

遏制“台独”

2005年3月14日，我作为全国人大代表，参加第十届全国人民代表大会第三次会议，投票表决《反分裂国家法》。

制定这部法律的背景是，陈水扁上台后不承认台湾是中国的一部分，频频抛出“台独”分裂言论，并公然提出三四年内终结现有宪制规定，催生一部“新宪法”。他还说，中国大陆是“外国”“敌国”，扬言要以“台湾”的名义加入联合国。

制定《反分裂国家法》，就是为了反对和遏制“台独”势力，促进祖国统一，绝不允许“台独”势力以任何名义、任何方式把台湾从中国分裂出去。

与其他法律文本相比，这部法比较简单，仅有10条。对于这部法律，曾有人建议称之为《国家统一法》。不过，为更具针对性，也更易被广泛接受，最后定名为《反分裂国家法》。

按照惯例，一般法律只需提交全国人大常委会审议，而《反分裂国家法》却交由全国人民代表大会表决，彰显了其特殊重要性。

大会表决那天，我在人民大会堂参加了整个过程，所有代表无一例外地投了赞成票。投票结果在会场大屏幕上一经显示，全场顿时响起雷鸣般的掌声，经久不息。以往，无论在法律、决议的表决上，还是人事任免上，能得到100％赞成票的，在全国人大历史上实属罕见。《反分裂国家法》的一致表决通过，真切地表达了全国人民期盼国家统一的共同心声。

经济监督

按照法律规定，每年2月，在全国人民代表大会召开前，财经委要对当年的国民经济发展计划草案、中央财政预算草案进行审查。每年7月，在人大常委会听取有关计划、财政部门报告前，财经委也须事先介入，掌握信息。此外，每季度财经委也要听取发展改革委、财政部、商务部、人民银行、统计局等部门负责人的汇报，开展经济形势分析，形成简报，并在《人民日报》等媒体上发表消息。一次，某部只派位司长参加会议，我跟他说，“这不行，得按规矩办。”无奈他只好打电话把部领导找来。事后有人说，这样做是不是有点过分了？我答道，只有单位负责人直接听到委员们的意见，回去后才会以更大力度改进工作。

政府经济管理部门权力过于集中，加强监督尤为必要。财经委的委员们每次对计划、预算审查时都很尽心，他们提出意见有分量，有的还十分尖锐，尽管会让有关部门的领导同志遭遇尴尬，但对其改进工作不无裨益。有一次，财经委对综合部门调控不力提出尖锐批评，有关文字见诸报端，并引发外界许多评论。对方觉得难以接受，就反映到人大高层那里去了。人大高层的回答直截了当：“监督政府部门是财经委应尽的责任。”无疑，这是对我们委员会工作的有力支持。

那时，作为财经委主任委员，我也经常在全国人大常委会上对经济问题发表意见。在此，摘录我在十届全国人大常委会二十三次会议审议 2006 年（“十一五”规划的第一年）上半年经济工作时的发言。

发改委所做的《关于今年以来国民经济和社会发展计划执行情况的报告》，总体觉得很好，总结了成绩，点出了问题，提出了今后几个月采取的措施。的确，今年以来，经济形势基本面是好的。夏粮丰收，工业运行也不错，市场销售稳中求旺，财政收入大幅增加。然而，正如报告里所说的，我们对存在的问题不能掉以轻心，如投资增长过快、信贷投放过多、资源环境压力过大等等。我认为这些分析是实事求是的。

不过，我觉得报告对存在问题的分析还显得不够。具体而言，就是对照 2006 年经济社会发展预期目标分析得很少。花了很大功夫，制订和通过的《“十一五”规划纲要》和《2006 年经济社会发展计划》，不能放到一边去。我们应对照设定的计划目标进行对比分析。目前情况是经济运行指标比原定计划高出很多。在报告中应该做些说明,为什么实际执行比计划偏离了这么多?到底是计划的指标定得保守了,还是发展速度太快了?

其实问题是清楚的:就是投资增长过快,信贷投放过多,土地和信贷"两个闸门"控制得不严。关于控制"两个闸门",2004 年就开始讲了,两年以后又重现了同样问题,应认真分析背后的原因。首先是投资过大问题,还有就是干部管理体制和干部政绩观的问题。最近,我和一些省市人大财经委的同志交谈,他们当中有的当过省发改委主任,有的当过财政厅厅长,在政府里管过经济,都认为投资居高不下,重要的原因是干部的政绩观在起作用。

我觉得,现在是评估投资体制问题的时候了。中央三令五申控制新开工项目,为什么控制不住?谁对投资效果负责?前些时候,我跟几位国有企业的负责人聊天。他们说,搞技术改造、扩大生产能力主要得靠银行贷款。贷款谁来还呢?用他们的话说,自己干不了几年了,考虑不了这么多,而且企业是国有的,考虑太多,企业无法发展。

另外,财税体制是不是也存在问题?作为地方的领导,谁都想把本地区的事情办得好一些,但是钱从哪里来?没有投资也就没有税收和财政收入,所以得上项目。

关于信贷投放问题,我认为报告分析得也不够。去年,中央经济工作会议定下来的方针是"实行稳健的货币政策"。这半年来,偏离了这个方针。现在的货币政策不是稳健的,而是扩张性的。今年新增贷款目标为 2.5 万亿元,看来 3 万亿元也可能打不住。所以我认为,要分析一下,为什么偏离了中央定的"稳健的货币政策"?银行为了盈利,尽量往外贷款,导致流动性过大。

由于大规模投资,我很担心银行的坏账会越来越多。2005 年投资效果系数只有 25%,相当低。我们现在投资是不是都是有效的?有的可能是无效的,原因是重复建设、超前建设。高速公路,据说到 2010 年前后有可能达到美国的水平。

宏观调控也存在问题，制订《“十一五”规划纲要》的时候，各地的GDP规划指标都比中央高，几乎是层层加码。速度发展这么快，到底好不好？有的同志说，当前特点是高增长、低通胀，是发展的一个大好时机。但是我并不这么认为。如果高速度是以经济社会发展失衡为代价，我们就要慎重考虑了。这里有环境的代价、资源的代价、资金的代价。

为此，我建议：对经济发展，要进一步统一认识，统一到落实科学发展观上来，统一到中央的决策上来。主要依靠高投资拉动GDP的增长，问题很多，是不可持续的。我同意发改委的意见，就是当前主要应急的措施是继续关紧两个“闸门”，以及提高一个“门槛”（市场准入）。但是除了应急的措施外，我们还要研究长远的措施。长远的措施包括要深化改革，切实转变政府的职能，当然财税体制也需要研究，另外还要关注环境成本、资源成本。为了补偿低估了的资源成本，应该开征资源税，提高资源的价格。

政策研究

在财经委的五年，我一方面为国家发展成就感到欣慰，另一方面也深切地认识到我国经济发展存在不少问题。而解决这些问题，必须在转变发展方式上下功夫。

2006年，由我和预算工作委员会副主任冯淑萍牵头，组织财经委经济室的李命志、张雪松同志和一些学者，就制约我国经济可持续发展的若干问题开展专题研究。因为我们觉得，不搞些深层次的研究，监督工作也就抓不住重点。一年时间里，我们写出30万字的研究报告，归纳出四个方面问题，并有针对性地提出了对策。研究成果以《破解瓶颈制约，推进科学发展》为名在内部出版。报告点出，我国经济发展机遇前所未有，挑战也前所未有；我们必须增强忧患意识，居安思危，高度重视并及时解决前进道路上的问题；要贯彻落实科学发展观，破解制约我国经济可持续发展的各种约束，为实现经济又好又快发展做出贡献。主要观点摘录如下。

一、加强能源资源节约和生态环境保护，增强可持续发展能力

我国能源资源消耗和污染物排放总量都居世界前列。我国重要矿产储量不足，供应增长困难；石油等重要矿产品储备不足，难以应付突发事件。土地资源紧张，生态环境透支，污染有加重的趋势。因此，必须坚持开发与节约并举的方针，调整产业结构，控制经济增长速度。当增长速度与增长质量发生矛盾时，速度应该服从质量。

深化价格、财税改革，形成有利于节能环保的激励约束机制。目前，重要资源或资源性产品的价格偏低，助长粗放型生产。要理顺资源性产品价格关系，使其能够反映要素稀缺程度和市场供求关系，反映资源能源使用的全部成本。为此，要健全矿产资源有偿使用制度，提高资源税税率；尽快开征燃油税；扩大耕地占用税和城镇土地使用税的税基，提高税率；制定财税优惠政策，鼓励节能环保技术的开发和推广。

在资源环境保护方面，突出的问题是监管不力、执法不严、违法不究。为解决这些问题，要强化环境保护、增强国土资源管理等监管部门的垂直性和独立性，减少地方保护主义干扰；制定强制性的节能环保标准，加大检查力度；土地规划要经过同级人民代表大会批准，不得随意修改。

二、调整国民收入分配结构，向劳动者倾斜，提高居民消费水平

国内消费需求不足，已经成为制约我国经济持续发展的重要因素。消费不足的直接原因在于普通劳动者收入水平偏低，深层次原因在于国民收入分配结构不合理。解决消费不足要从调整国民收入分配入手，逐步提高居民收入在国民收入分配中的比重，扭转分配差距扩大趋势。为此，要加快工资制度改革，确保劳动者报酬的增长速度；要增加农民收入，特别是农民工的收入。

我国社会保障体系尚不健全，城镇劳动者的社会保险覆盖面较窄，大量农民工没有享受到城镇的保险等福利制度。要尽快建立健全覆盖城乡的社会保障体系，继续深化医疗等方面的改革，同时要提

高非公有制企业职工和农民工的参保率，探索建立农村养老保险制度，普及新型农村合作医疗制度。

三、深化财税体制改革，突出财政公共服务职能，推动经济增长方式转变

要围绕基本公共服务均等化和主体功能区建设，完善公共财政体系。

财税体制对于经济增长方式具有重要影响。在现行以流转税特别是增值税为主体的税制下，只要企业生产经营，无论盈利与否，都可以征税，客观上起到了鼓励上规模、上速度、上重化工业等项目的作用，支持了粗放型经济增长，不利于经济增长方式的转变。要完善公共财政体系，按照财力与事权相匹配的原则，调整中央与地方收入分配关系；对不同主体功能区域，实行不同的考核标准，对限制开发区域不应考核生产总值等指标；推进增值税转型，逐步建立起以流转税与所得税并重的税收制度，不断提高资源税和环保税在税收总额中的比重。

调整优化财政支出结构。突出公共财政职能，重点解决民生问题。财政进一步向农村倾斜，向社会事业发展的薄弱环节倾斜。

严格预算管理，抑制地方政府投资冲动。目前地方政府直接投资比重看似下降了，但间接控制的投资仍然不少，风险很大。要把所有政府可控资金纳入预算管理。将土地出让收入、国有资本经营预算收入纳入预算管理，约束地方政府负债搞建设行为；坚决纠正“新官不还旧账”、只管自己任内发展、把还债的责任留给后任的做法。

四、做好金融工作，维护金融稳定和国家经济安全

近年来，金融监管水平不断提高，金融企业竞争力进一步增强，但是潜在风险仍在积聚。我国外汇储备过快增长，占款大幅度增加，从而引发流动性过剩，加大了通胀压力。要综合运用多种货币政策工具加强流动性管理。一方面，要调整优化进出口结构，控制“两高一资”产品出口，扩大进口，努力缩小外贸顺差。另一方面，要建立健全货币市场、资本市场和保险市场协调发展的机制，提高直接融资比

重，减轻商业银行的压力。

巩固国有商业银行股份制改革成果，严防不良贷款反弹。在宏观形势好的情况下，很多问题容易被掩盖，一旦经济发生波动，金融领域多年积累的风险很可能会集中暴露。这些风险主要是：产生银行不良贷款的体制和机制因素尚未从根本上消除；政府类贷款发展较快，其中不少难以还本还息；医院、学校等非营利机构贷款的规模与日俱增，隐患很大。为此，银行要坚持稳健经营的原则，地方政府要建立信用风险防范机制。坚决纠正在“银政合作”“经营城市”中存在的不当做法，防止出现新的政企不分和由此导致的大量银行坏账的产生。

加强金融监管能力建设，维护金融市场稳定与安全。人民币升值预期很高，热钱流入对我国金融体系的冲击不可低估。历史经验告诉我们，一些持续时间最长、后果最严重的经济、金融危机，往往发生在长期较宽松的货币政策之后。金融越发展，越要加强监管。

《研究报告》的摘要稿上报给了中央领导同志，得到很高评价，吴邦国委员长多次提到这篇报告写得好。之后，报告的很多建议得到采纳。

二十一　加入院士队伍

很早以前，我就视中国科学院、中国工程院为崇高的学术殿堂，对院士亦尊敬有加。从 1996 年开始，我曾兼任过铁道科学研究院院长 5 年，自然与那里的院士接触得较多，且逢年过节还要去他们家里慰问，其中有著名桥梁专家程庆国，爆破专家冯叔瑜，土建专家卢肇钧、周镜等。那时院士们房子都很小，有的和儿女们挤在一起，连个像样的书房都没有。于是，我决定给他们建座小楼，并取名“院士楼”。后来我辞去铁道科学院院长一职，与科技界的联系就变得少了。

接受推荐

2001 年元旦刚过，铁道学会的同志们跟我说，中国工程院刚刚组建的工程管理学部，希望铁路系统推荐既有技术背景又在管理方面颇有造诣的人士。他们认为我是合适人选，并已着手整理推荐材料。我由于没有一点思想准备，就婉言谢绝了这一好意。同时，我还获悉铁道部一位技术专家也被推荐，自己就当即表态支持。不知为什么，铁道学会在未经我同意的情况下，仍然把我与那位技术专家的推荐材料一并上报到中国科协。那时，铁道部没有提名权，中国科协是铁道学会的上级单位，也是推荐工程院院士的一个渠道。

铁道学会为我编写的推荐材料，由于缺少我本人的确认签名，没有通过中国科协的形式审查，当然也就没有上会评审。那位专家由于票数不够，也未能过关，这样就意味着铁路系统将无人能进入工程院管理学部。当时已是 2 月，距推荐截止时间仅剩两个月，为此铁道部人事司比较着急，找到我说："铁路不应失去这次机会，您是比较合适的人选。"犹豫几天后，我打电话给科技部部长徐冠华院士，向他咨询。他认为我大体符合条件，并鼓励我接受提名。那时，除科协的渠道外，还可以通过科技部推荐院士。我抱着试试看的态度，在有关推荐材料上签了名。材料中写道，我在科技方面的成绩主要有两点：一是组织研究开发新型机车车辆，形成了自主品牌系列产品，适应了铁路发展的需要；二是参与组织和领导了中国铁路大提速，取得了优异的经济效益和社会效益。

其后，我作为工程院管理学部院士的候选人先后经历两轮"背靠背"式评审。第一轮，按专业背景，被分到机械运载学部评选，并获得通过。进入到第二轮，在工程管理学部讨论时，与会者觉得对我了解尚少，便请其他学部有铁路背景的院士进行咨询，就学术成果、廉洁自律方面，提了不少问题。

当年12月12日，遴选结果公布，我有幸成为工程院院士。对此，国内有的媒体曾做简短报道："中国工程院工程管理学部成立后的首次增选产生5位院士，铁道部现任部长傅志寰名列其中。"当时，《人民铁道》报准备加大宣传力度，我谢绝了报社的好意，也未让铁路有关部门转发相关消息。

我一直认为，一个人"不依靠群体力量，难以在工程技术上取得重大成就"。这句话，后来被收录在《科学时报》编辑的《中国院士治学格言手迹》一书中。的确，几十年的工作经历让自己深深体会到，包括大提速在内的铁路所有成就，是广大干部职工和科技人员这一群体共同创造的，我只不过是他们中的一个代表而已，如果没有他们，自己一事无成。

进入工程管理学部

工程管理学部院士都是著名的学者和工程管理专家，主要来自高校、科研单位和企业，有的还是我国重大工程建设中涌现出来的代表人物。工程管理学部是个有见解、有思想、有水平的团队。

进入工程管理学部后，我还听说它曾是个有争议的学部。这个学部原来准备命名为“管理工程学部”，不过有人担心它有可能变成官员和企业家的俱乐部。后经研究，定名为“工程管理学部”，把入选者的范围限定在有工程背景的学者和管理者。

曾有一段时间，社会上关于官员和企业家参选院士的议论时起时伏，一部分人认为，官员和企业家不能占尽一切便宜，什么好处都“捞”。工程院为了确保管理学部院士的质量，从一开始就严格限定了候选人的资格——既要有坚实的技术背景，又应是在工程管理上做出突出贡献的专家。正因为如此，工程管理学部的候选人，必须过两个“门槛”，首先要通过技术“背景学部”的评审，否则就没有进入管理学部的可能。

2001 年 11 月，也就是我当选院士之后的一个月，工程管理学部在北京举办了一场学术论坛，我应邀在会上做关于铁路大提速的学术报告。结束讲演时，现场互动十分热烈，诸多人员踊跃提问，我都一一作答，并获得大家热烈的掌声，很多听众还当场复制了我报告的 PPT。这场“首秀”完成得相当顺利，增加了公众对我的了解。

当时，我是管理学部当选院士里少数现职部长级官员之一，因此无论是在社会上还是工程院内部，备受关注。次年，即 2002 年，工程院领导同志希望我在 6 月底召开的院士大会上再做个学术报告，以进一步增加院士们对我的了解。不巧的是，我因必须赶赴莫斯科签订中俄运输合作协议而错失良机。那次院士大会改选了主席团，我作为管理学部推荐的候选人尽管当选，被大家认可，但我还是时常警示自己、做好自己。

参加院士活动

进入工程院不久，时任中国工程院院长徐匡迪在与我的交流中，谈及他任上海市市长期间仍坚持参加工程院活动的亲身感受。受其启发，我也给自己提出了同样的要求，尽管那时行政工作很忙，但我还是挤出时间参加有关活动。

中国工程院的职能简言之，即“选院士、行咨询”。也就是除遴选院士以外，还组织工程科技领域重大问题的研究，并向国家、有关部委和省市提出咨询意见。

关于“选院士”，院士们都很重视，我也不例外。遴选期间，大家还要参加对群众举报信的调查核实工作。虽然这项工作会得罪人，但我没有推辞，以尽量避免给人“特殊”的感觉。

关于“行咨询”，则分两种情况。一种是工程院组织的，一种是院士自发的。工程院每年都安排一些重大课题，关系到国计民生等问题。院士自发提出的建议多是具体的，针对性很强。工程院没有自身的利益，院士们能够直面问题，求真务实，提供独立、客观的意见和建议，所以研究成果往往会引起高层的重视。

10 多年来，我在管理学部也承担了一些研究课题，其中有综合运输、运输管理体制改革、交通节能、运煤与输电比较研究。此外，我还参与了《三峡工程阶段性评估》(财务与经济部分)和《中国特色城镇化发展战略》(交通部分)的研究等。这些成果上报国务院和政府有关部门后，大都取得了良好的咨询效果。

探讨工程哲学

从 2004 年起，工程院开始组织对《工程哲学》的研究。研究发起人是殷瑞钰院士，我受邀参加。

殷瑞钰院士是我到工程院以后才认识的。他是著名的钢铁冶金专家，曾任唐山钢铁公司总工程师，冶金部总工程师、副部长，钢铁研究总院院长。他长期在特大型企业、产业部门和科研单位从事科技与管理工作，致力于包括连续铸钢在内的技术开发推广，成绩卓著。如今已经 80 岁的他，还在孜孜不倦地探讨包括工程哲学在内新的研究领域。

刚参加研究时，自己对于什么是工程哲学所知不多。好在我那时认识了中国科学院大学的李伯聪教授，他对我帮助颇多。一门心思做学问的李教授是研究工程的著名哲学家，他曾撰写过《工程哲学引论》等著作，影响很广。

研究工程哲学，首先要理解什么是工程。通过探讨，我理解工程就是人类的建造活动及其结果。工程不同于科学，也不同于技术，工程是技术、管理、经济、文化、自然、社会及政治等多种要素的有机集成。工程哲学是专门研究工程活动的哲学。当然，研究工程哲学是为了应用，可是多数工程师认为工程不需要哲学；不少哲学家不关心工程，以为工程中没有哲学。其实，这都是误解。工程中充满着辩证法，工程师离不开哲学。人们常常会看到，由于缺乏哲学思维，许多人在工程失败时不知道为何失败，因而重蹈覆辙；也有许多人在工程成功时不知道为何成功，因而未能延续“成功之道”。我国工程界和哲学界沟通不多，缺乏共同语言，这是研究工程哲学的一大障碍。

为了消除这一障碍，管理学部组织了具有实践经验的院士和哲学家的联合团队，共同研究编写《工程哲学》一书，作为工程师的读物。

我参与了编书的讨论，不过主要精力侧重在《我国铁路提速工程的哲学思考》这一案例分析上，试图从哲学的角度，对铁路提速展开比较深入的探讨。

《工程哲学》一书出版后很受欢迎，参与编书的专家们因此受到鼓舞。随后，殷瑞钰院士又牵头开展了《工程演化论》的研究。《工程演化论》是《工程哲学》研究的深化和发展，是一部从历史角度和哲学高度研究工程的专著。就这样，我又加入相关的编写团队，主要精力倾注于《铁路的演化及其动力》论文的撰写上。这篇论文主要回顾了国内外铁路发展的历程、路径，分析了铁路演化的动力。与此同时，文中还强调指出，在目前形势下，我国铁路应主动融入综合运输体系，促进我国运输网络的优化。此外，还提出了具体建议：铁路部门要把当前的“大建设”变成优化我国运输结构的机遇，从综合运输体系中找准自己的位置;铁路建设必须讲求效益,不宜把建设标准搞得过高,防止片面追求速度的冲动;铁路必须深化改革,推进政企分开,加快市场化进程。

研究“综合运输”

我接触“综合运输”一词,是在20世纪80年代,并不算早。正如我前面说过的,那段时间有些学者建议我国要少建铁路,多建公路,因为美国和欧洲正在大力发展高速公路,同时不断地拆除铁路。这种论调影响广泛,以致国家减少了对铁路的投资。尽管当时铁道部呼吁在我国要大力发展包括铁路在内的“综合运输”,但是解决认识问题无法一蹴而就。直到10年后我担任铁道部部长时依然感到,即使在国务院部委层面上,对发展铁路的认识仍有很大分歧;铁路、公路、水运、航空、管道的主管部门之间各自为政,在规划、政策、法规、标准的制定和运营方面都缺乏交流与融合,以致影响了我国运输整体效益的发挥。

上报建议

2002年初,上任不久的中国工程院党组书记(不久后又当选院长)徐匡迪同志在走访铁道部时,表达了希望加强院部合作、开展一些重大问题研究的设想。我当即表示赞同,并建议发挥工程院的人才优势,开展“综合运输”研究,他欣然同意。

2003年3月,我离开铁道部到全国人大财经委工作后,有了较多自由支配的时间。自此,我和殷瑞钰院士牵头组成课题组,正式开展“构建我国综合交通运输体系”的研究。一年半后,课题组提交了50万字的研究报告。后经徐匡迪院长签署,将摘要稿上报国务院。温家宝总理阅后,批转给有关部门。

报告认为我国交通运输存在的突出问题是,各种运输方式独自发展，运输网络布局不尽合理，综合枢纽建设滞后，信息难以互联互通。产生上述问题的主要原因是缺乏对铁路、公路、水运、航空、管道五种运输方式的统筹管理。报告对综合运输体系建设提供了一些建议，主要是：一要优化运输网络结构，加快铁路、水运、管道运输的发展，充分发挥其能力大、能耗小、污染少、成本低的优势；着力构建以公路为基础、铁路为骨干，充分发挥航空、水运、管道的作用的综合运输网络。二要抓好综合交通枢纽建设。客运枢纽应实现零距离换乘，货运枢纽要实行无缝衔接。三要加快交通信息化建设，打破行业壁垒，实现互联互通。在报告的最后，我们建议国家建立统一的运输管理机构。

在开展《构建我国综合交通运输体系》课题研究的当年，我还参与了科技部组织的《中长期科技发展规划》的研究，并担任"交通科技"专题组组长。课题一经结束，2004 年 6 月 15 日在国务院会议室，即由我向温家宝总理做了汇报。当时，在场听汇报的还有发改委副主任张国宝、铁道部部长刘志军、交通部部长张春贤及其他有关部门主要负责同志。在汇报中，我着重指出时下交通突出的问题是铁路、公路、水运、航空、管道运输管理分散，各分管部门在规划上各干各的，彼此配合协调不足。比如，2000 年在制订"十五"规划时，铁道部提出建设"八纵八横"铁路网的设想，交通部制订了"五纵七横"高速公路网的规划，两个部委之间彼此没有通气，作为铁道部部长的我不清楚交通部规划的内容，同样交通部部长黄镇东也不了解铁道部的设想。此外，铁路与城市交通的衔接问题也很突出，例如，北京火车站与地铁衔接得就不好。由于各主管部门间缺少沟通的渠道，所以难以发挥各种运输方式的综合效益。我接着说，尽管国家发改委能起到一些协调作用，但力度远远不够。温家宝总理听完汇报后表示同意，他认为加强综合运输是搞好交通工作的必经之路。

呼吁交通建设要讲科学

2008 年以后，为应对国际金融危机，国家启动了大量交通建设项目，以拉动下滑的经济。然而由于铁路、公路等交通运输方式各自为战、缺乏统筹，以致有限的资源难以得到综合利用。与此同时，一些工程缺乏科学论证，上得过猛，效益堪忧。针对这种情况，我曾连续发表文章，呼吁交通基础设施建设要讲科学。

在2009年6月刊登于《工程研究》杂志的《坚持科学发展，建设综合运输体系》一文中，我提出，在国家为应对国际金融危机加大基础设施投资力度的时候，一定要加强顶层设计，要着眼于交通的“综合”发展，并强调了以下问题。

要加强建设前期工作，不能仓促上阵。要把发展机遇变成优化运输结构的机遇，按照建立综合交通运输体系的思路选择建设项目。

要重视投入产出，不能单纯为拉动经济而上工程。我国是发展中国家，特别是在靠大量发债来支持交通设施建设的情况下，更应如此。对于工程项目，必须进行认真的财务经济评价，不能把建设标准和运输能力搞得过高，致使工程造价难以承受。除中西部国土开发和城市公共交通项目外，建成的项目要尽快实现盈利。即使是西部开发性铁路、公路等基础设施建设，也必须要算经济账。目前，人们普遍担心的问题是，没有认真进行财务经济评价，贸然上了很多项目，势必导致未来经营上的压力。

交通建设规划要有可靠的运量基础。目前，我国第二产业比重过高，由此产生大量的运输需求。我国单位GDP的运量过高，随着经济结构调整和技术进步，这一比例必将下降，在制订交通长远规划时，必须考虑这个因素。不能由于某些地区、某些时段运能紧张，而对将来的运量估计过高，建设规模搞得过大。基础设施建设要注意建设时序和节奏，可以适度超前，但不能过于超前。

国际金融危机来得突然，许多国家采取的措施都不可避免地带有“反应性对症”性质。中医治疗原则中有一条叫作“急则治标”，即病人症状严重时要抓紧抢救。同时，也不能忘记中医的另一条治疗原则，即“标本兼治”。如果不能处理好“急则治标”和“标本兼治”的关系，必将产生不良后果。我国交通基础设施应急投资既带有“反应性对症”的性质，又必须具有长期的“主动战略调整”的内容。可以说，当前拉动经济是关注的焦点，不过几年后经济效益又可能变成首要问题。因此，应该把当前的“反应性对症”行动与长期的“主动战略调整”行动统一起来，把“急则治标”和“标本兼治”统一起来。只有这样，才能使交通基础设施建设既拉动当前的经济，又可实现长远的结构优化。

那几年，类似文章还写了几篇，主要是尽心呼吁，至于起了什么作用，就不得而知了。

为改革提供咨询

2011 年初的一天，工程院周济院长找到我，提出要研究“我国交通管理体制改革”问题，并希望由我牵头。当时自己的第一反应是，这一研究针对性很强，又很敏感，由我负责不太合适。因为交通管理体制改革的难点是铁路“政企分开”，不宜由我这个退离岗位的人说三道四。我当即坦诚了自己的顾虑，继而补充道：“如果要立题，我可以参加，但不牵头。”没过几天，周济同志继续做我的工作，说“我和你一起主持这项工作怎么样?”于是，我就不便再推辞了。

事实上，2007 年，党的十七大已经提出了实行大部门体制改革要求。2008 年，十一届全国人大决定整合交通部、民航总局的职责，组建新的交通运输部。可是，原本打算将铁道部一起并入的设想未能实现，综合运输管理体制改革没有到位。

周济院长很忙。有一天，他又跟我说：“课题组的具体工作不要等我，还是由你负责。”我想，既然推脱不掉，还不如早点上手。于是，我接连拜访了交通运输部副部长高宏峰、发改委副主任徐宪平、中央编办副主任王峰等领导同志。他们的看法比较一致，都认为深化交通运输大部制改革刻不容缓。随后，我又与铁道部党组成员接触，得知他们也赞同铁路实行政企分开。如此一番，就增强了我的信心。

为了集中各方面人才的智慧，课题组由多人组成。除了周济和我以外，成员还有孙永福、梁应辰、王基铭、何华武院士，以及王庆云、冯飞、徐丽、荣朝和、赵坚、罗庆中、魏际刚、陈洪年、黄民等专家学者。同时，为增加课题组研究的权威性，还聘请了工程院名誉院长徐匡迪、交通运输部部长李盛霖、铁道部部长盛光祖、发改委副主任徐宪平、国务院发展研究中心主任李伟、中编办原副主任黄文平为顾问。

接着，课题组又前往发改委、交通部、铁道部、国家邮政局、邮政总公司等单位调研。部分课题组成员对美国、俄罗斯、日本铁路进行了考察。我侧重和铁道部领导成员一对一交换看法，倾听他们的设想、顾虑和建议。因为对“铁路是否要实现政企分开，怎样分开”，他们最有切身体会，也最有发言权。

一年时间，我们完成了16万字的《综合交通运输管理体制研究》报告，继而又凝练成9000字的摘要本，经周济院长审定后，作为咨询意见上报国务院。研究报告的执笔人是国务院发展研究中心的冯飞同志，他的知识面宽，综合能力强，文字功底也好。早在1998年，他就参与铁路改革问题的研究，我们那时就已相识。后来，他先后担任工信部副部长、浙江省副省长。

整个研究报告由四个部分组成。第一部分阐述了我国交通运输管理体制存在的突出问题，第二部分归纳了国外交通运输管理体制的经验，第三部分就我国交通运输管理体制改革提出方案建议，第四部分提出了交通运输管理需要改革完善机制的建议。

其中，第三部分是报告的重点。我们提出运输管理体制改革的三个方案。第一方案是，实行职能集中程度高的管理体制。即撤销铁道部和现有的交通运输部，组建新的交通运输部。铁路政企分开后的政府职能、现交通运输部的管理职能、发改委有关交通运输规划和审批职能，一并纳入新组建的交通运输部。同时，组建国家铁路运输总公司，作为铁路政企分开后承担企业职能的市场主体。新组建的交通运输部要对铁路、公路、水运、民航、邮政实行统一管理。第二方案是，实行职能相对集中的管理体制。主要内容与第一方案相同，只是发改委有关交通运输管理职能不做调整。第三方案是，实行分步改革。即铁路政企分开后，作为过渡，由暂时保留的铁道部履行铁路行业管理职能，同时组建国家铁路运输总公司作为承担企业职能的市场主体，三年后再撤销铁道部和交通运输部，合并组建为新的交通运输部。

在上述三个方案中，铁路的企业职能都由新组建的国家铁路运输总公司承担，并不对其实施以引入行业内部竞争机制为目标的企业重组。这样做的主要理由在于，对现有铁路局的建制不做调整，有利于保持铁路运输机构及干部职工队伍的稳定。另外还有一点，目前对铁路企业重组模式尚存争论，拿不出各方认可的改革方案。

我们对三个方案的优缺点做了比较。第一方案的优点是，新组建的交通运输部管理职能完整，有利于加快构建综合运输体系；缺点是，改革难度较大。第二方案的优点是，新组建的交通运输部管理职能相对完整，各种交通运输方式的管理由外部协调变成了内部协调，改革难度要比第一方案小；缺点是，交通运输部与发改委职能交叉问题仍未解决。第三方案的优点是，改革难度小；缺点是，改革力度不足。报告认为，上述三个方案，第一方案为理想方案，第二方案为次优方案，第三方案可作为过渡方案。此外，我们还建议，新组建的交通运输部应设立国家铁路局，主要负责行业安全监管和市场监管。

与此同时，报告还提出运输管理体制改革需关注的几个问题。

其一是关于铁路政企分开后债务、公益性铁路建设、公益性运输、调度指挥问题。我们认为，铁路债务应按照分类处理的原则，由政府和铁路运输企业合理分摊；公益性项目由政府负责，经营性项目由国家铁路运输总公司负责。在公益性运输方面，改变目前主要依靠铁路自身交叉补贴维持运营的状况，要建立补偿机制。在调度方面，将有关职能划归国家铁路运输总公司承担，由国家铁路局对其实施监管。

其二是铁路安全监管问题。我们认为，铁路实行政企不分的管理体制，缺乏外部监督，当运输任务和安全管理发生矛盾时，安全管理处于弱势地位。铁路政企分开后，政府建立独立的安全监管机构，有助于提高铁路安全保障水平。

其三是交通运输部职能整合问题。新组建的交通运输部，应对铁路、民航、公路、水运和邮政的管理职能进行系统整合，将发展战略、规划、政策、法规、标准、国际合作等职能集中于综合司局。

报告最后强调，深化交通运输管理体制改革，需要加强组织领导。建议设立由总理或副总理领导的改革领导小组。

2013年3月，十二届全国人大一次会议通过了《关于国务院机构改革和职能转变方案的决定》。对此，我们课题组成员感到欣慰的是，咨询报告得到了高层的重视。我们的建议与《决定》中关于交通运输大部制改革的内容大体上是一致的。

关注城市交通

交通与人们的生活和工作息息相关。1984年，我调到北京工作，每天上下班都骑自行车。1991年，担任铁道部副部长后，我改乘汽车。最近20年，大街上的车辆越来越多，交通出行渐渐成为一大难题。

我清楚地记得，2001年的一天，外交部邀请我作为主宾出席阿曼的国庆招待会。当天下午国务院开会，尽管我提前离开会场，但由于交通严重拥堵，还是迟到了40分钟。看到阿曼大使和几位资深老领导都在焦急地等我，自感难堪不已，除了频频道歉别无选择。此后，因交通问题而导致我开会迟到还有几次。我不得不接受教训，每每出门必定提前打足时间余量。可是却也因此遭遇尴尬：一旦道路畅通，我又未免到得过早，会议室尚未开门，只能在门外傻站着。

众多北京市民与我同样，深为日常出行所累。2010年中秋节前夕，晚高峰时段，不巧赶上下雨。一时间，北京城里大小道路、巷道“车满为患”，俨然成了个大停车场。平时一小时的路途，那天就是用两小时也难以到达目的地。由此，首都在老百姓的戏言中成为“首堵”，人们关于交通的抱怨与日俱增。

与北京相似，世界不少大城市交通拥堵也十分严重。2007年，我随全国人大代表团访问莫斯科，有一次我们参观特列季亚科夫画廊后回宾馆，两公里路，一部分人坐车，一部分人步行。结果步行者比乘车者先到。

再看看国内，全国各大城市的交通状况也不容乐观，已经到了解决问题的时候。

2011年末，工程院立项研究“中国特色城镇化发展道路”问题。“城市交通问题”被列为其分课题，我是负责人。由于自己对城市交通并不熟悉，为了弥补不足，专门邀请清华大学教授陆化普、北京交通研究中心原主任全永燊、综合运输研究所所长郭小碚等专家参加。

在研究时，我们首先对城市交通拥堵做出分析，点出其中原因。一是私家车发展过猛。2011年，北京机动车保有量为500万辆，重庆、成都、上海、广州等城市超过200万辆；我国38个中心城市的公交分担率平均为21%，而纽约、伦敦、东京等国外大城市，其公交出行比例则高达60%以上。二是交通枢纽尚不完善。地铁、公共汽车接驳不便，降低了公交的吸引力。三是停车问题突出。

为此，我们提出了对策建议：实施以公共交通为导向的空间发展战略，建设紧凑型城市，遏制城市“摊大饼”式无序扩张；优化交通供给策略，加快公共交通的发展，大城市应科学推进轨道交通建设；加强交通需求管理，抑制小汽车的过度使用；重视交通枢纽建设，方便换乘；实施严格的环保政策，推广低污染的交通工具；完善协调机制，解决部门分割、互不协调的问题。

类似的课题，我还承担了几个。如，参与了北京和武汉两市的交通规划咨询工作，自己觉得充实。

弹指一挥间，从陌生、初识，到熟悉，不知不觉，我进入工程院已有16个年头。对自己而言，这里是个大学堂，通过学术交流、现场考察、课题研究，开阔了视野，丰富了知识。工程院人才济济，在重大工程科技、工程管理的咨询领域，发挥了“第三只眼睛”的特殊作用，是其他单位难以替代的。就咨询工作而言，工程院的研究成果和院士建议，可直接上报党中央和国务院，其中不少引起了最高领导人的重视，甚至有的还写入中央文件，被列为国策。15 年中，自己近距离接触了很多院士，如宋健、徐匡迪、周济、朱高峰、潘家铮、沈国舫、杜祥琬、殷瑞钰、徐滨士、刘源张、何继善、汪应洛、陆佑楣等，他们的学术思想和孜孜不倦的创新追求使我十分钦佩，受益良多。

15 年来的所见所闻自然也不乏所思所想，颇有一番感悟和希冀。

院士遴选，一人一票，且不记名，如此制度设计，个别人难以左右投票结果，比较公平。然而，在市场经济条件下，不正之风也入侵了学术领域，曾经发生过拉票、助选、公关等不良现象。对此，媒体时有报道。从 2014 年开始，推行了院士制度改革，优化了推荐渠道、增加了终选环节、完善了退出机制，对抑制不正之风发挥了重要作用。展望未来，自己和社会公众一样真切希望，院士队伍能够不受浸染，保持“一片净土”。

把工程院院办成“国家工程科技思想库”既是中央的要求，也是院士们多年的夙愿，可是工程院本身未设下属研究机构，作用难以充分发挥。近几年，工程院决心把分散的力量整合起来，与著名大学、企业集团合作，组建相对稳定的研究团队，其思路和效果都值得称赞。

二十二　服务“海归”

我先后在苏联和联邦德国学习过，对“海归”们特有的情结和爱好都深有体会。从株洲调到北京工作后，自己时常与昔日的同学相聚，畅叙在国外学习的往事和友情。由于苦于没有固定而又合适的地点，一直盼望能有一个可以交流、联谊、互动、表达心声的温馨之地。后来我得知，“欧美同学会・中国留学人员联谊会”(简称“欧美同学会”)就是这样的处所。

欧美同学会由会员组成，其中有科学家、艺术家、教师、企业家、领导干部，高龄者 90 岁有余，年轻的只有 20 多岁。无论高官还是学生，无论年龄大小，无论曾留学哪个国家，在这里都可互称“学长”。这是一个亲切的称谓，也是一个特别的名称，让人感到，这里就是自己的家园、心灵的港湾。

欧美同学会有百年历史，1913 年由年轻的顾维钧、周诒春等一批留学归国人士共同发起成立，蔡元培、胡适等人也先后当过会长。其背景是，民国初年，从欧美国家回来的留学人员已达上千人，在京的就有 200 余人，他们需要一个交流、聚会的场所。

长期以来，欧美同学会按照“修学、游艺、敦谊、励行”宗旨，走过了风风雨雨一个世纪不平凡的路程，聚集了一代又一代热爱祖国、追求科学、民主的精英。新中国成立后，欧美同学会继续弘扬留学报国的光荣传统，团结和凝聚海内外留学人员，为振兴中华而努力。

欧美同学会会址，早年叫石达子庙，位于天安门东侧的南河沿大街。同学会成立初期，由学长们集资将其买下，改造成会所。改革开放后，通过政府拨款，扩建成可观的四合院。时下，院里翠绿的松柏与朱红的门廊相互辉映，金黄的琉璃瓦和飞翘的屋檐凸显出浓郁的民族风格。毗邻长安街和天安门的地利优势，可谓寸土寸金。早年，北京知识界经常在这里举办文化学术活动、宴会和舞会。那时，能到这里来吃一顿地道的西餐，堪称是一件美事。很多会员都把会所看成是自己的家，在此举办婚宴喜庆活动。如今，经过扩建和修缮，这个四合院更加美丽，流露着温馨，洋溢着生机，是大家喜爱的相聚园地。

改革开放以来，党中央十分关心欧美同学会。江泽民、胡锦涛、习近平三位总书记先后出席欧美同学会成立 80 周年、90 周年、100 周年纪念大会，都发表了重要讲话。

2013 年，欧美同学会已有 7 万多会员，下设有留美、苏、英、德奥、法、意、加等 16 个分会，与各省市留学人员组织以及国外的留学人员团体建立了工作联系。

100 年来，作为一个历史最悠久的归国留学人员团体，欧美同学会活跃在社会上。

当个老志愿者

2003 年，欧美同学会理事会换届时，我被推举为常务副会长。当时，我在全国人大财经委工作，只能抽空帮助做些事情。2008 年再次改选时，我当上了党组副书记和副会长。此时，我已离开人大，没有了官职，就把较多精力用于欧美同学会。会长由全国人大常委会副委员长韩启德同志兼任，中央统战部副部长楼志豪、陈喜庆先后担任党组书记。会长韩启德是中国科学院院士，在医学上有很深造诣。同时，他还是个著名的社会活动家，多年担任全国人大常委会副委员长、全国政协副主席、“九三学社”主席、中国科协主席。由于工作关系，我与他接触较多。他思想活跃，有独到见解，敢于发表意见。大家还称赞他富有亲和力，能和留学人员打成一片，乒乓球也打得好。

欧美同学会与国家机关完全不同，这是个为留学人员服务的社团组织，既没有权也没有钱，只提供服务，办事得靠各方面的支持。

如果与我在铁道部工作时相比，以前是别人求自己，现在是自己求别人。欧美同学会正副会长是不拿补贴的，实际上都是志愿者。尽管如此，我还是喜欢这项工作，愿意在这片小天地里为“学长”们搞点服务，这可能是自己有留学情结的缘故吧。

欧美同学会经常举办报告会、联欢会，组织建言献策、实地考察和对口支援，开展公益活动、对外交流，介绍工作，为男女单身学长们搭建鹊桥等。同时，同学会还成立了合唱团、舞蹈队等，活动丰富多彩，深受会员们的欢迎。

欧美同学会为我的生活打开了一扇崭新的窗口。几年里，自己亲身接触了不少新鲜事物，开阔了视野，同时也结交了很多朋友。在此，不妨记录点滴。

倾听海外学子心声

每两年，欧美同学会都要邀请在国外工作的著名专家回国，举办一次海外留学人员座谈会，以期作为相对独立的第三只眼，就国内外的一些热点问题发表意见。2009 年的座谈会给我留下了深刻的印象。

那次座谈会主要是就我国引进人才问题听取意见。来自美国、英国、加拿大、德国、日本等国家的数十位留学人员代表如约到会，其中多为著名教授、专家。座谈会气氛热烈，大家畅所欲言。他们除赞扬祖国发展成就外，还提出颇有分量的意见，有的甚至还很尖锐。来自新加坡的著名学者郑永年说：“与中国很多产品处于世界产业链的底端相似，中国很多学术论文质量不高，也处于知识链的下方，这个问题要引起重视。”会下，我特意找他问个究竟。这位学长的回答相当直白：中国的论文数量虽居世界前列，但被引用的数量却很少，说明水平不高。他的坦率让我感到惊讶。由于自己对教育领域不太熟悉，于是就请教了国内专家，后者证实了郑永年的观点。随之，这个问题引起了我的思考：学术论文粗制滥造的原因在哪里？大学教师晋升机制——把论文数量当作重要指标，恐怕难辞其咎吧。

海外学长们的意见，为我们认识问题提供了不同视角，其作用不可替代。

与会留学人员是国家花钱请回来的，本来可以多说一些赞扬和感谢的话，但是却不客气地提了很多“不中听”的意见。这不由得令我想起季羡林先生的一句话：“歌颂是爱国，提意见也是爱国。”精英们真心实意希望我们解决存在的弊端，使祖国变得更美好。他们“不中听的意见”恰恰表达了一片赤子之心。

那次座谈会也引起我的一些联想，就是：党政机关要乐于倾听不同的声音，特别是批评意见。领导同志讲话不念稿子，尽量与大家交流互动，这样效果好。联想有些人念稿子，尽管话语条理清晰、内容全面，但套话多，无形中拉开了与听众的距离。

组织“留学报国”讲演

记得几年前的一天，一位留苏学长——原湖北省委书记贾志杰跟我说，一些归国留学生在武汉举办的“留学报国”讲演非常成功，希望我这个副会长支持他们继续搞下去。对于这次讲演，我曾有所耳闻，武汉大学操场上几千名听报告的师生深为报告人事迹所打动，两个小时竟无人走动，秩序井然。

受到武汉讲演成功的鼓舞，2010 年 6 月，李铁映同志作为顾问，我和贾志杰带领欧美同学会一些学长，转往兰州大学举办报告会。

兰州大学的礼堂规模较小，仅可容纳 500 多人。由于想听报告的人太多，学校只得另设分会场，以视频方式同步转播。

我在开场致辞中说：欧美同学会推荐几位留学人员的杰出代表讲述自己的故事，目的在于引发青年关于自己历史使命的思考，激励同学们勤奋学习、立志成才、报效祖国。

美中投资基金主席徐昌东、中旅集团原总裁刘家骧、慈铭体检公司总裁韩小红、清华大学教授罗永章以及上海长林化学科技公司董事长王喆等 5 位报告人，各自阐发了矢志不移的报国情怀，感人至深，台下不时报以热烈的掌声。

甘肃省委对此次报告会十分重视，主要领导悉数出席。省委书记陆浩同志还做了总结发言。他说：做报告的留学人员离大家并不遥远，他们的今天就是你们的明天，希望青年人能够以报告人为榜样，树立远大的抱负，把个人追求和祖国的前途紧密结合起来，贡献自己的青春和智慧。

报告人中有两位是从兰州大学走出来的。其中罗永章博士 1985 年毕业于该校化学系，后赴美留学，取得哈佛大学博士学位，并荣获美国国家自然科学研究奖。他在 10 年前谢绝华盛顿一家公司的高薪聘请，毅然回国创业。尽管罗永章教授的讲演带着浓重的烟台口音，但却丝毫没有成为他受到母校师生热烈欢迎的障碍。后来，得知他是中央电视台新闻主播海霞的丈夫，我同他逗趣道：“是不是该回家跟老婆好好学习普通话了？”他以微笑答之。

由于报告会的影响很大，欧美同学会随之决定将其办成系列品牌活动，轮流在各地开展下去。

接待蒋孝严先生

对台交流，是欧美同学会的优势。

2010 年 9 月下旬，我突然接到下属留美分会送来的一份“请求接待国民党副主席蒋孝严先生”的报告。由于不清楚事情的原委，我就邀有关同志说说来龙去脉。原来，当年夏天，广西壮族自治区副主席、欧美同学会副会长陈章良去台湾省考察时，口头邀请蒋孝严先生到北京讲演，并得到后者的首肯。留美分会经过一段时间准备，却遇到了经费上的“瓶颈”，不得已只好临时求助于总会。经协商，改以总会的名义向蒋孝严先生发出书面邀请，并由我负责接待。

起初，我对蒋孝严先生所知有限，只知他是蒋经国先生的私生子。后来从网上查知，他是国民党在任中常委、副主席，为促进与大陆的经贸合作，曾多次奔走于海峡两岸。之后，我找来《蒋家门外的孩子》一书，一口气读完，对蒋孝严有了更多的了解。

按约定，蒋先生将在欧美同学会发表题为《蒋经国与台湾》的讲演。起初，我曾担心可能会涉及一些敏感问题。如果出现此类情况，如何处理？鉴于此前不曾有对台工作经验，对怎样才能避免发生不愉快的尴尬场面，我心里的确没底。于是，不得不特意打电话请教我多年的朋友、对台工作专家——海协会会长陈云林同志。电话里，他讲述了对台工作的注意事项，还对蒋孝严先生本人的基本情况做了大致介绍。

做到心里基本有数，我便安心修改起由留美分会事先为我草拟的讲话稿。熟悉我的人都很清楚，多年来我有个习惯，但凡讲话稿，一定要仔细推敲，力求准确表达自己的想法。

9 月 23 日下午，蒋先生偕夫人一行如约造访欧美同学会，宾主双方合影留念后，一同走进报告厅，会场已是座无虚席，两侧过道也站满了人。在欢迎致辞中，我积极评价了蒋先生为缓和台海局势、加强两岸经贸合作所做的贡献，并希望这次见面能够成为以后两岸留学人员交流的一个良好开端。

随后，蒋孝严先生开始讲演。不过，与其说他在演讲，不如说是在讲自己的故事。他坦言自己及其孪生弟弟是私生子，将自己的身世及与蒋经国之间的父子之情娓娓道来。讲述了当年蒋经国不敢认亲，其母遇害无处申冤等人生悲惨境遇下的精神压抑，进而激发了兄弟俩自强自立、在各自的人生道路上有所收获的人生过往。同时，他也谈到蒋经国作为父亲内心的矛盾与纠结，以及自己改章姓为蒋姓，最后认祖归宗的心路历程。

或许是长期同大陆打交道的缘故，蒋先生用词相当老练。在谈到蒋经国时，蒋先生并不称之为“总统”，而是以“经国先生”或“父亲”相称，于是巧妙地绕开了敏感的称谓问题。

讲演结束，掌声异常热烈，两岸之间“血浓于水”的亲情立时展露无遗。当场我还与他互赠了礼物。

当晚，我在欧美同学会对面的贵宾楼设宴款待了蒋先生一行。宾主无拘无束谈了两个多小时。席间，陈章良副会长提出一个看似浪漫的设想：两岸能否不再增加军备，以节省开支用于发展经济、改善民众生活。不期然，这一难以实现的设想立刻变成热议的话题。不过，大家都认为，做到减少对抗尚需时日。那次，我们还就进一步改善台海局势交换了看法。

通过这次接触，双方拉近了彼此感情距离。正如蒋先生所言："两岸人民都是炎黄子孙，我们有着共同的文化、共同的历史、共同的语言、共同的血脉，这是血浓于水、永远分割不开，也不应该分割开的民族感情。"对此，我与他深有同感。的确，当前重要的是进一步加强两岸接触，实现上上下下的广泛沟通，从而使海峡两岸的民众、官员逐步消除隔阂和误解，尽可能建立起彼此的互信。

当然，要做到这些仍需时间和耐心，毕竟大陆与台湾分离多年，毕竟"台独"势力依旧猖獗，毕竟还有大量难题尚待解决。邓小平同志以超人的智慧促成了香港和澳门的回归，而解决台湾问题，实现祖国和平统一将是我们仍需假以时日的重大使命。

会晤留苏学长

2010 年 10 月 12 日至 13 日，由欧美同学会留苏分会承办的"国际学联第三届亚洲会晤"（论坛）在北京举行，来自越南、蒙古、孟加拉、印度、巴基斯坦、印度尼西亚等 16 个国家的 50 多位曾留学苏联（俄罗斯）的代表参加了"会晤"。"国际学联"是俄罗斯的一个半官方组织，任务是联系曾在苏联及俄罗斯学习过的外国友人。"亚洲会晤"是国际学联在亚洲开展活动的一种形式，每四年举行一次。

前两届"亚洲会晤"分别在越南和尼泊尔举行。2009 年国际学联在莫斯科开会时，亚洲各国代表纷纷就下一次"会晤"地点急于让中国代表表态，大有我们不承诺就不散会之势，因为他们很早就想来中国看看。最后，决定第三次"会晤"在北京举行。

承接“会晤”约需费用50万元人民币，这对于留苏分会来说是个不小的负担。不过，由于有关单位以及会员们的赞助，不久便凑够了款项。

对于这次论坛，我们的想法就是多交朋友，让与会代表亲眼看看我国近年来的发展变化。

按照会议要求，我作为留苏分会会长，要用俄语代表东道主致辞。中文稿是我自己起草的，俄文则请外语学院的一位俄籍老师帮助翻译。这是因为，我大学毕业后的近50年里，俄语用得很少，对于俄语无论是写还是说方面的能力，自感已不如从前了。即使如此，也只能“临时抱佛脚”，硬着头皮上了。

2010年10月12日上午论坛开始前，全国人大常委会副委员长、欧美同学会会长韩启德接见与会代表，在发表简短致辞后与大家合影留念。待论坛宣布开幕，我首先用俄语致欢迎辞，尽管发觉自己还是念错了一个词的重音，竟然也获得意想不到的好评。进入发言阶段，各国家代表争先恐后登台就某一问题发表感言，无论俄语水平高低，都想抢着一抒胸臆，倒真是勇气可嘉。

晚宴时分，“老外”们个个抑制不住内心的兴奋，轮流冲上前去争抢话筒，表达自己的真情实感，并频频举杯致意。受现场气氛的强烈感染，我也兴致勃勃地加入到欢笑的队伍里，情不自禁地唱起《莫斯科郊外的晚上》等耳熟能详的歌曲。随后大家翩翩起舞，场面好不热闹。

第二天，热度依然不减。之后，组织去天津参观。几天里，通过不同形式的活动，我们尽可能向客人展示真实的中国，同时，也实事求是地摆出了存在的问题，让客人感受到我们中国人的真诚。会议结束时，外国朋友对中国的进步都表达了赞美之词。我想这是他们的真切体会，并非言不由衷的客套说辞。

为做好这次论坛的相关工作，很多学长前后忙碌了好一阵子，有的年轻人甚至还专门请了假。尽管大家付出了许多，也相当疲劳，却都没有怨言。或许，论坛的成功就是对他们最好的回报吧。

参与多样的活动

作为欧美同学会主持工作的副会长，我时常接到各分会邀请，在时间允许的情况下都会参加。2010 年 9 月，瑞士分会举办的《在瑞士的岁月》(续集)图书首发仪式就是其一。

这本书是几十位留瑞(士)学长回忆文章的汇编。他们从不同视角、不同层面，生动再现了留学生活及其心路历程，引人沉思和共鸣。我在首发仪式现场深受启迪，发表了即席讲话，后经整理，记录如下。

你们的端木美会长前几天跟我说，在中瑞建交 60 周年之际，继 5 年前出版的《在瑞士的岁月》之后又编了一本续集，将举办首发仪式，希望我代表“娘家人”——欧美同学会，说几句话，我欣然应诺。

我是上世纪 50 年代在苏联上的大学，80 年代初又去联邦德国进修。至今两个国家都已发生巨变。即使如此，这两段海外留学经历依旧难以忘怀。所以，我能够体会到留瑞士学长们的内心情结，即通过介绍瑞士的风土人情，回忆在那里学习和工作的美好时光，以抒发对学校、老师、朋友的眷恋之情，与读者分享。

我年轻时就渴望到素有“欧洲花园”之美誉的瑞士看看，不过条件所限，很久没有成行。直到年届 58 岁，机会来了。当时我在铁道部工作，带团到瑞士考察，去了苏黎世、日内瓦和伯尔尼。回想起来，且不说那里的山水多么迷人，也不说那里的居民是多么朴实，要强调的是，瑞士的铁路给我留下良好的印象。在那里，火车四通八达，速度虽比不上法国的 TGV 和德国的 ICE，却也令人回味无穷：车厢的视野极好，窗外的“人间仙境”尽收眼底；列车穿越世界最长的阿尔卑斯山隧道时，乘客们更是兴奋不已；旅游用的齿轨电车能沿着陡峭山坡把游客直接送上顶峰，堪称一绝，假如是汽车，不知要走多少“弯弯绕”。

据说，100 多年前的瑞士还是个落后的国家，资源匮乏，土地贫瘠，百姓困苦。但是由于选择了正确的发展道路，今天的瑞士已发展成世界上人均收入最高的国家之一。虽然国土不大，但是勤奋、节俭、智慧的瑞士人民创造的奇迹却闻名遐迩，令人佩服——不种咖啡豆，雀巢咖啡却誉满全球；机车车辆制造厂规模不大，其最新产品却畅销世界；境内没有特大城市，却有国际金融中心之美称；世界上众多品牌的名表、名药也是源于这个国度。

与瑞士相比，中国是个大国。改革开放以来，经济社会发展取得了辉煌的成绩，并为世界所称赞。尽管如此，我国依旧还是个发展中国家，走好今后的路，尚需进一步借鉴别人的成功经验。世界的多样性给人们许多启迪，对经济社会发展的认识也要与时俱进。工业化不一定都是钢铁水泥，城市化不一定都是摩天大厦。在落实科学发展观、推动绿色发展的今天，瑞士的确有很多地方值得我们学习。

瑞士分会组织编写回忆录的做法值得提倡。我相信这本书的出版，不仅能使读者更多地了解这个遥远的欧洲国度，也将会促进中瑞各种组织间的沟通和交流，为增进两国人民的友谊做出新的贡献。对此，我表示衷心祝贺。

担任名誉团长

欧美同学会有个合唱团，成立于1994年，由归国留学生中的歌唱爱好者组成，成员老少齐全，最长者年已八旬。团员们积极性可嘉，无论远近，周末都会风雨无阻地赶来排练。演出没有补贴，甚至连演出服也要自掏腰包，却没有牢骚。合唱团同心协力，多次得奖，成为欧美同学会的一个品牌。

事实上，合唱团能够坚持走到今天，实非易事。2010年的一天，一位团员找我反映，由于缺少经费，指挥撂了“挑子”，排练的场地也难以落实，没有人愿意再当团长了，合唱团面临瘫痪的危险。

听到这一情况，我立即感觉情况不妙。作为主持工作的副会长，我清楚地知道欧美同学会合唱团的影响力，决不能让它在自己的手上垮掉。应大家的要求，我不得不临时当上名誉团长，以帮助解决实际问题。之后，合唱团重新选举团长，聘任指挥，很快又活跃起来了。

一个星期六的下午，合唱团准备演出，新团长史慰英请我先讲几句话。尽管勉为其难，我还是坦率地表达了自己的看法，名誉团长非德高望重且颇有艺术造诣的学长莫属，我这个临时的名誉团长是不称职的。不过，既然做了名誉团长，就一定会尽心尽力。

其后两年，合唱团年轻人越来越多，势头日渐转盛。

2012年7月的一天，合唱团副团长王文珍同志跟我说："中央高层准备组建由高级知识分子、高级干部和高级军官组成的'三高'合唱团，希望你能参加。"看我一脸诧异，她赶紧解释，之前几天，她曾应邀参加由国务院原副总理李岚清同志主持的"三高"合唱团筹备会。当李岚清同志得知我是欧美同学会合唱团的名誉团长时很高兴，并随即说："让傅志寰来。"我知道，李岚清同志离开领导岗位后一直在为普及高雅音乐操劳，不但亲自在大学里讲演，还撰写并出版《音乐笔谈》等几本著作。在他的感召下，我一口应允了下来。

其实，组建"三高"合唱团之前，已成立由来自全国各地的领导干部、院士和教授组成的"三高"交响乐团，尽管具有一定的实力，却仍然排练得认真、辛苦。

"三高"合唱团由140多名干部、教授、原驻外大使和将军组成，其中13名骨干来自欧美同学会合唱团。自当年8月开始集中，直至11月，每周排练一次，由国家大剧院的知名演员辅导练声、演唱，并以不同语言排练四首歌曲，有德文版的《欢乐颂》、苏格兰文版的《友谊地久天长》、中文版的《鉴真东渡》和《歌唱祖国》。我被分在低声部，无奈音乐底子薄，排练起来有些吃力。所以稍一得空，不得不独自跟着"录音"反复练习，即使出差时也不例外。

功夫不负有心人。12月，"三高"交响乐团和"三高"合唱团，在著名指挥家陈佐湟先生的指挥下，在国家大剧院等地演出四场，均获得成功。老伴唐曾妍也前去观赏，她本来并不看好我们，不料回到家给出的评价居然是：没想到会有如此令人震撼的效果。

办好留学人员之家

2013 年初，欧美同学会所属各分会完成了换届选举，一些年轻会员走上领导岗位。为了使新人了解欧美同学会的工作，3 月 19 日在总会召开的各分会秘书长座谈会上，我做了即席发言，部分内容整理如下。

欧美同学会，对于归国留学人员来说是个不可或缺的组织。多年来，欧美同学会聚集了一代又一代热爱祖国的精英，团结和凝聚海内外广大留学人员，为中华民族振兴而奔波。

进入 21 世纪，欧美同学会的作用愈显重要。胡锦涛总书记明确指出欧美同学会成为党联系广大留学人员的桥梁和纽带，成为党和政府做好留学人员工作的助手，成为广大留学人员之家。

那么，如何当好“桥梁”“纽带”“助手”？根据我本人多年体会，前提就是把欧美同学会办成留学人员之“家”。

从历史上看，欧美同学会之所以能存续 100 年，有两条经验最重要。一条是高举爱国主义旗帜，凝聚一批仁人志士；另一条就是有自己的会所，让学长们可以找到“家”的感觉。

就会所而言，据记载，过去在这里可以谈论国是，广交朋友，还可办舞会，吃西餐，办婚礼。不过，那时的会所是在破庙的基础上改建而成的，条件并不好。然而现在却不同了，这么漂亮的四合院，令来者无不羡慕。与此同时，会所里还有专职工作人员，国家每年还下拨活动经费。应该说，办好“家”的条件比以前任何时候都要好。

办好“家”非常重要。有了“家”，就便于把学长们吸引过来，才能更好地组织他们建言献策，才能更好地反映他们的诉求。反之，如果“家”没办好，就不会有凝聚力。搞活动大家都不来，那我们又如何能当好“桥梁”“纽带”和“助手”呢？

为了办好“家”，进而办好欧美同学会，我想至少应该做到这么几条：一是以旗帜感召人；二是以情结凝聚人；三是以活动吸引人；四是以服务温暖人；最后是以表彰调动人。

以旗帜感召人。爱国主义是最有感召力的。每个留学人员都有一颗爱国心。只要我们高举振兴中华的旗帜，并能帮助学长们去实现报国愿望，他们会自然而然地聚集到这里来。

以情结凝聚人。要以学长们对留学所在国的情结把大家凝聚起来。一些分会组织撰写回忆录，编辑出书。书中，有人怀念自己的老师、学校，有人描写那里的风土人情，都非常动人。此外，同学、同窗之间的情结也是凝聚人的纽带，这就是为什么每年举办新春联谊会都受欢迎的道理。

以活动吸引人。活动体现了欧美同学会的生命力。我们总会和各分会经常举办论坛、报告会、公益劳动、演出、郊游等活动，得到学长们的青睐。其中，东南亚分会连续举办的“时代大讲堂”，人气很旺，赞誉有加。

以服务温暖人。总会也好，分会也好，都要热情地为学长们服务。同学会应该给学长们更加“温馨”的归属感。当然，同时我们还要积极帮助学长们向党和政府反映他们的诉求和建议，并协助他们解决一些实际困难。

以表彰调动人。我们在座的各分会秘书长，还有积极分子们都是志愿者，没有报酬，没有补贴，干工作凭的是一股奉献精神。我认为，对于做出奉献的人，不但要肯定，还要予以鼓励和表彰，这也很重要。最近，欧美同学会的原副会长陈秀霞出了一本回忆录，书中复制了丁石孙会长授予她的感谢状。尽管感谢状只是薄薄的一张纸，而它却是无价的，这是对一位学长所做贡献的肯定和褒奖。

最近大家都在热议“中国梦”。习近平总书记关于实现中华民族伟大复兴的中国梦的讲话，道出了全国各族人民的心声，也道出了我们留学人员的心声。所以，对于具有悠久爱国主义传统的欧美同学会，在新的历史时期，我们更应该动员、支持学长们去追逐中国梦，并使他们在追逐伟大的梦想中享有人生出彩的机会，实现自己的价值。

筹办百年大庆

2013年是欧美同学会成立100周年，这是一件大事。从2011年起，就开始筹划庆祝活动。如何庆祝？学长们的期望是，既要搞出声势，还要保持高的规格。改革开放以来，尤其是近十年来，出国留学人员越来越多，回国的学长数量也急剧增长，而欧美同学会的发展却相对滞后，要通过开展多彩的活动，借机宣传同学会。欧美同学会成立80周年和90周年大庆时，江泽民、胡锦涛两位总书记先后到会讲话，大家期盼100周年时，习近平总书记也能出席庆祝大会并发表讲话。

为此，欧美同学成立了庆祝活动领导小组。组长是会长韩启德，副组长是党组书记陈喜庆和我，具体工作则由我牵头。

庆祝活动设计为历时长达一年的系列活动。内容包括编写会史和画册、举办展览与文艺演出、拍摄宣传片、征集会歌、开展专题调研等。会史编写启动最早，由欧美同学会副秘书长许睢宁，中国人民大学教授谷长岭、叶风美、钟亚平等执笔，我则是编委会主任。

在前后一年多时间里，各分会和各地团体会员分别举行了报告会、论坛、座谈会、音乐会、文艺表演、画展等，总计超过百场，不但活跃了学长们的生活，还扩大了影响。与此同时，欧美同学会会所还配以基建工程，增添了多功能厅和活动室。

经过多日准备，庆祝活动开始进入高潮。

2013年10月20日晚上，在北京航空航天大学体育馆举办了大型文艺演出，2600位学长参加。晚会以“百年强国梦”为主题，由著名导演林荫宇执导。她将欧美同学会100年中的重大历史事件作为脉络，编排了十几个节目。参演者既是欧美同学会的会员，又大都是著名演员。演出气势恢宏、精彩纷呈，观众不但欣赏了高水平的艺术，而且还从中了解到欧美同学会的历史。

10月21日上午，3000多学长聚集到人民大会堂参加庆祝大会，其中有白发苍苍的老年学长，有意气风发的中年精英，还有朝气蓬勃的青年才俊。上午10点钟，当习近平、俞正声、刘云山等领导同志出现在会场时，与会学长报以热烈的掌声。我们欧美同学会的十几位正副会长，也尽数于主席台上就座。会上，韩启德会长做了工作报告。最后，习近平总书记发表了重要讲话。他高度评价了百年来留学人员在中国革命、建设、改革中发挥的作用，充分肯定了欧美同学会的历史地位，对广大留学人员提出了殷切的希望，要求欧美同学会"努力成为留学报国的人才库、建言献策的智囊团、开展民间外交的生力军"。

当天下午，我们召开座谈会，学习习近平总书记的重要讲话，学长们感慨万千。有的说，不论树的影子有多长，根永远扎在土里，我们一定要心向祖国，使自己的事业落地生根、开花结果。有的说，自己一定要努力创新，干一番事业。还有的认为，作为留学人员一定要发挥自身的优势，当好中外交往的民间大使，讲好中国故事，传播好中国声音。大家一致表示"空谈误国、实干兴邦"，要为实现中华民族伟大复兴做出自己的贡献。

欧美同学会已经走过100年了。她见证了一代又一代优秀中华儿女艰辛求学、矢志不渝、报效祖国的足迹，业已成为广大海内外留学人员致力于留学报国的一面旗帜。我深信，站在历史新起点上的欧美同学会，一定会继续写好瑰丽的新篇章。

二十三　为节能奔忙

从“十一五”开始，节能工作在我国格外受到重视。是时，全国人大修订了《中华人民共和国节能法》。由于我曾是这部法律修订起草小组的组长，有机会与节能圈里的人接触，于是2008年中国节能协会换届时，我便成为其关注的对象。

加入节能协会

中国节能协会是个全国性的组织，那时成立已有20余年，为推广先进节能技术、普及节能知识做出了贡献。

换届前，时常有人找上门来，希望我出任理事长一职，接任年事已高的杨振怀同志（曾任水利部部长），但我一直未曾应允。此后，经过深入了解，觉得在这个协会里还能做不少事情，加之自己即将因换届离开人大财经委，闲着也是闲着，所以对出任理事长一事也就应承下来。

随后，我便开始参与换届筹备。不成想，办理相关手续持续了整整一年。此时，我已超过70岁，按规定已不宜担任领导职务。然而，最后有关方面还是同意我作为理事长人选。鉴于节能协会挂靠在国家质量监督检验检疫总局，为便于开展工作，我提议该局原副局长王秦平同志任常务副理事长。他是个热心又有能力的人，欣然同意了。

换届筹备期间，我建议节能协会除了继续抓好工业节能，还要重视建筑、交通和公共机构节能工作，因为后三者所占全社会能源消费总量的比重急剧上升。经过推荐，交通部原副部长李居昌、建设部原纪委书记姚兵等也成为副理事长人选。我这样做，是希望他们开拓相关领域的节能工作。

换届大会，即节能协会第六届代表大会，定于 2009 年 4 月 19 日召开，为使大会开得更有声势，我事前拜访了老上级李铁映同志，邀他出席。李铁映同志历来关心节能工作，在担任十届全国人大常委会副委员长时，曾就《节能法》的修订提出过许多重要指导意见。听了我的汇报后，他说，节能协会离不开国务院各部委的支持，必须邀请有关负责人与会，并当即让秘书打电话给他的两位老部下——发改委副主任彭森、工信部副部长娄勤俭。那天适逢星期天，时间非常紧迫，但受邀的领导同志都立即答应参加第二天上午的会议。

换届大会上，李铁映和有关部委领导同志的讲话令代表们受到鼓舞。作为社会团体，一旦得到官方的大力支持，所组织的活动就能获得事半功倍的效果。

会上，我当选为新一届理事长，各位副理事长也按提名落定。我在题为《应对挑战，奋力开拓》的讲话中，表达了努力做好工作的决心。同时强调，协会的生命力在于活动，协会的凝聚力在于服务，中国节能协会前进的步子要迈得更大一些，要发挥与“中国”二字相称的更大作用。

如何看待节能

俗话说，干什么吆喝什么。加入节能协会后，我就开始营造舆论。2009 年 5 月，在一次论坛上，我就如何看待节能问题，讲了以下意见。

能源，是人类生存和发展的重要物质基础。我国能源相对不足，人均拥有量远低于世界平均水平。目前，我国处于工业化、城镇化快速发展阶段，能源已成为经济发展的制约瓶颈。具体表现为：一是能源需求压力巨大。2003 年以后，我国能源消费平均每年增加 2 亿多吨标准煤。二是液体燃料短缺。2008 年我国原油消费对外的依赖度已达 50%，已威胁国家的安全。三是环境污染严重。以煤为主的能源结构导致我国30%～40%的地区出现酸雨现象。四是我国温室气体排放已居世界前列，至今还在快速增长。五是我国能源利用效率比世界先进水平低10个百分点，浪费很大。

为了缓解能源瓶颈制约、实现可持续发展，必须坚持开发与节约并举、节能优先的方针，大力推进节能降耗。大家知道，“十一五”规划已将节能20%作为约束性指标。规划执行三年来，虽然节能工作取得进展，但要实现既定目标仍有相当的难度。突出问题是产业结构重型化格局没有改变，技术和管理水平不高。

最近发生的国际金融危机是对我国严峻的挑战。然而，这次危机又是我国调整经济结构、淘汰落后产能、推动节能工作的极好机遇，应该抓住不放。

通过结构调整实现节能。调整产业结构，大力发展服务业；调整工业结构，遏制高耗能行业过快增长，加快淘汰落后生产能力；优化能源结构，大力发展风能、太阳能、水能等可再生能源，减少对化石能源的过度依赖。

通过技术进步实现节能。加快先进节能技术研发和推广，推进企业节能技术改造。

通过加强管理实现节能。改善企业节能管理；推行新的建筑节能标准，支持既有建筑节能改造；优先发展公共交通，鼓励发展节能环保型汽车；推广节能电器、照明产品等。

通过法制建设实现节能。以贯彻《节能法》为核心，制订配套法规以及标准和规范。推进资源型产品价格改革，抑制能源消耗。完善有关的财政政策，支持节能产品推广。通过宣传推动节能，普及节能知识和方法，增强全民节约意识。

节能协会怎么做

在出任节能协会理事长一职后，我始终在思索的问题是节能协会究竟能做些什么，并就此发表过一段讲话。

要抓住机遇，乘势而上。古人云，成大事者须占尽天时、地利、人和。当前，我们节能协会面临着开展活动的大好时机。所谓“天时”，即国家重视节能的大好形势；所谓“地利”，即我们“节能协会”有个以“中国”冠名的大舞台。也就是说，我们协会已经占有天时、地利，能不能在这个大舞台上干出点名堂，关键在人和。而所谓“人和”，就得看我们能否团结一致，抓住机遇。我相信，只要大家齐心协力，节能协会的工作一定会更上一层楼。

要开拓创新，增强协会的活力。我们不能满足现有的工作套路，要创新工作方式，开拓服务领域，努力打造自己的品牌。

关注低碳发展

2009 年下半年，我开始关注气候变化和低碳发展问题。大量信息表明，全球环境问题不容乐观，在过去 100 年（1906～2005 年）地表平均温度升高了 0.74℃，且还在继续上升。气候变化造成冰川退缩、海平面上升、洪水泛滥、物种灭绝、饥荒疾病肆虐。地球变暖直接成因是二氧化碳、甲烷等温室气体的大量排放。

那时，低碳发展的理念尚未为民众所熟知。作为节能协会理事长，我认为有义务传播有关知识。为此，我和节能协会的年轻人牛田瑛合作，撰写了一篇题为《关于低碳发展问题的认识与思考》的文章发表于《中国工程科学》。同时，我先后在工程院、北京交通大学等地发表演讲，并将低碳发展的主要观点聚焦在如下几个问题上。

正视气候变化

气候变化是一种国际政治博弈。气候变化问题已经从科学问题，逐步演变成为一个国际政治问题。气候谈判的实质是分配稀缺的大气容量资源。目前，欧盟以应对气候变化的领先者自居，美国声称要成为领导清洁能源发展的大国，岛屿小国担心海平面上涨将导致自身消失,发展中国家则一方面需要低碳发展,另一方面为了自身经济增长又须增加能源消费。在这场政治博弈中,各国持有不同立场。

减缓气候变化是人类共同的责任。发达国家应该承担主要责任,这是因为他们在实现工业化的过程中已经排放了大量的二氧化碳。不过,我国作为一个排放大国也必须尽到自己的减排义务。

我国需要走低碳发展之路

低碳发展是我国的自身需要。近 50 年来,我国海平面上升趋势明显;西部冰川正在退缩,威胁长江、黄河等水资源供给;南方暴雨天数增多,北方旱灾发生范围不断扩大,对经济社会发展带来负面影响。

低碳发展是减少能源消耗的需要。我国人均能源资源占有量为世界的 1/7,石油只有 1/10,连煤炭也低于世界平均水平。提高能源使用效率,开发可再生能源,才能摆脱对化石能源的过度依赖。

低碳发展是保护环境的需要,频繁的雾霾使我们吃到苦头。

低碳发展是应对贸易保护主义的需要。全球已有 10 个国家在国内开始征收碳税,主要发达国家也声称征收碳关税,这必然对我国出口产生不利影响。

低碳发展是迎接新技术革命的需要。今后一二十年,有可能发生一场绿色产业革命。发达国家已加大研发投入,意在培育新的竞争优势。一旦他们在低碳技术上率先取得重大突破,我们与发达国家的差距就有可能从代内扩大到代际。中国作为后发国家,哪怕有一点松懈,就可能再度落后。因此,必须抓紧行动。

我国低碳发展的思考

低碳发展是一场涉及生产模式、生活方式和价值观念的变革。

为了实现低碳发展，在能源供应、需求和末端治理环节，都要采取措施。

建立激励机制。通过税收、价格、信贷以及财政手段，对低碳产业给予优惠，对高污染产业加以限制。

调整经济结构。加快转变经济发展方式，发展循环经济。

开发和推广新技术。依靠创新，提高能源利用效率。

发展清洁能源。开发风能、太阳能、水能、生物质能、海洋能、地热能、核能。

建设碳汇。通过植树造林增加绿色面积，吸收二氧化碳。发展碳捕获技术，这对于以煤炭为主要能源的中国有重要意义。

倡导低碳消费。改变人们的消费观念和生活方式，让大众交通、小排量汽车、适宜户型住房等“低碳”行动成为更多中国百姓的新生活时尚。

最后，必须强调改变“发展理念”问题。高排放高污染的问题之所以长期没有解决，一个重要原因是人们对发展目标的理解出现偏差，过分看重 GDP，忽视了高速增长所付出的代价。我们应该用新的理念反思所走过的历程。一旦理念发生变化，人们的追求、行为、价值准则也必然会随之变化。

气候变化与中国声音

2009 年 7 月，气候变化与低碳经济发展媒体高层论坛在北京举办，产生了广泛的影响。

举办论坛的动议来自廖晓义女士。廖晓义是中国首个民间环保组织发起人，创办了北京地球村环境保护中心，多年来一直为生态建设而奔走。有个周末，她来节能协会找我，建议在哥本哈根气候大会召开之前，为中国官员、专家、媒体搭建一个交流平台，集中宣传我国在节能减排和应对气候变化方面取得的成就。我感到她的创意很好，立即表示支持，且当场商定，由我们中国节能协会与她的北京地球村共同主办这次论坛，并联系主流媒体，邀请有关部门负责人及专家参加。

论坛上，我国气候变化谈判首席代表苏伟就《中国应对气候变化的行动和政策》做了主旨演讲。中国气象局原局长秦大河院士做了题为《气候变化最新科学进展》的学术报告。人民日报社副总编辑等30位来自主流媒体的负责人和100多位记者，就气候变化的科学背景、中国立场和政策等话题进行了探讨。会上通过了《"2009气候变化中国声音"媒体行动倡议书》。书强调：应对气候变化，中国必须发出自己的声音，中国的媒体责无旁贷，要把中国所做的努力及未来的奋斗目标，传递给中国民众和国际社会。同时，还呼吁媒体同行，在"支持低碳经济发展""引领低碳生活时尚"及"倡导传统生态伦理"等领域，更好地发挥引领作用。

那次，我作为论坛的主持人，受益匪浅。

接受采访

加入节能协会以后，我对节能兴趣大增，不但热心参加相关活动，而且还在不同场合表达自己的观点，由此引起媒体的关注。2010年3月，我接受了《中关村》杂志记者明星女士的专访，她以《胸怀节能，砥砺奋进》为题刊发报道，这里摘录其中两段文字。

为节能奔忙

就在本刊采访傅志寰的前一天，他还在参加以"发展低碳经济、共建低碳中国"为主题的论坛。

在论坛上，傅志寰呼吁，发展低碳经济不仅要变革我们的生产和生活方式，还要促进发展理念的改变。他说，理念是行动的源头，"理念"的变革必然引起评价标准的变化，而这些标准常常成为我们行动的指挥棒。

用什么标准来引导、评价经济社会发展？用什么标准来度量人们的生活质量？用什么标准来约束企业和个人的行为？这些是值得认真思考的问题。他期望节能环保的发展理念能够带动更为科学的经济评价标准出台，以完善现行的指标，也就是我们经常说的GDP。

傅志寰说："回头看中国经济几十年的发展轨迹，虽然经济发展很快，但环境污染问题日趋严重。GDP作为衡量一国经济发展的标准并不是最理想的，起码它忽视了对污染、排放的考核统计。在我国，从提出'经济发展要从粗放型转变到集约型经营'的目标，到现在已有十几年了，但实践结果距离我们的期望还有很长的路要走。在以GDP为最主要指标的考核体系下，大家更看重经济增长的快慢，发展质量问题却不能很好解决。所以，我们要树立绿色环保的经济发展理念，这是提升经济质量的关键，也是提高生活的幸福指数的关键。"

无独有偶。英国"新经济基金"近期公布的《幸福星球报告》也印证了这一观点。报告对全球143个国家和地区进行"幸福星球指数"排名，根据各地公民的预期寿命、对生活的满意度以及各地人均消耗资源量计算，无名小国哥斯达黎加荣膺世界最幸福、最环保的国家，世界霸主美国排在后面。这项报告告诉人们，对环境造成的污染越高，幸福指数的排名就会越低。倡导环保，将注意力集中在"长久、幸福和有意义"的生活和福利上，才是人们真正需要的。

傅志寰对节能事业并没有仅仅停留在呼吁社会上。2009年9月举行的"中美清洁能源论坛·绿色科技领航峰会"上，他就曾同其他节能环保组织负责人一起，敦促华盛顿在清洁能源关键技术转让方面加快步伐。最终，会议就中美清洁能源合作提出八项倡议。

"去年奥巴马到中国后，与温总理会谈，就有关问题签订了协议。我们的倡议，有六项被采纳了。"傅志寰说。

积跬步以至千里

最近，中国节能协会加强了与中小企业的联系，通过向他们推荐节能技术，尽力为节能事业多做些工作。成立中国热泵联盟和即将启动的 LED 联盟就是其中的代表。

近年来，推广节能热水器、淘汰高能耗电产品，已成为国际社会的共识。一种可持续发展的节能技术——热泵被广受推崇。2009 年由节能协会发起的中国热泵产业联盟正式成立，其目标是整合相关产业资源，促进热泵技术和产品的推广应用，同时还举行了“节能万里行”，以加深人们对空气能热水器的认识。近期，中国节能协会发起的 LED 联盟也将启动，成员包括生产照明器具、家用电器的诸多厂家。

“就 LED 照明节能产品而言，你会发现一个悖论存在。在国外，‘中国制造’占据了节能灯大部分市场，国内生产的节能灯 90%以上是出口的，质量非常好。而在国内市场，大部分产品光效低、寿命短。”傅志寰认为，质量问题的根本原因在于价格无序竞争。厂家为了占领国内市场，把标准降低，以减少成本。产品质量不高，增加了节能灯推广的困难。成立 LED 联盟要推动这些问题的解决。

目前，协会正在进行节能产品补贴的政策研究。“同时，我们也要推广质量过硬的节能产品。准备搞些展览室，把协会认定的品牌展示出来，让大家来参观，也可在现场做一些直观的实验，让消费者认可这些产品。”

除此而外，他的团队正忙于筹备几个大型国际节能研讨会，进一步加大对发展低碳经济宣传推广的力度。2010“节能中国贡献奖”表彰活动的准备工作也正在进行。

介入交通节能

多年的铁路生涯让我养成了关注运输统计数据的习惯。在一次比较各国货运量时，我猛然发觉 2007 年我国的货运周转量已与美国相当，为此深感不解，由此联想起我国交通能源消耗一路走高等问题。怀着好奇，我与北京交通大学胡思继教授等几位专家，一同开展了交通节能的研究，取得可喜的成果。胡思继教授是我国铁路运输领域的著名学者，著作颇丰，他对于认准的问题十分执着，其治学精神令人敬佩。我与他是在德国进修时认识的，从那时起建立了深厚的友谊。

2010 年研究课题结束后，《21 世纪经济报道》记者王尔德专门做了采访。其报道节选如下。

“对节能这个热点话题来说，人们对工业节能和建筑节能讨论很多，但对交通节能的关注还不够。”傅志寰对本报记者说。

傅志寰出于自己对交通事业的敏感，牵头组织了《我国交通运输系统节能问题研究》的课题。他认为，无论从能源消费总量还是从能源消费增速来看，交通节能都应该受到高度重视。2008 年交通运输能源消费总量占社会消费能源总量的 11.7%。从能源消费增速来看，自 1980 年到 2008 年，交通运输的能源消费量年均增长率为全社会能源消费增长率的 1.32 倍。

“因此，研究影响我国交通行业能源消费的主要因素、节能潜力和途径，对我国到 2020 年完成减少 40%～45%的碳排放强度目标，意义重大。”傅志寰表示。

《21 世纪》：从“十二五”和长远来看，您认为，交通节能突出的问题是什么？

傅志寰：通过比较发现，我国单位 GDP 的运输量过高。2007 年我国货物周转量已与美国相当，但是 GDP 却不足美国的 1/3，也就是说，我国单位 GDP 的货物周转量是美国的 3 倍多。一般来说，粗放型经济体，单位 GDP 货物周转量较高；集约型经济体，单位 GDP 货物周转量较低。由于二者的差异所导致的粗放型经济体比集约型经济体多出的运量，可以看作为“过度运输”。

即使我们对两个国家同一经济发展阶段进行比较，即拿我国 2005 年与美国 1960 年相比，单位 GDP 的货物周转量也是偏大的。

也就是说，我国的确存在“过度运输”问题。

尽管我国与美国之间，存在汇率计算问题，自然条件、工业布局、发展阶段也不相同，上述比较不够十分准确。但是问题的本质是清楚的：与粗放型经济增长方式相伴的产业结构、行业结构以及货物运输强度，是我国运量居高不下的主要因素。

与美国相比，我国第一、二产业比重较高，第三产业比重较低。从产业内部的行业构成(如建筑、钢铁、机械制造)看，我国运输强度高的行业比重较大。因此，压缩“过度运输”量是减少运输需求量的关键，也是挖掘交通运输节能潜力的主要方面。

虽然，我国目前处于工业化中期，而美、日等国处于后工业化时代，要求我国单位 GDP 的运输量达到它们的水平是不合理的，但是要看到我国在减少运输量方面的潜力。我们的研究，就是要分析和挖掘这种潜力。

《21 世纪》：您曾经提出，通过采取得力措施，我国远期(2030 年)单位 GDP 交通运输能耗，可比 2008 年降低 50%。那么就近期(2015 年)和中期(2020 年)的交通行业节能有可能实现的目标，您有没有测算过?

傅志寰：我们在这里所说的节能目标也采用相对指标，是用单位 GDP 交通运输能耗来衡量的。经过计算，在 2015 年和 2020 年，单位 GDP 交通运输能耗较 2008 年下降 12%、25%作为奋斗目标是有可能达到的。

《21 世纪》：未来我国交通节能的重点领域有哪些?

傅志寰：影响交通运输能耗的因素主要有三个：一是运输量，二是运输结构，三是运输工具的能耗强度。运输量方面，货运量主要取决于国民经济总量和经济结构因素。客运量主要与人均 GDP 的高低有关。由于目前我国在货运上能源消费所占比重较大，因此是节能的重点。随着社会经济发展，旅客运输能耗所占的比重越来越大，其节能的空间也会越来越大。

《21 世纪》:那么在未来如何进一步挖掘减少货物周转量这一节能潜力?

傅志寰:根据我们研究,“十二五”期间甚至未来 20 年里,减少货物周转量仍是交通运输节能的最重要因素。货物周转量的降低取决于经济发展质量和产业结构调整。研究表明,货物周转量与第二产业比重密切相关。目前,我国第二产业比重已经达到 48%,而在第二产业中,重化工业发展过快,比重达 70%,超过了日本、德国和美国曾经达到的峰值。这种产业结构给交通节能带来了很大的压力。因此,必须采取切实有效措施,遏制重化工业盲目发展的趋势,以减少运量。根据测算,第二产业每降低一个百分点,同时第三产业每增加一个百分点,可节约运输能源消耗 2%。

《21 世纪》:从节能角度考虑,“十二五”期间应对我国未来的运输结构做哪些调整?

傅志寰:各种运输方式的能耗强度不同,公路和航空能源消耗强度较高,铁路、水路、管道较低。值得担忧的是,公路等高耗能运输的比重在快速上升。今后,优化运输结构也是节能的重点。据测算,在货运方面,如果将铁路运输所占比重提高 1%,相应地公路运输比重减少 1%,可降低能源消费量 1.2%。在客运方面,铁路运输比重每增加 1%,相应地公路运输比重减少 1%,可减少能源消费 1.5%。

《21 世纪》:在交通节能方面,你们提出了哪些政策建议?

傅志寰:一是要明确中长期交通运输节能目标,制定可行的统计、监测、考核办法。二是要优化产业结构、转变经济发展方式、减少货运量,这是推进交通运输节能的关键。三是改革现行管理体制,建立统一的综合运输管理机构,统筹规划和建设交通基础设施网络,大力发展铁路、水运、管道等节能型运输方式。

谢　幕

按规定,2014 年是节能协会的换届时间,76 岁的我已经感到精力不足，遂提出辞去理事长的请求。鉴于中央对领导干部在非政府机构任职的规定十分严格，几经周折都未能找到合适的接替人选，换届只能推迟。为此，我在当年的会员大会上作了自我批评。

后经积极筹备，中国节能协会换届大会终于在2015年12月下旬召开，是时，我已担任理事长6年有余。经选举，清华大学教授、工程院院士江亿接替了我的职务。江亿院士是建筑节能领域里的著名学者，60多岁，精力充沛，感染力和凝聚力很强，是位称职的人选。

换届大会开得非常隆重、热烈。我代表理事会做了工作报告。报告回顾6年里节能协会所做的工作：本着为企业、公众、政府服务的宗旨，协会坚持举办论坛、培训人才、推广技术、表彰先进企业、推动节能示范基地建设；开展政策研究，反映企业诉求，为节能产品争取优惠政策，发挥政府与企业间的桥梁和纽带作用。同时，报告还强调六年中节能协会本身也发生很大变化。一是变大了，会员数量增加了60%，分支机构增加了一倍。二是变强了，人气越来越旺，很多会员成为节能行业的技术领跑者，明星企业越来越多；节能协会秘书处受到了政府的表彰。报告对今后的工作也提出了希望，并坚信节能协会一定会不辱使命，不但在国内，也在国际上发挥更大作用。最后，报告结束时，我提高了调门，大声朗读唐朝诗人王之涣的著名诗句："白日依山尽，黄河入海流。欲穷千里目，更上一层楼"。话音刚落，大厅里立即响起了异常热烈的掌声。在讨论中，代表们对《工作报告》给予很高评价。

回顾这6年，使我感到幸运的是，国家领导人、有关政府机构对中国节能协会给予了特别关照。全国人大李铁映、成思危、顾秀莲副委员长、全国政协徐匡迪副主席都曾多次参加我们举办的活动，做演讲或做学术报告。全国人大财经委全力支持节能协会举办论坛，发改委、工信部、建设部、国家质检总局、国家能源局的负责人每年都前来做形势报告和节能政策解读，尤其是国家发改委副主任解振华，几乎是有求必应。这些关照对于协会凝聚人气，推动节能工作，是无可替代的。当然，得力的工作班子也十分重要。中国节能协会秘书长宋忠奎十分称职，他任劳任怨、勤奋好学、善于协调，是协会平日运转离不开的“中枢”人物。

第四编　闲来杂谈

10 多年来,参加活动、思考问题,总不免心生感慨,于是信手写上几笔,有些是自己在公开场合发表的即席讲话,感觉还不错,随后加以整理,权当是心得随笔吧。本编将相近题目的记事与议论加以归类,也就顾不上时间顺序了。

科学发展

如何看待 GDP

GDP(国内生产总值)是衡量一个国家经济发展状况的重要指标,为世界各国所广泛采用。GDP 与我国先前采用的“社会总产值”和“国民收入”等指标相比,能更好地反映国民经济活动的成果。因此,我国自 1985 年起,也开始采用 GDP 作为评价经济运行发展的主要依据。应该说,这是个很大进步。

然而,经过多年实践,人们发现 GDP 并不是那么完美。

其一,它不能完全反映经济活动的总量。社会上流传的一个故事就说明这个问题。故事说,一个男主人雇了一个保姆,每月付给她报酬,报酬被计入 GDP,后来主人娶保姆为妻,她还是做原来的家务,但却得不到报酬,其劳动也就不能计入 GDP。实际上,GDP 计算的只是可交易产品和劳务的货币价值,却忽视了货币交易以外的价值,如家务活动、自给自足的生产。同时,也未计入大自然所提供资源的贡献。

其二,它难以反映经济增长的质量。GDP 只能回答发展有多快,而不能回答有多好。有些“豆腐渣”工程,虽然增加了 GDP,但却没给社会带来财富。自然灾害(地震、水灾)尽管造成了巨大的财产损失,GDP 却不能因此扣除,而抢险救灾的开销却能统计在内。由于任何有货币流通的交易都计算在GDP里，而统计办法却难以区分哪些是生产性活动，哪些是破坏性活动。此外，GDP不考虑道德因素，有些国家将卖淫和赌博也计入“经济贡献”。

其三，它不能反映经济活动对资源环境的影响。采矿、伐木活动都增加GDP，然而，为此产生的资源耗竭、环境的破坏却无法计入，相反GDP却会随着清除污染费用的增加而增加。

与此同时，GDP还不能反映经济结构、社会分配公平的状况，也很难判断一个国家的可持续发展能力。

假如人们把GDP增长作为经济社会进步的唯一标志，就会陶醉于表面的繁荣；如果用GDP挂帅，就会掉进“GDP陷阱”，就会陷入拼资源、拼环境的怪圈，甚至会对“带毒”“带血”的GDP也麻木不仁。因此，GDP指标并不完善，只有同其他指标配合使用，才能准确评价一个国家经济社会发展的状况。

在我国，GDP挂帅有深层次原因。首先，它关系到一个地方的财政收入。在现行财税体制下，税收制度是以增值税、营业税等间接税为主体的，税收的多少取决于GDP的高低。也就是说，GDP越高税收就越高。实际上，现行的税收制度无形中在鼓励各地上项目，特别是产值高、税收多的重化工业项目。再有，由于GDP在一段时间内被当作对干部考核晋升和评比排位的重要指标，因而这一指标相当于一支无形的“指挥棒”，各地政府当然不得不格外重视。

最近有报道说，某地利税大户污染严重，尽管群众反映强烈，政府却不闻不问。究其原因，就是当地干部担心影响GDP和政绩、伤及财源。由此，不得不提出一个问题：即使企业贡献再多的GDP和利税，河流、空气污染了，雾霾“围城”，危及群众的健康和子孙后代生存环境，还能“科学发展”吗？

不唯GDP，但也不能不要GDP。为弥补GDP的缺陷，有些学者另外设计了指标体系。其中一种可称为“真实进步指标体系”，即GPI(Genuine Progress Indicator)。这一指标体系分为对真实进步有贡献和有负面影响两个部分。具体而言，GPI有经济、社会、环境三个账户，涵盖了对真实进步有贡献的因素，甚至包括无偿劳动所提供的价值；同时也要扣除犯罪、事故等带来的负面因素，以及人类对资源、环境破坏性影响的部分。据说，有的国家已开始尝试引入 GPI，不过要真正实行尚有很长的距离。

中国国家统计局也在设计绿色发展指数，目的在于引导解决资源、环境与经济发展的矛盾，实现可持续发展。

除此，还有人对经济社会发展程度如何评价问题进行探讨。最近，我国有些省市提出要强化人本理念，采用包括幸福指数在内的指标体系，提高“民生”权重，不再单纯以 GDP 为最主要追求指标。这说明，很多领导干部已经认识到，幸福应是人们追求的基本价值。显然这是件好事。然而如何建立新的指标体系，如何设计幸福指数，众说纷纭。因此，仍需下功夫深入研究。

在重视创造和积累财富的同时，也要保护环境、改善民生，而不仅仅是 GDP。

写于 2011 年 12 月

“跨越”与科学发展

前些年，“跨越式发展”一词高频率出现在媒体上。

“跨越式发展”是指在一定条件下，超越某一阶段，实现非常规的发展。这种“跨越”在人类历史上、在技术发展中的确有过很多令人羡慕的案例，在我国也有不少值得称道的典型。

一般情况下，事物的发展是循序渐进的，“跨越”是“量变到质变”的过程。也就是说，在量变到一定的“度”时才会跃升为质的变化。这正如常言所说，“不积跬步，无以至千里；不积小流，无以成江河”；缺少丰厚的积淀，就不会出现跨越式的“爆发”。跨越也可以比作跳远，要有一定距离的快速助跑，否则是跳不远的。

现实中人们往往怀着良好的愿望，总想发展得快一些，尤其是落后国家和地区更为心切,这完全可以理解。不过,急于求成常常是欲速不达。有的地方和行业,为了实现所谓“跨越”,突击上项目,突击花钱,不讲核算,往往造成不应有的浪费和后果。其实,历史上急于求成的教训是很多的,特别是在政府拥有资源绝对配置权的时候更是如此。1958年我们搞过“一大二公”的“人民公社”,也搞过钢产量翻番的“大跃进”。然而,这样的“跨越”非但未成功,反而造成了严重危害,致使不得不在1962年对国民经济实施全面调整。同样的还有1977年,“文革”刚刚结束,未经充分研究,又急急忙忙发动了新的跃进,加剧了国民经济比例失调。上述实例印证了重大决策光有良好的愿望是不够的。我们党深刻总结历史经验教训,提出了社会主义初级阶段理论,就是要平复人们不切实际的急躁情绪,走科学发展之路。

事物发展必须遵循一定的规律,人的发育也是如此,不能漠视。我有一个小外孙,头脑相当聪明,但是参加体育活动时却显得笨手笨脚。求助于医院,大夫问:儿时会不会“爬”?孩子妈妈这才恍然想起,他是越过“爬”的阶段而直接学“走”的。至此,终于找到问题的症结。于是在医生的指导下,小外孙在8岁又重新学“爬”。经过“补课”,孩子的手脚活动协调了许多。

人们接着要问:是不是世间一切事物都难以实现“跨越”发展呢?当然不是。在什么情况下才能“跨越”?这需要一定条件。例如,1958年我国铁路实行电气化,越过直流制式径直上了交流技术,这是对的,但条件是有彼时苏联的直接援助。还有一个例子,西藏由农奴社会直接进入社会主义社会,这种跨越是在国家和各省市鼎力支持下实现的。

上述事例说明,“跨越”并非常态,实现“跨越”是需要条件的。然而,条件并不总是具备的,并不是一下子凭热情就能创造出来的。“大跃进”的教训极其深刻,遗憾的是,对于前车之鉴,有人并没有当作“后事之师”。重化工业超常发展,环境污染堪忧;一些建设项目缺乏科学论证,背上巨额债务;有的工程追求速度,留下“病根”,甚至安全隐患……一味求快,看似敢干,实为浮躁。

2006 年,我在十届全国人大常委会二十一次会议发言时曾提出,“跨越式发展的口号,要提的适度”。也就是说,我们要保持清醒头脑,用理性思维来看待“跨越”。

反对急功近利,并不意味着碌碌无为;坚持循序渐进,也并非要降低均衡发展速度。在实现中华民族伟大复兴的过程中,我们必须敢为人先,敢于走前人没有走过的路,敢于做前人没有做过的事,不能总跟着外国人亦步亦趋。中国的发展就是要比别人快些,否则就会永远落后。对于国内科技重点领域、少数民族地区、经济薄弱环节,应大力推动“跨越”,非此难以跟上国家前进的步伐。然而,快速发展并不一定都意味着“跨越”。一些领域、地区的“跨越”,并不意味着处处都要“跨越”;“跨越”只能适合于一定地区和领域,不应一再扩大,否则会导致冒进,甚至付出沉重代价。发展不是为了赢得一时的速度、迎合一时的掌声,而是为了行稳致远。既要积极进取,又要保持清醒;既要速度,又要质量,还得顾及经济和社会效益。我国建成世界强国的过程好比一场“马拉松”竞赛,速度固然重要,耐力更不可少。为此,我们要增强理性素养,尊重规律,要肯下苦功夫,并言行一致地贯彻落实科学发展观。科学发展观是历史经验的总结,是我们的宝贵财富。

写于 2010 年 3 月

冷静与理性

在应对国际金融危机中,我国对基础设施进行大量投资,拉动经济的效果相当显著。到 2009 年,累计建成高速公路接近 7 万公里,为世界第二;高速铁路里程达 2800 公里,超过日本,傲居世界之首;民航运输总周转量跃升为世界亚军。预计几年后,我国高速公路里程有望超过美国,而高速铁路里程有可能相当于世界各国的总和。面对取得的成绩,面对未来,国人没有理由不感到高兴。

在高兴之余,我们还要清醒地看到问题。因为事物具有两面性,当我们兴高采烈地为某些成就欢呼的时候,陷阱可能就埋在自己的脚下了。目前,一些部门和地方滋生了急躁情绪,争上项目的热情不断升温。有的把工程当作彰显政绩的主要手段;有的忘记了我国还是发展中国家,贪多、贪大、求洋、急于求成。我认为,如今需要的是冷静。有必要反思一下,为了“大干快上”,到底已经付出或还将付出多少代价?留下多少隐患?就交通建设而言,由于缺乏统筹规划,各种运输方式又急于各自发展,有的地方呈现出无序状态。有的本来修条公路就可满足需要,可是还要修建铁路;有的修条铁路就可以了,却平行建设高速公路;有些偏远地方,开通小型飞机就能适应需要,却还要再建铁路或高速公路。而另一方面,真正急需的建设工程却无人关心。比如,由于常规铁路运能不足,致使公路承担了内蒙古外运煤炭总量的20%,以致京藏公路常年拥堵。

就债务而言,有人估计目前地方政府公路建设的债务余额有数万亿元之多,难以还本付息,银行坏账将难以避免。

就质量而言,由于盲目求快,有的项目未能达到设计标准。有的高速公路刚开通就要大修,大桥垮塌事故也时有发生。有的高铁建设项目勘测设计深度不足,工程仓促上马,留下不少隐患。

人无远虑,必有近忧。倘若我们在项目安排上不那么匆忙,而是冷静周密地做好远近结合的规划,讲究建设的时序、节奏和效益,就可以少走很多弯路。这种表面上的“慢”,乃是实际上的“快”。前车之鉴,足以警醒。美国号称是“汽车轮子上的国家”,大量消耗的石油不得不依靠进口,而本来发达的铁路却遭冷落。美国早在1916年铁路长度就已达到40万公里,由于公路和航空的快速发展,到2007年,失去竞争能力的铁路营业里程已减少近半。教训是深刻的,以致奥巴马总统不得不提出建设新铁路的设想。变来变去,问题出在美国的交通政策缺乏连贯性。

无独有偶,在20世纪60年代的日本,许多地方领袖争建铁路,却不关心这些工程是否能够盈利。一些线路盲目上马后，造成经营困难，巨额投资带来了严重的债务负担。

通过分析，我们就能明白，交通基础设施建设的目的不仅是拉动投资，更重要的是要发挥好的经济和社会效益。我们是发展中国家，财力有限，特别是在当前国家靠大量发债来支持交通基础设施建设的情况下，更应做到精打细算，不能把建设规模搞得过大，不能把建设标准定得过高，更不能急于求成。

写于2010年6月

指标与目标

为实现经济社会发展目标，各级政府常常设定诸如GDP、钢产量、单位能耗等等一系列量化指标，并进行层层分解，作为考核标准。无可否认，这是进步的表现。

然而，认识事物总要一分为二。在收获指标正面作用的同时，也不能忽视其副作用。

老一代人或许不会忘记，“大跃进”时期，为实现钢铁产量翻番的指标，老百姓不得不砸锅炼铁。结果却是“好铁”炼成了“废铁”。类似的例子，在当时的铁路系统也不是没有。为完成装车数指标，个别单位甚至将废弃的沙土拉来拉去，用来凑足运量。这就印证了管理学上一句名言——鼓励什么，就得到什么。

事实上，为完成任务指标而不计后果的行为，不但过去有，现在也依然存在。比如，有些地方为追求GDP而不惜牺牲环境，有的企业为达到指标而不惜弄虚作假，不正是其具体表现吗？

之所以出现指标崇拜症、指标性质“异化”问题，是因为有些人忘记了指标的本来用途，忘记了自己奋斗的最终目标。出现这种不良现象，不能只批评基层干部，追本溯源，这和唯指标的导向不无关系。

因此，为防止今后再度萌生指标“异化”，我们必须牢记一切工作的出发点和落脚点都应着眼和服务于人民大众，人民大众才是指标的主人。

写于2010年10月

迪拜危机，引以为鉴

据几天前媒体报道，“迪拜世界”投资公司宣布推迟偿还到期债务，由此引发国际金融市场恐慌，众多银行立即纷纷发表声明，力证其在迪拜投资不多、损失有限，以安抚客户。为平息事态，有的国家政府首脑亲自出面，指称迪拜金融问题仅是地区事件，不会引发新一波国际金融海啸。尽管如此，迪拜的股票和房地产价格一时间仍一路猛跌。

2007年，我出访非洲时途经迪拜，其独特的人文景观令人顿感新鲜不已。那时，迪拜拥有世界第一家七星级宾馆，有在建的世界最高摩天大厦——哈利法塔，有世界第八大奇迹之称的人造棕榈岛，还有一片片拔地而起的高楼。我们参观了一家购物中心，其面积之大、商品种类之多，即使在美国也未曾见过。作为沙漠城市，迪拜初夏的5月已然热浪袭人，然而那里却建有规模宏大的室内滑雪场。从通透的玻璃窗望去，人们身着厚重的棉服在场内兴奋地滑翔。若非身临其境，眼前的一切简直令人难以置信。我不由感慨，迪拜真有钱啊！

众所周知，从前的迪拜不过是阿拉伯联合酋长国中的一个穷国，没有石油蕴藏，也缺少其他资源。而今迪拜之富令我们一行人纳闷不已：哪来的钱？负责接待的人一句话解开了谜团，原来迪拜主要是利用海湾国家拥有石油美元的地利优势，靠举债发展了起来。在短短20年间，迪拜大量吸引资金、大兴土木，才造就了今日的辉煌。酋长谢赫·穆罕默德是迪拜得以神速发展的主要推手。起初，人们大多以其规划似“天方夜谭”而称他为“疯子”，然而令人大跌眼镜的是，“疯子”居然创造出沙漠神话，人们转而对它顶礼膜拜。尽管如此，我们脑海里却始终徘徊着一个挥之不去的质疑——迪拜的超高速发展能够长久持续吗？

时隔两年，我们担心的问题爆发了。2009 年 11 月 27 日，迪拜风暴席卷中东，一时间世界为之震惊。800 亿美元的政府债务已超过迪拜当年的 GDP，国家濒临破产边缘。无奈之下，“世界岛”等大型工程建设不得已被迫暂停。和“棕榈岛”类似，作为一个人造群岛，“世界岛”由 300 座大小不同的人工岛屿共同架构出一幅“世界地图”，也是迪拜顶级奢华物业的标志。据媒体后来报道称，已完工部分因停工出现地面下沉，有被淹没的危险。

这场危机，尽管富有的阿布扎比酋长国鼎力救助，可时至 2010 年底，迪拜还是不得不忍痛断然砍掉 200 多个建设项目，房地产价格也随之下降 60%。

其实，迪拜经济泡沫破灭是迟早的事。过度举债和奢华，等于把经济大厦建筑在沙滩上，一遇“风暴”或“地震”，这栋大厦难免倾斜。

他人的教训，要引以为戒。我国有些地方同样存在类似的“迪拜现象”，令人担忧。举债建设的宏伟大楼、宽阔马路、巨型广场，不可谓不气派，但是由于缺乏产业和市场支撑，那里却是人车寥落，一片萧条，被称为“空城”“鬼城”。过度负债，贪大求洋，上项目不问经济效益，借贷不考虑还钱，已非个案。这些不得不引起高度警惕。

写于 2009 年 12 月

数据使用至关重要

在学术会上，专家们常用国内外数据对比来论证自己的观点。的确，数据对比是一种常用的有效方法，比较直观，易于被人理解。

用数据说话，是对问题深入研究的体现，值得提倡。然而，用什么样数据是有讲究的，使用不当，会得出不准确的结论。

以铁路为例，有的学者经常拿中国与美国对比。他们说，两国国土面积相当，美国有 22 万公里铁路，而中国仅有 12 万公里；结论是，中国铁路长度还差得远，还需长期大规模建设。其实，这些学者只知其一，不知其二，那就是两国铁路的构成和档次并不一样。因此，不能简单加以对比。

一般来说，铁路长度不是以实际的延长公里，而是以营业里程计算的。通常，甲地到乙地的铁路，有的是单线，有的则为双线或多线，就计算营业里程而言，彼此是没有区别的。比如，北京至天津的普速铁路（不包括高铁）虽为三线，但营业里程也只能计算为120公里，而不是3×120公里。换句话说，尽管有时营业里程数字是相同的，但由于铁路股道数目和技术等级不同，运输能力也不尽相同。

就运输能力而言，一条双线铁路是单线铁路的4倍；电气化铁路是内燃（机车）牵引铁路的1.5倍。2015年，中国铁路复线率（双线以上线路所占比重）为53%、电气化率为61%，而美国铁路多为单线（复线率约为12%）和内燃牵引（那里铁路电气化率很低）。如果做个简单计算就会发觉，虽然中国铁路营业里程相对较少，但运输能力不但不比美国小，反而还高。此外，美国没有像样的高速铁路，而中国却接近2万公里。当然，不能因为中国铁路运输能力已比美国大，就不新建铁路了。

其实，我国铁路尚有很多不足之处，比如说，在国土分布上不均衡（尤其在西部），路网密度比美国小、市郊运输不如欧洲发达等等。尽管如此，却不是有的专家所说的“中国铁路还差得远”。这应是个基本判断。

研究方法、数据使用可多种多样，但不能简单化，尤其要防止以不当的数据和结论误导公众。

写于2016年5月

“稳中求进”的联想

“稳中求进”是今年中央经济工作会议的主基调。为什么要突出“稳”字？这是我国发展阶段升级使然，也是丰富实践经验的总结。

"稳"是对应"快"而言的。改革开放以来的快速发展造就了我国繁荣奇迹,经济总量跃升世界第二,值得国人骄傲与自豪。然而,长期以来粗放型增长积累的深层次矛盾开始激化,经济结构失衡。过剩产能成为制约经济转型的包袱,供需错位已成为阻挡经济持续发展的路障。高端产品供给不足,导致人们去海外"淘宝"。

"明者远见于未萌,智者避危于无形"。铺摊子、拼速度的发展老路已经到了尽头。习近平同志明察形势,高屋建瓴,提出"供给侧结构改革"的大思路,从而推动了一场经济格局的变革,以摆脱"速度依赖",矫正要素的扭曲配置,提高供给质量。

正确判断形势、提出新的发展理念固然十分重要,然而更为重要的是下决心实施新理念。这需要非凡的定力和毅力。

众所周知,"供给侧结构改革"可表述为"三去、一降、一补"。其中"去产能",就是去掉无效产能,涉及煤炭、钢铁、建材等行业;"去库存"涉及房地产业;"去杠杆"涉及金融和企业。这意味着什么?意味着一些企业关停,意味着数以万计的职工下岗,意味着银行呆坏账的增加,意味着社会不稳定因素的增长。尽管变革是痛苦的,但是这道坎是绕不过去的。

党的十八大以来,以习近平同志为核心的党中央提出治国理政的新理念、新战略,直面问题,勇于担当,大刀阔斧反腐败,纯洁政治生态,带头履行"八项规定",言必行,行必果,得到亿万群众的拥护。同时,"供给侧结构改革"一年来也取得明显成效。这些,都大大增强了广大群众克服困难、推行改革的信心和决心。

"稳中求进"是经济发展新常态题中应有之义,即经济增长从高速转向中高速,经济发展方式从粗放转向集约,发展动力从投资转向创新。面对这个大格局的变化,我们每个人应深刻理解,调整心态,身体力行,积极担当。

行稳是致远的前提。实现强国梦就像是一场马拉松竞赛,路很长,速度不能大起大落,关键在于均衡持久。

写于 2016 年 12 月

自主创新

国货与洋货

前些年，崇洋心态有所抬头，尽管“洋货”价格不菲，却依旧颇得有些人的青睐。

少数干部也不例外，口头上支持自主创新，可内心却对“洋货”相当倚重，不管花费多少，出手不可谓不慷慨大方。

也许有人会反驳，如今既然已经全球化了，为什么一定要用国货呢？这话的确并非没有一定道理，更何况我国相当多的先进设备都来自进口。不过，我倒要反问一句，既然从国外可以买到好产品，为什么现在还要自己研制大飞机呢？为什么还要大力宣传自主品牌的汽车呢？

多年来，先进设备我们买得还少吗？由于技术进步快，同类产品买一次不够，买二次，买来的东西未过几年就又落后了。关键在于能不能消化别人的技术。

几年前我曾两次访问韩国。其面积不能说大，人口不能算多，然而那里人的民族自尊心很强。当地有一句谚语叫作“身土不二”，意即，你生长在那里就要用那里的东西。在这种理念的熏陶下，韩国人都愿意买国货，在首尔很少看到外国汽车。据当地人说，如果购买国外品牌轿车，可能会承受舆论压力。或许正是这种自强意识，维护了韩国原本有限的国内市场，为其民族企业的成长预留了空间。而韩国企业家和工程师并不满足国内市场，而是力闯世界。如此，就不难理解为什么韩国汽车、船舶、集成电路、手机、液晶电视机等“拳头”产品在国际上会有较强的竞争力了。

说到电视机，在上世纪90年代，有些人曾将其当成引进消化成功的典型，并为我国一举成为“电视机生产大国”而感到兴奋。但没过十年，传统的CRT电视机已经落后。在平板电视舶来品的迅猛冲击下，措手不及的国内企业，由于未曾投入力量从事技术创新，而不得不实施二次引进。那时的韩国企业却因此占尽先机，其液晶电视机率先抢占世界市场，大量出口我国。

经验表明，为赶超先进适度引进技术是必要的，但重要的是消化吸收。日本、韩国在工业化起飞阶段都曾在购买少量设备的基础上，投入大量的资金和人力进行消化和再创新，在短短20年里便实现从“追赶”到“领先”的转变。

中国人不是不善于创新，“两弹一星”的成功就是典型范例。当年毛泽东主席下决心集全国之力，用十年工夫攻克了技术难关，一举震惊世界。显然，这是逼上去的。因为关乎国家安全的敏感技术是买不来的，不靠自己努力是不行的。

不论国防领域还是民用产品，以市场换技术往往是一厢情愿。国外的大企业，不会只图眼前而放弃其长远利益。对此，我们必须有清醒的认识。

记得，2003年初上海磁悬浮列车开通前夕，国家计委负责人拿给我一份即将发表的新闻稿征求意见，其中有一句是“要尽快实现磁悬浮技术的本土化”。就此，我曾建议把“本土化”三个字改为“国产化”，但是没被采纳，理由是德国人不同意转让技术，不同意用“国产化”一词。由此可见国外企业对其核心技术的重视程度。

据有关学者统计，前些年我国拥有自主知识产权的企业总数相当有限，60%以上的出口产品是贴牌商品。这样做的最终结果是，尽管资源大量耗费，环境严重污染，却只挣得微薄的利润。实践告诫我们，没有核心技术必然受欺。

对于没有核心技术受欺这点，我有切身体会。2000年，为了取消传统的地面通过信号机，以车载速度显示作为行车凭证，秦沈客运专线采用了法国一家公司的信号系统。然而该公司自恃奇货可居，不但售价高昂，且还实施严格的技术保密，甚至连设计中增加一副道岔也背着中国人自行修改软件，以致他们法国人回家过圣诞节时，有关施工只能停顿下来。这家公司不大，架子却不小，无论怎样协商，在技术转让上都毫不让步。有一次，我亲自出面也未谈拢，气得真想拍桌子。那次经历使我深切感受到，关键技术被人垄断、受欺负的味道实在难受。吃一堑，长一智。痛彻于心的教训激发了我们自主创新的斗志，于是下定决心开发国产信号装置。

不仅如此，缺乏核心技术，安全也会受到威胁。2008 年，国内发生的计算机“黑屏”事件，表面上看只是“微软”公司对某些盗版人的“惩罚”，但实质上却暴露出我国信息安全的软肋——计算机软件对“微软”的过度依赖。中国工程院院士倪光南对此曾明确指出：“黑屏事件”说明，只有使用自主可控的软件，信息安全才有保障，自己才能成为电脑的主人。

多年的实践教育我们，办好中国的事情，关键要靠我们自己努力奋斗。引进只能作为一种手段，培育和磨炼自主开发能力才是真正的目的。有了创新能力，才能给国家和广大民众提供先进、质优、价廉、安全的产品。

令人欣慰的是，以往过于依赖国外的情况正在发生改观，创新的氛围正在形成。在国家的统筹安排下，自主研发的大飞机、航空母舰等已取得明显进展，这些无一不是创新的重要标志。在各项技术攻关中，年轻人才迅速成长，创新能力正不断提高，我们应该对未来充满希望。

写于 2009 年 3 月

建设技术强国

早在几年前，我国的煤、钢、水泥产量就已名列世界前茅。2009 年，我国汽车产销量也位居世界第一，消息传来，大家都很高兴。

然而，尽管汽车产量上去了，但是核心技术仍是外国的。至于位居世界第二的我国造船业，情况也大同小异，在诸如发动机之类的核心部件方面，依旧离不开国外的先进产品。据统计，我国每年数万亿元的投资中，技术装备尤其是高端产品主要依赖进口。目前，不少行业的产品仍然处于产业链的低端。在某些领域，可以说是在替外国人打工。

制造业是一个国家发展程度的重要标志。尽管我国在制造规模上早已成为大国，有“世界工厂”之称，但至今仍然算不上是制造技术强国。前些日子，师昌绪院士曾在一次座谈会上提出一个问题：中国何时能从一个科技大国变成科技强国？引起我的联想。的确，现在是考虑这个问题的时候了。今年是新中国成立后的第二个“甲子”开局之年，我相信，在不远的将来，中国有能力也有条件改变大而不强的局面。

从制造大国走向工程技术强国，需借鉴国外成功经验，更需要自主开拓创新。大多数后发国家走的都是这样的路子。日本、韩国均用 20 年左右的时间，完成了从产品仿制到创新的转换。

实现从“中国制造”到“中国创造”的飞跃，把我国建设成制造技术强国，留学生是一支需要倚重的力量。百多年来，归国留学人员奠定了我国现代科学技术基础；建国后，从欧美归来的留学人员，以及在苏联学习的留学生，为我国科技发展做出了重大贡献。近 10 年来，学成回国的“海归”越来越多，人数已达 50 余万，很多活跃在学术前沿和科技战线从事创新活动。希望留学人员发挥自己的知识优势、信息优势，在把握科技发展动向、组织重大科技攻关上成为骨干力量，甚至领军人物。

为了建设技术强国，我们不但要推进“技术创新”，同时也要推进“产业创新”，使科研成果转化为现实的生产力和经济效益。因此，除了科技人员，“海归”企业家们也应加入创新行列，把更多中国品牌的商品推向世界。

祖国的快速发展，给“海归”们提供了展示才能的舞台，希望大家抓住机遇，大展宏图，建功立业。

本文为2010年1月《在欧美同学会对部分留学生的讲话(摘要)》

不跟风，重自主

今年是中国工程院成立十周年。这十年，工程院发挥了重要作用。十年里，国家经济增长强劲，社会全面进步，科技成就突出，群众生活改善，我国国际地位显著提高，可是我们不能不看到前进中的问题。一是浮躁情绪。有些人急于求成，只顾眼前，不顾长远。二是不说实话。有的人弄虚作假，数字掺水，好大喜功。三是崇尚“洋货”。一些人不管国情，不问价格，技术要引进的，牌子要外国的，对货真价实的国货不屑一顾。凡此种种，虽然是少数人的行为，但危害不可低估。

党中央最近提出“科学发展观”的理念，就是解决这些不良倾向的利器。作为工程院院士，理所当然应该成为科学发展观的实践者，起码要做到以下几点。

不跟“风”。某些人有一种从众心理，容易跟“风”。我们对“风”要加以判别。对于良好风气要支持；对于不良风气不但不能盲从，还要坚决抵制。当前，有些行业已经形成了“跃进”的态势，几位院士向中央提建议，说不能这么干，对此我举双手赞成。作为院士，必须告诉年轻人1958年“大跃进”给我国经济社会带来的严重后果。发展必须按科学规律办事，否则欲速则不达。

讲实话。“实事求是”是我们党的优良传统。作为院士，应该成为践行这一传统的模范。有的部门领导人好大喜功，带坏了风气。有些干部常常借助于院士，说他们想说又不便于说的话，为其所用。越是这种时候，我们越要坚持原则，不说违心的话。

重自主。20多年对外开放取得了巨大成就。就技术进步而言，通过引进消化、再开发，我们走了不少捷径，上了几个台阶。然而，有些人的崇洋心态令人担忧。他们不搞调查，不做分析，一口咬定“洋货”好。明知国货物美价廉，还千方百计要买外国技术，放弃自主开发，甚至不惜丢掉自己的品牌。对这种崇洋行为，很多院士慷慨陈词，精神可嘉。同时，也必须告诉人们：核心技术是买不来的，只有坚持自主创新，不懈努力，才有希望。

本文摘自2004年纪念中国工程院成立十周年时所做文章，收录于《纪念文集》中

后发优势与后发劣势

人们常常津津乐道地谈论“后发优势”问题。“后发优势”是发展中国家赶超发达国家的理论基础。我们周边的日本、韩国都是利用“后发优势”取得快速发展的典型。我国自改革开放以来，有效地借鉴国外先进经验，大大加快了现代化进程，为世人瞩目。不过，我们在看到“后发优势”的同时，也必须正视“后发劣势”问题。

10年以前，我有个问题没想明白，为什么中国人能遨游太空，却造不出大飞机来？后来经人点拨，我才得以释然：“波音”和“空客”两大公司利用其技术领先地位，垄断了世界飞机市场，并筑成很高的准入门槛，以致后来者难以进入。的确，经过多年研发和改进，“波音”和“空客”飞机性能已相当完善，既舒适又安全，培植了大批忠实的用户。在此情况下，即使我们今天制造出优质的大飞机，要想挤进航空市场，较几十年前要困难得多。这就是“后发劣势”现象。

说到这里，有人可能会提出问题：20世纪70年代，“空客”与“波音”相比，不也是后来者吗？为什么目前能与先前的巨无霸“波音”平起平坐呢？的确，“空客”起步较晚，初创时可说是举步维艰，只是经过20年打拼，才成了“气候”。不过不要忘记，成功是有条件的，那就是法国、德国、西班牙、英国政府的全力支持和巨额补贴，加之利用了原来较好的航空工业基础。

其实,“后发劣势”在其他领域也不乏案例。比如,微软、苹果、谷歌等公司“先入为主”,占据了微机、手机操作系统的主导地位,对它们进行挑战,十分困难。

不仅如此,“后发劣势”在铁路上也有表现,列车安全运行的关键——制动机就是个典型。近年来,随着高速电动车组的进口,克诺尔和法维兰公司的两种制动机也挤进中国。由于洋品牌质量和性能优良,很快就垄断了铁路市场,国产制动机遭到冷遇。尽管我们明知洋货价位很高,然而很长时间未找到有效的对策。

无数事实教育了我们,不付出非常规的努力,就难以突破“后发劣势”。还是以飞机为例,1980 年我国自行设计的运 10 型喷气客机在上海腾空而起,人们曾为此欢呼。不过,由于有关部门负责人的反对,美国麦道飞机公司怕失去中国市场从中搅局,一时间“造飞机不如买飞机”的论调占了上风,致使运 10 客机最终流产。值得庆幸的是,20 年后,在中央的直接关怀下,我国大飞机研制工作再次启动,历经 7 年奋斗,具有先进水平的 C919 大飞机终于顺利下线,并引起轰动。这一耀眼的成就是国家意志的体现,是全国大协作的结果。尽管大飞机还将遇到诸多艰难险阻,尽管国外集团还可能层层设坎,但只要举国一致,就会打破外国公司的垄断,中国的大飞机翱翔蓝天是难以阻挡的。

回过头来再说有关动车组制动机的事。多年来外国公司凭借其技术优势和经营策略,垄断了我国市场,使我国铁路人尝到苦头。“吃一堑,长一智”,铁路总公司下定决心冲破多重阻力,坚定不移地推进开发,自主设计的新型制动机终于获得成功。

实践还告诫我们,国内市场的主导权是克服“后发劣势”最有力的武器,既然市场在自己手里,就应该用好它。

写于 2009 年,2016 年补充修改

关于机车的调研

9 月 10 日，铁路总公司机务部负责人申瑞源、张大勇向我介绍了正在拟定的《机车技术创新提升计划纲要》，由于自己对情况了解不多，当时未敢多加评论。不过从那天开始，我便萌生了做些调研的念头。一个月后，我和机车专家李中浩、吴新民在有关人员陪同下前往大同、大连、株洲等地，考察了几处机车厂、研究所及机务段。

这几年机车数量增加很快，其中，引进后生产的电力机车和内燃机车分别占其保有量的 76%和 13%，且采用了交流传动技术。

引进确为我国机车结构带来可喜变化。机车功率大，提高了货物列车重量和速度，降低了能耗。不过，引进也带来一些不可忽视的问题。

一是对外依存度高。这在最初购置的 3990 台机车上，表现得相当突出：国产化程度有限，核心技术受制于人，以致有的铁路局离不开外国公司的高价售后服务，湖东机务段每年这项开销就达 1 亿元。在后期生产的机车（4100 多台）中，由于开展进口替代，多数零部件已经国产化。不过，制动机与车轮等仍需依靠国外供应，且价格不菲。二是引进内燃机车故障多。以 HXN5 为例，初期机破率为每百万公里 10 件，目前虽已降至 2.8 件，但还高于 2013 年全路内燃机车机破率的 0.47 件。究其原因，是美国 GE 公司的原型车技术不够成熟。对比之下，国产东风 8 型内燃机车及其 280 型柴油机引擎则是经济、可靠的产品。遗憾的是，由于受到引进的冲击，这种机型一度被迫停产。三是电力机车型号过多。引进的 6 种电力机车是德、法、日厂商各自设计的，图纸各异，零部件不能互换，给运营、检修带来诸多麻烦。为此，有的机务段需要储备多套备品。

针对上述问题，铁路总公司已经采取对策，取得成效。不过，为适应铁路发展新形势，我们认为还有一些工作要做。

首先要加速自主化。除了继续做好牵引控制系统、微机网络系统、大功率变流装置进口替代外，还应抓紧制动机、车轮等关键部件的国产化。由于机车与高速列车不同，基本用于货运，最高时速不超过120公里，安全风险也要小些，自主化进程可以大胆加速推进。

其次要推进标准化、简统化。这项工作可分两步进行。第一步，实现机车使用性能的统一。比如：各种型号机车司机室的操作界面一致，不同功率等级的机车可以重联运行，重要部件尽量做到整体互换。第二步，可以参照“中国标准动车组”的模式，组织“中国标准机车”的研发。

再有，应研制新型客运机车。为充分利用一些高铁的富裕运能，使普速客车也能上线运行，需要研制低轴重的200公里/小时客运电力机车。目前，我国现有不少客车的转向架是按200公里时速设计的，缺少的是配套的机车。

最后，要继续支持国产280柴油机的改进研究，开发以其为动力的新型机车。

摘编自2014年11月20日写给中国铁路总公司的调研报告

根在中国

前几天，我专程到太原—原平高速铁路综合试验线考察，那里正在试验两列“中国标准动车组”。一列为长春轨道客车公司研发，另一列则由四方车辆公司制造。两者造型都很漂亮。

造型漂亮固然讨人喜欢，但关键还是产品的内在性能和质量。经过严格测试，两列动车组都达到设计要求。那天，我参加了试验，时速达到350公里时，运行十分平稳。

中国标准动车组从酝酿、设计到试验只有3年，进度之快，出乎我的预料。想当年自己参与研发韶山1型电力机车时，问题成堆，试制时间长达8年。由此看来，我国机车车辆工业水平已是“今非昔比”了。

在试验顺利结束后的一次座谈会上，大家都很兴奋，也希望我讲几句话。于是，我即席表达了自己的感受。

中国标准动车组试验取得初步成功，可喜可贺。更使我感到高兴的是，不但出了成果，又出了人才，获得双丰收。你看，今天在座的有关专业带头人几乎都是年轻一代。

中国标准动车组是自主化的结晶，所有核心技术都掌握在我们自己手里。这意味着，我国机车车辆工业已经进入世界先进行列，即世界的第一方队，这一成就增加了我们走向世界的底气，正是国人多年的期盼。

水有源，树有根。我们之所以能取得显著的成就的根在哪里？

有人说，我们的成就来自于引进，正是通过引进，才使我们有机会站在巨人的肩膀上。这样的说法相当普遍，好像也有些道理。可仔细想，我又觉得不妥。假如真是那样的话，一旦巨人走了，我们岂不会掉在地上，又变回一个弱小者了吗？然而，现在我们已经不是弱小者，也是一个巨人了。

经过反复思考，我觉得中国标准动车组这棵大树的根不在外国，而在中国。因为在引进之前，我们已经有了自己完整的机车车辆工业体系，有试制"中华之星"等高速列车的经验，有许多世界一流的试验设施，尤其是培养了一批有创新能力的人才。也就是说，引进的作用，无非是将外国好设计（理念、结构）、好工艺嫁接在中国这棵树上。也就是说，根在中国。假设引进技术的不是我们中国，而是另一发展中国家，高速动车组能在那里长成一棵"大树"吗？我想，答案是否定的。

我们制造了世界一流的高速动车组，值得自豪，却不能沾沾自喜。

大家知道，就高铁土建而言，我国已经处于世界领先地位；就高速动车组而言，我国尽管跑在第一方队里，目前还不是领跑者，有的国家还在我们前面。过去几十年，由于长期处于"跟跑"或"并跑"态势，我们主要从事的是"集成创新"和"引进消化再创新"，而缺少"原始创新”，而作为真正的领跑者，一定要更具强劲的原创能力。这就是我们今后的努力方向。

写于 2015 年 10 月

我的期望

前些日子，丁荣军院士约我为 2017 年第 1 期《机车电传动》杂志写卷首语，我欣然应允。

说来，我与这本期刊还有些渊源。犹记得，《机车电传动》的前身《电力机车》诞生于 1960 年，曾一度在“文革“期间停刊；1972 年复刊并改名为《机车电传动》时，自己是个积极策划者，其后也是个忠实的读者，还写过一些文章。

如影随形，《机车电传动》是伴随株洲所以及我国铁路牵引动力现代化成长起来的，她可称作为一部中国电力机车和牵引动力的技术进步史。

为了写这篇卷首语，我做了些随机调查。读者们诚恳地说《机车电传动》内容丰富、文章多样，既有理论分析又有应用技术总结，还有运用检修经验，非常实用。同时还得知《机车电传动》获得不少奖项，并被定位为核心期刊。由此我不由得联想起，几十年来也有风雨也有晴，这份期刊凝聚了编辑们的多少心血啊。

成就记录在案，前行更须发力。

我国高铁和轨道交通建设方兴未艾，新型牵引动力层出不穷，这是“天时”。株洲所的科研成果领跑全国这是“地利”。面对难得的“天时”和“地利”，我衷心希望《机车电传动》抓住机遇，乘势而上，争取用几年时间，实现三个“突破”，即“高度”突破、“领域”突破、“国界”突破。所谓“高度”突破，就是要有“舍我其谁”的气度，立足株洲所联合国内高校、研究院所以及企业，把《机车电传动》打造成学术交流的“新高地”，当好牵引动力发展的风向标。所谓“领域”突破，就是继续发挥株洲所在电力机车、高铁动车、地铁车辆、电动汽车、磁悬浮电传动技术优势，不断开拓“新领域”，增强辐射力。所谓“国界”突破，就是架设国际“新桥梁”，展示与输出我国新技术。

据我所知，很多人都看好轨道交通，看好株洲。权威部门已有将株洲建成国际牵引动力技术中心的设想。《机车电传动》应借此“近水楼台”，奋力向上攀登。到那时，一流的杂志及以此为依托建立的学术高地，定会凝聚各方专家，集中智慧，支持株洲所学术升级，支持我国轨道交通传动技术发展，支持“一带一路”战略的实施。

“欲穷千里目，更上一层楼。”突破，创新，办出特色的《机车电传动》，就是我的期望。

写于 2016 年 12 月

事故联想

圣何塞矿难的反思

从2010年8月开始，新闻连续热播智利圣何塞铜矿矿难救援的进程，引起国人广泛关注。经过69天科学营救，被困在深达700米井下的33名矿工终于全部生还。这堪称是“世界矿难救援史上的奇迹”。智利，这个不为人们关注的国家由此赢得了世界的尊重。

2006年我曾访问智利。据我使馆同志介绍，2005年该国人均GDP为7150美元，居中等发达国家水平。以我个人所见，智利比同处南美的秘鲁和哥伦比亚发展水平要高一些，但相对欧美发达国家来说还差很多。不期然，这样一个看似普通的国家，却有如此之高的安全管理和矿难救援水平，着实令人刮目相看。相比之下，我国一些企业则自愧不如。前不久的山西王家岭煤矿矿难救援，已经是不错的典型，然而不得不面对的结果是：经过8天奋力苦战，从死亡线上挽救了153名矿工兄弟的生命，仍有38人不幸遇难。

我对于煤矿并不完全陌生。2005年参加全国人大常委会组织的《安全生产法》执法检查，我曾多次下到矿井。一般来说，大煤矿条件不错，小煤矿则相差甚远。有的私人矿主为获取高额利润，因陋就简，尤其是通风设施不足，难以将瓦斯排出。之后，我们检查组向全国人大常委会做出专题汇报，并以前几年频繁发生的煤矿事故为例，说明我国在安全投入、安全管理方面，仍然存在亟待解决的问题。

平心而论，无论在安全管理理念、相关法律和救援机制上，智利都有不少值得我们借鉴的地方。据报道，智利法律规定矿山必须设有避险洞，同时要储备数天的饮用水和食物，并设有卫生间和两条通信线路。圣何塞铜矿获救矿工之所以能在地下坚持69天，主要得益于圣何塞铜矿执行了相关要求。当然，成功救援与矿山较高的管理水平也是分不开的。比如要有准确的地质资料和采掘巷道图纸，以便救援队伍能够快速找到被困矿工的方位。

实际上，智利不但应对矿难的水平高，防范地震方面也有佳绩。2010年2月27日，智利发生8.8级地震，破坏性超过2010年1月海地的7.3级地震，死亡人数仅507人，其中还包括震后海啸中的众多丧生者。相比之下，海地地震死亡人数竟超过22万。智利在强震时能保持低死亡率的重要原因就在于建筑物基本按抗震9级标准设计，救灾机制健全。2011年1月2日，智利特木科附近再次发生7.1级地震，除了电力供应受到影响、电话中断以外，无人死亡。

我国的社会主义性质，要求对广大劳动者生命健康加强保护。尽管我们做了很大努力，但这一基本要求并非都得到落实。某些地区为了吸引投资，过多迁就企业主盈利的要求，忽视了工人权益；也有些企业主为尽可能盈利，吝于为安全埋单……加之一些地方政府安全监管不到位等问题，构成了事故多发的重要原因。

由此看来，为实现安全生产状况好转，必须坚持以广大劳动者的利益为本，扎扎实实地做好工作。

2011年11月3日，河南义煤集团公司千秋煤矿发生了一起冲击地压事故，当时井下当班作业人员75人。经过两天的全力营救，67人获救生还，8人遇难。我认真阅读了相关报道，可以断定，这次救援是相当成功的。之所以成功，关键在于制定了科学的营救方案，加强了矿震救援组织，认真开展了安全教育。这说明，我国的矿山安全管理工作在不断进步。

此文最初写于2010年，2011年续写一段

事故与抢工期

2011年7月23日，北京南开往福州的D301次动车组运行至浙

江永嘉至温州区间，与前行的杭州开往福州南的D3115次动车发生追尾，造成40人死亡、172人受伤的特别重大事故。

消息一经报道，举国上下顿时哗然。电视屏幕上反复呈现的事故惨状与父母不幸遇难而最后获救的小伊伊等画面，令人心痛。当天夜里，我辗转反侧，梦境里的一切都关乎这次事故。作为一名老铁路职工，我的愧疚之情无以言表。

毋庸讳言，列车追尾事故在我国出现过多起，尤其在手扳道岔时代，曾频繁发生。不过，得益于集中联锁和自动闭塞技术的推广，目前事故已经大幅度减少。

经调查确认，“7·23”事故是一起因列控设备设计缺陷和应急处置不力等因素引起的责任事故。深层次原因则是建设指导思想出现偏差，片面追求工程进度而忽视安全，以致简化了安全设备的质量监测等必要程序。稍有经验的人都很清楚，为确保高铁质量，工程建设、设备研制，必须有合理的工作周期。然而，为了所谓的“献礼”，部分工期一再提前，由此出现了“萝卜快了不洗泥”的现象。

事实上，抢工期对于安全的危害，早已为多年的实践经验所证明。2008年，胶济铁路客运专线发生的“4·28”重大伤亡事故，就是个典型案例。其实，全长362公里的胶济铁路客运专线并不是一条完全的新线，除新建部分外，还要分段改造利用还在运营中的182公里既有线。因此在施工期间，需要修建临时便线以在新线和既有线间来回“摆渡”。面对这种复杂情况，本应按照规定，在施工企业、行车调度以及司机之间建立起严密的安全协同机制。然而，由于这条客运专线被要求在北京奥运会前开通，抢时间就成了“政治任务”，工期被不合理压缩。由于安全监管与施工进度相比处于弱势的地位，放松对作业纪律的要求难以避免的。这是“4·28”特大事故发生的深层次原因。遗憾的是，后来对这起事故未能进行深入分析，没有认真汲取教训，“快”字当头的指导思想仍然大行其道。这就为三年后的“7·23”事故埋下了重大隐患。

写于2011年7月

重塑高铁形象

“7·23”事故后，铁路干部职工比以往更加深切地体会到“人民生命高于一切，安全更是重中之重”这句话的分量。

不能说铁路过去不重视人的生命安全，如果那样讲，是严重违背事实的。其实，作为铁路职工，每个人都曾经体验过什么叫“安全不稳，路无宁日”。出了事故，大家揪心，吃不好，睡不好，有些人还会受到处分。全体铁路人内心都有个强烈的意识——安全是铁路永恒的主题。

尽管有安全意识，但不得不反思的是，在实际操作中的确存在一些问题。一旦运输任务压得喘不过气来，安全要求就会放松；建设任务逼得紧的时候，工程质量往往成为牺牲的对象；事故一经发生，尽管以紧急救人为第一要求，但救援过程还不够人性化，以致不自觉地造成对死伤者及其家属的伤害。“7·23”事故引发的强烈舆论反应，值得我们每一个铁路人认真思考。

我们应以痛定思痛的责任感，采取果断措施，迅速扭转安全被动局面。一旦发生事故，要公开调查，尽快使公众了解有关信息，争取得到社会的理解。在这方面，国外的经验值得借鉴。1998 年 6 月 3 日，德国铁路一列高速列车发生颠覆，造成 101 人死亡、88 人重伤，引起轩然大波。然而，由于联邦铁路公司迅速公开事故相关信息，实行透明调查，并将改进失误的努力公布于众，几年后，高速列车终于重获社会信任。

铁路是国家重要的基础设施，高铁已成为中国铁路网的重要骨架。建设高铁是中国铁路几代人的梦想，也凝聚了不知多少人的心血。我深信，广大群众不会因一起事故而全盘否定铁路、否定高铁。铁路干部职工应振奋精神，励精图治，以实际行动重塑高铁形象。

写于 2011 年 7 月

骄人的进步

在我任部长时期，每年要专门召开两次安全工作会议，一次在年中，一次在年底。与会者为各铁路局长、党委书记，以及主管安全工作的领导干部。这是历届班子留下的老规矩。安全的位置摆得何其重要，由此可见一斑。

尽管那些年对安全工作高度重视，但事故还是时有发生。每次重大事故都会把一个企业，甚至铁道部搞得手忙脚乱。多年来，铁路系统一直把未发生事故的天数作为衡量安全水平的重要标志，比如安全百天、千天。记得，1989～1990 年我任哈尔滨铁路局局长时，达成安全一百天已经不容易了。

沧海桑田，日新月异。如今情况大变，我国高铁里程已经超过 22000 公里，列车时速从 160 公里提高到 300 公里，仅动车组每天开行 4200 多列，然而重大事故和大事故件数却明显降低。至 2016 年底，全国铁路实现安全生产 1388 天，这是过去连想都不敢想的。

安全生产的良好局面来之不易，这是坚持预防为主、标本兼治的结果。近年来，铁路总公司注重提高职工素质，开发新技术，强化列车运输过程控制，收到显著成效。

尤其使我感到欣慰的是，目前安全管理工作相当有序，一改过去“人海战术”“人盯人”“大轰大嗡”的局面。这是管理走向科学化的重要标志，是骄人的进步。

铁路总公司最近提出的“强基达标，提质增效”奋斗目标，使我联想起我任部长期间确定的“规范管理，强基达标”的安全工作指导思想，两者思路大体相似，可喜可贺的是后来者又有新的突破。为此，我感到十分欣慰。

写于 2017 年 1 月

权力作风

也谈权威

对“权威”一词的理解，见仁见智。从字面上看，“权”意即权力，“威”则指威望。对于一个大家庭而言，权威人士则是“当家的”，一般为父亲。掌握话语权的人通常要有经济实力，至少能够承担起养家糊口的责任。与此同时，“当家的”应是严于律己、办事公道之人，否则就无威望可言了。家庭尚且这样，企业以至社会莫不过如此。

原始社会，部落首领是毋庸置疑的权威。通常那些最勇敢、最无私、最有智慧的人，才能担此重任。换用当下的语言来说，只有德才兼备的人才可能成为领头人。因此，与其说“权威”是被推举出来的，不如说是其自身树立起来的。

权很重要，权意味着强制力，或可说为统治力。因为有了权才能调动各种资源。没有权，就难以组织人们去实现既定目标。

“威”与“权”是相互支撑、相辅相成的。没有威望的人，得不到公众的支持，掌不了“权”；反之，没有“权”的人，由于缺少施展才华的平台，也没有机会为公众认可，也难以树起“威”来。然而，并非所有的“权”都能转化为“威”。事实证明，一个人的形象是否高大，并不在于它所处的位子，而在于他的作为。只有不谋私利、以德立身的人，才能将“权”转化成“威”，进而促成“权威”的形成。这正是“人不率则不从，身不先则不信”。实践证明，掌权者可以发号施令，却不一定能赢得威望和民众的服从，这就是俗话所说的“得土地易，得人心难”。领导干部只有心系民众，才会受到拥戴，正如一把不能为别人挡风遮雨的伞，谁会把它举在头上？

权力的本质是责任。缺乏责任的权力，势必会异化成谋私的工具。原因在于“权”和“利”是紧密挂钩的。为了获取私利，没有权的人往往会去追求权力，而占有权的人则会千方百计地保护已经拥有的权力。这就是所谓的“争权夺利”。

与历代不同，新中国成立后，我国政权性质已经发生根本变化。作为领导干部必须铭记，权力不会自然而然地给自己带来号召力和凝聚力。也就是说，有“权”不一定有“威”。听说，有的企业负责人使用手中权力，苛刻对待职工，而自己却贪图享乐。高压之下，群众敢怒不敢言，在获悉其调离的消息后，便燃放鞭炮以示“欢送”。如此领导干部有什么“威”可言？

一般而言，人们为实现某个目标而努力奋斗，除其内心的追求和切身利益以外，不可或缺的一种驱动力就是领导干部的表率作用。“子帅以正，孰敢不正”，这就是说，领导干部要想干一番事业，必须身先士卒，依靠自身的人格魅力，感染、凝聚、影响群众，调动其内在的积极性。

孔子说：“政者正也。”周恩来总理之所以具有崇高的威望，深受爱戴，就是源自于他的务实真诚、敦厚宽仁、廉洁自律的品德。

写于 2011 年 5 月

兼听则明

古人云：“智者千虑，必有一失。”意即聪明人即使考虑得再周到，也难免有出现失误的时候。古人亦云：“兼听则明，偏听则暗。”说的是干部只有广泛地听取多方面意见，才能了解事情真相并做出正确判断，否则会成为孤家寡人。作为握有权力的领导干部，应以这些古训为警示，切不可自以为是。

据反映，有些企业领导人独断专行，对于发表不同意见的人，轻则派人“劝告”，重则当面训斥；设立“舆情组”跟踪网络，发现“不利”

的言论，雇人“删帖”，以控制舆论。压抑的氛围导致本单位的干部不愿参加社会上的学术活动，即使勉强到场，也多半保持沉默，因担心说“错话”回去挨批。如此这般，又怎可能听到真知灼见呢？不可否认，不同意见并不总是令人愉快，特别是尖锐的反对声音，我自己就有亲身感受。

只有虚怀若谷者，方能成就事业。据说，前几年有位直辖市市长打算在当地创立金融中心，就请咨询专家，并将他们分为两组。一组作为“正”方，论证有利条件；另一组作为“反”方，专挑不利因素。通过辩论，这位市长清晰认识到本地的“长处”和“短板”，并下决心取长补短。

“他山之石，可以攻玉”，我们也不妨借鉴国外经验。很多国家的政府和企业在做出重大决策前，常常同时请几个机构进行咨询，听取各方面想法，避免主观臆断或偏听偏信。

如此看来，“重大工程”上马前，应该建立听证或咨询制度，广泛征求意见，尤其要邀请持不同观点的人“挑刺”。同时，还应向社会公开对咨询意见的处理情况，哪些采纳了，哪些没有采纳。尽管这样做，决策周期可能会长一些，却可以减少失误。

写于2011年9月

肺腑之言

有天，我参加《三峡工程阶段性评估报告》首发式的记者招待会。会上，为这一工程奔波了大半辈子的潘家铮院士所讲的肺腑之言，深深地触动了我，至今记忆犹新。

与众人不同，潘院士的发言可谓另辟蹊径。他的观点是，三峡工程建设取得的成就也有不同意见者的功劳。

潘院士举了一个例子：1983年，长江流域规划办公室编制了《三峡工程150米方案可行性研究报告》（蓄水位150米，防洪库容100亿立方米)，且得到国务院原则同意。不过，当时就有人反对这一方案。理由在于该方案就防洪而言，防不住百年一遇的洪水；就航运而言，万吨船队到不了重庆。这一不同意见，引起中央高度重视，并要求组织专家对“150米方案”再进行深入论证。其后，三峡大坝设计把蓄水位提升为175米。潘院士说，假如对不同意见不闻不问，三峡工程就不会搞得现在这样好。同时，他又感慨地说，在移民问题上，那时也有不同声音，但是未引起有关部门重视，若不是国务院后来多次采取得力措施，移民问题肯定会拖后三峡建设的后腿。对潘院士的一席话，我十分赞同。

我从2008年开始有幸参加三峡工程阶段性评估的部分工作，因此对三峡建设的历程有所了解。1919年，孙中山先生率先提出修建三峡大坝的设想；新中国成立后，中央就此组织专家反复论证，多方听取意见特别是不同意见，不断修改设计方案。实践说明兴建三峡工程是我国实行民主和科学决策的典范。

在阶段性评估过程中，我曾查阅包括立项前论证会的发言等大量历史资料，其中不少知名专家就修建三峡大坝提出反对意见，言辞之激烈令人吃惊。事实上，正是在这些不同意见的启发和督促下，决策者和设计师通过深入调研和缜密思考，才使设计方案得以不断优化和完善。这正如著名教育家卡耐基所说：“反对你、批评你的人反而教你更多。”

试想，倘若没有不同意见者作为一面镜子，怎会有今日的三峡工程？

反观前些年，我国有些大型工程的规模和造价不亚于三峡，但是却没有充分论证，结果留下诸多问题。

老子曰：“信言不美，美言不信。”事实告诉我们，从善如流才有善政。

写于2011年5月

民主与和谐

“一把手”的工作作风对于一个单位的重要性是不言而喻的。

每个领导人都有自己的风格。有的霸气十足,讲求效率,办事果断;有的喜欢多听意见,注重认识的统一,以形成班子的合力,但是不够强势。我大概属于后者。

在哈尔滨铁路局工作时,实行的是党委领导下的局长负责制。我是局长,又是铁道部机关派下去的,有人劝我可“霸”一点,但我觉得搞好工作应该依靠集体,发挥班子的整体作用。在实践中,我领会到南宋理学家朱熹所说的“问渠哪得清如许,为有源头活水来”这句话的含义。作重要决策之前,若能虚心倾听,与人商量,就能汲取一些好的想法。以诚对诚,可以创造和谐的氛围。相互沟通便于班子成员之间统一认识,增进友谊。我在哈尔滨工作不到两年,却交了不少朋友。至今,尽管离开那里已经多年,但和当年的老“伙伴”不时还有来往。

1997 年,我被任命为铁道部党组书记后,如何当好“班长”成为我首要考虑的问题。平心而论,当这个“一把手”,我自己心理准备不足。坐上部长的位子,压力很大。经过反复思考,我觉得,铁路工作能否搞上去,关键是看自己能否有本事把党组成员凝聚起来,发挥好集体的力量。

怎样凝聚班子成员?我想首先自己要有主见和判断力。此外,还应有两条,就是发扬民主和以身作则。

发扬民主尤其重要。古人:“多见者博,多闻者智,拒谏者塞,专己者孤。”我认为,在重大问题决策和干部任用上,一定要坚持集体研究。党组讨论前要充分征求班子成员的意见,如不一致,可暂时搁置,下次再议。我觉得虽然当上了部长,但并不见得比别人高明。和党组成员谈事的时候,自己尽可能去他们的办公室,而不是把他们叫来,以示尊重。事实说明,每个同志都有一些好的点子,只要“班长”

虚心听取，大家都会讲出来。实践还证明，敢于提出不同意见的人，一般来说私心较少。那时研究任用干部，先由人事部门提出建议，听取分管领导意见后，再进行考察。我之所以重视分管领导同志的意见，是因为他们最熟悉本领域的干部，提拔起来由其使用又比较顺手。记得有一次，我和一位新上任的铁路局党委书记谈话，一见面就直截了当地说："我本来对您本人并不熟悉，是某某同志推荐了您，并得到党组的认可。"几个月后，他和同事们聊天说："傅部长谈话的直率程度令我吃惊，看来部党组的风气不错。"其实，类似的谈话还有多次。因为我认为提拔干部是为了搞好工作，不应拉自己的小圈子。

"上善若水"。发扬民主可以弥补一个人的不足，有时连指挥打仗的将军也不例外。1942 年，艾森豪威尔出任欧洲战区美军总司令，其后又任欧洲远征军最高统帅。尽管他的职位很高，但缺乏基层领兵作战经验，起初曾被质疑是否称职。然而，他由于发挥了善于协调和听取意见的长处，最终获得了英国、加拿大等国将军的信任和尊重，树立了权威，从而把盟国各行其道的战争机器"焊接"成为一个整体，为打败法西斯德国立下赫赫战功。

现在反思起来，我任部长那几年，即使注意发扬民主，在干部使用上也并不是没有败笔。有一名局级干部提拔后表现不佳，却是我推荐的。据说，在考察时，了解实情的同志为了顾全我的面子，未提不同意见。

领导干部必须以身作则，而以身作则是一种无形的力量。孔子说得好："其身正，不令而行；其身不正，虽令不从。"

回首在铁道部主要领导岗位工作的 5 年，我对自己的要求是尽量保持低调。那时，我曾交代《人民铁道》报的负责同志，关于部级领导的报道要减少，以腾出版面留给基层干部职工。一般来说，我外出检查工作不愿带记者，因为前呼后拥，感到很不自在，因此媒体（包括《人民铁道》报）关于我的报道不多。还有，按规定部长出差可在列车尾部加挂一节公务车，而我情愿多坐普通客车，尽量多与旅客接触，多听听他们的意见。

实事求是地说，处理人际关系并非我的长处。对于熟人批转的条子，不符合规定的，我常常拖着不办。有些同志对于这种“认真”不以为然，认为我办事过于古板，不会通融。也许他们说得有些道理，但我至今不悔。

廉洁自律是对领导干部的基本要求。把住廉洁关，没有家庭的配合是不行的。有一次，我的中学老师介绍他的学生来京请求“帮忙”。我当时不在家，老伴收下他带来的一包“土特产”。我回家时发现“土特产”里藏有一叠钱，就打电话把那人找来，并当着他的面，把老伴狠狠批评了一顿。老伴说她不知情，很是委屈。不过，从此我们家立下规矩，不收他人送来的钱和贵重礼品。

“班长”要讲诚信，要带头说真话，不说假话。出了重大安全事故和恶性路风事件，不瞒报，不拖延。事实证明，说假话的危害很大。领导说一句，下面可以说十句，即“上有所好，下必甚焉”。这样会带坏铁路的作风。我是科技人员出身，习惯“有一说一”，对说假话者深恶痛绝。下属都知道我的秉性，所以各铁路局报来的材料，一般来说“水分”不多。

当然，“不说假话，办不成大事”一说，也有市场。的确，也不乏“说假话”取得成功的案例。不过，通过这种途径所获得的“成功”毕竟是暂时的。

不久前，我读了胡启立同志回忆胡耀邦同志的纪念文章，深受教益。文章说，耀邦同志非常民主，能听各种不同意见，重大问题都能反复讨论，最后形成决策。文章还指出，耀邦同志襟怀宽广、光明磊落，对同志、对朋友、对上下级，从来开诚布公，坦诚相见，是心口一致、言行一致、表里一致的典范。

胡耀邦同志是我学习的榜样。

写于2011年6月

人须尊重

有报道称，日本一家铁路公司对造成列车晚点的司机以“扫厕所”的方式进行惩罚。此事被告到法院，法院以“惩罚不当”为由做出判决，要求公司对被罚司机给予赔偿。

其实，这种不尊重员工的现象，前些年在我国一些企业也时有发生。个别领导干部对属下看不惯时，动不动就加以训斥，甚至骂娘。不听吆喝者，就会被调换工作或免去职务。少数基层干部也照此“办理”，对下属发威，并以下岗相威胁，力图把员工管得服服帖帖。

不可否认，这种近乎独裁式的管理方式并非一无是处，有时候强迫命令确实能起到立竿见影的奇效，一些紧急任务就是在领导的责骂声中完成的。

俗话说：“站在台阶上的人不一定比站在平地上的人高。”作为管理者应该有自知之明，权力并不意味着能力和水平。员工之所以听你吆喝，是因为饭碗攥在你的手里；运用高压手段可能管住下级的手脚，却难以管住他们的心，嘴上不说，但是心里却不服气。

哲学家康德说过，人非工具。的确，人有尊严，也要脸面，不但要工作，要吃饭，也需要别人的尊重。

在铁路系统，大大小小领导干部少则管理几十个人，多则要管几万人，甚至上百万人。职工中蕴藏着极大的积极性和创造力，是一笔巨大的财富，这也是搞好一切工作的基础。作为管理者，就是要善于调动群众的积极性和创造力。

然而，人的积极性和创造力只有在得到尊重的氛围中才能充分发挥。作为一个管理者，应该平等待人，尊重下属，善待职工。在工作上要尽可能多地用“鼓励”代替“责备”；用“指导”代替“命令”；用“警示”代替无端的“惩罚”。就此，美国前国务卿鲍威尔将军也曾说过：“上级不能辱骂下属，而应以行动成为他们的榜样；部属需要引导，而不是使唤。”总之，作为管理者要理解、宽容、关心下属，善于换位思考,多为职工着想。只有如此,下属才能心悦诚服地接受指挥,才能成事。其实,善待他人也是善待自己。孟子说:“爱人者,人恒爱之;敬人者,人恒敬之。”这意味着,尊重他人的人才会得到尊重;反过来说,不尊重他人的人就难以得到他人的尊重。

写于2011年8月

识人最难

“人生七十古来稀”,转眼间我已年届72岁了。一路走来,搞过技术、干过管理,几十年里倒也不乏种种经历。

应该说,很多工作都有难度,要想做好并非易事,但是彼此间还可以做些比较。这里仅以搞设计、买设备、选干部为例分析其难易。

搞产品设计,一般除需要拿出几种方案以外,还要做多次试验,显然不易。采购产品要货比三家,对于购买机车车辆这样的重要装备,甚至要出国考察,对其性能、价格、交货期反复研究后方可定案。尽管搞设计、买设备都有其各自的难度,但是产品性能却是可以预知的,零部件加工和产品的组装过程也是可以派人监督的,更何况最后还要经过一道出厂检验。即使选定的设计方案或购买的设备不够理想,毕竟还有维修和售后服务作为弥补措施。一句话,类似搞设计、买设备的工作基本可以做到心中有数。

然而,与上述技术业务工作相比,人员的选拔才是难度最大的。我在多个岗位上干过领导工作,经手提拔过不少干部。回想起来,其中绝大部分是好的,是称职的。不过,也有少数人难以令人满意,甚至还有个别人走上了犯罪道路。

在这部分少数人中,有的平时表现不错,然而一旦大权在手却把握不住自己,出了经济问题。有的属于投机分子,相当功利:当你掌权时,他为谋求晋升而积极表现;而当你无权时,他则视为陌路,甚至为达到某种目的,不惜背后伤人。

平心而论，人在身处逆境中，通常难以摆脱“适者生存”的法则，出于无奈而有各种“自我保护”的表现，这也可以理解。然而，投机分子的性质则不同，他们缺少“人格”，是无法原谅的。

林肯说过：“观察树木要比观察人容易得多了。”的确，鉴定设备不易，而评价人却更难。正如古人所云：“人之相知，贵在知心。”对人而言，最肤浅的是面孔，最深刻的是灵魂。我们时常会为一个人的外表所迷惑，因为其内在的灵魂不易看透，况且人的灵魂也会改变。所以，真正认识一个人并非易事，这就是所谓“试玉要烧三日满，识人须待七年期”的含义。历史上，用错人的例子不胜枚举。现实生活中，同样屡见不鲜。

作为领导干部，尤其是当过“一把手”的，需要反思的是，为什么“两面派”会得到提拔？为什么“会来事”的人能得到“青睐”？是不是自己有什么弱点？要想真正了解干部，关键一条，就是要认真听取群众的意见。因为“两面派”不会甘于寂寞，不可能在群众面前一直掩饰自己的真实面目。这也如林肯所说：“他可能在某些时候欺骗所有人，也可能在所有时候欺骗某些人，但他却不能在所有时候欺骗所有人。”

可惜的是，前些年的某些干部考核，即使是进行了民主测评和个别谈话，还是听不到群众真正的心里话，走了过场。

在市场经济、利益导向情况下，如何识人、选人、用人，这是值得深思和研究的问题。

写于2010年3月

书 呆 子

我读了多年书，算起来从小学到大学共17年，尔后在研究所工作23年，加起来，围着书本转了40年。我是学工科的，上半辈子干的是研究设计工作，自己跳不出的框框就是“一丝不苟”。也就是说，一加一等于二，不能等于别的什么数。按理说，“一丝不苟”是个褒义词，可是从某些人的眼光来看，却不一定了。

“一丝不苟”的态度用在工作上，应是人们所肯定的。为什么德国的产品质量好？因为工人干活一丝不苟。但对于社会上复杂的问题，用“一丝不苟”的标准去处理可能会遇到麻烦。

十几年前的事，有些我依旧记得。当时关于请客吃饭，文件规定是“四菜一汤”，假如真这么办了，那可能会“生意跑光”。有一个事业单位，其所在地公务员上调了工资，根据当地政府口头通知精神，本来可比照实行。可是不善变通的那位负责人却因为“傻”等正式文件，错过了给职工加工资的时机，被群众埋怨数年。

我在哈尔滨铁路局当局长时，按照有关规定要求自己，也要求别人，因此时有抱怨之声。我的一位表哥私下里提醒我，“你知道，职工说你什么？说你是不食人间烟火的外星人。”“水至清则无鱼”。的确，太较真儿容易脱离群众。可我的“书呆子”习气一直改不了。

当部长时，有人找我要车皮，有人希望批地给他搞开发，还有人指名要提拔某某，被我以各种方式婉拒了。因为这些，我没少得罪同学、老师、亲属和老同事。

毛主席说过，政策和策略是党的生命。我一直认为这句话还没有过时。多年来，“有令不行，有禁不止”“有法不依，执法不严”的事例太多了，久而久之，导致“潜规则”盛行以及政府部门公信力下降。这些现象值得反思。

当然，我们要提倡解放思想，否则无法打破清规戒律，经济社会就难以快速发展。然而，我们不能将解放思想作为不遵守规矩、不执行政策的借口。

尽管书呆子看起来不谙于世故，但却有一番执着，不随波逐流。为了把我们的社会建成为法治社会，我认为，还是需要多一些较真的人。

写于2011年12月

从小事做起

2013年夏季某个星期天早上刚过8点，我从积水潭附近的家里乘车去京西宾馆开会，一路比预计顺畅，8点半就到了木樨地，离开会时间还有半个小时。直奔会场未免太早了，于是我叫司机贾立国在路过世纪坛公园时停下，一起在附近散步。15分钟后，又驱车去了京西宾馆。没想到，第二天他跟我讲，国家机关事务管理局的同志打来电话，说有人反映我们开公车逛公园，违反了“中央八项规定”。虽然这与事实有所出入，可是我想应该正确理解来自群众的监督。

从那时起，我对使用公车就更加注意了，随即购买了北京“一卡通”，一般出门，比如去北京交大辅导我所带的研究生，就尽量乘地铁和公共汽车。我这样做，还有另一个想法，就是早日回归到普通百姓生活。

回归百姓生活，自己也乐在其中。比如，时不时有外地人问我去长城的919、877路汽车站在哪里？安定医院怎么走？到北师大坐几路车？我愿意给他们指路，有时遇到年纪大的还带他们走一段。这时，我把自己当个“志愿者”，享受着陌生人对我这个老者的信任。

话说回来，乘公交出门偶尔也有不便之处。有一次，欧美同学会企业家联谊会在五环外的“东升汇俱乐部”召开年会（会议场所是由会员无偿赞助的），我作为名誉会长接到邀请。由于会场冠名为“俱乐部”，自己担心再被误解，就没坐公车而改乘公交前往。我这个人有个毛病，就是自视认路能力强，于是便满不在乎地按照地图标示，乘8号线地铁到了西小口站。上到地面后，我改为步行，不料却迷路了，幸好遇见好心人指点，才找到会场。前后折腾一个多小时，可我没有后悔。“八项规定”不但对在职干部、对我们这些老家伙也有约束，可自己还是打心眼里拥护。多年来，公车私用、请客送礼、迎来送往、公款吃喝……看来都是小事，实际上却丢掉了党的好传统。

还有一事，就是填写《领导干部个人有关事项报告表》。表格涉及报告人及其配偶的婚姻、出国、收入、财产变化情况。一般来说，填起来并不费事，唯独有价证券要计算前一交易日收盘时的市值，比较麻烦。我没买过股票，而老伴却买了几支基金，所以每逢要她提供资料时，不免要听她几句唠叨。周围的大大小小干部也遇到类似的问题，议论各式各样。不过，每年我还是带着老花银镜先打好草稿，然后再认认真真填表。因为向组织报告个人有关事项，是每个党员的应尽义务。

七八年来，由于我离开了领导岗位与各类人群接触机会多了，听到老百姓的意见和牢骚也不少，最不满意的是领导干部腐败问题。的确，党纪松弛由来已久，冰冻三尺非一日之寒，沉疴顽疾，不下猛药难以治愈。值得高兴的是，党的十八大以来，习近平同志力推全面从严治党，打老虎、拍苍蝇，我举双手拥护。近几年，不但反腐败取得历史性成就，党风和社会风气都发生喜人的变化，这些都是群众希望看到的。尽管我们这代人早已退离岗位，不能站在反腐一线，可起码可管好自己。俗话说："不以规矩，不成方圆。"作为党员就应该遵守党的纪律和规矩。"要从小事做起，为保持党的先进性贡献一份力量"，前几天我参加党支部"三严三实"民主生活会时就是这么表态的。

写于2015年12月

道德操守

良知与屈从

人通常自幼就开始接受父母和老师的教导，做人要有正义感。在历史和现实生活中，诸多感人的故事无不以颂扬人的正直、忠诚，或信守承诺、维护信仰，或舍己为人等社会美德。人们在深受感染的同时，也将拥有上述品格的人视为楷模。

然而，要真正拥有上述品格并不容易。社会是复杂的，人会随着生活环境的变化也变得复杂起来。同时，人的社会性决定了人与人之间的相处总有利害关系。利益一致，尚可做朋友；利益发生冲突，则可能分道扬镳，甚至反目成仇。“没有永久的朋友，只有永久的利益”这句话，一方面是对实用主义泛滥的如实描述，另一方面也是对赤裸裸的“利己主义”的鞭挞。

在市场经济条件下，有的人对报酬、前途、升迁和利益考虑颇多，这倒不足为怪。某些同志，为了生存，为了不被上级看成另类，无奈说了一些违心的话，办了一些不得体的事，也可谅解。然而，个别人为了某种利益，不顾是非曲直，抛弃做人的基本准则，甚至趋炎附势，拜倒在自己内心也难以认同的当权者面前，如此就不得不考虑这些人的道德水准了。

最近，我读了一篇文章，讲的是，在德国占领期间几个名噪一时的法国艺术家为了追求花天酒地的生活不惜出卖良知的种种形态。这些人虽然才华横溢，活得也有“面子”，但是和不畏牺牲反抗法西斯的普通民众相比，却是丑陋的。他们就像“屈身的钉子”，失去了自身的价值。

漫漫人生长河，不可能始终一帆风顺，关键是在遭遇逆境时，保持良知，才是做人的基本之道。

写于2010年8月

古滕贝格辞职的反思

2011年3月，德国国防部部长古滕贝格宣布辞职，虽然他是德国总理默克尔的心腹，但在强大舆论面前，他不得不黯然离开政坛。事情起因是，有人举报他在博士论文中大段抄袭别人的文章并被证实，以至于拜罗伊特大学不得不取消其博士学位。

读到这条消息，我感慨良多。一是十分敬佩举报人菲舍尔—莱斯卡诺等教授的勇气，他不畏权势，敢于揭发位高权重官员的抄袭行为；二是由衷欣赏拜罗伊特大学知错就改的气度，果断取消这位国防部长的博士头衔；三是非常羡慕德国对造假者零容忍的社会风气，没有这样的风气，打假者将面临重重困难。

类似抄袭现象在我国时有发生，有的涉及机关干部、企业家，甚至大学教授，张曙光也是其中一例。

张曙光曾在铁道部担任分管车辆工作的处长，因在客车招标中涉嫌收受“好处”，2001年被交流到沈阳铁路局工作。可蹊跷的是两年后他又被调回北京并委以重任，担任铁道部副总工程师兼运输局局长之职。得志后的张曙光并未满足于职务的升迁，还想当科学院院士。作为申报院士的资本，他以个人名义“著”出了几本书，其中《铁路高速列车应用基础理论与工程技术》是一本理论性著作。许多人知道，这些书并非张曙光本人所写，而是集中一批专家编出来的。由此，举报信接连不断，以至于2009年他以一票之差落选院士。然而，“此一时彼一时”，一年后在评选“十佳全国优秀科技工作者”时，张曙光又成为候选人。虽然举报继续发酵，但由于时任铁道部主要负责人为其“澄清”，他还是如愿以偿，成为“十佳”人物。由此看来，学术打假并非易事。

学术打假并不是孤立的，需要有良好的社会氛围。在历来重视学术严肃性的德国，抄袭和剽窃是令人无法容忍的行为。古滕贝格抄袭事件披露之后，近 3 万名德国学者联名致信德国总理默克尔，认为古滕贝格对德国科学基地和“思想之国”的可信度造成严重损害，必须引咎辞职。而在我国社会诚信不足的情况下，学术领域要想独善其身困难重重。尽管抄袭、剽窃同样会受到道德上的谴责，但碍于各种阻力，道德的威力就显得苍白了。

孟子有言：“车无辕而不行，人无信则不立。”因此，要走出打假困境，学术界乃至全社会必须加强诚信建设。与此同时，学术打假也需要有法律支持。为维护学位的荣誉，德国专门颁布《学术头衔使用法》，其中规定如发现学位论文有造假、抄袭等学术不端行为，可以剥夺其学位。在我国，对于什么是“抄袭”缺少法律规定，以致有人敢于去钻营，也使打假者缺乏依据。由此可见，加快相关立法已成现实需要。

学术造假是腐败的一种形式，绝不能姑息，一旦发现，不管是谁，都应该让其付出高昂的代价。幸好，目前我国大学以及科研机构采取了积极举措，抄袭现象也得以遏制。冀望坚持不懈。

写于 2011 年 4 月

关于匿名信

对于匿名信的看法，可谓见仁见智。多数人认为，反映情况不敢留下真实姓名，说明举报人心虚，况且有些匿名信造谣中伤，后果不佳。有鉴于此，不少单位做出不受理匿名举报的明文规定，这可以理解。不过，也有人认为，尽管匿名举报存在诸多弊端，有时却也能提供重要线索，对于发现问题继而查清真相，有参考价值，所以不能一律拒之门外。我的见解大体属于后者。在铁道部工作时我经常接到举报信,有署名的,也有匿名的。署名的,当然好;匿名的,只要能提供有用的细节,也不轻易放过。

同样,我也认为,对于像院士评选,匿名信的作用不能忽视。有一年,两位老工程师反映张曙光申报科学院院士弄虚作假问题,希望我转递他们的举报信。两人由于担心遭到打击报复,不愿写上真实姓名。我看了举报材料,觉得内容大体属实,就交给了有关领导同志。张曙光被抓后,真相大白,举报信得到证实。

多年实践使我感到,匿名举报虽不能鼓励,但可以理解,因为这种不正常的做法往往是被逼出来的。以张曙光为例,他身为铁道部副总工程师,掌握重大课题的分配权;他又兼任运输局局长,掌管机车车辆订货权,常常是说一不二。为此,相当一部分企业和院所的负责人要求下属不可得罪于他,否则就使单位受到"株连",无法拿到订单和课题。在此情况下,实名举报的后果可能是严重的。

匿名信是一定条件下的产物,既不能鼓励,也不能一概加以否定。至于匿名信的副作用人人皆知,只要处理得当,其不良后果可以控制。

我持这样的认识,并不是未受匿名举报之扰。相反,自己曾多次被匿名信举报到高层。信中反映的情况尽管基本不实,但却可引以为戒。

写于 2011 年 10 月

《金士宣》的序言

传记《金士宣》一书即将问世,谨表祝贺。作者基于翔实而又珍贵的历史资料,笔耕数年,终获硕果。书中不但填补了人们以往对金士宣认知的空白,而且通过时代背景和历史事件的衬托,彰显了这位立志于"铁路救国""铁路建国""铁路强国"的著名学者的多彩人生,以飨读者。

金士宣教授生前,我与他有过几次接触并表达了敬慕之情。时至 2000 年,金士宣教授会同徐文述先生所著的《中国铁路发展史》再版，我有幸增写了序言。这部《中国铁路发展史》我读过多次。史料之丰实、落笔之严谨，折射了作者渊博的知识和可贵的敬业精神。

光阴荏苒。16 年后的今天，我再次受托为传记《金士宣》写序，深感义不容辞。我认真读过这本传记的原稿，主人公的高尚品格跃然纸上，令人敬佩。

金士宣自幼发奋读书，立志报国。1923 年毕业于北京交通大学，后留学美国，获硕士、博士学位。他学成后立即回国，活跃在沪宁、北宁、杭江、津浦、粤汉、平绥、浙赣等铁路线上。在民族救亡的抗日战争时期，他不顾个人安危，亲赴运输一线，为抢修被敌机炸坏的铁路和运送军用物资发挥了重要作用。

抗日战争胜利后，本想继续践行“铁路救国”抱负的他，由于国民党政权腐败，四处碰壁，失望至极。1949 年，他毅然脱离南京政权投身新中国的怀抱，并于 1950 年承领毛泽东主席签发的委任书，就任北方交通大学副校长，全身心地从事育人工作。

金士宣教授一生并非一帆风顺，然而他却不随波逐流，执着地追求真理，报效祖国，是位杰出的爱国知识分子；他毕生心系铁路，潜心钻研夯实了深厚的理论功底，勤于实践积累了丰富的经验，是位“文武双全”的铁路专家。他晚年献身于一直眷恋着的母校，尽心于职，正直简朴，为人师表，是位众人景仰的教育家。

金士宣教授孜孜以求的奋斗人生，必将产生“见贤思齐”的社会效应。

沧海桑田。在金士宣教授离开我们 24 年的今天，我国铁路事业发生了巨大变化，从苦苦追赶，业已进入世界先进行列，发展到一个崭新的历史阶段。金世宣教授毕生立志于“铁路救国”“铁路建国”“铁路强国”的梦想正在变为现实。这必将是对这位杰出爱国者英灵最好的慰藉。

名校与名教授交相辉映。《金士宣》一书的付梓，亦是献给北京交通大学 120 年华诞一份珍贵的礼物。

写于 2016 年 4 月

精神力量

女排精神

说到女排，国人都有一种特殊的感情。20 世纪 80 年代，中国女排异军突起，在一连串国际赛事中勇夺金牌，创造了“五连冠”的优异战绩，被引为骄傲。

记忆中，1984 年我随团赴日本考察，在从东京成田机场前往宾馆的路上，通过大巴电视观看了洛杉矶奥运会中国队对美国队的女排决赛。中国队每得一分，考察团一行便应声叫好，车内热烈欢腾的气氛甚至感染了陪同的日本友人。1985 年，我在中央党校学习的一个晚上，恰逢中国女排与俄罗斯女排对决。我放下手头的事情，赶到有电视机的会议室，那里早已挤满了学员，于是不得不站到椅子上翘首观看正在激烈进行的比赛。尽管我们这些人都已 40 多岁，但在那种场合下，大家却完全表现得如同孩子一般，叹息、欢呼……那时，女排队员是人们心中的英雄，她们顽强拼搏、不服输的劲头，被冠称为“女排精神”。

20 世纪 90 年代开始，女排的状态起起伏伏，但广大球迷依然始终关心和鼓励着她们。女排不负众望，重振雄风，在 21 世纪初，又接连夺冠。

然而，近年来女排实力不济，接连在重大国际赛事中败给世界二流球队。为此，怀有深重“女排情结”的国人不掩失望地议论纷纷。女排姑娘们背负着沉重的心理压力迎来了 2010 年广州亚运会的开幕。亚运会期间，尽管女排过关斩将，可是发挥依然不大稳定，令观众们始终悬着一颗心。好不容易闯进决赛，对手却是亚洲劲旅且气势正盛的韩国队。中国女排能否在重压之下发挥出自己的技术水平，成为冲金的关键。

开局十分不利，在韩国队的强大攻势面前，中国队只有招架之功，没有还手之力，连输两局。眼看大势已去，然而中国姑娘在全场观众的加油声中，没有丧失信心，以“背水一战”的气势打出一些好球，结果扳回两局，变成 2：2 平。进入决定胜负的第五局，韧性很足的韩国队重新抖擞精神，大力扣杀，占据主动，直至以 14:12 拿到两个局点，离金牌只有一球之遥，中国队被逼到了悬崖边上。关键时刻，老将周苏红挺身而出，力挽狂澜，先是扣球成功，接着又发球得分，追至 14：14。霎时，被扳平的韩国队阵脚大乱，扣球失误，变成 14：15。随后，主力队员李娟接球反击命中，中国女排以 16：14 反败为胜，最终以 3：2 力挫韩国。

看完这场比赛，感慨良多，深感胜利来之不易。为什么女排能实现“绝处逢生”“触底反弹”？这不是偶然的，这是她们不服输精神的体现。只要有了这种精神，中国女排重现昔日的辉煌指日可待。

无独有偶。中国男篮的状态和女排如同一辙，近期在各种赛事中接连败北，让人感到失望。在这次广州亚运会上，半决赛打伊朗队显得十分吃力，若非王治郅出色发挥，必输无疑。决赛中，中国队与老对手韩国队的争夺也是跌宕起伏。虽然我们开始领先，但到了第二节几乎被韩国队逆转。终场前几十秒依旧胜负难分，正当比赛进行到胶着状态时，老将王治郅投进两分，观众几近提到嗓子眼的心这才放了下来。看来，男篮获得金牌不但要归功于全队小伙子们的拼搏精神，也要归功于老将“定海神针”的作用。最令人感动的是，在颁奖仪式上队员们自发地把自己的奖牌挂到了王治郅的脖子上。这是对大哥哥发自内心的爱戴和尊重。

写于 2010 年 11 月

伟大的品格

我离开工作岗位后，有时间看些闲书，其中比较喜欢的是人物传记。前些日子，接连读了达尔文和居里夫人传记，深为他们的伟大品格所感染。

达尔文是19世纪伟大的生物学家，他创立了划时代的学说生物进化论。在其《物种起源》等著作里，质疑“人类是上帝创造的”传统观念，向神学提出了挑战。不料，学术“大批判”随之铺天盖地向他扑来，宗教卫道士们也对他恨之入骨。届时，达尔文自己也深感事态严重，曾写道：“有人要惩罚我，虽然没有明确提出要烧死我，却已经把干柴准备好了。”一些朋友离他而去，然而十分孤立的达尔文却倔强地坚持自己的信念，奋起抗争捍卫自己的学说。进化论几十年后才逐渐被世人所接受。

比达尔文晚半个世纪的居里夫妇，也是世界著名的科学家。20世纪初，他们在极其简陋的实验室里艰辛地发现了放射性元素钋和镭，引起世界轰动。与常人不同，他们刻意不去申请专利，却毫无保留地将这些元素的提取方法公之于众，从而失去了一笔唾手可得的财富。有人为此感到不解，而这对淳朴的夫妇却淡然回答说：作为科学家不应谋取个人的经济利益。其后不久，镭在医学上得到广泛应用，挽救了许多人的生命，一些企业家也随之致富，可是这对夫妇自己却相当清贫。据记载，居里夫人在丈夫去世后处境更为艰难，以至于缺钱建立一个像样的实验室。不过，好人终有好报，美国妇女界募捐10万美元帮她买了一克镭用于科学研究。当时有人问居里夫人，是否为放弃申请专利的决定感到后悔？这位伟大的科学家却说，这是她与丈夫皮埃尔·居里的共同愿望，没有任何遗憾。

虽然，达尔文、居里夫妇离开这个世界已经很久远了，但是他们追求真理的无畏精神、造福人类而不谋私利的崇高品格至今还为人敬仰。

科学无坦途，许多科学家为了追求真理付出了沉重代价。为了维护哥白尼的“日心说”，布鲁诺献出了生命，伽利略也受到严厉惩罚。然而，历史却是公正的，几百年后还他们以清白。

居里夫人曾经写道：“人类需要具有理想主义的人，对大公无私的崇高境界不断追求，他们没有时间去顾及自身的物质利益。”的确，正是这些科学家通过自己的奋斗和牺牲，才为人类创造了今日世界的辉煌；只有抛开私利的科学家，才能披荆斩棘，在追求真理的道路上创造他人难以企及的成就。

写于 2013 年 12 月

冬奥会有感

2010 年温哥华冬奥会适逢我国春节，闲来无事，我便经常通过电视观看比赛的实况转播。

欣赏花样滑冰比赛时，我特别关注申雪、赵宏博的双人滑表演，为他们优美欢快、和谐交融的舞姿所感染。然而，我却紧绷起一颗心唯恐他们出现失误。一曲终了，当他们深情相拥、向观众频频挥手致意时，我和老伴坐在电视机前，不禁热烈鼓掌，以表祝贺和敬意。

我尊重申雪、赵宏博这对伉俪，不但是因为他们掌握了炉火纯青的滑冰技术，更是因为他们具有坚忍不拔的超强毅力。据报道，当时赵宏博已经 37 岁，申雪 31 岁，是赛场上年纪最大的一对选手。他们在冰上拼搏了 18 年，经历过挫折、伤痛，如果没有坚强的精神力量支撑，不言放弃，就无法前往温哥华，更不能为中国花样滑冰夺得首枚冬奥会金牌，并最终一圆自己的奥运冠军梦。

还有一位参加男子单人滑比赛的俄罗斯选手——普鲁申柯。其表演刚柔相济，体现出力与美的结合，难度极大的四周跳更是令人拍手叫绝。这位选手是在离开冰场两年后重返赛场的前奥运冠军。这不能不说是超强意志力的体现！

冬奥会赛事精彩纷呈，让我在享受观赏惬意的同时，也深深领略到，竞技体育不但比体力、技巧，更主要的是在比意志，这也正是奥林匹克运动的魅力所在。同样，一个人要想成就一番事业，也离不开顽强的毅力和崇高的精神境界。

写于 2010 年 2 月

贵阳厂与惠金根

惠金根同志是 20 世纪 90 年代铁道部贵阳车辆厂厂长。我曾几次去过贵阳厂，因而与他很熟。尽管惠金根已去世多年，但每每想起他，心情都难以平静。他勇于开拓和无私奉献的精神永远刻印在我的脑海中。

贵阳车辆厂实际并不设在贵阳市区，而是坐落在离市中心 20 公里一个四周环山、名为都拉营的少数民族乡镇里，是“文革”时期建设的一个靠山隐蔽的“三线”铁路货车修理厂。

与计划经济时期不同，改革开放初期，由于上级下达的任务不足，这个工厂的经营曾一度非常困难，加上地理位置偏僻、生活条件欠缺，职工情绪不稳。

对于如何摆脱经营困境，刚上任的厂长惠金根有着与众不同的想法。他不找铁道部要任务、要投资，而是打算立足于自力更生闯出一条新路来。

惠金根出生于无锡农村，其胞弟在家乡把一个乡镇企业办得十分红火。他认为，弟弟能办到的事为什么自己做不到？更何况国有企业的基本条件比乡镇企业要好得多。

经过反复思考，他认为工厂的出路在于：不等不靠，在完成指令性修理货车任务的同时，要大力发展多种经营，分流人员，减少主业的压力。

他选中的第一个多经产品就是床垫。一般的床垫是采用泡沫塑料或弹簧做芯子的，而贵阳厂利用的则是当地棕榈树叶，不但弹性好，而且十分耐用。床垫定名为“大自然”牌，在市场上广受欢迎。开发出这一产品不但从主业分流了几百人，而且还带动了当地棕榈树的种植，帮助农民走上脱贫的路子。后来，惠金根又相继开办了制鞋厂、铜板厂、集成电路厂，安排上千名下岗职工实现再就业。

不过，有些人对于惠金根的做法并不认可，觉得是不务正业，要求他直接向上级汇报，解决任务不足问题。惠金根性格内向，不善表达。尽管承受着很大压力，甚至遭到上级个别领导的责难，他却没有退缩。

那时，我是铁道部分管机车车辆工业的副部长。面对一些工厂任务不足、富余人员难以安排的压力，我认为按传统思路难以解决问题，而贵阳厂的经验值得推广。

有一年，机车车辆工业系统准备召开多种经营工作现场会议，对于会址是否选在贵阳工厂，出现了意见分歧。由于我的坚持，会议最终确定在那里召开。会上，惠金根全面介绍了他们厂的经验，得到绝大多数与会者的高度评价。后来，贵州省负责人和国务院领导同志相继前去视察，充分肯定了贵阳厂的做法。惠金根也因此成为知名的典型人物。

贵阳厂的改革和发展浸透着惠金根同志的心血。惠金根的身体本来不错，可是在一次赴美国考察途中，他因车祸脑部受伤，从此留下了失眠的后遗症。组织上曾打算调他到北京担任工业总公司副总经理，但他却恳切地表示，愿意继续留在贵阳发挥自己的长处。

随后，在惠金根的领导下，贵阳车辆厂进行企业重组，设立南方汇通公司，并于1999年在深圳证券交易所成功上市，成为铁路工业系统第一个进行股份制改革的企业。

然而令人惋惜的是，正当工厂蓬勃发展之际，噩耗传来，又一次惨烈的车祸夺去了惠金根的宝贵生命，那年他刚满50岁。我为痛失这样一位好友而悲伤难过。

几年后，我重返贵阳厂，那里依然充满生机。惠金根走了，但他的精神却永远长驻在人们的心田。

写于2005年11月

约束与官箴

难忘的训诫

1998年3月24日，朱镕基总理主持新一届国务院第一次全体会议，对国务院组成人员提出了五项要求和约法三章。五项要求是：要牢记自己是人民的公仆，全心全意为人民服务；要恪尽职守，敢于说真话；要从严治政，敢于得罪人；要清正廉洁，惩治腐败；要勤奋学习，刻苦工作。约法三章则是：在国内考察，要轻车简从，减少随行人员，简化接待礼仪，不陪餐；精简会议，压缩会议时间，减少会议人员，不在高级宾馆和风景名胜区开会；一般不出席各地方、各部门召开的会议，不题词，不提名，把精力集中在处理重大问题上。与此同时，朱总理在多次场合向我们这些部长们力荐一则明代官箴："吏不畏吾严，而畏吾廉；民不服吾能，而服吾公；公则民不敢慢，廉则吏不敢欺。公生明，廉生威。"这"三十六字箴言"虽短，但却以其深刻的内涵、丰富的哲理成为历史上诸多"清官"的座右铭。这些事，我至今记忆犹新。朱总理的意图显而易见，即要求我们想问题、办事情都要出以公心，做到廉洁自律。对于朱总理的"约法三章"和廉洁自律的要求，我自然不敢怠慢，将有关文字抄录在工作手册的首页上，每每打开就能看到。那时，我决心不过问工程招标、车辆调度，也要求和子女不与铁路的工程、车皮打交道。现在回忆起来，"约法三章"的确使自己受益匪浅。

不过，要践行"约法三章"并不容易。那几年，在车皮、工程招标、干部安排等问题上，不时有老朋友、老上级出面打招呼。我只能硬着头皮坚持既定制度：符合条件的，按程序办；不符合条件的，不能办。

有一次,我的中学同学带着儿子来到我家,反映某铁路局车皮都走了后门,他们弄不到,所以想请我帮忙搞到计划指标。那次无论我怎样反复解释铁道部的相关规定“领导干部不能直接插手车皮“,对方都甚感不满,认为我当了官“六亲不认”,结果双方不欢而散。

写于2008年1月

挨批与自责

我这一生,挨批的事常有,其中几件至今记忆犹新。

1998年夏天,我刚刚接任铁道部部长时,新闻媒体对北京西站质量问题进行了大量批评报道。西站的设计和施工是由铁道部和北京市的下属单位分别承担的,建成后,出现屋顶漏雨、站台开裂问题。有一天,国务院办公厅通知我到国务院常务会上就西站的质量问题作检查,这使我非常为难。主要原因是以前当副部长时,自己不分管相关建设工作,对情况了解不多,把握不住检查的深浅。那天,我在会上做了“实话实说”的检查,主持会议的朱镕基总理对西站的质量问题作了严肃批评,并要求立即整改,同时他对我的处境也表示理解。如此算是过了关。

还是那一年,中央决定养老保险实行属地化改革。原来,铁道行业养老保险自成系统,资金尚有节余,退休人员待遇较好,而部分省市的相应资金却是负数。由于铁路统筹即将改为属地统筹,年纪大的职工多有顾虑,纷纷要求提前办理退休手续,怕转到地方后吃亏。部分单位的基层干部为完成分流减员任务,于是顺水推舟。结果,中铁十四局一名女职工年仅28岁就办了退休,被劳动部抓为反面典型。朱镕基总理得知此事后,非常生气,责令铁道部做出深刻检查。我清楚地记得,在国务院第二招待所召开的各省市领导干部大会上,朱镕基总理点名让我站起来,并当众说起铁道部出了28岁女工办理退休的怪事,全场顿时哄堂大笑,搞得我十分尴尬。散会后,我赶紧回到部机关，连夜召集党组会议，责成有关单位立即纠正，要求全路举一反三，做好工作。事后专门向国务院写出检讨报告。

还有一事，令我难忘。2002 年 9 月 8 日（星期日）上午，我突然接到吴邦国副总理的电话。大意是，据交通部报告，一列火车把秦皇岛港卸煤用的翻车机撞坏了，并让我核实。放下电话，我马上找北京铁路局追问有关情况。一经得到证实，我立即驱车前往秦皇岛港事故现场，汽车一路飞驰。到了现场，看到翻车机的确严重损坏，并难以修复。当时估计，倘若更换翻车机，从订货、制造到安装至少需要半年时间，将严重影响港口卸煤能力。至此，我才明白交通部何以急不可耐。那天经初步分析，事故的直接原因系一辆货车的折角塞门被关闭，致使失去制动能力的列车直接冲向翻车机。出了事故，大家都很痛心，对于事故原因本应再深入分析，可是在没有正式开始调查的情况下，就有人推断这是人为破坏，弦外之音是河北省境内铁路沿线治安不好。这一推断恰恰被我听了进去，并就此向吴邦国副总理做了汇报。然而几天后，经铁路公安部门认定，并非河北省的治安不好，而是铁路内部职工的违纪所为。这样一个意外的结果，使我陷于窘境。于是，自己不得不重新向吴邦国副总理汇报，主动承认铁路自身的过失。尽管吴邦国副总理没有提出批评，但自己感到比挨批还要难受。从此，自己认真汲取教训：对于没有彻底查清楚的事，不轻易向上级汇报，更不能推脱责任。

写于 2010 年 10 月

国外铁路见闻

我在铁路系统工作的几十年间，考察过不少国家的铁路，既借鉴了经验，也吸取了教训。仅其中就主要的，谈谈我的感受。

英国铁路——世界的先驱

在世界上，英国是铁路的先驱。17 世纪，英国部分地区用木条铺成轨道（后木轨改为铁轨），由马拉车沿轨道行走，出现了最早的马车铁路。这种运输方式很快在欧洲和美国得到推广。1814 年，英国人斯蒂芬逊以蒸汽机为动力，制造出世界第一台蒸汽机车。1825 年，英国斯托克顿至达林顿之间 21 公里铁路通车，以蒸汽机车牵引车厢，成为真正铁路的起源。

与马车相比，火车的速度和载重都有了质的飞跃，从而适应了英国工农业的发展。1830 年以后，法国、德国、比利时、美国、俄国等都先后效仿英国，开始大规模修建铁路。

铁路建设高潮蓬勃兴起，引发了交通革命，迅速改变了有关国家运输的落后面貌。至 1860 年，在英国和欧洲大陆，由于有了火车，人们出行和货物运输的平均速度比马车提高了 10 倍以上，运输成本大幅度降低。

1928 年，英国铁路总长度为 32565 公里，达到顶峰。不过，从 20 世纪 50 年代末开始陆续拆除运量不大的铁路，到 2007 年，英国全境铁路仅留有约 15000 公里。

1988 年，我第一次考察英国铁路。无论是车站还是车厢，给我的印象都比较陈旧，不如日本、法国和德国。我从苏格兰的首府爱丁堡乘火车前往伦敦，时速只有100多公里。途中，我向英方陪同人员问及英国何时修建高速铁路，得到的回答却是：目前还没有计划。2000年，我从巴黎乘“欧洲之星”高速列车前往伦敦，在法国境内时速为300公里，可一出英吉利海峡隧道进入英国，便降到160公里。直到2007年，伦敦通往欧洲的英国段109公里高速铁路才得以修通。不过，最近有报道说，英国政府正准备修建连接首都伦敦和伯明翰、曼彻斯特等城市的高速铁路。

20世纪80年代，英国国有铁路机制不灵活，职工普遍吃“大锅饭”，竞争力严重缺乏，以致陷入多年亏损的困境。撒切尔夫人执政时期，国有铁路被当成财政包袱，实施了私有化改革，总体上获得成功。不过，由于铁路路网整体上市出现问题后，又不得不再收归国有，铁路改革成为诟病的对象。目前，除政府还掌管路网外，英国铁路客货运输完全交由私人公司经营。较之私有化前，铁路运输服务已经明显改善，效益也有好转。

屡创纪录的法国火车

1961年，我到株洲电力机车研究所参加工作不久，就接触到引进的法国电力机车。那时，我国第一条电气化铁路刚刚上马，国产电力机车技术并未过关，无奈之下，铁道部只好从法国购买机车。由于当时我国与法国尚未建立外交关系，只得通过我国驻瑞士机构不断斡旋，才订下购置25台电力机车的合同。那时，法国机车是最先进的，我们从中移植了不少技术用于国产韶山型机车的改进。

法国人在铁路方面颇具创新精神，率先采用单相工频25千伏电气化铁路制式，令其他国家紧随其后，一一效仿；在速度上敢于大胆开展试验，1955年，法国电力机车便创造出时速331公里的世界纪录。法国第一条高速铁路建设虽然比日本晚十多年，却很有特色，TGV高速动车组的绞接式结构、动力集中式的配置等均有其独到之处，并屡创速度奇迹。1981年，第一代TGV动车组创造380公里/小时的世界纪录。1990 年,第二代 TGV 又以 515.3 公里/小时的速度刷新纪录。时至 2007 年,第三代 TGV 再次打破原有纪录,列车最高试验时速达到 574.8 公里。

1984 年,我第一次乘坐法国 TGV 高速动车,从巴黎到里昂 400 公里的路程,仅用了两个小时,最高时速达 270 公里。体验列车的舒适和快速,自己内心禁不住期盼我国也能尽早建成高速铁路。十几年后,我又乘坐高速列车从巴黎到里尔,最高时速为 300 公里。这还不是最快的,目前巴黎到斯特拉斯堡,最高时速已达 320 公里。

法国现有铁路约 30000 多公里。尽管高速铁路只有 2000 多公里,但是作为主骨架与既有普速铁路紧密相连,已经形成一体化的网络,TGV 高速列车可以抵达法国现有铁路的大部分车站。2006 年,我在并未通达高速铁路的法国南部城市图卢兹,曾亲眼看见了 TGV 列车的身影。高速铁路已成为法国文化的重要元素,TGV 是法国人的骄傲。

法国铁路重视与其他运输方式的衔接。高速列车可直接开到戴高乐机场。大城市火车站地下设有地铁,换乘十分便捷。

不过,最近负责审查公共资金使用情况的法国审计院公布的调研报告披露,法国高铁经济效益被系统高估,对建设决策中的漏洞需要反思弥补。

常受诟病的德国铁路

1982 年,我去联邦德国进修,由于两德尚未统一,仍分为联邦德国和民主德国两个部分,铁路也因此处于一分为二的状态。当时联邦德国,IC 城间特快列车最高时速已达 200 公里,大城市近郊开行有被称之为“S Bahn”的市域动车组,车厢簇新,且相当舒适。上下班人流高峰时段,几分钟一趟,既方便又快捷。有段时间,我在慕尼黑市北部的一个公司进修,却住在城南,每天都坐“S Bahn”列车上下班。

同年,我还去了西柏林。东、西柏林之间虽然近在咫尺,不过由于柏林墙的存在，彼此道路互不相通。好在西柏林地下铁道中的一条线路穿过东柏林地区，并在那里设有车站。出于对民主德国的好奇，我曾乘地下铁道到达东柏林。下车后通过边境检查，就上到地面。是时，我还顺便考察了民主德国铁路，装备比起联邦德国相差甚远，车厢老旧。

20 世纪 90 年代以后，我多次造访统一后的德国。目前，通过新线建设和既有线提速改造，德国高速铁路总计已超过 1500 公里，列车最高时速为 200～300 公里。德国人注重实用，讲究投入产出，哪里需要，就在哪里修高铁，且多为分段建设，每段仅几百公里。高速铁路多为客车与货车混跑方式，纯客运专线为数不多。尽管德国高铁里程不长，却都与既有线融为一体，只要乘坐 ICE(城际高速)列车，即可跑遍全国。

由于高速公路和航空的快速发展，德国铁路近几十年的市场份额不断下滑，铁路营业里程也在减少，到 2007 年还有 34000 公里，比历史最高峰已减少 40%。我们在德国坐火车常常会感到奇怪，为什么车厢里见不着几名乘客？在德国，尽管票价不菲，铁路却仍然亏损，需要国家补贴。

2002 年我又去德国考察，偶然路过一个小镇，由于职业习惯的使然，我顺便去看了看当地的火车站。候车室实际处于关闭状态，映入眼帘的是满目凋零的场景。车站仍采用手扳道岔和半个世纪前生产的臂板式信号机，这些技术在中国都早已淘汰。在我们深感不解之际，仅有两节车厢的一列动车开了过来，总共不过几十个乘客。就这样，人们在德国既能乘坐现代化的高速列车，也能看到落后的铁路装备。

德国火车站大多位于市中心，多数已没有扩展空间，股道不多，但是接发列车数量却不少。比如，科隆车站每天有 1000 多列客车进出，而我国北京站只有 200 多列。起初我甚为不解，后来才悟出其中一点门道。与我国列车一般为 18 辆编组不同，德国列车一般较短，有的仅 4～6 节车厢，为了有效利用资源，每个站台均分为 A、B、C 三段，每段可停一列车。如此，就能增加列车开行的密度，提升铁路的竞争能力。

在机车车辆制造方面，德国人的创新精神尤为突出，不但研制出世界第一台电力机车和第一台三相交流传动机车，而且还推出了全球首列磁悬浮列车。

尽管德国的铁路技术位居世界前列，可德国人对铁路管理却评价不高。在德国，倘若对某单位的管理不满意，常常会听到一句口头禅——和联邦铁路一样糟糕。事实上，铁路的表现也确实不尽如人意，除列车有时晚点之外，还偶尔出些事故。据说，近年来经过改革和整顿，联邦铁路的管理水平已有很大提升。

轨距与众不同的俄罗斯铁路

我很早就接触了苏联的铁路。1956 年到莫斯科留学时，坐的就是火车。由于苏联铁路是宽轨，我国铁路是标准轨，所以两国火车不能在对方的铁轨上行驶。我们在满洲里下了中国列车，再换乘苏联的火车。在苏联餐车上，我有生以来第一次吃到黄油，喝到莫斯科红菜汤，很新奇。

作为苏联主体部分的俄罗斯，幅员辽阔，历来对铁路格外重视。据记载，1853—1856 年克里米亚战争中，俄罗斯军队从中央地区步行到战场，物资用马车运输，跟不上战场的燃眉之需，结果兵败前线。此后，沙皇政府意识到铁路在军事上的重要性，开始大规模筑路，其中包括乌拉尔至符拉迪沃斯托克间全长 6503 公里的西伯利亚大干线。有一年，我在考察海参崴火车站时，曾亲眼看见那里矗立着一个公里标，上面醒目地显示“9288 公里”，标明的是与莫斯科间的距离。这条连接太平洋和欧洲的铁路，横跨 7 个时区，是世界上最长的铁路。

苏联卫国战争期间，铁路在军队调配，以及武器、弹药、粮食等后勤物资运输方面，发挥了重大作用。20 世纪 90 年代苏联解体前，铁路总计长达 13 万公里，曾是最繁忙的运输方式。长途客车整列编组尽是卧铺车厢，人们出行乘几天几夜火车并不发怵。大城市郊区铁路相当发达，不少职工、学生将动车组作为通勤工具，我在莫斯科上大学时，也是如此。

苏联铁路轨距为1520毫米，而在其两端，无论中国还是欧洲铁路都是1435毫米。由于轨距不同，给亚欧间开行直达列车带来很大麻烦。

苏联解体后，各加盟共和国相继独立，铁路网因而遭到分割，彼此经济来往骤减，运量陡然下降，铁路运输曾一度不景气。不过，进入21世纪，随着俄罗斯经济的增长，铁路逐渐恢复了元气。目前，俄罗斯拥有8.6万公里铁路，总里程居世界第三。

为切身感受俄罗斯铁路的客运服务，20世纪末，我曾利用在俄罗斯开会的机会，从莫斯科到圣彼得堡往返一个来回，分别乘坐了两种不同的列车。经过比较发现，夜行列车更受欢迎。那时莫斯科、圣彼得堡，晚上9点以后，每隔10分钟各自向对方发出一趟列车，来回共20列。即使如此，还是一票难求。受其启发，我在担任铁道部长后，专门与运输部门研究并决定采取类似做法，在客流最密集的北京至上海间开行连发追踪列车，提高了黄金时段的运输能力，获得了公众好评。

苏联构建了完整的机车车辆工业体系，曾拥有几十家企业，却因国家的解体而遭到削弱，损失重大。

记得在苏联上大学时，我曾两次在诺沃切尔卡斯克电力机车工厂（以下简称诺厂）实习。诺厂规模宏大，几乎所有重要零部件都自己生产。工厂一端进的是材料，另一端出来的就是机车。职工1万人，每天产1台机车。据说，当时它是世界最大的电力机车工厂，我对此羡慕不已，发自心底地期望中国也能有这样的企业。

回国工作后，我始终记挂着诺厂。2002年，我作为铁道部长在莫斯科参加中俄两国运输会议后，又特地造访了诺厂。厂方接待热情，宾主相谈甚欢。不过，当我深入车间参观时，内心却不免顿生凄寂，记忆中曾经紧张、繁忙的作业场面早已找不到一丝痕迹，有的厂房甚至空无一人，冷不丁从机床底下猛地蹿出一只猫来，令人心生疑惑。主人也许揣摩出我的心思，忙不迭地道明其中的缘由：苏联解体后，俄罗斯经济一蹶不振，铁路运量大幅减少，当然工厂也缺少新的订单。此外，其他加盟共和国先后独立，不再购买俄罗斯机车，因而开工不足。与此同时，由于资金短缺，新产品开发也陷入停滞状态。主人的一番解释，让我不由地回想起此前几天在莫斯科铁道科学研究院参观时，看到一台在试验的机车竟是从日本引进的，却没有俄罗斯本土的产品。

此后，每当想起诺厂所见的情景，我的心情总是久久不能平静，昔日的“老大哥”怎会落到如此田地？

2007 年，我再去莫斯科，尽管没有机会考察诺厂，不过，听说在俄罗斯经济回暖的形势下，该厂出现转机，又开始忙碌起来，我禁不住暗自为其感到高兴。

朴素的北欧铁路

每逢出访，参观所在国的火车站是我的习惯。2009 年，我率欧美同学会代表团访问芬兰、瑞典、丹麦、挪威北欧四国首都时，也未例外。

赫尔辛基、斯德哥尔摩、哥本哈根、奥斯陆火车站都有上百年的历史，而且还以各自独特的古老建筑风格向游人展示着其文化传统。不过，奥斯陆车站在此基础上还独显新意，于老站房旁扩建了颇具现代派风格的候车大厅，平添了时尚之风。北欧所有车站均为开放式设计，进出口很多，乘客可就近出入，上下车十分方便。为了解决铁路切割城市和噪音干扰问题，有的火车已改道地下。所见车站，动车来来往往，高峰时几分钟一列。

北欧铁路建造的历史悠久，早已成网，总体上显得朴素无华。为了节省投资，这些国家近年来基本未建新线，把重点放在挖掘既有设施的潜力之上，通过不断采用新技术提高客车速度。

为深入了解北欧铁路情况，我们考察组从瑞典的斯德哥尔摩到丹麦的哥本哈根，没有坐汽车，也没有乘飞机，而是坐的动车。那段路全程 529 公里，经停 11 个车站，运行时间 5 小时 10 分，平均时速约为 100 公里；二等车票价 606 瑞典克朗，当时折合人民币约 600 元，平均每公里 1.13 元。火车为 X2000 型摆式电动车组，编组 6 辆，最高时速为 200 公里，是专门为既有线提速开发的。由于采用摆式技术，在线路曲线未经改造的情况下，列车速度提高了30%。一路上尽管车厢在曲线上有所摆动，我们却未感到不适。在车上我留心略做了些统计，一等车上座率不到50%，二等车约为70%；短途乘客较多，像我们这些从始发到终点的旅客不到10%。

北欧的高速公路和航空都很发达，路途远的乘客通常选择飞机。比如，我们从奥斯陆飞往500公里外的斯德哥尔摩时，机舱满员，便可证明这一判断。里程在200公里以内时，人们则多选择自驾出行。由此，铁路受到航空和公路的双重夹击，经营困难。为支持铁路这一绿色交通方式的正常运转，北欧各国政府每年都给予一定补贴。

高速铁路的先锋——日本新干线

日本铁路由于“新干线”而知名，不过，其既有线路均为1067毫米的窄轨，并不先进。日本第一条铁路是明治维新后1872年开通的，与欧美相比要晚40年，比我国则早几年。此后，日本掀起了铁路建设的热潮。铁路不但促进了经济发展，而且为日俄战争和侵华战争运送了大量军队和物资。在上世纪三四十年代，日本在我国东北修建了大量铁路，使之成为掠夺资源和支持战争的重要工具。

日本东海道新干线是世界上第一条高速铁路。1964年开通时，列车时速为210公里，后来逐步提速到270公里，运行50多年，没有发生过旅客死亡事故，信誉良好。2013年，东海道新干线的运量达1.55亿人次，给东京、横滨、名古屋、大阪等地区的人员来往带来了很大便利，其经济社会效益超过预期。此外，日本还建有山阳、东北、上越、北陆、九州等高速铁路，总里程超过2400公里。

目前，日本全国铁路总计为2.7万公里。由于大部分为窄轨，不能与标准轨的新干线互联互通，因此高速列车的辐射范围受到很大限制。十几年前，日本对部分区段的窄轨铁路进行了挖潜改造，有的提速至每小时160公里。我曾前往那里考察，列车运行还算平稳。

日本铁路的挖潜，最值得称道的是对其车站的利用。比如，东京火车站已有近百年历史，地处市中心，与城市交通紧密衔接。为方便乘客，无论上世纪 60 年代修建东海道新干线，还是后来接通东北新干线，东京火车站始终没有迁建，而是立足于原地挖潜扩建。

日本铁路在历史上曾分为国有铁路和私人铁路两种。上世纪 60 年代后，国有铁路全面亏损，成为国家沉重的财政负担，迫使政府对其进行民营化改革。1987 年，国铁一分为七，即 6 个客运公司和 1 个货运公司。改革取得了明显成效，几个较大的客运公司先后实现了扭亏为盈，国家财政对亏损公司的补贴也大为减少。

日本大城市近郊铁路十分发达，所发挥的作用是其他国家铁路难以企及的。在东京上下班人流高峰时段，每趟通勤列车都是人满为患，以至于有段时间不得不雇人将乘客推进车厢。东京的新宿站是日本客流量最大的火车站，在 2 平方公里范围内，通过地下通道连接有 100 多个出入口，方便了乘客。

除了高速铁路，日本的磁悬浮技术在世界上也是有名的。与德国不同，日本开发的是超导悬浮系统，并于 2003 年在一条 18.4 公里试验线上创造了时速 581 公里的纪录。2015 年 4 月 22 日，日本磁悬浮列车又创造了时速 603 公里的世界纪录。从东京到大阪的超导磁悬浮线路已开始建设，建成后全程运行只需一个小时。

拥挤的印度铁路

在叙述印度铁路之前，不妨先介绍一下印度的其他运输方式。印度公路不够发达。由于宗教因素，牛在印度受到超常保护，这些身形庞大的动物不时自由自在地在马路上游荡，引起交通拥堵。1992 年，我在那里考察，所乘的汽车常常为牛群所困。当时，印度的航空运输也不先进，首都新德里机场狭小、拥挤，为保证国内运输优先权，国际航班往往安排于夜间甚至是下半夜起降。我们的飞机到达新德里就在凌晨 2 点。

印度铁路始建于 19 世纪 50 年代，目前总里程约 65800 公里，在亚洲仅次于我国,居第二位。铁路在印度承担着超常的运输压力。旅客发送量为世界铁路之首,2013 年达 83 亿人次,其特点是:市郊客运比重很大,占总运量的 54%;列车超员严重,特别是大城市附近的短途火车,车顶、车门梯子上都挤满乘客,其拥挤之态非其他国家可以相比。由于印度铁路负荷过重,加上缺少资金,设备维修质量不高,所以事故多发。

不过,印度铁路货运量较少,大体只是我国铁路的 1/3。

印度铁路大多为 1676 毫米的宽轨,部分采用 1000 毫米的米轨,此外还有 762 毫米窄轨,各种轨距的线路不能互联互通,致使运输效率受到很大影响。看来铁路建设初期,缺乏总体规划。

还是 1992 年,我在印度坐过几次火车,速度不高,即使是特别快车,最高也只有 140 公里,车厢晃得比较厉害。不过,那里的一等车已经实行实名制,买票时记下身份证号码,上车时列车员加以核对,这对于打击票贩子、维护车厢秩序、保证安全都有好处。

相对而言,近年来印度铁路发展不快。不过,有报道说,印度政府雄心勃勃,正计划兴建数千公里高速铁路,令人瞩目。

稀有乘客的美国铁路

美国铁路尽管起步晚于英国几年,但其后发展却极为迅速。19 世纪中后期,各级政府以土地赠予、认缴债券、现金捐赠等方式,鼓励私人修建铁路。19 世纪 80 年代掀起高潮,年均建设里程令人惊讶地超过一万公里。1916 年,美国铁路已达 40.8 万公里的历史最高峰,并一直稳居世界第一,在国内运输市场上占有绝对统治地位。美国铁路公司数量最多时曾达 6000 多家,21 世纪初已整合为 500 多家,其中一级公司 7 家。美国铁路发展之所以如此迅速,得益于股份制公司的创立。正如马克思所说:“假如必须等待积累去使单个资本增长到能够修筑铁路的程度,那么恐怕直到今天世界上还没有铁路。但是,集中通过股份公司转瞬之间就把这件事完成了。”

然而，进入20世纪中叶，随着新型运输方式的发展，铁路逐渐失去了往日的辉煌。汽车运输以其灵活便捷的优势替代了铁路中短途客货运输；高速公路的大量建设，则进一步加速了这一替代进程。航空运输由于具有快速的特点，挤占了铁路的长途客运市场。管道运输因其成本低廉且又安全，接揽了铁路对石油及其产品的运输。一些原来先天不足的铁路，特别是缺乏竞争能力的支线，大都遭遇淘汰出局的命运。此外，过去为得到土地和贷款而盲目修建的铁路，也因失去经营价值而纷纷退出市场。自1930年，美国开始拆除亏损铁路，至2007年，铁路总长度减少到22.7万公里。

铁路客运在美国衰落得尤为严重，目前运量不足运输市场份额的百分之一。至今，仅在东北走廊(波士顿至华盛顿间732公里)能够开行最高时速为230公里的特别快车，而其他线路客车速度较慢，且数量很少。自1985年开始，我曾几次乘坐美国的火车，还登上机车参观。从司机室望去，两条钢轨并不平顺，且轨下多为木枕，线路质量还不及当时我国的铁路。

美国公路、民航运输十分发达。美国人出行要么自己开车，要么搭乘飞机，乘坐火车的人数很少。不过，如今美国铁路货物运输仍相当繁忙，尽管竞争激烈，其货运所占市场份额仍超过30%，位居世界前列。开行万吨列车是家常便饭，一列货车由多台机车牵引，有的达7台之多，即前面4台，中间3台，蔚为壮观。

前几年，奥巴马总统认识到美国铁路客运的落后，声称要建高速铁路网。然而，囿于美国政治体制，建设铁路的权力归属各州，而各州财政情况都很紧张，加上国家给予的补贴有限，这一设想的实施难度肯定不小。

不景气的拉丁美洲铁路

在铁道部和全国人大财经委工作期间，我曾先后三次前往拉丁美洲考察，因此对其铁路也有所了解。

2001 年,我率代表团访问阿根廷。阿根廷铁路是以首都布宜诺斯艾利斯为原点,呈扇面放射状通向全国,即铁路布局离首都越近越密,离得越远越稀疏。由于早年缺乏统一规划,铁路有宽轨、标准轨、窄轨三种,彼此不能互联互通,且各自独立经营。该国铁路长期处于亏损状态,营业里程已从顶峰时的 4.4 万公里减少到 3 万公里。政府为减轻财政负担,1991 年把铁路经营权分包给私人企业。布宜诺斯艾利斯市郊铁路比较发达。一次,我们乘动车组出行,发觉车门开得特别大。经询问得知,其目的是为了方便乘客携带自行车上下。

2004 年,我访问墨西哥。首都墨西哥城有 2000 多万人口,有几条铁路通往全国各地,却未听说有人乘坐火车。对此,我感到十分不解。随机询问当地人火车站在哪里,得到的回答却是“不知道”。后来,一位为代表团开车的师傅说,他知道火车站并表示愿意带我去看看。当天晚上,我们来到一个广场,他指着前方一片黑漆漆的空地说:“那就是!”尽管怎么看都不像火车站,可我还是下了汽车,继续往前走。黑暗中忽然有位老年人拦住我的去路,问道:“先生您有什么事?”听我回答后,老人歉意地指指眼前,解释说此处即是过去的火车站,不过如今已经封闭了。至于是否还有别的火车站,回答还是“不知道”。后来,经了解才得知,除少数旅游线路外,铁路已经停止了客运,只从事货运。我心里当即冒出一个念头:这不是与美国一样了吗?

我去过巴西两次。巴西有 851 万平方公里的土地,仅比我国国土面积小 1/10。然而,在广袤而又资源丰富的土地上,铁路总长度却不足 3 万公里,且主要分布在东部沿海附近。同时,线路规矩不一,多为窄轨,标准较低。巴西大部分客运市场为公路和航空所占有,就大宗物资的货运而言,铁路尚有一定的竞争力。若从圣保罗去往北部的中心城市玛瑙斯旅行,由于不通火车,只能乘坐飞机或汽车前往。即使在发达的南部地区,长途火车也几乎无人问津。前几年媒体报道,巴西政府打算从里约热内卢经由圣保罗到巴西东南部城市坎皮纳斯间建设一条长 510 公里的高速铁路。我认为这是个正确的选择。

独具特色的南非蓝色列车

南非是我到过的第一个非洲国家。尽管南非铁路比较发达,全长约3万公里,但大多是窄轨铁路。给我留下深刻印象的有两点:一是大量开行重载货物列车,运送煤和铁矿石,有的列车甚至重达3万吨;二是在海港城市开普敦至首都比勒陀利亚之间开行豪华旅馆列车,即享誉全球的"蓝色列车"。

1999年12月,我考察南非铁路时,主人执意邀请我体验一下其引以为骄傲的"蓝色列车"。盛情难却,尽管日程紧张,我还是乘坐了一段。"蓝色列车"因其外观通体呈蓝色而得名,且由于服务档次高而享誉世界,号称流动的五星级宾馆。列车包房里摆放有豪华席梦思床、浴缸、电视机等,此外还专门设有酒吧观光和餐厅车厢。列车可载旅客最多为84人,编组18辆,并以两台老式电力机车作牵引,最高时速为90公里。沿途在几座名胜城市各经停一小时,以组织乘客游览。列车开动后,人们可坐在酒吧车厢,一边品尝美酒,一边观赏窗外的风景:羊群悠闲地奔走于绿意盎然的茫茫草原,雪白的云朵在湛蓝高远的天空漂浮……据说,蓝色列车车票走俏,需提前一年预订。

南非公路交通相当普及,加上铁路速度不高,因而乘坐长途火车的人并不多。不过,大城市的近郊旅客运输却比较繁忙。我在考察中注意到,约翰内斯堡和开普敦都开行电动车组,乘客多为低收入者。

象征友谊的坦赞铁路

著名的坦赞铁路,是中国援建的友谊铁路,东起坦桑尼亚的达累斯萨拉姆,西迄赞比亚中部的卡皮里姆波希,全长1860公里。1970年动工兴建,1976年全线竣工通车。坦赞铁路是迄今中国最大的援外成套项目之一,由中国人勘测、设计并帮助组织施工。该铁路的建成,将坦桑尼亚和赞比亚两国联结在一起,打破了当时南非种族主义政权的封锁，为赞比亚出口铜矿石提供了一条新的、可靠的出海通道。铁路通车后，中国政府继续为其提供无息贷款，并派出专家参与管理，提供咨询。

几十年来，坦赞铁路年平均运输各种货物 50 万吨、运送旅客 50 万人次，惠及坦桑尼亚和赞比亚 1/3 以上地区，铁路沿线涌现出不少新兴城镇，促进了坦赞两国经济的发展。据说，一次发大水，其他铁路都被冲毁了，唯有坦赞铁路保持畅通，所以当地人都赞扬中国工程质量好。

对于坦赞铁路，坦桑尼亚前总统尼雷尔高度评价说，这是“对非洲人民的伟大贡献”；赞比亚前总统卡翁达赞扬道：“患难知真友，当我们面临最困难的时刻，是中国援助了我们。”坦、赞两国人民把坦赞铁路誉之为“自由之路”。

2007 年，我率全国人大财经委代表团出访坦桑尼亚。工作之余，我和代表团其他成员满怀深情地探访了坦赞铁路。此前，自己在铁道部工作期间未能来此考察，这回也算是补课吧。我们首先来到距离达累斯萨拉姆 24 公里的中国援坦专家公墓。墓园里打扫得干干净净、墓碑维护得整整齐齐。那里长眠着 51 位在坦赞铁路建设中殉职的中国专家和工人。墓碑上的文字显示，他们殉职时还正年轻，最小的只有 24 岁。代表团一行人敬献了鲜花，随后静穆地站在墓碑前鞠躬致敬，深切缅怀这些为践行国际主义、援助非洲兄弟而献身于异国的手足同胞。

紧接着，我们又赶到达累斯萨拉姆火车站，那造型有点像北京站。候车大厅的净空很高，当时空无一人，这令我大感意外，于是只好询问在场的我国驻坦赞铁路专家。他解释说：“这条铁路客货列车不多，所以有段时间没有旅客。”

对于坦赞铁路经营困难，早有耳闻，主要原因是货运量不足。上世纪 90 年代以前，由于南非对新兴非洲国家实行封锁，赞比亚的铜矿石只能通过坦赞铁路出口。然而南非在种族主义政权垮台后，其境内铁路对外开放，吸引了赞比亚的部分出口物资，以致分流了坦赞铁路的运量。此外,设备老化和管理不善也困扰着这条铁路。

目前,坦赞铁路正在研究改善经营方案。专家们认为,加强管理后,这条铁路可以发挥更大作用。

难以成网的澳大利亚铁路

澳大利亚国土辽阔,土地面积比整个西欧还大,物产丰富,多种矿产出口占世界第一,是南半球经济最发达的国家。然而与其广袤的土地相比,其4万公里铁路并不算多。澳大利亚联邦成立较晚,早先各州拥有独立决策权,按自己的意愿建设了铁路。结果宽轨、标准轨和窄轨同时存在,难以互联成网。

打开澳大利亚地图,可以看到铁路基本布局在东南部沿海,西北部及内陆,限于土地荒漠,缺乏工业,铁路稀少。澳大利亚铁路客运主要集中在悉尼、墨尔本、布里斯班等大城市,在那里大量开行市郊列车,满足通勤需求。1999年,我去澳大利亚首都——30万人的堪培拉时,参观了当地火车站,令人吃惊的是,那儿只有三股到发线,规模只相当于我国的四等小站。设备也很落后,还在使用已经过时的臂板信号。起初,我对其铁路的衰落不甚理解,后来想了想也就明白了:当地人出门,短途自己驾车,长途选择飞机。由于铁路乘客很少,且需要国家补贴,讲求实用的澳洲人就不在铁路客运上花钱了。

其实,铁路货运是澳大利亚的强项,重载列车大都在万吨以上。铁矿石和煤炭出口都要通过铁路从矿山运到港口,因此铁路大多通往海港。1996年,在纽曼山—海德兰港之间曾开行由10台机车牵引、编组540辆、全长5892米、重达72190吨的铁矿石列车,创造了世界纪录。

我在澳大利亚参观一处港口时,亲眼见识如此壮观场面:列车上的煤炭通过翻车机自动卸到码头堆场,无人操作的巨大电铲又借助传送带将煤炭装载到货船上。澳方一陪同人员自豪地介绍说,这样每天可装载几万吨,而整个港口却只有一人值班。

并非闲话

夏时制与放鞭炮

中国老百姓都知道,办事要符合国情。倘若盲目跟从效仿,最终只会干出傻事。

多年前欧美国家已经实行夏时制,即在夏季到来时,人为地将时钟拨快一小时,以便促使人们早睡早起,减少照明,节约用电,所以夏时制又称"日光节约时制"。20 世纪 80 年代,我国决定采用夏时制。起初决心很大,除政府有关部门出面动员,不少学者也纷纷在媒体发声,宣传其优点。

不过,中国与美、俄等疆域辽阔的国家不同,全国只设一个时区,从东部的乌苏里江,到西部的伊犁河谷,跨度长达 5000 公里,东边太阳已经升起,西边却还是深夜。按理说,我国可分为三至四个时区。由于目前全国统一采用北京时间,夏至那天日出时间,佳木斯大约是早晨 4 点,北京则为 5 点,而在乌鲁木齐却是 7 点。采用夏时制后,北京相对比较合适,佳木斯也问题不大,但对于西部地区来说,却相当不便。比如,居住在乌鲁木齐的人,天没亮就得起床,天未黑就得睡觉,不但没有达到节能的效果,反而徒增诸多麻烦。其实,麻烦还不止于生活方面。有一年 9 月中旬的一天,我乘火车从呼和浩特返回北京,正逢“时制”转换,为了按“新时间”正点到达,列车在途中的一个小站整整等待了一个小时。即便如此,铁路部门仍然服从大局、精心组织,保证了铁路运输的正常秩序。夏时制带来的问题不仅仅是这些。经过 6 年的实践,难以为继,因而最终不得不放弃。

还有一件事,就是禁放鞭炮。作为中国人的传统习俗,过年放鞭炮是人们表达辞旧迎新、欢喜之情的一种方式。可是,燃放鞭炮却带来了一系列问题:污染环境、致人受伤、引发火灾,而且刺耳的噪声还会扰民。为此,有人主张向发达国家学习。不久各地先后颁布禁放鞭炮的“规定”。在实施“规定”的几年里,尽管执法的警察到处奔波,可鞭炮声仍不绝于耳,群众还牢骚满腹。“吃一堑,长一智”,经过总结分析,大家明白一个道理:与其“堵”,不如“疏”,既允许在规定的时间段和地点燃放,又引导群众安全燃放、少燃放或不燃放鞭炮。这样做既尊重了传统习俗,也减少了负面效果。实践证明,这一的办法切实可行。

两个例子说明了一个简单的道理,要办好中国的事情,必须立足中国的国情。

写于 2008 年 6 月

抢购食盐的反思

2011 年,日本“3·11”地震海啸引发福岛核电站泄漏事故后,社会上流言四起。有的传说,核放射性物质即将随风飘到中国,而食盐中的碘可中和放射性物质,保护身体免受伤害。亦有传言,放射性物质已污染海水,海盐染“毒”。一时间,人心惶惶,国内一些城市掀起了抢购食盐的风潮。不少北京市民也不由自主地加入其中,以致一夜之间超市存货告罄。不法商贩趁机涨价,原本每包只有 1 元的食盐居然卖到 10 元。

事实上,只要稍加思索,就能识别这些传言何其荒唐。放射性剂量在距离福岛几百公里的东京尚可承受,而数千公里之外的中国怎会受到安全威胁?尽管福岛附近海域受到污染,然而经过浩瀚的海洋冲洗、稀释,对遥远的中国沿海盐场可能产生的影响已经微乎其微,即使扩散,也不会如此迅速,更何况中国的食盐主要产自内地的盐湖和盐井呢?

针对市面混乱状况，各级政府立即采取了措施，增加食盐供应，抢购风波很快得以平息。然而，透过这一非正常事件，我们也应有所反思。

其一，食盐抢购风波的发生，折射出一些民众脆弱的心理素质，同时也反映出科普知识的相对匮乏，由此谣言的传播才有市场。相比之下，即使在距离福岛仅100公里的“灾区”，当地民众也并未出现特别的恐慌。为了更好地应对今后可能发生的突发事件，我们不但要强健民众心理素质，还要开展科普知识教育，这对于建设安定、和谐社会是不可或缺的。

其二，这次食盐抢购风波中，尽管有专家发表电视讲话对澄清是非起到了一定作用，但力度略显单薄。作为民众的主心骨，政府部门应在第一时间通过媒体实事求是发布权威信息，以抵制小道消息和谣言的传播，平定群众的非理性情绪。正确的导向会赢得社会的信任，并会提高自身的公信力。

其三，要举一反三。对于食盐、粮食等关系民生的重要物资，国家必须有足够的储备，防患于未然。民众对食盐的需求量毕竟有限，倘若粮食出了问题，后果则会严重得多。

写于2011年3月

春节聚会

多年来，每逢春节我都在北京度过。不过，今年春节，由于想念在香港的外孙、外孙女，所以，我和老伴同女儿一家约定在深圳团聚。

曾在株洲所工作的一些老同事得知我们南下，纷纷提出见面的愿望。聚会那天是腊月二十九，当年的副所长、工程师和工人师傅热热闹闹地来了19个。一见面，彼此都感到格外亲切，喝茶、吃饭、叙旧，5个半小时竟然一晃而过，大家仍意犹未尽。

大年初三，我和老伴又去了广州，再次参加了曾在株洲所共事老同事的聚会，总共有30位，其中有一对夫妻专程从宁波飞来。尽管有些人20多年不曾相见，可彼此都能叫得出名字。众人无不为这难得的相聚兴奋不已。

事实上，并非因为我们作为客人到了那里，大家才聚集在一起。居住在深圳和广州的株洲所人每年都要相聚，已经形成一种习惯。

两次聚餐宴席上，老朋友都让我说几句，我自然当仁不让。两次讲话，都提及同一个问题，那就是“为什么这里的株所人愿意年年聚会？凝聚力来自哪里？”此话一出，在饭桌上引起热议，大家你一言我一语，归纳几条，并获得一致认可。

一是人际关系融洽。三十几年前，正是株洲所创业时期。尽管条件艰苦，收入可说是少之又少，但是人与人之间相处融洽。大家彼此不叫名字，而以小猫、公鸡、母鸡、咪咪、熊猫、耗子、洋马、泥鳅、土豆、冬瓜等“外号”相称，却都皆大欢喜。同事之间相互关照，相互帮衬。哪家两口子同时出差在外，就把孩子托付给邻居；哪户搬家，用不着动员，同事们就会自愿伸出援手；哪家做了美味，免不了会送给左邻右舍品尝。

二是上下级打成一片。无论是所长、室主任，还是一般“老百姓”，大体都是同代人，没什么“特殊”。互相称呼，不加职级，一直到现在老同事都仍叫我“老傅”。那时，每人所做的工作都能得到认可，心情自然舒畅。

三是研究所具有奋发向上的良好氛围。年轻人积极进取，不断取得科研成果，颇有成就感。

久而久之，不知不觉间，就凝结成一种“株洲所情结”。

诚然，一个单位凝聚力的形成，物质条件尽管十分必要，但更重要的是能否营造一种和谐的氛围，即能否给职工打造一个发挥才能的环境。正因株洲所做到了这些，才有了吸引力，即使离开，也经常怀念。

写于2011年2月

伟大的祖国

国庆观礼

1999年是我国建国50周年，国庆节举行阅兵。我当时是铁道部部长，接到去天安门城楼上观礼请帖时，倍感欣喜，同时也不由得使我想起了往事。

1955年9月，我到北京俄语学院留苏预备部学习，没过多久就迎来了国庆节。那个年代，每逢国庆都要举办阅兵和群众聚会，我们学院全体同学都要参加游行。9月30日夜晚，我忽睡忽醒，兴奋异常。凌晨3点起床铃一响，大家便迅速洗漱、吃饭、集合，带上各自的干粮，爬上卡车(那时只有这个条件)浩浩荡荡出发了。天亮时分，我们已到达东单附近待命。

上午10点，庆祝大会开始，紧接着是阅兵。由于我们远离天安门，只能见到飞机从天上呼啸而过，听到广播喇叭里传来坦克隆隆轰鸣声。群众游行开始后，同学们边走边呼口号。到达天安门时，个个挥舞手上的鲜艳的纸花，一遍又一遍地呼喊："毛主席万岁！"一回学校，我就迫不及待地给父母写信，讲述当时的幸福情景。

话再说回来，四十几年过去了，祖国已发生翻天覆地的变化，虽说我已从青年步入老年，可参加国庆活动的热情却不减当年。

1999年9月30日夜间，北京突降暴雨，我不禁担心第二天的活动会受天气影响。然而，次日清早一掀开窗帘，经过一夜雨水的洗刷，万里天空一片湛蓝，红日正冉冉升起。啊！正是阅兵的好天气。

上午9点以前，我们这些部长陆续登上天安门。是时，城楼上的积水已经清除，雨水打湿的红地毯也被烘干。据说，武警战士为此整整忙碌了一夜。我和各部委的同志被安排在城楼的东侧，那里用木板搭建了临时观礼台阶。趁人还少，我赶紧来到毛主席曾经站过的地方，请人拍下几张照片留作纪念。

站在天安门城楼上放眼望去，只见南池子直到东单大街，整齐排列着等待检阅的部队，广场上早已集聚了几十万群众组成的队伍。接近10点时，江泽民、李鹏、朱镕基等领导同志登上城楼。不久，令人振奋的阅兵式拉开了序幕。

阅兵的场面气势磅礴。各种新式坦克、导弹发射车在人们面前行进。有人告诉我说，其中一种洲际导弹射程达一万公里，可以打到大洋彼岸。说话间，由远及近传来隆隆的轰鸣声，抬头望去，歼敌机呼啸而过。紧随其后的是轰炸机，接着又飞来了一种更大的飞机，后面拖着两个管子，部队同志介绍说这是空中加油机。有了加油机，战斗机的活动半径可成倍增加。

阅兵式上高科技武器的展示自然令我们骄傲，但是更令人震撼的是步兵，尤其是女兵方阵，她们的步伐铿锵、整齐、豪迈，踏出了我们心灵的共鸣，奏响了中华民族振兴的最强音。我手里拿着相机，按下快门，直到拍完所有的胶卷。

见证澳门回归

1999年12月20日澳门回归祖国，这是继香港回归祖国后的又一盛事。国家主席江泽民率领中央政府代表团参加澳门政权交接仪式，代表团成员除国家领导人外，还有中央部委及各界代表80余人。我有幸作为代表团的一员，见证了这一重大历史时刻。

主权交接仪式在澳门文化中心举行。12月19日深夜，文化中心大厅灯火通明，23时42分在乐曲声中，江泽民主席、朱镕基总理、澳门特别行政区首任行政长官何厚铧，葡萄牙总统桑帕约、总理古特雷斯、澳门总督韦奇立登上主席台。我们代表团成员也悉数在台上就座。随后，桑帕约总统发表讲话。他说，葡中两国就澳门地位达成协议，标志两国关系步入一个新时期。

23 时 58 分，葡萄牙国旗缓缓降下，大厅里的 2500 人都屏住呼吸等待着激动人心时刻的到来。零时整，在雄壮的《义勇军进行曲》中，中华人民共和国国旗和中华人民共和国澳门特别行政区区旗庄严升起。无数照相机记录下这一历史性时刻。接着，江泽民主席发表讲话。他说，中国政府按照“一国两制”的伟大构想，成功解决了澳门问题，并坚信澳门特别行政区政府一定能够把澳门管理好、发展好。

一个半小时后，澳门特别行政区成立仪式转到澳门综艺馆举行。当江泽民主席宣布中华人民共和国澳门特别行政区政府成立时，会场内响起如潮的掌声。随后澳门政府主要官员走上主席台宣誓就职。

回到住所已是凌晨 2 点多了。虽然很累，我却无睡意，禁不住浮想联翩。

1840 年鸦片战争以来一百多年的中国历史是一部屈辱的历史。清朝政府腐败无能，在列强的坚船利炮面前，任人欺凌，不是割地，就是赔款，不堪回首。如今祖国迅速崛起，昔日列强不得不平等待我。作为每个中国人，我们不会忘记 1999 年 12 月 20 日这一天，它是中华民族百年梦寐以求的日子，是澳门同胞的盛大节日，也是伟大祖国的盛大节日。

澳门回归是经过不懈斗争得来的。在漫长的交涉过程中，葡方不断寻找借口，企图推迟交还澳门的时间。关键时刻，邓小平同志坚定发声：决不能把殖民主义尾巴拖到下一个世纪。在中国政府的坚持下，最终确定在圣诞节前夕——1999 年 12 月 20 日，距离“千禧年”只有 11 天的时候，举行主权交接仪式。

此前，我未去过澳门，所以对那里充满了好奇。我抽空游览了大三巴、妈祖庙等名胜，深深感到澳门是祖国的一方宝地。

再登天安门

光阴似箭，日月如梭。2009 年 9 月下旬——新中国 60 华诞前的一个星期，路过修缮一新的天安门时，我不禁自言自语，退出了工作岗位，可能没有机会参加今年的观礼了。不曾想，没多久我竟然又收到参加庆祝活动的请柬，心里顿时暖洋洋的，原来组织上对我们这些老同志关心依旧啊！

10月1日早上，天气从小雨转为多云，不久太阳就露出了笑脸。那天，我们这些退休的老同志得到特殊照顾，可以单独驱车前往天安门；而在职的部长们则须于头天晚上到达指定的宾馆集中，第二天集体乘车前往。

与10年前不同，这次的请柬是有密码的，通过安检门时，我的照片竟出现在屏幕上。的确令我吃惊不小，保卫工作真严密啊！

通常，我从家出发到达天安门需要半个小时，那天由于交通管制，全程一路畅通，不过10分钟，便已来到目的地。我还以为到早了，可是登上城楼一看，那里已经集聚了熙熙攘攘的人群，其中还有不少久未谋面的熟悉面容。大家亲切地寒暄着，还欢欢喜喜拉在一起合影留念。50周年大庆时我的观礼位置是在城楼东侧，这次观礼的位置改在前廊区了，紧邻天安门正中央。

上午9时许，站在城楼上放眼望去，天安门前已是人和花的海洋。广场上中学生编成方阵，红花衬底，托出黄花，组成“国庆”两个大字，颇为壮观。我的外孙在北京四中就读，正好站在正对城楼的纪念碑下。为了参加活动，他训练了一个暑假，今天凌晨1点钟起床。孩子是辛苦了些，但对他来讲，却是个难得的经历。

10时整，庆祝仪式开始。鸣放礼炮，升旗，紧接着就是气势磅礴的阅兵式。陆、海、空军和民兵受阅方队走来，队形之整齐，步伐之有力，精神之振奋，令人惊叹不已。战车轰鸣，新式坦克、火炮、导弹、飞机接踵而至，使我目不暇接。更叫人兴奋的是，武器装备全是中国制造。回想三年前，我在西安看到我国预警飞机半成品时，听说由于美国的干预，以色列被迫中断合同，研制工作陷入重重困难之中。如今坚持自力更生，技术实现突破，倍感自豪。

阅兵结束后，远远走来了欢腾的群众游行队伍。60多辆造型各异的彩车，展示了新中国发展的伟大成就。60 年，在历史的长河中不过是“弹指一挥间”，但是我们的祖国却取得了无与伦比的辉煌业绩，经济快速发展，人民生活水平明显改善，国际地位空前提高，值得我们自豪。

上午一站就是 4 个小时，有点累。中午回到家，居然睡了 2 个钟头，而平时 20 分钟足矣。一下子感到自己老了。回想 1955 年，作为大学生参加国庆游行，早起晚归，前后 20 个小时却不曾感到疲倦。

按照安排，晚上在天安门城楼上看夜景，我还是坚持去了。与上午不同，大家可以坐着观看广场上的各种表演。演出相当精彩，五彩缤纷的焰火美不胜收，我手中的数码相机几乎没有片刻停息，上百个镜头，将变幻莫测、绚丽多姿的盛大场面尽情收录。

在天安门观礼，尽管居高临下，但毕竟都只是一个固定的视角，终归不如通过电视屏幕能将各样场面尽收眼底。所以，回到家里我又饶有兴致地看了庆祝活动的录像回放，依旧兴趣盎然，回味无穷。

联想起 1984 年建国 35 周年大庆，我是在株洲家里看的电视转播。当时，国内彩电尚属稀罕之物，我正好从联邦德国进修回国时买了一台。那天为了观看天安门阅兵，邻居的大人和孩子蜂拥而至我家小屋，当改革开放的总设计师邓小平同志出现在屏幕上时，大家都抑制不住心中的感激之情，欢呼了起来。

从那时起，25 年过去了，老百姓的生活上了几个台阶。现在哪家没有彩电？从 14 英寸到大屏幕，从显像管的到液晶屏的，还换高清的呢。

我们的国家在变，并且越变越好。

观看飞船发射

我有幸三次观看卫星和飞船发射，次次都留下深刻印象。

2006 年，我跟随李铁映副委员长，前往太原发射基地。尽管基地冠名太原，实则坐落于距离太原 200 多公里的边远山区。从太原出发

3 个小时后,见到了在目的地等候多时的总装备部部长李继耐同志。简单吃过午饭,大家便匆匆赶往发射现场。是时,高耸的火箭已经竖立在发射架上,蔚为壮观。接着,我们一行又乘车来到 2 公里外的一处山头。尽管那里只有几条木板搭起的“凳子”,却已聚集有三四百名热情的观众,其中不少是专程从北京赶来的。火箭离我们很远,却还看得真切。不一会儿,高音喇叭里传来准备发射的命令,整个山头霎时沉寂下来,大家屏住呼吸,耳边传来“10、9、8、7、6……”倒计时的声音。伴随着发射架底部喷射而出的熊熊烈焰,火箭腾空而起并急剧加速,瞬间便钻进了云层。当天天气阴郁,整个发射过程前后持续不过几秒钟。不久,便淅淅沥沥下起雨来。所幸刚回太原,我们便得到卫星发射成功好消息时隔三年,2009 年我和老伴应邀前往西昌观看卫星发射。一下飞机,我们就直奔 60 公里外的发射场。当天阳光明媚,万里无云。参观者三五成群聚在一起拍照留念。不久,有人催促我们赶紧上车,前往与太原基地十分类似的一个山头观看点,不过这里倒是多了几处可以遮阳挡雨的棚子。据了解,此次发射的是印尼通信卫星,运载工具是成熟的长征 2 号火箭。对此,人们信心十足,志在必得。很快传来发射的指令,火箭点火、升空。当时能见度好,我的眼睛一眨不眨地紧紧盯着迅速升腾的火箭,直到不见了踪影。回到西昌驻地,我们一直等着参加事先安排的庆功宴会。可是,半个小时过去了,却依旧不见主人的身影。好不容易等到基地政委出现了,不料得到的动态通报却是:由于第三级火箭推力不足,发射出现意外,卫星未能达到预定高度。饭当然还得吃,不过却完全没有了气氛,原本预备的茅台也不喝了,席间的话题却悄然转变为如何挽救这颗卫星了。尽管我们是客人,但仍不免担心。当晚有消息称,作为补救措施,卫星有可能利用自身动力升至预定轨道。如此,大家始终紧绷着的心才得以稍稍释然。回京仅几天,我们从报纸上得知这颗卫星终于正常运行,内心甚感欣慰。

又隔三年,2012 年 6 月 16 日,我和工程院部分院士来到酒泉基地观看“神舟九号”发射,这是我第三次造访发射现场。“神舟九号”

载人飞船承担着与“天宫一号”飞行器交会对接的使命，机组成员中有我国第一位女航天员刘洋，因而甚为世人瞩目。发射基地位于距离酒泉市200多公里的戈壁滩上。那天，火箭疾速冲向蓝天时现场观众连连欢呼、一片欢腾，作为中国人的自豪感油然而生。

“神舟九号”成功发射后，我有幸偶遇载人航天工程发射场总指挥、酒泉卫星发射中心主任崔吉俊少将，两人便饶有兴趣地攀谈了起来。崔吉俊时年59岁，古铜色脸膛上刻写的浓重皱纹述说着他饱经风霜的人生。他自20岁来到酒泉基地，就不曾离开，始终坚守在这片远离繁华的土地上，为我国卫星和飞船的成功发射屡立战功。闲谈中，我赶巧得知，崔吉俊不但是带兵的将军，而且还是位高产的诗人。碍不过我真挚的请求，他临时找来一本名为《西风醉》的诗集相赠。我信手翻开，寄托着将军豪迈情怀的诗句随即映入眼帘：

“任狂沙抽打，任朔风怒扫，你在这里永驻不退；朝阳前来亲昵，夕阳前来辉映，你在这里陶然自醉。”

“多少人来了，多少人去了，你没有动摇，没有后悔；多少人老了，多少人走了，一生不忘与你相伴的年年岁岁。”

顷刻间，这位瘦小的军人在我眼里立刻变得高大起来。

在偏远的酒泉基地，类似崔吉俊这样的官兵成百上千，他们仿佛戈壁滩上的红柳，牢牢扎根边疆，为了国防科技事业，顽强地忘我奉献着自己的一生。

在卫星发射基地，我们还前往烈士陵园，瞻仰了埋葬在那里的几十位为祖国献身的官兵，以及我国航天事业的缔造者聂荣臻元帅的遗骨。聂帅生前足迹遍及大漠，将心血浸透了整个基地，及至临终，还嘱托将忠骨永远留存于这片难以割舍的土地。

面对烈士和先辈的英灵，我思绪万千。作为享受着祖国荣耀的中国公民，这一切不应忘记。安息吧，永存戈壁的英雄！

三峡随笔

2008年烟花三月的一天，我飞赴重庆参加三峡工程阶段性评估考察。晚间，在朝天门码头登上“长江公主号”游轮，从甲板上遥望山城，五光十色，灯火辉煌。依稀间，摩天大楼鳞次栉比，仿佛纽约曼哈顿一般。同行者不禁纷纷感叹，时隔几年重庆却已今非昔比！

考察人员多为年纪大的院士和专家，优厚的待遇折射出主办单位的热情。“长江公主号”相当考究，由于平常是包给外国旅行团的，所以不但主要设施，就连自助餐的菜名都标有英文。船行一夜，次日清晨到达万州界内，透过舷窗远远望去，江面开阔，流水清澈，令人不由得发问，难道这是昔日狭窄、混浊的川江？

长江在变，自三峡大坝蓄水以来，越变越美。我们在考察泥沙、滑坡、水污染、生态、航运和发电状况的同时，也一路尽享着细雨蒙蒙、云雾缭绕、山峦若隐若现的三峡朦胧之美。我禁不住为这绮丽的风光所深深吸引，也不断用手中的相机记载下一幅幅绝美的画面。

回到北京，我在计算机上处理一张张照片的同时，继续陶醉于三峡美景的回忆之中。

——这是夔门。看江边的悬崖峭壁，嗯，他就是守护三峡的门神。即使势不可挡的江水，也只能乖乖从他脚下流过；即使千吨游轮，在他面前也不过好似玩具。大自然的鬼斧神工造就如此杰作，令人叹为观止。

——这是长江支流大宁河，俗称“小三峡”。碧水深邃，苍山耸立，瀑布飞腾，云雾缭绕，如此令人流连忘返的迷人美景，谁敢说不是三峡工程所赐的杰作？大坝一经蓄水，江水倒灌，原来的缓缓小溪，顷刻汇成“深不可测”的大河，这不正验证了“大河有水，小河满”所蕴涵的意义吗？

——这不是香溪河的入口吗？是的，曾经的狭窄江面如今已扩展成一个宽阔的湖泊，恰似毛主席在诗句“更立西江石壁，截断巫山云雨，高峡出平湖”里所向往的地方。那天，我们的游船恰巧就停泊于此过夜。当晚，天空飘起毛毛细雨，我思绪万千，不禁吟诗一首：

船泊平湖细雨声，
山沉水默夜色浓。

昔日川江惊涛烈，
只现李杜妙笔中。

——这是神女峰，姿态如此优柔，宛若亭亭玉立的少女，含情脉脉地注视着滔滔江面，无疑是三峡巨变的有力见证。

回想起那天船过巫峡，闻名遐迩的神女不由得勾起大家的无限想往。主人似乎早已看穿各位的心思，早早便招呼我们来到甲板上。此时，轻云薄雾，顺着主人手指的方向，我们个个翘首以盼，恰逢神女透过雾霭羞答答地微微绽露真容，不过却又在大家的欢呼雀跃中迅速躲藏进缥缈的雾气里。可惜的是，我光顾傻看，动作慢了半拍，结果相机里只留下神女“犹抱琵琶半遮面”的影像。据说，有人抱怨，蓄水后的三峡，风光不再。然而依我看，神女仍无恙，巫峡依巍峨。

——你瞧这张，簇新的楼房集结成片，你可曾知道那是今日的县城。昔日老城已悄然沉入江底，拔地而起的却是幢幢现代建筑。两年前，我曾造访搬迁后的巫山县城，城区里造型别致的成片楼宇，相比发达地区也毫不逊色，谁又能发觉这曾是落后的西部山区？十几年三峡工程建设，110 万移民有序搬迁并得到妥善安置，不也是一项伟大工程吗？

——这是世界上最大水利枢纽的标志“雄伟的三峡大坝”。登上坝顶，远眺上游，幽蓝的湖面开阔壮美；极目下游，奔腾的江水汹涌澎湃。长 2300 米、高 181 米的大坝将万里长江拦腰截为两段，即使川渝暴雨倾盆，滔天洪水顺江而至，也在所不惧。大坝不但能阻挡猛兽般的洪流，而且发出的强大电力还能远送华东、华南。由于有了大坝，曾经的急流险滩早已淹没于平湖之下，大小船只穿梭而过，“蜀道难”已永成历史，万吨船队通过船闸即可直达山城重庆。

三峡工程无愧为“当惊世界殊”的伟大工程。不仅如此，三峡工程还成就了几代人的梦想。革命先驱孙中山先生就曾在其“实业计划”中勾画出“以闸堰其水，使舟得以溯流以行，而又可资其水利”的设想。1956 年毛泽东主席畅游长江，写下《水调歌头·游泳》的豪迈诗篇，他期望建造大坝，制服泛滥江水，造福百姓。几十年间，众多志士仁人奔走呼吁，国内外专家艰辛探索，最终促成三峡工程上马。如今梦想成真，三峡工程气势宏伟、魅力无限，功在当代，造福子孙。

白山黑水

我生于松花江边的哈尔滨。松花江发源于长白山，流入黑龙江。自幼我就对“白山黑水”一词感到亲切。“白山黑水”实际上就是东北三省代名词。一方水土养一方人，我作为东北人，从年轻时就渴望觐见这近乎神圣的一山一水。

1990 年夏，我作为哈尔滨铁路局局长去苏联远东的哈巴罗夫斯克开会，有机会游览中苏界河——黑龙江。当船经过被苏方占领的黑瞎子岛，望见那里的军事设施，我的心被深深刺痛。十几年后的 2007 年 9 月，我代表欧美同学会在黑河市参加旅俄留学生纪念馆揭幕式，再次来到黑龙江边。与上次不同，此时自己联想几年前中苏边界协定签订，黑瞎子岛一部分已经归还我国，心情愉悦。黑河市位于黑龙江的中游，中秋时节风景秀丽，尤其黑龙江水被初升太阳染红并与岸边的绿树交相辉映时，简直美不胜收。有次，我们一行乘船到下游，清澈平静的江水，令人流连忘返。从船上远眺，南岸是黑河，高楼耸立，一派生机；北岸的布拉戈维申斯克略显得有些冷落，这是时代变迁的结果。近年我国发展蓬勃向上，而苏联却已解体。由于昔日的十几个加盟共和国纷纷离去，俄罗斯不得不面对新的挑战。

看毕黑龙江，心里还向往着长白山。多年前我在延吉开会，会后前往长白山。那天清晨出发时霞光四射，我们一行人满怀希望登上大巴，虽然一路颠簸，但仍兴致勃勃。然而接近顶峰时，却令人扫兴，浓雾从周围飘来，以至于看不见几米开外的世界，更不用说渴望已久的天池了。就这样，几十人悻悻下山，“打道回府”了。说也奇怪，我们下山时大雨滂沱，可是车开出半个小时后，突然雨过天晴。不甘心的人们重新燃起再看天池的希望，司机只好折返。然而回到山脚下，景区的大门已经关闭，工作人员解释说，山下山上气候差异很大，目前峰顶仍然是雨雾笼罩。大家只得离开。

“不到黄河心不死”，我一直没有忘记未曾领略过的天池。几年后我再次攀登长白山。与上次不同，这回不是从北坡而是从西坡登顶。起初周边林木茂密，而到了海拔高处，却是茵茵绿草和杂生其间的白、黄、蓝小花呈现在眼前，也格外好看。我原以为汽车可以直驱山顶，可它却停在了峰脚的一块平地上。下车后，未想到横在面前却是望不见尽头的1440多阶登山木梯。我由于担心体力不支，开始有些犹豫，后经打听没有别路可走，只能随人流前行，跟着穿戴各异的男女向上攀登。中途休息时，一位老者对满头白发的我发问：你多大岁数？我答：77岁。接着我反问，气喘吁吁的他一下子说不出话来，却伸出三个指头，见我未明白其意，停顿一会又补充说：“小我三岁。”于是，我们相互鼓励继续向前。爬到峰顶时我几乎筋疲力尽，可当看到期盼已久的天池时，自己却像个孩子一样高兴。

天池坐落在长白山顶峰，是个火山湖。周边峭壁百丈，湛蓝湖水深不可测。平日里，天池云雾弥漫，宛如蒙着面纱的美丽少女，羞于见人，偶尔才露出真容。这次我们有幸赶上个晴天，只见蓝天上的云朵倒映碧池之中，在阳光照射下美轮美奂。人称，这里是松花江、鸭绿江、图们江的源头，天池之水好像血脉一样流淌在东北大地，滋润着万物生长。怪不得众人像朝圣似地来到长白山目睹她的风采。不过，那天游客太多，我们一行只能挤在人缝中，巴不得多望她几眼，不时地按下快门，抢拍几张照片。

依依不舍地下山后，我们顺路欣赏了长白山大峡谷。此前，自己知道我国有雅鲁藏布江大峡谷，从未听说还有个长白山大峡谷。可是，当我身临其境时，不得不为大自然的鬼斧神工所叹服。峡谷深约百米，长70公里，谷内怪石林立，千姿百态，奇景叠生，令人叫绝。遥观峡谷底部，一股溪流泛起白色浪花，正是这条不起眼小溪的千万年冲刷，才造就了今日的壮丽奇景。

隔日，我参观了长白山脚下的抚松县博物馆。据讲解员介绍，长白山不但风景优美，物产也十分丰富，其中人参、貂皮、乌拉草曾被称为“东北三宝”。她还说，这里的优质泉水，吸引了“农夫山泉”“娃哈哈”等著名企业就地建厂。她的话引起我的联想，联想起北大荒的肥沃黑土，兴安岭的茂密森林，松辽平原的丰富矿藏……，并深为东北这片土地自豪。

从抚松县城隔河望去，对面是著名的靖宇县。靖宇县原名蒙江县，是为了纪念抗日英雄杨靖宇将军而改为现名的。在抗日战争中，杨靖宇在长白山密林中与敌人激战，壮烈殉国。提起杨靖宇的名字，我在肃然起敬的同时，不能不想起儿时就崇拜的赵一曼、冷云等烈士。正是这些民族英雄以血肉之躯，为保卫白山黑水而战，才从日寇手里光复了祖国的大好河山。其中的冷云，她是东北抗日联军著名的女战士，在抗击日本侵略军的一次战斗中，弹尽援绝后率 7 名女战友投入滚滚江水，为国捐躯。令我感到骄傲的是，她也曾是佳木斯中学早期毕业生，是我的校友。

离开抚松县时，我还想了很多很多。白山黑水是祖国的大好河山，是我难以忘怀的故乡，应该像对待母亲一样，热爱她，保护好她！

我们的梦想

今天这个论坛，在座的多是中青年人，和大家在一起，我感到自己又变年轻了。

几天前，我们庆祝了欧美同学会成立 100 周年。在庆祝大会上，习近平总书记发表重要讲话，对留学人员寄予了殷切的期望，这使每个学长振奋不已。今日，举办“海归 · 中国梦论坛”及《影响中国》新书发布会正当其时。

《影响中国》这本书，记述了包括学者、企业家、艺术家和政府公务员在内的 20 位留学归国人员的励志故事，这些学长是“海归”的缩影。他们为了追求梦想，坚忍不拔，艰苦奋斗，在不同的岗位上，发挥着自己的光和热，事迹十分感人。

这本书里也有关于我的采访。与他人相比，我年纪最大，属于老一代人。今天，在这个属于年轻人的会场里，如果用一句话来表达我这个老留学人员此刻的感受，那就是“长江后浪推前浪，世上新人超旧人”。不过，我虽已是“旧人”，但也曾年轻过。

和你们一样，我也有过梦想。我是火车司机的孩子。儿时的梦很简单：父亲开火车，我长大了要造火车。高中毕业时，开始我报考了唐山铁道学院，志愿是蒸汽机车制造。后来留苏，志愿仍是蒸汽机车制造。只是由于当时苏联的大学取消了这个专业，我才改学了电力机车。那时，为了实现在中国制造电力机车的梦想，我一直坚持日夜苦读。大学毕业后，我分配到刚刚建立的株洲电力机车研究所。当时正值困难时期，条件艰苦，研究所里没有办公室，没有试验室，甚至吃不饱饭，但是为了实现自己的梦想，仍旧干劲十足。“山中无老虎，猴子称大王”，我很快成为技术骨干，并当上了研究室的“头头”。“文革”期间，尽管我被划为“走资派”，也曾被批斗过，但“梦”却没丢，一旦“解放了”，接着再干，而且还是没日没夜地干。就这样，和大家在一起，经过十年奋斗，终于研制成功我国自主设计的电力机车，并实现批量生产。

这一段经历刻骨铭心，多年前我是这样回顾的：“我们是从困难中走过来的，却非常自豪。虽然我们吃了很多苦，但是无怨无悔。感到骄傲的是，为祖国铁路电气化事业做出了贡献。”

后来，我在铁道部工作时又组织开发新技术，搞了铁路大提速，建设了我国第一条高速铁路——秦沈客运专线，研制出“中华之星”高速动车组。那时打下的基础，给后来的高速铁路大发展创造了条件。可以说，铁路大发展圆了中国铁路人的梦，也圆了我的梦。

有梦固然重要，但圆梦是有条件的。没有中国共产党，我的梦不可能实现。我出身于工人家庭，年幼时家境困难，从中学起就靠助学金支持；没有新中国的诞生，我不可能去苏联；没有国家的发展，就不可能有电力机车事业；没有改革开放，没有国家实力增强，就不可能有铁路的大发展，我的梦想就都不可能实现。

与我不同的是，书中采访的绝大多数学长属于年轻一代，今天差不多都来到这里。与我们这代人相比,你们更加幸运。你们留学归国,赶上祖国快速发展的大好时机,大多事业有成,有的甚至已经成为名人,有的是冉冉升起的未来之星。你们正站在更高的起点上,书写自己的故事。然而,大家不能忘记,我们都是党的改革开放政策的受益者。也就是说,没有改革开放,就没有大家的今天。“吃水不忘了挖井人”,不管是我、是你、还是他,没有党的领导,我们的梦都是难以实现的。

在这个讲坛上,我们不但要满怀激情地回顾往事,更要充满信心、放眼未来。我们的未来必将更加美好,更加壮丽。

习近平总书记说:当今中国的综合国力已经显著增强,我们的祖国,比历史上任何时期都更接近实现中华民族伟大复兴的宏伟目标,也比历史上任何时期都更加渴求人才。广大留学人员圆梦适得其时。

然而,实现中华民族伟大复兴这一伟大梦想,尚需长期奋斗,还要披荆斩棘,攻难克险,显然只靠我们这些老家伙是不行了,更要寄希望于青年。青年最富有朝气、最富有创造力,是一支生力军。这令我不禁回想起五十六年前毛主席在莫斯科对留学生讲的话,“世界是你们的,也是我们的。但归根结底是你们的。你们青年人朝气蓬勃,正在兴旺时期,好像早晨八九点钟的太阳,希望寄托在你们身上。”

如今,海归们有了从来不曾拥有的机遇,但也面临着从未有过的挑战。我们——大家,不只是你和他,所有学长们都应牢牢树立使命感、责任感,响应祖国的召唤,把爱国之情、强国之志、报国之行统一起来,把自己融入广大人民群众实现中国梦的壮阔奋斗之中,为中华民族的伟大复兴做出更大的贡献!

本文是2013年10月27日在“海归·中国梦论坛”和《影响中国》新书发布会上的讲话

傅志寰年谱

1938 年 4 月 11 日生于黑龙江省哈尔滨市。

1955 年 9 月～1956 年 7 月，在北京俄语学院留苏预备部学习。

1956 年 9 月～1961 年 7 月，在莫斯科铁道学院电气化系(电力机车专业)学习。

1961 年～1984 年 5 月，在铁道部株洲电力机车研究所参加工作，先后任实习生、技术员、工程师，研究室代副主任、副所长等职务。在株洲电力机车研究所工作的 23 年里，参加或主持了韶山 1 至韶山 4 型电力机车设计，从承担电力机车控制系统的设计，到主持整车的研究试验，逐步成为研究所的主要技术骨干。主持设计的韶山 2 型电力机车获 1978 年全国科学大会奖。

1984 年 5 月～1989 年 3 月，任铁道部科技局总工程师、局长。负责组织安全技术攻关，开展机车监控装置、列车无线调度、车辆轴承温度报警装置等研究，对于减少行车事故，发挥了关键作用。牵头组织开发多种机车车辆新产品，推动了内燃机车、电力机车、客车、货车的系列化、简统花。

1989 年 3 月～1990 年 12 月任哈尔滨铁路局局长、党委副书记。在调查研究基础上，提出加强企业管理的思路。

1990 年 12 月～1997 年 7 月，任铁道部副部长、党组成员。先后分管机车车辆工业、科技、教育、卫生、审计、行管等业务。着重抓了机车车辆制造、铁路科研和高校工作。组织开发了具有我国自主知识产权的电力机车、内燃机车、客车、货车等产品，形成品牌系列，适用了货运重载、客车提速的需要。主持机车车辆工业技术改造和体制改革，改善各个高校办学条件。

1997 年 7 月～2002 年 9 月先后任铁道部党组书记（副部长）、铁道部党组书记（部长），2002 年 9 月——2003 年 3 月改任铁道部部长（党组成员）。其间，领导了中国铁路大提速和我国第一条时速 250 公里的秦皇岛——沈阳客车专线（我国第一条高速铁路）的建设。组织了青藏铁路的筹划和早期建设工作，为建成世界上海拔最高、距离最长的高原铁路做出了贡献。推动铁路改革，领导铁路运输扭亏。提出了“规范管理，强基达标，狠抓安全基础建设”的思路，铁路运输安全情况得以明显改善，曾是历史上最好时期之一。

2003 年 3 月～2008 年 3 月任全国人大常委会委员、财经委主任委员。组织起草、审查 31 部法律，其中主持修订了“中华人民共和国节能法”，对全国节能减排起到重要推动作用。

2009 年 4 月～2015 年 12 月，担任中国节能协会理事长，组织开展调查研究、宣传培训、咨询服务、节能技术开发及推广活动。

主要兼职

1996 年 1 月～2001 年 1 月任铁道科学研究院院长

2003 年～2008 年任欧美同学会常务副会长

2008 年～2013 年任欧美同学会副会长、党组副书记

2009 年 4 月～2015 年 10 月任中国节能协会理事长

2002 年～2017 年 9 月任中国铁道学会名誉理事长

主要著作

傅志寰著《中国铁路改革与发展——探索与实践》，中国铁道出版社，2003 年

傅志寰主编《破解瓶颈制约推进科学发展》，经济管理出版社，2008 年

傅志寰等主编《中国交通运输中长期节能问题的研究》，人民交

通出版社，2011 年

傅志寰主编《城市化进程中综合交通运输的研究》(《中国特色新型城市化发展战略研究·第二卷》)，中国建筑工业出版社，2013 年

傅志寰等主编《综合交通运输管理体制研究》，中国铁道出版社，2014 年

傅志寰等编著《城市群交通一体化:理论研究与案例分析》，人民交通出版社，2016 年

傅志寰等著《运煤与输电的比较研究理论与方法》，科学出版社，2015 年

傅志寰等主编《生态文明建设与新型工业化研究》(《中国生态文明建设重大战略研究丛书·第三卷》)，科学出版社，2017 年

后　　记

前后八载有余，终至脱稿，顿感如释重负。在文稿撰写过程中，自己确实倾注了不少心血，不过倘若没有朋友们的鼎力相助，本书也是难以完成的。

几年来，朋友们不惜耗费宝贵时间和精力，帮我核对历史事实的原委，纠正不确切的表述，补充被遗漏的内容，提出建设性修改意见。他们的倾情付出令我难以忘怀。藉此书付印之际，我谨向安立敏、蔡申夫、陈国仁、陈洪年、傅选义、葛能全、郭福安、华茂崑、胡书凯、胡亚东、江慧、李命志、李中浩、廖勤生、林仲洪、刘友梅、罗庆中、吕文涛、马良相、彭开宙、宋忠奎、孙春芳、孙章、谈大同、唐飞龙、童宗鉴、万里扬、王春龙、王建坤、王奎中、王麟书、王佩琼、吴新民、乌日图、魏宗燕、熊永钧、于川、杨建兴、张大勇、张梅、张新宁、张雪松、赵果情、赵静、赵明花、赵涌涛、周黎同志（以姓氏拼音为序）表示衷心感谢。这里，还要特别向刘忠民、叶娟、李彦春同志致谢，他们不厌其烦地反复帮助修改和润色文字，使我受益良多。除此，我的妻子唐曾妍、女儿傅新宇和其他家庭成员给了我无可替代的帮助，使我感到温馨。最后，对中国铁道出版社的全力支持表示感谢。

有人说："回望过去是为了在记忆、观察与思考中沟通昨天和今天，期待明天。"我觉得这句话很有道理，在写这本书的时候自己也试图作些类似的尝试，尽管不知效果如何，但希望能对读者有所裨益。

1999年，在莫斯科与俄交通部部长阿克肖年柯会晤

2001年，被授予莫斯科交通大学名誉博士

2006年，夫妻在伊春

2004年，在三亚与女儿们合影

2012年，全家福

2016年金婚

2017年，与两个女儿合影

2006年，在西沙东兴岛植树